2021年第2辑

（总第15辑）

法大研究生

Journal of Postgraduate.CUPL

祖　昊／主编

 中国政法大学出版社

2022 · 北京

图书在版编目（ＣＩＰ）数据

法大研究生. 2021年. 第2辑/祖昊主编.—北京：中国政法大学出版社，2022.12
ISBN 978-7-5764-0751-8

Ⅰ.①法…　Ⅱ.①祖…　Ⅲ.①社会科学－文集　Ⅳ.①C53

中国版本图书馆CIP数据核字(2022)第254568号

出　版　者　　中国政法大学出版社

地　　　址　　北京市海淀区西土城路 25 号

邮寄地址　　　北京 100088 信箱 8034 分箱　邮编 100088

网　　　址　　http://www.cuplpress.com (网络实名：中国政法大学出版社)

电　　　话　　010-58908289(编辑部) 58908334(邮购部)

承　　　印　　北京九州迅驰传媒文化有限公司

开　　　本　　720mm×960mm　1/16

印　　　张　　20.75

字　　　数　　340 千字

版　　　次　　2022 年 12 月第 1 版

印　　　次　　2022 年 12 月第 1 次印刷

定　　　价　　85.00 元

解放思想
质量第一
根除劳动

江

公正为人类之共
同价值追求；
　法治为当代之共
同生活方式。

　　　　　陈光中

業精於勤

積學待用

張晉潘

法治是法大人的"中国梦"。

李曙光

宝剑锋从磨砺出，
梅花香自苦寒来！

博观而约取，
厚积而薄发！

启功书

主编寄语

时至今日，《法大研究生》已经伴我们走过了七个年头。闲坐书案，再睹莘莘学子米盐博辩，研品青年英才谈古论今，无疑是一件令人欣慰的事。

近年来，《法大研究生》以习近平总书记关于繁荣发展中国特色哲学社会科学的重要指示精神为总纲，以中国政法大学研究生培养方针为指引，以我校优质学科资源和人才资源为依托，不断强化"开放、交流、思考、进步"的创办宗旨，着力开拓青年学人激扬文字、指点江山、交流学识、碰撞思想的学术阵地。在广大作者、读者的鼎力支持和丛书编辑部全体同仁的不懈努力下，《法大研究生》2021年第2辑共发表博士研究生、硕士研究生和青年学者学术论文16篇，内容涵盖全面依法治国研究、司法改革、民商经济法、刑事法、政治与公共理论前沿等多个面向，不仅充分透显了各研究领域的前沿业态，也直观反映了青年学人笃实好学、扎实耕拓和矜持不苟的学术素养。

青山屋上下流水，悠然开卷现乾坤。汇聚学识的片笺片玉，承载着力透纸背的真知灼见，嵌刻着剖幽析微的至道嘉猷，也书写着跬步寸累的丛书发展历程。毫无疑问，《法大研究生》能够走到今天，是四方抱薪送炭、八方鼎力支持的结果。在此，由衷感谢中国政法大学及研究生院，正是校院的大力投入为丛书提供了成长的摇篮；感谢向本丛书惠赐稿件的每一位作者，正是一篇篇优质的研究成果凝汇成丛书的肌理和血肉；感谢长期垂顾本丛书的学界同仁和匿名评审专家，正是他们的悉心指正提升了丛书的质量层次；感谢编辑部老师同学和中国政法大学出版社的辛苦付出，正是他们的倾心策划、编审、校对使丛书的顺利出版成为可能。

潮平两岸阔，风正一帆悬。本年第 2 辑《法大研究生》已经画上了圆满的出版句号，但在学术研究的康庄大道上镞砺括羽，依旧是我们的初心和使命。至此，我们勉励各位青年学人再接再厉，以正确的站位、饱满的热情和崇高的理想，做出更多兼具理论价值和实践价值的有益研究：

第一，要高举旗帜，守正创新。2021 年是中国共产党成立一百周年。百年以来，中国共产党团结带领中国人民披荆斩棘、发奋图强、锐意进取，先后完成了革命、建设、改革的伟大历史征程。党的十八大以来，以习近平同志为核心的党中央领导全国人民自信自强、扬帆起航，朝着实现中华民族伟大复兴的宏伟目标不断迈进。中国共产党的一百年，是解放思想、实事求是、与时俱进的一百年，也是马克思主义中国化取得显著进展、中国特色社会主义事业取得长足发展的一百年。青年学子要秉持以往鉴来、踵事增华的态度，凭借自身专业所长和兴趣所向，深入研习百年来社会主义法治、政治、经济、文化、社会发展的光辉历程，深刻阐释习近平新时代法治思想和依法治国理念，深度考究中国政治文明新形态，新兴政党制度优势与制度效能，政党引领的国家、社会治理现代化，全过程人民民主等重要议题，为党和国家事业发展谱写富有青春活力的学术乐章。

第二，要持续关注重大理论和现实问题。2021 年亦是我国"十四五"规划的开局之年。社会主义现代化建设的许多新机遇、新问题、新挑战，已被清晰写入时代的考卷。宏观防疫政策的顺利推行，为健康与法的深度融合提供了契机；脱贫攻坚的伟大胜利，接续出乡村振兴、县域治理和"三农"制度化建设的使命任务；人口结构的变化，敦促我们进一步织密社会保障安全网，进一步完善社会保障的法治框架和施政规范；日新月异的媒体技术，要求我们重估政法知识的生产方式、传播模态及其社会化路径；云计算、大数据、人工智能的广泛运用，使得网络安全法治建设、数据与个人信息法律保护制度、社会信用体系搭建以及数字弱势群体权利保障等成为时代显题；世界百年未有之大变局，正在呼唤外交理念和实践、对外话语体系和文明互鉴模式的创新与革新……凡此议题，无不要求我们紧密围绕各个领域的前沿业态和关键方向，不断用新视野、新路径、新范式、新方法分析问题、寻找答案，为国家社会的发展、建设、进步建言献策。

第三，要秉持人文理念，弘扬人文情怀。维护、关切人的命运、价值和意义，是我们与生俱来的禀赋。在工具理性和价值理性相互分立的时代，许多世界性的人文难题正在接踵而至，且不断表现出新的向度。社会加速与内爆的并轨，让内卷和躺平的矛盾意识隐嵌人的心灵；现实生活和虚拟世界的巨大反差，引发了自我认知、自我呈现和人际交往的异变。算法推荐和信息茧房，正在不断压缩交往理性、重叠共识的空间、场域，"人肉"曝光、"社死"狂欢和媒介审判，正在不断敲击被遗忘权的壁垒、边界。复杂 AI 和高端机器人的出现，已经和人类生存权利形成潜在对冲；数字换脸、拟真仿声的运用，也带来了前所未有的伦理隐患和法律风险。在某种程度上，一切法律、政治、经济、文化和社会问题，归根到底都是人的问题。这要求我们为主导各领域发展的工具、技术理性及其外化逻辑注入人性、人本的价值意涵，确保我们所处的世界具备物质和精神双重升维的条件。为此，青年学子要秉持马克思主义人文精神，不断提升自己的现象观察力、本质辨析力、诗性想象力和实践应对力，尽己所长、尽己所能地绘就社会主义精神文明建设的新蓝图、新画卷，再全力以赴地促进它的物质现实。

2021 年 5 月 9 日，习近平总书记在给全国知名期刊《文史哲》编辑部的回信中指出，高品质的学术期刊就是要坚守初心、引领创新，展示高水平研究成果，支持优秀学术人才成长，促进中外学术交流。一本好的学术期刊，要致力成为阐述真理真相、激发思想争鸣、剖析重大问题、提出现实对策的高端阵地。《法大研究生》虽是"小而精"的创办规模，却从未放弃"大而远"发展目标，这一"反差萌"恰与少年壮志、后浪逐前的青年学术氛围形成了共鸣。未来，《法大研究生》将始终以高标准、高要求砥砺自身，甄选具有理论深度、视野宽度和学科跨度的优秀作品以供刊发，继续为培育学术新人、推动学术进步做出应有的贡献。在此，亦期冀四方英才、八方力量与我们携手共勉，共同开创《法大研究生》的美好明天。

祖 昊

2021 年 12 月

目 录

政治与公共理论前沿

全面依法治国研究

疫情期间定点行为的行政法研究

董太忠 *

摘　要：本次疫情期间出现的定点行为不同于普遍存在于微观监管领域的定点行为，后者一般是一种事前批准的行政许可行为。前者本质是一种行政征用行为，其通过强制缔约义务的设定对相对人的营业自由和商誉产生了实际影响并造成了一系列附随性影响。但是同时，定点行为在征用对象、征用内容等方面具有不同于一般行政征用的特性。公共利益面对的紧急状态并不为定点行为提供不设限的理由。对定点行为的行政法控制主要包括主体和程序、事前的合比例考量以及事后的补偿三个方面。在主体上要由地方政府作为决定主体和责任主体。在程序上要遵循正当程序的基本要求，同时定点行为在作出时应当符合比例原则的要求。事后的补偿应当保证相对人的参与并对其损失予以完全补偿。

关键词：定点　事前批准　行政征用　紧急行政权完全补偿

一、引言

新冠疫情之初，各地出于防控疫情扩散的目的，采取

---

* 董太忠，上海师范大学哲学与法政学院宪法与行政法学专业2018级硕士研究生。

指定部分酒店来接待湖北籍或者经湖北人员的定点措施，如贵阳市分两批公布了共六家酒店作为接待湖北籍客人的定点酒店，并规定"其他非指定的宾馆酒店一律不再接待湖北籍客人"[1]，其他地区如铜川[2]、益阳[3]、广州[4]、金昌[5]等地也采取了类似应对方式。此种行政措施并非首次出现，在 2003 年的非典防控期间，镇江市人民政府也曾通过行政指定的方式确定定点酒店，作为专门接待来自非典病例出现地区病人的场所。[6]

该行政举措一方面具有某种授益性，被指定的酒店商家因此获得了针对疫区人员的排他性的接待权。实践中该行政举措遂被视为一种激励工具[7]与市场调控工具以促进经济发展，如政府会选择以破产企业为定点单位，从而促进其资产增值，提高债务清偿率等。[8] 另一方面，定点行为所带来的不利影响也是显而易见的，比如前述被镇江市人民政府指定为定点接待酒店的商家，事先预定的 400 多桌宴席在消息公布的一瞬间便被清退，同时引起酒店工作人员的恐慌，造成经济和其他损失[9]，对其利益产生了实际影响。

可见"定点"作为疫情期间被广泛采取的行政措施，其行为效果具有某种复合性。这也就提出一个问题：对于疫情期间的定点行为究竟应当按照实践中某些地区的做法仅仅将其看作一种授益行为，还是应当对其造成的损害性后果予以行政法上的补偿?[10] 因此，对疫情期间定点行为的行政法研究，

---

〔1〕 参见《贵阳市应对冠状病毒感染的肺炎疫情防控工作领导小组关于做好湖北籍客人来筑住宿服务的通告》。

〔2〕 参见《铜川市人民政府关于印发〈有效应对疫情支持中小企业平稳健康发展的若干措施〉的通知》，铜政发〔2020〕2 号。

〔3〕 参见《中共益阳市委新型冠状病毒感染的肺炎疫情防控工作领导小组办公室关于加强酒店宾馆行业恢复营业后疫情防控工作的通告》，益疫防办通〔2020〕3 号。

〔4〕 参见《广州市花都区人民政府关于印发花都区"抗疫暖企"六条的通知》，花府〔2020〕2 号。

〔5〕 参见《金昌市新型冠状病毒感染的肺炎疫情联防联控工作领导小组办公室关于设立外地来金人员定点接待宾馆的通告》。

〔6〕 参见张千帆：《宪法学导论》，法律出版社 2004 年版，第 343 页。

〔7〕 参见《北海市旅游文体局关于印发北海市旅游文体行业"使用公筷、健康你我"行动工作方案的通知》。

〔8〕 参见《湖南省高级人民法院关于涉新型冠状病毒感染肺炎疫情案件法律适用若干问题的解答》，湘高法〔2020〕16 号。

〔9〕 参见张千帆：《宪法学导论》，法律出版社 2004 年版，第 343 页。

〔10〕 有学者认为行政机关应当补偿由此造成的经济损失。参见张千帆：《宪法学导论》，法律出版社 2004 年版，第 343 页。

将不仅仅是一种理论上的"头脑风暴"，更是关系到相对人利益的、面向实践的有益探索。

二、行政定点的历史考察

（一）初创：微观监管工具

行政定点并非原生和独有于新冠疫情期间，也并非 2003 年非典期间的"制度性发明"。改革开放初期，我国坚持"旅游工作是政治接待"的方针，要求各地旅游部门在进行对外接待时要做到政治、经济双丰收。[1] 但是，在经济转型的大背景下，旅游行业普遍私有化，虽然各地旅游从业者增长迅速，但是野蛮生长带来的却是"服务质量下降"和"行业竞争混乱"。因此在 20世纪 90 年代，我国开始了一轮对旅游市场秩序的整顿，加强对旅游管理部门和旅游企业在国外设立旅游办事和经营机构的管理。其中，定点管理成为促进行业管理的措施之一。[2] 以福建省 1990 年公布的《关于旅游涉外饭店、餐馆、商店、车船公司（队）实行定点接待的管理办法》为例，如果旅游行业的饭店等商家希望成为定点单位，需要向地市旅游局等提出申请，由旅游部门会同公安部门等共同对其是否符合上述管理办法预先规定的条件进行审查，通过批准后才能获得对外旅游接待的经营权。定点管理所带来的效果是显著的：一方面，全国旅行社数量从 1990 年的 1603 间下降到 1991 年的 1561间[3]，旅游行政管理部门的执法成本得以降低。另一方面，旅游行业及其相关产业也得到了规范，市场秩序得以恢复。[4]

可见，行政定点从其初诞便是为回应一项核心问题：对市场进行有效率的监管。由于完全竞争市场机制在事实上是不存在的，"商品和服务的市场均衡配置对帕累托最优配置的偏离"[5] 成为一种逻辑上的必然。所以借助政府公权力的介入来克服市场的有限性，实现公共利益，是现代国家在面临市场

---

[1] 董秉琮：《十年回顾迎未来——记中国的国际旅游业》，载《南开经济研究》1990 年第 6 期。

[2] 中国旅游年鉴编辑委员会编：《中国旅游年鉴（1991）》，中国旅游出版社 1991 年版，第 82页。

[3] 中华人民共和国国家旅游局编：《中国旅游统计年鉴 1992》，中国旅游出版社 1992 年版，第93 页。

[4] 从两个方面得以体现：一是旅游人数的增加，从 27 462 千人增加到 33 350 千人，二是外汇收入的增加，从 2.218 百万美元增加到 2.845 百万美元，参见中国旅游统计年鉴编委会编：《中国旅游统计年鉴 1992》，中国旅游出版社 1992 年版，第 2 页。

[5] ［美］丹尼尔·F. 史普博：《管制与市场》，余晖等译，上海三联书店、上海人民出版社 1999年版，第 4 页。

失灵时所须承担的责任。其中，事前批准不同于其他事后的监管措施，是在市场失灵发生损害之前便颁发给市场主体。我国大部分行政定点实质都是事前批准的行政许可行为，具有如下特征：

第一，目的是对经济进行宏观调控，进行有效的市场监管。因此，确定定点的行为是以公共利益为指引，市场主体的经营权由此受到必要的限制。比如为了克服20世纪80年代末90年代初，随着经济体制改革所带来的个体屠宰商顶替国有商业企业进入市场，导致的肉类质量下降、危害公众生命健康[1]的问题，农牧渔业部和国家工商行政管理局便着手推进屠宰市场的"定点屠宰"化，以保证产品质量安全和公共健康。个体经营者必须在取得行政机关的事前批准成为定点市场后，才能展开进一步的经营行为。

第二，设定权依据为法律或者行政法规。在《中华人民共和国行政许可法》制定公布以及取消部分行政审批后，20世纪90年代行政定点的设定依据的规范层级低、各地设定条件不一致的情况得到了很大的改善。

第三，本质是一种授益行为。被确定为定点的市场经营主体，原本出于对社会秩序或公共利益的保护，施加的对相对人法律上的自由和权利的普遍性禁止得以解除，市场经营主体的营业自由得以恢复。前述特征显而易见体现的是一种利益的增加而非减损。

通过历史的考察可以发现，行政定点作为一项市场监管措施，其产生的历史背景是我国20世纪在经历由计划经济体制向市场经济体制转型过程中所面临的经营主体增多、市场秩序混乱、行政监管不力的局面，这一切成为诱发行政定点的启动机。同时，"定点"又不局限于事前批准的市场监管领域，其内涵远不限于以微观监管为目的、以普遍性限制解除为内容的授益行为，也就是行政许可行为。

（二）扩张：授益内容变化

"定点"的内涵的扩张表现在授益范围不再局限于特定行业的经营权。1996年，为推动形成以批发市场为中心的农产品市场体系，农业部作出建设区域性以及全国性的定点农资市场的决定。各地农业市场通过向所在地政府和省级农业主管部门提出申请，经审查符合条件的上报农业部，由农业部考察、评审后，作出批准决定。从形式化的外部视角看，定点农资市场的确定遵循"申请—审查—批准"程序，同时被确定为定点市场的经营主体将获得

---

[1]　葛文军、李慧瑛：《加强肉食市场管理 推行生猪定点屠宰》，载《肉类工业》1995年第9期。

来自所在地政府和农业部的支持和激励，是遵循严格程序做出的授益行为。但是深究其目的和内容会发现，此种定点的内涵已与以微观监管为目的，以普遍性性质解除为内容的授益行为发生了位移和偏离。

虽然同样是授益行为，细细推敲会发现其中的细微差异。相对人在被认定为定点农资市场之后，农业部和地方政府将对其进行扶持，包括：①推动制定和实施有利于定点市场的政策措施；②争取和协调国家政策性投资或贷款；③提供市场和行业信息；④帮助产销和管理培训；⑤提供咨询和指导。这些经济性的扶持措施无一例外是面向未来的，是行政主体作出的承诺，从而明显不同于面向过去的对"普遍性限制的解除"。在食盐经营、旅游营运等领域，这类营业行为原本属于私人可以自由从事的活动，但通过一般性的禁止规定，只有申请者符合法定条件时，才允许其从事原本可以自由从事的活动。[1] 在某种程度上，"定点"就是自由权的授予。反观农业部定点农资市场，在农业部作出批准决定之前，在农业市场经营领域并不存在对相对人的普遍性限制。农资市场被确认为"定点"后，其并没有拥有某类作为的自由。

这是由"定点"的目的所决定的。从微观经济领域到宏观经济领域的切换，带来了行政主体对个体的、单独的经营主体的控制强度的下降。根据已发布规范文本的立法目的沿袭可以清楚直接地看到农业部以实现对农业市场建设的宏观调控为主要意图。因此，农业部定点市场一经设立就只是对相对人行为的间接影响，而非直接针对经营者的行为，此"定点"已非彼"定点"。行政主体调整社会生活的目的发生变迁，将导致其行为性质和行为内容的变化，这个结论对后文分析疫情期间的"定点"行为具有重要意义。

（三）转换：疫情期间定点的性质

行政主体在疫情期间进行的行政定点指定在调整目的上和前述微观监管和宏观调控的不同一见即知，即防控疫情扩散、保护生命健康是其进行定点作业的根本目的，所有的行为都根源于疫情这一典型的突发状态。设立"定点"的目的并不在于对市场主体的微观经济行为或者所在区域的宏观经济运行发挥调整或者配置作用，从而保障国家经济的稳定运行，而在于控制、减轻以至消除疫情这一突发事件所带来的损害后果。目的的差异对"定点"的内容和程序产生了决定性的影响。

依照前述分析，在"定点"作为解除普遍性限制的事前批准的结果时，

---

[1]　朱芒：《日本的行政许可——基本理论和制度》，载《中外法学杂志》1999年第4期。

相对人重新取得了原本处于休眠状态的营业自由。正因为事前的普遍性限制的存在，微观监管的事前批准作为授益行为才得以证成。在疫情这一突发状态产生前，无论对于区域内或者区域外的来往人员，获得经营许可的商事主体都有权进行营业。在"定点"作出之前，普遍性限制是不存在的。相反，"定点"本身引发了对于权利和自由的限制。

营业自由是社会经济权利的重要内容，对于财产权的实现具有重要意义，"如营业不能自由，则个人不能发展自己之财力，以行其交易上之自由竞争，势必使工商业无显著之进步"[1]。正因为营业自由与财产权有着如此紧密的联系，一般认为"一切供作'营业目的'而使用的'物体及权利之总体'都应视为财产，而受到宪法的保护"。[2]

权利从其本质来说是一种基于自由的选择权，即对权利对象和权利效果的选择。"作为权利本质属性或构成要素的自由，指的是权利主体可以按个人意志去行使或放弃该项权利，不受外来干预或胁迫。"[3] 这种"按个人意志去行使权利"即一种"选择的资格"。而疫情期间的"定点"对于相对人来说，虽然形式上获得了外地旅客的排他性的经营权，但是实质上则是被施加了"不得不"接受外地来客的负担，丧失了选择的自由。

商家在与消费者之间在订立契约时，双方作为平等的民事主体，通过要约承诺的过程产生民事法律关系。首先，商家和消费者之间具有平等的法律地位，一方不得将自己的意志强加给另一方。[4] 其次，在缔约过程中应当遵循意思自治原则，在市场上，准入的当事人被假定为自身利益的最佳判断者。"自由不仅包含着对每个人愿望的满足，而且确保欲求不能在不公正的条件下，或者在阻滞他们发展自由的环境下形成。"[5] 因此应当在这一过程中排除来自国家和他人的干预。

在商家被确定为"定点"后，相对人部分丧失了自由决定是否与他人缔结契约以及自由决定与何人缔结合同的自由，其实际承担着与外地旅客强制缔约的义务。行政主体出于公共利益的目的需要对私人财产权予以一定的制

---

〔1〕 张知本：《宪法论》，中国方正出版社 2004 年版，第 116 页。

〔2〕 陈新民：《德国公法学基础理论》，山东人民出版社 2001 年版，第 408 页。

〔3〕 夏勇：《人权概念起源：权利的历史哲学》，中国政法大学出版社 2001 年版，第 48 页。

〔4〕 参见王利明：《民法总则研究》，中国人民大学出版社 2003 年版，第 106 页。

〔5〕 ［美］凯斯·R. 森斯坦：《实体行政》，胡敏洁译，载刘茂林主编：《公法评论》（第 3 卷），北京大学出版社 2005 年版，第 9 页。

约和限制是现代社会的共识。但是，"定点"所包含的强制缔约的义务并非来源于法律，其目的也并非在于"维护实质层面上合同自由的实现"。[1] 因此，此处的强制缔约义务并非一项私法上的义务，而是公法上的义务。

强制缔约义务意味着，相对人的营业实体被强制向外地旅客提供，同时由于接待疫区旅客，定点商家需要面临来自卫生安全等商业信誉方面的质疑与挑战。而信誉在商业社会是如宝石般珍贵的财产。"信誉无异于其他任何可以被货币化的商品；它将无可避免地被商业化……并以各种意想不到的方式被使用。"[2] 毫无疑问，"定点"所带来的对商誉以及营业自由的损害已经构成对商家财产权的"实质现状"的侵害。此种对财产权的限制具有如下特点：

首先，限制内容的无形化。不同于征收行为等对实体物的全部剥夺或者部分剥夺所体现出的，通过转移物的所有权的方式对财产权的侵害。行政主体并未取得被定点场所的所有权和使用权。定点行为所实际影响的是依附于实体经营场所的营业自由以及商誉。

其次，限制对象的具体化。定点行为所造成的对相对人的财产权的限制和管制并不是普遍的、一般的，而仅仅是针对有限对象的个别的、特殊的限制。因此，此时的强制缔约义务并不是以"追求社会正义为目的，消弭工业化带来的社会问题"的财产权的社会义务。同时，由于确定定点的通知并非依据严格的法规制定程序通过的法律规范，其并不具有普遍性地限制相对人财产权的权力。

最后，权益影响范围以相对人为核心呈辐射性。"定点"行为下，竞争权人也因"定点"受到了实际影响。这不同于征收等行为一般仅对相对人产生权益的侵害。正如疫情期间"定点"的设立目的所显示的，对于本区域的其他经营主体而言，其经营范围受到限制，无权再接待外地旅客且没有获取"定点"资格的可能性。这在本质上不同于行政许可下，竞争权人的竞争利益受损的情况。事前批准的控制目标大体包括两类：第一类是决定申请人是否满足最低程度的质量标准；第二类是从众多符合资格要求的人中选择少数成功的申请者。[3] 后者主要存在于自然垄断领域等供应有限的情况。机会的平

---

〔1〕 朱岩：《强制缔约制度研究》，载《清华法学》2011 年第 1 期。

〔2〕 ［美］迈克尔·费蒂格、戴维·C.汤普森：《信誉经济：大数据时代的个人信息价值与商业变革》，王臻译，中信出版社 2016 年版，第 13 页。

〔3〕 参见［英］安东尼·奥格斯：《规制：法律形势与经济学理论》，骆梅英译，中国人民大学出版社 2008 年版，第 217 页。

等是事前批准作出的基础原则，即每个主体进入的机会是平等的，并且不排除后顺位的主体进入的可能性。但是这在疫情期间的"定点"中是不存在的。未被选中为"定点"的主体绝对性的丧失了在疫情期间经营外地旅客住宿的可能性。"定点"在另一种层面上作为限制其他竞争权人经营的载体，间接性地禁止了其他竞争权人经营某一领域的业务。竞争权人此前获得的经营许可的许可范围被暂时性地变更。

因此，疫情期间的"定点"本身隐含了双重的权益影响面向：一方面是对相对人的财产权的限制，其被施加了与外地旅客强制缔约的义务，营业自由和商誉都受到了实际影响。另一方面是对相关人，即竞争权人的已有行政许可的暂时性的不利变更。两重影响都证实了此时的"定点"已经并非微观监管领域的事前批准时的授益行为，而转化为同时对相对人和相关人产生不利影响的负担行为。对于消费者来说，其消费选择会受到限制，不过这在事前批准和行政征用中都会产生，在此处不再予以讨论。

三、疫情期间"定点"的规制必要性

（一）紧急行政权的界限

疫情作为突发事件，此时国家处于"一种特别的、迫在眉睫的危机或危险局势，影响全体公民，并对整个社会的正常生活构成威胁"[1]的紧急状态中，行政机关享有"为了维护国家安全和公共利益的需要克减公民基本权利"[2]的权力。因此需要解决的是，是否有必要和有可能对紧急行政权的行使进行规制。

紧急行政权在其产生之初是不受限制的。古罗马法谚"刀剑之下，法律沉默"即为明证。战争等紧急状态赋予了国家近乎无限的权力，法律此时处于停止的状态。18世纪，法国正式规定军事戒严的法律，开启了以法律限制紧急行政权的先例。只有进入"围城状况"，军事司令官才可实施一系列应急措施。"司令官即可为了保障地区及人民、军队的安全，行使自然法的自卫权或紧急避难权，集军政、民政于一身。"[3]可见，这种限制完全系于紧急状态的开启，一旦开启，行政长官将不受到任何制约。对财产的征用征收自然也无需支付任何补偿。这一点在19世纪晚期的"鲍迪奇诉波士顿案"达到了

---

〔1〕 张千帆主编：《宪法学》，法律出版社2008年版，第八章"行政机构"，第359页。
〔2〕 王祯军：《克减条款与我国紧急状态法制之完善》，载《当代法学》2011年第1期。
〔3〕 陈新民：《德国公法学基础理论》，山东人民出版社2001年版，第650页。

顶峰。在该案中，美国联邦最高法院宣称，尽管消防工程师们为了避免火灾的蔓延，对鲍迪奇的房屋进行了实际拆除，并造成了不可挽回的损害，但是"在实际必要时，每个人都有权破坏动产或不动产，以防止火灾的蔓延，法律将不要求这类破坏者承担任何责任，也不会为财产所有者提供救济……除火灾之外，还有许多其他情况，包括某些会威胁到生命本身的情形，也将适用该规则"。[1] 紧急征收不补偿原则成为紧急行政权无限扩张的一个缩影。但与此同时，法国 1848 年戒严法规定，人民由宪法所获得的基本权利，并不会因为宣布为围城状况而当然被剥夺。公民在国家应急期间的基本权利的保障也开始走上确定的道路。

对国家有确定而庞大的公共利益作为背景的紧急行政权的行使仍旧要课以法律的制约，是现代法治国的基本要求。法治意味着"四境之内，大凡一切独裁，特权，以至宽大的裁夺威权，均被摒除……人民受法律治理，唯独受法律治理"。[2] 在法律之外存在一个以公益之名肆意而为且不受任何限制的权力是危险的，魏玛德国时期的总统以紧急行政权践踏法治，最终为野心家所利用的历史实例殷鉴不远。这同样取决于紧急行政权存在的目的。

紧急行政权的目的是维护国家安全和公共利益，因此赋予行政机关超越常态的庞大权力来"扶大厦于将倾"，以实现社会秩序的再造。但社会秩序的恢复只是结果，其不能掩盖对正义的无理侵犯。所以紧急状态下的行政权也不得随意克减和限制公民权利，更不能随意侵犯公民权利[3]，这已成为学界的共识。回到疫情期间的"定点"，其被限制的财产权作为公民的一项宪法基本权利，对于个人的自我发展与社会的进步具有重要意义，"划清了个人所有利益的范围，人们相互间争吵的根源就会消除；各人注意自己范围以内的事业，各家的境况也就可以改进了"。[4] 2003 年非典疫情期间的镇江市人民政府的指定定点的行为，引发了酒店工作人员的恐慌，并导致酒店退掉事先预订的 400 余桌宴席。[5] 对商家营业的影响可谓非常强烈。如果允许行政机关肆意行使紧急行政权，所导致的后果将是不堪设想的。

在"钢铁公司占领案"中，美国联邦最高法院认为，行政机关在紧急状

---

〔1〕 Bowditch v. Boston, 101 US 16.

〔2〕 ［英］戴雪：《英宪精义》，雷宾男译，中国法制出版社 2001 年版，第 244 页。

〔3〕 参见江必新：《紧急状态与行政法治》，载《法治研究》2004 年第 2 期。

〔4〕 ［古希腊］亚里士多德：《政治学》，吴寿彭译，商务印书馆 1965 年版，第 54 页。

〔5〕 张千帆：《宪法学导论》，法律出版社 2004 年版，第 343 页。

态中作出的行为仍旧需要遵循权力法定原则，是否合法取决于立法授权与行政权之间的关系。当行政权和立法授权保持一致时，将会被给予最强的有效性假定；当立法授权不明确时，法院的评价取决于事态的紧急程度；当行政权和立法授权相背离时，法院需要在废止立法和确认行为违宪之间做出选择。紧急行政权的权力来源仍旧是具有民主合法性的立法机关。脱离了法律授权范围的紧急行政权，将失去其行使的合法性基础。

(二) 定点的征用本质

在私有财产权神圣不可侵犯背景下产生的自由放任主义指导原则在 19 世纪末 20 世纪初走向破产。工业革命导致社会剧烈动荡，贫富悬殊，矛盾丛生。个体能力的有限性使得财产的绝对自由演变为弱者的实质不自由。因此，对财产权进行限制成为学界的共识。福斯多夫认为，"在对财产权人而言，财产权必须对社会福祉负责。此种社会负责义务性，是构成财产权基本权利所不可或缺之成分"。[1] 财产权的社会义务成为立法者实现社会正义的理论工具，也成为财产权所有人所必须承担的一项法律义务。由于社会义务是具有普遍性的一般规定，没有特定的被害人，社会义务被平均地分配给社会成员，因此并无补偿的必要与可能。但是，如果行政主体对行为对相对人的财产造成的损害只是使得少数人的财产权遭到侵害，则构成对平等原则的违背，补偿的必要性随即产生。

在疫情期间的"定点"中，定点的相对人承担了防控疫情扩散、维护社会公共卫生健康的社会负担，接待外来旅客的义务并不是一种普遍性的义务，而是只施加于相对人的、对其经营自由和商誉产生实际影响的限制。即便行政主体并未取得形式上的酒店的使用权，"定点"在本质上构成对行政法上平等原则的突破，是对个别相对人义务的课予。

同时，强制缔约义务使得定点相对人的财产权被实质性地减损。首先，定点相对人必须承担接待外地高风险地区旅客的义务，其实质为政府防控疫情过程中替代性完成公共卫生职能。由于政府无法垄断外地旅客的接待并对此实施检疫的工作，定点相对人则成为政府检疫防疫工作的公共服务提供方。但与其他公共服务市场化[2]的领域不同的是，政府与相对人之间并未形成合同关系，政府实质是通过行政命令的方式来完成这一点。定点相对人被定点

---

〔1〕　陈新民：《德国公法学基础理论》，山东人民出版社 2001 年版，第 419 页。
〔2〕　参见包万超：《阅读英美行政法的学术传统》，载《中外法学杂志》2000 年第 4 期。

的"财产"成为疫情期间政府防控疫情职能履行的过程中的"拼图"。

其次，行政主体的定点行为实质是对信赖保护原则的违背。定点相对人在被确定为"定点"前，一般是行政许可这一授益行为的相对人。除非法律明文规定的情形，强制缔约义务往往并非行政许可的内容。但是行政主体通过定点行为对原本有效的行政许可的内容进行了变更。这一变更虽有坚实的公共利益背景作为支撑，但不可否认其造成了相对人信赖利益的损失。

最后，强制缔约义务的设定将对定点相对人的权益产生附随性的影响。由于负担与外地旅客缔约的义务，意味着定点相对人必须拥有足够的资源以供履行该项义务。但是，定点相对人的资源是有限的。已经签订的合同或者已经达成签订意愿的合同都将面临违约。实践中，这可能为定点相对人带来极大的法律风险和赔偿负担。

各国对于此种并不实际发生使用权转移的财产权的限制行为能否被认定为行政征用经历了观点的流变。在 1992 年以前，美国联邦最高法院认为此种征用是治安权在行使规制社会、防止公民权免受滋扰的功能，因此不构成对财产的征收征用。[1] 和田英夫认为，"为了特定的公共事业，对局外者的财产进行公法上的限制，由于这种限制类似于消极警察限制，属于比较一般的限制，难以获得补偿"。[2] 此时普遍的观点是相对人应当对政府公共职能的行使所带来的财产上的减损予以容忍。

不过，在 1992 年的卢卡斯诉南卡罗来纳州海岸委员会一案中，联邦最高法院的法官推翻了南卡罗来纳州最高法院作出的海岸委员会以防止公共危害为目的限制卢卡斯利用土地无需补偿的判决，认为海岸委员会的限制已经导致原告对财产经济上的有益利用遭受完全损害，因此也需要支付损失补偿。否则会导致肆意将本应由全社会承受的负担转嫁给私人。[3] 这在疫情期间的定点行为中同样如此。如果不加限制地允许行政主体对相对人以公共利益为名摊派义务，将导致行政法治的建设沦为一句空谈。

四、疫情期间"定点"的规制方式

疫情期间"定点"的指定，是行政征用和行政许可变更的复合载体，涵

---

〔1〕　参见侯宇：《美国准征收制度之演变》，载《江苏社会科学》2019 年第 4 期。

〔2〕　金伟峰、姜裕富：《行政征收征用补偿制度研究》，浙江大学出版社 2007 年版，第 21 页。

〔3〕　林来梵：《美国宪法判例中的财产权保护——以 Lucas v. South Carolina Coastal Council 为焦点》，载《浙江社会科学》2003 年第 5 期。

括了以相对人和竞争权人为靶标的权益影响内容。以诉讼法为出发点，由于该行为产生实际影响，因而符合行政诉讼的受案范围。本文则试图离开诉讼法的思考方式，对如何在行政过程中对疫情期间的"定点"进行规制予以探讨。

结合前述分析可以发现，对紧急行政权的行使下的"定点"的限制主要来自两方面：一是紧急行政权的存在、行使必须符合法律、依据法律，不得与法律相抵触，要求实现对人权的尊重和保障，不得随意克减和限制人权；二是对相对人的财产损失要予以补偿。

（一）主体和程序要求

在疫情防控期间，依据对外发布的通知和公告，作出定点决定的是市一级疫情防控领导小组。领导小组并非常设机构，而是为"应对重大自然灾害、社会突发事件或负责某项建设工程项目而设置"[1] 的短期议事协调机构。

根据《中华人民共和国突发事件应对法》（以下简称《突发事件应对法》）第 12 条规定，有关政府及其部门为应对突发事件，可以征用单位和个人的财产。《中华人民共和国传染病防治法》（以下简称《传染病防治法》）第 45 条对在突发事件下进行征用的主体作了进一步限定，有权在本行政区域内紧急调集人员或调用储备物资，临时征用房屋、交通工具以及相关设施、设备的是县级以上地方政府。

疫情防控领导小组属于应对突发事件的应急指挥机构，尽管《突发事件应对法》赋予其"组织、协调、指挥突发事件应对工作"的职责，成为法定的"应急管理体制"[2] 的组成部分。但是，这种组织协调职责并不意味着其可以"代行"地方政府的征用职权。从行政行为的作出过程出发，疫情防控领导小组是在行政征用决定作出前进行内部的协调部署工作，而缺乏对外进行意思表示的职权和能力。正因如此，领导小组并不具有行政法上的独立的"法人"资格，无法独立做出行政行为，不能对外承担法律责任，成为行政诉讼的被告。[3] 由于领导小组的设置具有临时性，"国家与社会重大问题导向

---

〔1〕 周望：《中国"小组机制"研究》，天津人民出版社 2010 年版，第 133 页。

〔2〕 青言：《构筑和谐社会的安全盾牌——国务院法制办负责人就〈突发事件应对法〉答问》，载《中国减灾》2007 年第 12 期。

〔3〕 参见普永贵：《临时机构的负面功能及消解》，载《云南行政学院学报》2004 年第 2 期。

性贯穿'领导小组'机制发展始终"[1]，所以当国家与社会重大问题得到解决或者已经无解决的必要时，领导小组便面临被撤销或者合并的结局，最终承担责任的实际也只能是地方政府。

侵益性是疫情期间"定点"行为的核心要素，因此由具有意思能力和责任能力的地方政府作出决定更为恰当和妥帖，从而也便于争议产生之后责任的归属和承担。同时，由于对相对人和相关人的权利义务的影响性，"定点"行为背后蕴含着复杂的利益交织和损害分担，对不同的利益进行均衡考量，对损害进行合理的分担，"是一个利益表达和协调和妥协的过程，是不同利益群体利益竞争的政治过程"。[2] 保证公众参与成为保证决策正当性的关键环节。此外，疫情下事态的紧迫性和复杂性使得法律规则无法作出细致明确的安排，行政主体作出征用决定的时间和情形依赖于行政官员的个体理性的裁量，"以具有民主参与、监督与构成功能的行政程序为核心而建立的行政行为正当性论证机制"[3] 成为不可或缺的合法性控制手段。

我国台湾地区"灾害防救法施行细则"规定，政府机关应急征用时必须遵循以下程序：①开具征用书并送达被征用人；②被征用人按通知要求报到或者交付征用物品，征用主体颁发救灾识别证或者填发受领证明；③解除征用；④返还被征用物并予以损失补偿。[4] 由于疫情所带来的迅速决策的要求，以听证为代表的公民实质参与的程序制约机制在现实中无法实现，因此"将不利决定所依据的事实、理由和根据告知当事人"[5] 的告知程序成为不可省略的必要环节。

《突发事件应对法》和《传染病防治法》均未对疫情防控期间征用的行政程序作出具体要求和规定。实践中各地普遍采取了"下发文件，集中通知"的做法。以贵州省为例，在2020年1月24日晚间启动重大突发公共卫生事件一级响应机制后，贵阳市在1月27日便作出定点接待湖北籍旅客的决定，并

---

〔1〕 张铮、李政华：《"领导小组"机制的发展理路与经验——基于历史制度主义的分析》，载《中国行政管理》2019年第12期。

〔2〕 王锡锌：《公众参与和行政过程——一个理念和制度分析的框架》，中国民主法制出版社2007年版，第25~30页。

〔3〕 解志勇、陈国栋：《从严格规则主义到程序主义——行政行为合法性机制演进论纲》，载罗豪才主编：《行政法论丛》（第10卷），法律出版社2007年版，第43页。

〔4〕 《灾害防救法施行细则》，载海峡两岸关系法学研究会，http://www.larats.org.cn/plus/view.php? aid=539，最后访问日期：2020年4月18日。

〔5〕 张越编：《英国行政法》，中国政法大学出版社2004年版，第504~505页。

在通知中要求"全市各宾馆饭店妥善做好解释和引导工作"。相对人和相关人的参与以及程序性权利在这一纸文件中被消解于无形。

为确保公共决策正当性以及公众权益实现的双重目标实现，疫情期间的"定点"理应符合正当程序的要求：①出具征用决定书并向被征用人送达。如果情况紧急无法及时制作决定书的，征用主体可以在先予通知后直接征用，但应当在事后合理期限内补充送达征用决定书；②制作征用清单，征用主体和被征用酒店各执一份；③告知权利救济途径和救济期限；④征用的前提条件消失后及时解除征用，并及时公告定点接待酒店设置的取消。

（二）合比例考量

由于疫情处置的突发性和紧急性，行政主体难以在确定定点相对人时全面听取潜在的相对人意见，而定点行为本身又蕴含着对相对人和竞争权人的复合影响。因此，行政主体在作出定点决定以及选择定点对象时应符合比例原则。

目的正当性是比例原则的首要要求，要求行政主体权力的行使必须出于正当的目的。[1] 疫情期间定点接待酒店的指定，是为了控制疫情扩散，保障公民的生命健康。如果行政主体指定定点的行为并非为达成此目的，则构成对比例原则中的目的正当原则的违背。行政主体不能在不满足《突发事件应对法》和《传染病防治法》规定的目的的情况下，实施定点行为。

通过指定定点的方式来对疫情的扩散进行控制是对公民财产权的限制，定点相对人所承担的侵害远远要大于其他普遍限制对其造成的损害。在普遍性的限制措施——比如实施交通卫生检疫中，政府为全体居民都增加了一项乘坐交通工具时符合特定条件不予外出的限制，这种公共产品所造成的不利益由全体居民共同承担。如此均摊下来，最终的损害将是"无足轻重"的。[2] 而"定点"则是典型的通过负担的集中化以应对公共危机。特定个体成为全体公共利益的"牺牲者"。因此，在选择是否采取这样一项行政决定时，行政机关应当慎重。

德国联邦宪法法院在判决中认为，根据比例原则，征收并非限制性较小的方式，"特别是如果可以在合理的条件下通过自由协议来实现的话"。行政

---

〔1〕 刘权：《目的正当性与比例原则的重构》，载《中国法学》2014年第4期。

〔2〕 参见［美］曼瑟尔·奥尔森：《集体行动的逻辑》，陈郁等译，格致出版社、上海人民出版社2011年版，第73页。

征用应当作为最后使用的手段，以防止以公共利益为名对个体施加过度的侵害。

另外，行政主体在选择定点对象时，应当进行成本收益的权衡，选择更有能力承担损失的相对人。就定点接待酒店而言，规模大的商家比规模小的商家，国营企业相比私营企业更能承受接受疫区人员带来的不利影响。比如在非典期间，宣武区政府选择征用的三家医护人员"定点"酒店都是国营企业。〔1〕这应当为之后的"定点"提供借鉴。

（三）补偿要求

征用条款和征用补偿条款一贯被视为"唇齿条款"，二者缺一不可。"正当补偿是构成征用的一个当然要件。"〔2〕我国对疫情期间政府征用行为的补偿也作出了立法规范。《突发事件应对法》第12条规定，财产被征用或者征用后毁损、灭失的，应当给予补偿。《传染病防治法》在第45条进一步规定为，临时征用房屋、交通工具以及相关设施、设备的，应当依法给予补偿；能返还的，应当及时返还。不过由于"定点"作为行政征用的一种特殊类型，对其的补偿也应不同于一般的征用补偿。

在古典自由主义"所有权神圣不可侵犯"思潮的影响下，各国普遍通过事先补偿的规定方式对行政主体的征收权进行限制。如1850年《普鲁士宪法典》第9条规定，所有权不可侵犯。收用所有权又制限之者，限于为公益时，从于法律，前给其价；若紧急时，非前定其价，必不得行之。〔3〕只有在紧急情况下，才可以通过暂时定额地给予补偿，对事前补偿的规定予以突破。之后制定的"普鲁士土地征收法"重申了事前补偿的原则：私人土地唯有因公企业，为了公共福利之需要，且给予全额补偿之后，方可以以征收来剥夺或限制之。这一点在今天仍旧得到延续。比如在《国有土地上房屋征收与补偿条例》中便确立了"先拟定补偿方案，再作出征收决定"的征补制度。但是这显然不适用于疫情期间的"定点"决定。

一方面，"定点"的特殊性决定了事前补偿的不可能。事前补偿需要确定两部分的内容，即对象和费用。然而如前所述，"定点"相对人的所有物使用

〔1〕 《北京宣武医院非典改造完成 三家宾馆被征用》，载新浪网，http://news.sina.com.cn/c/2003-05-03/04111028049.shtml，最后访问日期：2020年4月20日。
〔2〕 林来梵：《从宪法规范到规范宪法：规范宪法学的一种前言》，法律出版社2001年版，第204页。
〔3〕 商务印书馆编译所编译：《德国六法》，上海人民出版社2013年版，第22页。

权并未转移到行政主体，财产权所受到的限制内容也主要是经营自由和商誉受损等无形物。征用对象的无形化使得在事前对损害进行估量并给予补偿成为不可能进行的行政任务。

　　另一方面，征收补偿的金额确定程序通常复杂且耗时较长，在面临疫情一类突发事件需要作出应急处理时，如果严格地遵循事前补偿的原则势必会导致行政目的的延误。因此各国为了满足行政主体迅速应对突发事件的要求，往往允许行政主体适当突破事前补偿的程序限制。比如美国的联邦法和州法中便有关于"速征"法的规定，即允许政府在提交适当保证金的情况下，在司法程序确定价格前予以征用。〔1〕法国在 1958 年的法令中也对补偿金额程序的发动时间进行了灵活规定，"可以在公用征收程序中任何阶段、任何时候进行……可以在事先调查程序开始时就同时进行，也可以在以后任何时间进行"。〔2〕这也与我国目前各地已出台的应急征用补偿规范相吻合。

　　"定点"作为对财产权进行限制的"准"征用行为，由于其特殊性使其无法在事前完成补偿工作，对其财产损失进行弥合。这反映到补偿程序中，即各地已经确立的依申请补偿模式。具体到补偿数额的确定上，以相对人是否实质享有影响补偿决定的权力，可以划分为以下三种做法：①不参与。《杭州市应对突发事件应急征用实施办法》规定，突发事件处置工作结束后，征用实施单位汇总被征用物资的使用情况，并通知其办理返还交接手续，毁损灭失的由征用实施单位出具毁损灭失证明。征用实施单位自办理完返还交接手续 30 日内对被征用主体进行补偿。此时补偿的数额的确定完全由征用单位自主决定。在此类型下，行政相对人不分享行政机关的补偿决策权，此权力由行政机关独占。②象征性参与。《太原市应对突发事件应急征用物资、场所办法》规定，被征用单位在提交补偿申请书后，经征用单位审核相关材料、并报同级政府批准后，由征用单位在 30 日内实施补偿。在此类型下，行政相对人的参与是象征性的，仅通过提交征用材料体现出来。行政主体的补偿决策权仅是部分地与行政相对人分享，实质性的决定仍旧由行政机关掌握。③实质性参与。《上海市应对突发事件应急征用补偿实施办法》规定，被征用人在获得补偿通知 6 个月内提出补偿申请，征用实施单位与被征用人达成补偿协议后，经同级应急管理部门审核后，由财政部门拨付资金。征用相对人

---

〔1〕 参见金伟峰、姜裕富：《行政征收征用补偿制度研究》，浙江大学出版社 2007 年版，第 16 页。

〔2〕 王名扬：《法国行政法》，中国政法大学出版社 1988 年版，第 389 页。

此时获得了与征用单位对等的决策权力，并通过补偿协议的协商过程实质性地参与到应急征用后的补偿程序中。

在疫情期间的"定点"中，行政主体由于未实质性地占有酒店并进行运营，因此其并不能够掌握定点单位因征用行为所承受的损失和影响。如果坚持相对人不参与的行政机关主导模式下的补偿程序，最后呈现出的补偿方案和补偿金额势必无法完全反映相对人的合理诉求和实际受损情况，将导致定点相对人的权益无法得到完全补救。"定点"解除之后的补偿是实现公益主导下的征用和私益维护下的所有权保障平衡的重要措施，是一项追求行政决定可接受性的、涉及相对人实质性利益、需要充分了解相对人受损情况、与相对人密切相关的行政决定。而通过定点相对人的实质性参与补偿决定作出过程，将有助于实现补偿决定的可接受性和相对人利益维护的双赢局面。

"定点"征用对象的无形性不仅对补偿程序提出了要求，也对我国现行的应急征用补偿范围提出了挑战。"定点"对相对人造成的损失主要包括两方面：一是有形损失，如被指定为定点之后带来的酒店退订等经营性损失以及防控疫情的专门性支出等；二是无形损失，相对人的经营自由受到了严格限制，同时接待外地旅客所带来的对于商家安全性的威胁、商誉的损失所带来的顾客的流失等。目前，我国各地在应急征用补偿立法中都采取了适当补偿的补偿原则，对因应急征用所进行的补偿只补偿"实际损失"和"直接损失"，对预计发生的损失以及非物质层面的损失不予以补偿。这意味着"定点"所带来的无形损失，如营业自由以及商誉损失等将得不到弥补，而这对于经营者来说恰恰是最核心的价值。

伴随自由法治国向社会法治国的转型，所有权从"神圣不可侵犯"走向"社会义务性"，同时带来了补偿范围的缩减。完全补偿原则要求征用主体不仅对被征用标的物的通常价值予以补偿，还要补偿比如营业地点以及顾客来源的损失等特别价值。[1] 1893年的眼镜行案是典型的完全补偿原则的再现，法院认为虽然通常价值并不包括营业声誉在内，但是衡量被征收人的财产状况，固定客源属于征收造成的损失，应当予以补偿。[2] 补偿因征收征用所造成的固定客源等无形的营业损失是完全补偿原则下的应有之义。之后德国经

---

〔1〕 张韵声：《征用补偿制度比较研究：以美、德、日为参照》，海南出版社2006年版，第167~168页。
〔2〕 参见陈新民：《德国公法学基础理论》，山东人民出版社2001年版，第490页。

历了魏玛宪法的适当补偿到基本法的公平补偿的语词变迁。公平补偿的语义
解释成为学界和实务界争论的焦点。适当补偿论和完全补偿论各执一词，相
争不下。但德国一方面在立法中除非例外情形一般皆规定需进行"全额补
偿"，另一方面在司法中倾向于通过解释技术将公平补偿解释为全额补偿。因
此有观点认为，"德国基本法中有关征收补偿必须经过公益及私益之公正衡量
程序……（已经）名存实亡"。[1]

　　适当补偿原则限缩为公正和恰当的合理金额。在司法判例中进一步具体
为"公平市场价值标准"，即以一项财产的市场价格[2]作为补偿的上限。该
种单一的适当补偿标准对于财产权的保障来说无疑是不足的，难以回应行政
权对相对人的财产自由造成的无形影响。对于疫情期间被指定为定点接待酒
店的商家而言，其所受到的损失并非停产停业的经常性费用支出所能涵括。
以前述非典时期被镇江市人民政府指定为定点酒店的河滨饭店为例，在日常
的经营费用外，其损失还包括了顾客的流失、商誉的损失等非物质性的内容，
这些利益在商业社会远比物质性的经营费用要更为重要，对其进行补偿是必
要的。

结　语

　　疫情期间的"定点"虽然延续了定点行为通过控制相对人的范围来实现
有效行政管理的特点，但是行政目的的不同，推动其在性质和内容上与微观
市场监管为目的的定点行为产生区别和差异。作为一种突发事件应对行为，
疫情期间的"定点"通过限制经营自由的方式实现控制疫情扩散、维护公共
健康的目的。

　　但是这种对财产权的限制由于是对定点相对人的权利的制约，从而不再
是公民必须负担的社会义务，而具有了征用的性质。因此需要对其从主体和
程序、事前的决定和事后的补偿等多个方面对这一负担行为施加限制，以防
止其突破依法行政的基本要求。这一方面需要寄希望于行政机关的自我设限，
另一方面需要依赖法律制度的完善。

---

〔1〕　陈新民：《德国公法学基础理论》，山东人民出版社 2001 年版，第 514 页。
〔2〕　杨显滨：《论美国征收条款及对我国的启示》，载《政法论丛》2015 年第 5 期。

我国第五次民法典编纂中民法典研究的学术场域

——基于 CiteSpace 可视化知识图谱分析（2015—2019 年）*

吴雅婷**

摘　要： 自我国第五次民法典编纂活动启动以来，民法典研究成果迭出，蔚为大观。通过 CiteSpace 可视化分析软件和 Excel 工具，对中国学术期刊网络出版总库中 1488 篇涉及民法典研究的学术文献进行分析，包括年度发文量分析、核心研究者与研究机构分布分析、关键词（研究主体）总体分析等，呈现本次民法典编纂中民法典理论研究的整体发展情况、研究热点与演变趋势，寻找和反思研究的不足，并展望后法典时代民法典学术研究的发展趋向。

关键词： 第五次民法典编纂　民法典研究　CiteSpace可视化

＊　2019 年中国政法大学博士研究生创新实践项目"从人身非财产关系到人格权编：苏联民法及其法学理论之影响"（项目编号：2019BSCX41）；国家社科基金重大项目"民法典编纂的内部与外部体系研究"（项目编号：18ZDA141）。

＊＊　吴雅婷，女，中国政法大学比较法学博士研究生，研究方向为比较民商法、比较法律文化。

新中国成立以来，我国开展了五次民法典编纂活动。[1] 由于种种原因，前四次民法典编纂均无疾而终。2014 年 10 月 23 日，中共十八届四中全会通过的《中共中央关于全面推进依法治国若干重大问题的决定》对编纂民法典作出部署，由此拉开了第五次民法典编纂的序幕。按照先编纂民法典总则编、后编纂民法典分则编的"两步走"策略，2017 年 3 月 15 日先行通过了《中华人民共和国民法总则》（以下简称《民法总则》），2020 年 5 月 28 日通过了《中华人民共和国民法典》（以下简称《民法典》）。这是新中国成立以来第一部以"法典"命名的法律，是新时代我国社会主义法治建设的重大成果。[2]

在本次民法典编纂中，法学界尤其是民法学界以极大的热情，参与民法典编纂的理论研究，掀起了新一波民法典研究的热潮，有力地推进了民法典编纂理论研究的深入，为民法典的颁行做出了理论贡献。本次民法典编纂中关于民法典的理论研究值得总结。本文将借助 CiteSpace 可视化软件和 Excel 工具，对中国知网数据库（CNKI）中 2015—2019 年有关民法典研究的学术文献进行梳理，揭示其在本次民法典编纂中的大体发展情况、研究热点与演变趋势，总结与反思民法典理论研究的不足，并对后法典时代的民法典理论研究作一个简要的展望。

一、数据来源与研究方法

本文研究的有关民法典的学术论文全部来源于 CNKI 数据库。在高级检索中，检索条件设定为：主题为"民法典"或者"民法典编纂"或者"民法法典化"；时间跨度为 2015—2019 年；期刊来源为"核心期刊"和"CSSCI"。这样总共获得 1627 篇相关研究成果。为最大限度地确保研究的精确性，人工剔除了涉及民法典的会议综述、征稿启事、法学人物介绍、期刊总目录、中国法学纪事等非研究型文献，以及除去重复的文献，最终筛选出 1488 篇论文作为本文研究与分析的样本。在研究方法上，本文主要以 CiteSpace 和 Excel 作为文献统计与分析的工具。通过 CiteSpace 可视化软件，可绘制出关键词聚类图谱和关键词时区图，直观地呈现 2015—2019 年之间围绕着民法典展开的

---

〔1〕 第一次为 1954—1956 年，第二次为 1962—1964 年，第三次为 1979—1982 年，第四次为 2002 年，第五次为 2014—2020 年。参见张玉敏主编：《新中国民法典起草五十年回顾与展望》，法律出版社 2010 年版，第 3～146 页。

〔2〕 参见习近平：《充分认识颁布实施民法典重大意义 依法更好保障人民合法权益》，载《求是》 2020 年第 12 期。

学术研究所涉及的研究主题、研究热点与演变趋势；同时，借助 Excel 软件，可对 2015—2019 年民法典研究的年度文献分布、核心研究者和研究机构的分布等方面进行考察，揭示国内民法典研究的整体态势。

二、整体分析

（一）年度文献数量统计

以民法典为议题的学术文献数量、基金项目文章数量的历年分布如图 1 所示。不难看出，自 2014 年 10 月 23 日党的十八届四中全会对"编纂民法典"作出部署时起，围绕民法典所形成的研究成果数量越来越可观，基本上呈逐年上升趋势。具体来说，2015 年的发文数量有 193 篇，2016 年发文数量急剧上升并达到了 286 篇，说明这一阶段的民法典讨论比较激烈。经过为期两年的平稳讨论阶段之后，从 2018 年开始，学者们的发文数量又显著增加，说明此时法学界的讨论也很热烈。需要指出的是，在这些民法典研究的学术成果之中，大约有 33.2% 的成果是受国家社会科学基金、教育部人文社会科学项目等基金或项目资助的，这些受基金或项目资助的文章数量大体上也随着时间的推移而增多。前述两个指标一定程度上反映了我国法学者对民法典研究的热切关注，以及国家对民法典编纂事业的重视。

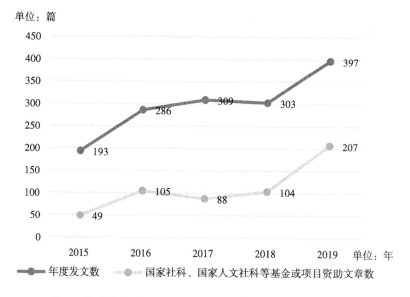

图 1 民法典领域研究成果、基金项目文章的历年发文数量

（二）核心研究者与研究机构的分布

研究者乃是一个研究领域得以健康、繁荣发展不可或缺的推动力量，而研究机构则是研究者组织并开展学术研究的重要依托。通过对民法典领域的核心研究者与研究机构分布的考察与分析，可以管窥哪些研究者和研究机构在该领域中拥有重要地位或较大的影响力。

1. 核心研究者分布

图 2 呈现的是民法典领域核心研究者合作共现网络的情况。图 2 中节点的大小代表研究者的发文数量，节点之间的连线反映了研究者之间的合作关系。不难发现，我国民法典领域的核心研究者合作共现网络密度较低，表明研究者之间的合作程度较低。进言之，许中缘和夏沁之间，房绍坤和严聪之间以及彭诚信和李贝之间有着较强的合作关系，其他学者在民法典学术研究中则显得较为独立或者说合作关系并不明显。[1] 同时，根据 CiteSpace 中"Network Summary Table"显示，包括合作作者在内的民法典领域核心研究者共有 206 位，其中发文 5 篇及以上的研究者有 38 位，占核心研究者总数的 18.45%，而发文 10 篇及以上的研究者有 11 位，占核心研究者总数的 5.34%。由此可知，民法典编纂受到了我国法学研究者的广泛关注，但是对其研究的集中度与深入度只体现于少数高产研究者。根据图 2 显示，王利明、杨立新、房绍坤、高圣平、李永军、柳经纬，许中缘、冉克平、徐国栋、程啸和朱广新这 11 位法学者所在的节点较大，说明这些学者的发文数量相对较多，对民法典的研究也较为集中、深入。表 1 中关于民法典研究的前 20 位高产研究者排名情况，也可以印证这一点。结合图 2 和表 1 来看，核心研究者的身份主要为民商法学者，几乎没有中法史、宪法、行政法等其他领域的学者，说明民商法学者为民法典研究的主力军，其他法学领域的学者参与较少或者没有参与。

---

[1] 当然，由于文献资料的来源、主题检索条件以及可视化分析阈值的设定上的差异和局限，可能部分学者之间虽然存在合作关系，但这种关系未能体现在核心研究者合作共现网络图上。尽管如此，大体而言，民法典领域的核心研究者之间的合作情况还是展示得比较清晰的。

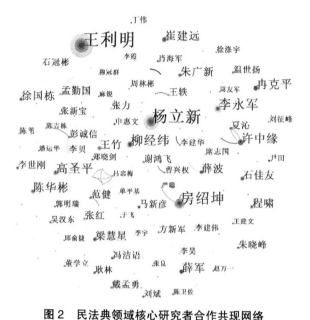

图 2　民法典领域核心研究者合作共现网络

表 1　民法典研究领域高产研究者（前 20 名）

排　名	作者姓名	发文量（篇）	排　名	作者姓名	发文量（篇）
1	王利明	49	11	朱广新	10
2	杨立新	38	12	王　竹	9
3	房绍坤	23	13	王　轶	9
4	高圣平	18	14	陈华彬	9
5	李永军	16	15	石佳友	8
6	柳经纬	15	16	薛　军	8
7	许中缘	13	17	张　力	8
8	冉克平	13	18	石冠彬	8
9	徐国栋	12	19	谢鸿飞	8
10	程　啸	10	20	马新彦	8

除了核心研究者合作共现网络和高产研究者排名之外，研究者文章的被引频次也是衡量核心研究者的重要指标。通常而言，一个研究者的文章被其他研究者引用得越多，就说明该研究者在特定研究领域越有影响力。在一定意义上可以说，研究者的高频被引文献是一个研究领域的智识来源，其他研究者之所以引用它，大多因为他们认可其观点或者他们的学术研究需要建立在该文献的基础上。根据表 2 显示，王利明 3 篇文章总共被引 344 次，杨立新 2 篇文章总共被引 328 次，梁慧星 2 篇文章总共被引 220 次，王雷 2 篇文章总共被引 212 次。由此可知，这几位研究者的学术影响力并不小。通过研读文献发现，这些作者的研究议题是多方面的，不仅侧重于民法典的立法论研究，专注于民法典中具体法律制度的构建与完善，还致力于民法典的立法技术研究；不仅关注到传统民法理论的研究，也对新时期中国面临的现实问题进行讨论。

表 2　民法典研究领域 15 篇高频被引文献

序　号	文章名	作　者	来源期刊	年　份	被引频次
1	《民法总则》制定与我国监护制度之完善	杨立新	法学家	2016	238
2	论民法中的决议行为从农民集体决议、业主管理规约到公司决议	王　雷	中外法学	2015	134
3	民法分则合同编立法研究	王利明	中国法学	2017	130
4	《中华人民共和国民法总则（草案）》：解读、评论和修改建议	梁慧星	华东政法大学学报	2016	122
5	民商合一体例下我国民法典总则的制定	王利明	法商研究	2015	115
6	我国农民集体成员权的立法抉择	陈小君	清华法学	2017	113
7	公共利益与利益衡量	梁上上	政法论坛	2016	105
8	代物清偿中的合意基础与清偿效果研究	肖　俊	中外法学	2015	105
9	人工智能时代对民法学的新挑战	王利明	东方法学	2018	99

序 号	文章名	作 者	来源期刊	年 份	被引频次
10	民法总则立法的若干理论问题	梁慧星	暨南学报（哲学社会科学版）	2016	98
11	民法分则物权编应当规定物权法定缓和原则	杨立新	清华法学	2017	90
12	民法总则编纂视野中的成年监护制度	焦富民	政法论丛	2015	89
13	论"三权分置"中的土地经营权	丁 文	清华法学	2018	86
14	网络虚拟财产权债权说之坚持——兼论网络虚拟财产在我国民法典中的体系位置	王 雷	江汉论坛	2017	78
15	民法分则侵权责任编立法研究	张新宝	中国法学	2017	78

2. 核心研究机构分布

根据图 3 所显示的核心研究机构分布，中国人民大学和中国政法大学是民法典研究领域的高产机构。其中，中国人民大学的发文数量居于首位，累计发文 166 篇；中国政法大学次之，累计发文 129 篇。紧随其后的是西南政法大学（72 篇）、清华大学（62 篇）、华东政法大学（61 篇）、中国社会科学院（56 篇）、吉林大学（55 篇）、中南财经政法大学（54 篇）和武汉大学（52 篇）。其他 6 个研究机构的发文数量大体相当。前述 15 所研究机构的总发文量为 891 篇，占据了本文研究样本的 60.00%。在此意义上可以说，这 15 所研究机构是我国第五次民法典编纂启动后民法典领域研究的中坚力量。结合民法典领域核心研究者分布（图 2）和核心研究机构分布（图 3）所呈现的信息不难发现，核心研究者较多的研究机构，民法典领域的研究成果也相对比较丰富，因此研究机构与研究者之间存在一定的共生关系，二者相互依存、互相成就。

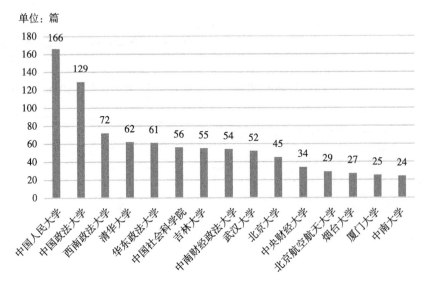

图 3 民法典领域核心研究机构分布（前 15 名）

三、研究主题分析

在展示民法典领域的学术研究的整体情况之后，下文将结合 CiteSpace 的知识图谱对民法典研究的主题进行深层挖掘解读，把握其研究热点与研究态势。在 CiteSpace 可视化软件中，选择最短路径算法，设置时间切片为 1，阀值为 top 50，生成 2015—2019 年民法典研究的关键词聚类图、关键词时区图等知识图谱，并借助 Excel 工具列出每个聚类内在包含的高频关键词，以辅助本文对民法典研究的热点问题及其演进情况进行分析。

（一）研究内容

关键词为一篇学术文献的精髓所在，利用关键词我们可以迅速把握学术文献所涉及的核心议题。因此，通过对民法典领域的学术文献的关键词进行聚类，有助于了解关键词之间的逻辑关系，并把握民法典研究聚焦的主题。使用 CiteSpace 软件，生成关键词聚类图谱（图 4）。图谱的 Modularity Q 值为 0.5174，Mean Silhouette 为 0.4893，说明聚类效果较好。

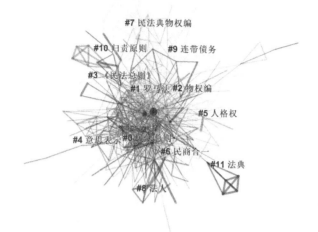

图 4 民法典研究领域之关键词聚类图谱

通过图 4 可知，民法典研究领域的关键词聚类依次为：#0 "民法总则"、#1 "罗马法"、#2 "物权编"、#3 "《民法总则》"、#4 "意思表示"、#5 "人格权"、#6 "民商合一"、#7 "民法典物权编"、#8 "法人"、#9 "连带债务"、#10 "归责原则" 和 #11 "法典"。在 "Cluster Explorer" 中可以获得每个聚类项下所内在包含的一系列高频关键词，将这些高频关键词制作成表 3。结合民法典研究的关键词聚类及其项下的各高频关键词，总结出 2015—2019 年民法典研究主要涉及如下知识群：

表 3 民法典研究关键词聚类中的高频关键词分布

知识群	聚类名称	聚类内在包含的高频关键词
一	#1 罗马法	法典化、罗马法、法典编纂、俄罗斯、知识产权、萨维尼、创新、人格权独立成编、婚姻法庭法、民法体系、民法典婚姻家庭编、体系结构、知识产权立法、法律关系、比较研究、
	#5 人格权	人格权、人格、人格权编、一般条款、个人信息权、人格利益、一般人格权、人格尊严、独立成编、侵权责任法、个人信息、制度建构

知识群	聚类名称	聚类内在包含的高频关键词
	#6 民商合一	民商合一、民商分立、民商关系、商法通则、商法、民法典总则、商主体、商事通则、商行为、立法体例、法律体系、体系效应、商法典、时效、商事代理、民事代理、民法典体系、立法模式
	#11 法典	立法技术、公法、宪法、基本权利、私法、司法解释、人文关怀
二	#0 民法总则	民法总则、诉讼时效、时效期间、请求权、中国民法典、民事主体、消灭时效、体例、非法人组织、合同法、民事立法、习惯法、法人分类、体系性、平等主体
二	#3《民法总则》	民法典编纂、《民法总则》、社会主义核心价值观、民事权利、民事责任、规范设计、体系、习惯、法源
二	#4 意思表示	法律行为、意思表示、意思自治、私法、成年监护、信赖保护、可撤销法律行为、动机错误、民事法律行为、决议行为、效力制度体系
二	#8 法人	法人、商事代理、民事主体、营利法人、财团法人、社团法人、其他组织、企业法人、民事代理、权利能力
三	#2 物权编	物权编、担保物权、善意取得、物权变动、效力、交付、所有权、抵押
三	#7 民法典物权编	居住权、人役权、土地承包经营权、土地经营权、用益物权、民法典物权编、三权分置、典权、登记对抗主义、农地租赁经营合同
四	#9 连带债务	合同法、民法典合同编、劳动合同、雇佣合同、典型合同、融资租赁公示制度、连带债务、合同法总则、合同类型
五	#10 归责原则	未成年人、归责原则、过错责任、公平责任、侵权责任能力、立法、侵权责任、绿色原则、生态环境损害、惩罚性赔偿、危险责任、民法基本原则、隐私权、个人信息权、人格权、隐私权、名誉权

1. 知识群一：民法典编纂的观念与立法技术研究

主要包括：#1 "罗马法"、#5 "人格权"、#6 "民商合一" 和#11 "法典"。研读从 "Listing Citing Papers to the Cluster" 下载的核心文献，并结合前述三个聚类所内在包含的高频关键词（见表3），我们可以发现 "知识群一" 大体上包含如下两方面重点内容：

一是关于民法典编纂的观念研究。中国应当编纂一部什么样的民法典，是法学界在本次民法典编纂过程中面临的最重要的叩问之一。对此问题的回答虽然多元，但归结起来主要从两个角度来阐述：第一个角度是民法典的价值理性。柳经纬指出，民法是私法的核心，民法典应彰显契约自由（意思自治）和财产权的精神，唯有如此，民法典才能获得生命力。[1] 钟瑞栋主张，民法典规则应融入社会主义核心价值观。[2] 石佳友从波塔利斯的法典化思想受到启发，提出我国的民法典应体现民族性、开放性、实用性和正义性。[3] 第二个角度是民法典编纂的思路。即民法典应采取汇编式、重述式的编纂思路，以提供裁判者全面、完整和可操作性的法律为目标，还是采取教科书式的编纂思路，旨在作为公民的法律教育读本？对此，薛军从我国民法典编纂的前提条件和现实基础出发，认为当下民法典编纂更多的应该是汇编式、重述式性质的法典编纂，同时在考察《荷兰民法典》《意大利民法典》和《魁北克民法典》等域外法典的基础上，认为那种为了追求让民法典对于普通民众通俗易懂，而通过法律概念层层分类和推演，来建构严格的体系化和抽象化规则的法典编纂观念已经在现代民法典编纂中逐渐被超越。纪海龙认为，人们重视的不应该是民法典这种形式，而应关注民法典所应发挥的体系整合功能，如果民法典能够对规则进行较好整合，无疑会大大减轻学术与实务进行体系整合的负担。[4]

二是关于民法典体系化的立法技术研究。民法典编纂是一项宏大的立法工程，不能不统筹其与其他法域的关系。概括而言，法学者们普遍聚焦于五

---

[1] 参见柳经纬：《中国民法典编纂若干问题探讨》，载《中国高校社会科学》2015年第2期。

[2] 参见钟瑞栋：《社会主义核心价值观融入民法典编纂论纲》，载《暨南学报（哲学社会科学版）》2019年第6期。

[3] 参见石佳友：《法典化的智慧——波塔利斯、法哲学与中国民法法典化》，载《中国人民大学学报》2015年第6期。

[4] 参见纪海龙：《理想与现实的距离——对中国民法典编纂的冷观察》，载《华东政法大学学报》2016年第6期。

个主题：第一，私法与公法的关系，尤其是民法典与宪法关系的研究。宪法为一国的根本法和高级法，居于一国法律体系之"统帅"地位。民法通常被视为宪法的实施法，不仅在立法中负有具体化和形成基本权利的义务，法官在裁判过程中同样具有将基本权利价值贯彻到私法领域的宪法义务。[1] 不过，也有观点认为，民法典要超越宪法实施法与法律帝国主义，当宪法实施不力之时，应当发挥宪法功能，起到限权和护权的作用。[2] 第二，婚姻家庭法"回归"民法典的研究。由于受到苏联的影响，我国的婚姻家庭法一直游离于民法之外，如今借着民法典编纂的契机"回归"民法乃顺理成章。然而这种回归不应局限在形式层面，而应按照法典理性对婚姻家庭法的立法体例和规范细节进行科学再造。[3] 不仅如此，婚姻家庭法的价值已然发生了变迁，婚姻家庭编立法的完善应立基于新的价值观念，并从体系和内容两个层面进行建构。[4] 第三，知识产权与民法典的关系研究。知识产权作为一种私权，应当为民法体系接纳。然而民法典应以何种方式规定知识产权？对此，易继明和吴汉东均主张知识产权单独成编，但二者的观点仍有差别：前者主张将现有知识产权制度整体移入民法典；[5] 后者则建议采取"点—面"结合之模式，将知识产权的原则性规定安排于总则，再单独设编对知识产权作一般性规定。[6] 梁慧星则认为民法典分则不应设知识产权编，具体知识产权立法应交由民事特别法规定。[7] 第四，民法与商法的关系研究。在立法体例上，民法学界与商法学界已经达成共识：只实行形式上的民商合一，单行法仍为商法的主要存在形式。二者的主要争论在于，民法典与单行商事法之间有无必要制定一部商法通则。支持者认为，民法总则难以承担提供商法规范

---

〔1〕 参见郑贤君：《作为宪法实施法的民法——兼议龙卫球教授所谓的"民法典制定的宪法陷阱"》，载《法学评论》2016 年第 1 期；韩大元：《宪法与民法关系在中国的演变——一种学说史的梳理》，载《清华法学》2016 年第 6 期。

〔2〕 参见谢鸿飞：《中国民法典的宪法功能——超越宪法施行法与民法帝国主义》，载《国家检察官学院学报》2016 年第 6 期。

〔3〕 参见徐涤宇：《婚姻家庭法的入典再造：理念与细节》，载《中国法律评论》2019 年第 1 期。

〔4〕 参见冉克平：《论〈民法典婚姻家庭编（草案）〉的体系、内容及其完善》，载《武汉大学学报（哲学社会科学版）》2019 年第 6 期。

〔5〕 参见易继明：《中国民法典制定背景下知识产权立法的选择》，载《陕西师范大学学报（哲学社会科学版）》2017 年第 2 期。

〔6〕 参见吴汉东：《知识产权应在未来民法典中独立成编》，载《知识产权》2016 年第 12 期。

〔7〕 参见李扬：《论民法典编纂中知识产权不宜独立成编》，载《陕西师范大学学报（哲学社会科学版）》2017 年第 2 期。

的重任,商事立法的体系化应由"民法典+商法通则+单行商事法"范式实现。[1] 反对者则主张以"民法典+单行商法"范式构筑。[2] 然而,无论主张何种规范模式,学者均注重民商事代理规范的立法,认为民法典应区别民事代理与商事代理,对商事代理做出特别规定。[3] 第五,围绕着人格权是否要独立成编展开论战。赞成者认为,人格权独立成编有助于强化和全面保护人格权,完善我国民法典的体系。[4] 反对者也提出了诸多反驳理由。[5] 在人格权独立成编否定派之中,对于人格权的立法安排也存有异见。有的主张将人格权规定于总则的"自然人"部分;[6] 有的建议延续民法通则以来所形成的"人格权确认+人格权保护"的立法格局,并于侵权责任编中专章规定"人格侵权责任";[7] 还有的提出人格权是宪法性权利的主张,认为人格权独立成编会导致民事领域之外的社会生活领域中人格尊严无法得到民法保护,因此民法典应在侵权责任编中规定人格权保护的一般条款和具体条款,如此才能将保护范围扩及人们社会生活的全部领域。[8]

2. 知识群二:民法总则的主要制度研究

主要包括:#0"民法总则"、#3"《民法总则》"、#4"意思表示"和#8"法人"。结合这些聚类所内在包含的高频关键词,可知"知识群二"涉及的研究主题,主要是法律行为制度、诉讼时效制度和法人制度。

---

[1] 参见赵旭东:《民法典的编纂与商事立法》,载《中国法学》2016年第4期。
[2] 参见赵万一:《中国究竟需要一部什么样的民法典——兼谈民法典中如何处理与商法的关系》,载《现代法学》2015年第6期。
[3] 参见蒋大兴、王首杰:《论民法总则对商事代理的调整——比较法与规范分析的逻辑》,载《广东社会科学》2016年第1期;武亦文、潘重阳:《民法典编纂中代理制度的体系整合》,载《浙江社会科学》2016年第10期。
[4] 参见王利明:《论人格权独立成编的理由》,载《法学评论》2017年第6期;杨立新:《对民法典规定人格权法重大争论的理性思考》,载《中国法律评论》2016年第1期;王叶刚:《民法典人格权编的规则设计》,载《政治与法律》2017年第8期。
[5] 反对理由主要有:第一,人格权与自然人相伴始终,密切相连,与物权、债权等其他民事权利有本质区别;第二,人格权不能适用民法总则中有关法律行为、代理等共通性的规定;第三,人格权具有不可定义性,缺乏独立成编的要素,单独成编的人格权法律条文有限,影响民法典的体系协调。参见梁慧星:《中国民法典中不能设置人格权编》,载《中州学刊》2016年第2期;参见柳经纬:《民法典编纂中的人格权立法问题》,载《中国政法大学学报》2018年第6期。
[6] 参见梁慧星:《中国民法典中不能设置人格权编》,载《中州学刊》2016年第2期。
[7] 参见柳经纬:《民法典编纂中的人格权立法问题》,载《中国政法大学学报》2018年第6期。
[8] 参见尹田:《人格权独立成编的再批评》,载《比较法研究》2015年第6期。

　　首先，关于法律行为制度的研究。法律行为是民法的核心制度，也是私法自治的有力工具。民法通则制定时，"民事法律行为"取代了德国法上的"法律行为"的概念，强调民事法律行为的合法性，而抽去了当事人的意思表示。在民法典编纂过程中，法学界对旧有的法律行为理论进行反思，指出当事人的意思表示才是法律行为的灵魂。[1] 除了对民事法律行为的内涵"正本清源"之外，学者还针对民事法律规范的现状和改革进行讨论。例如，有学者通过梳理我国现行法上有关民事法律行为的规范，指出民事法律行为制度散乱、残缺不全、合同效力规则的双轨制矛盾、"重效力、轻行为"的规范模式等立法现状，认为民事法律制度践行私法自治理念，重点对法律行为的效力作例外性规定，并丰富法律行为的类型。[2] 不仅如此，对意思表示规则体系的完善、[3] 对法律行为的效力规则的重构[4]以及对法律行为的生效模式的完善等议题，[5] 均是法律制度研究的重点所在。其次，关于诉讼时效制度的研究。诉讼时效关涉当事人权利的保护，是民法总则当中的重要内容，学者对此议题的研究比较深入。有学者细致讨论了诉讼时效制度在不同历史阶段的价值理由、诉讼时效期间的确定和诉讼时效的适用范围。[6] 也有学者在对域外时效立法考察的基础上，从诉讼时效的立法模式选择和诉讼时效名称的取舍等维度对时效进行研究。[7] 最后，关于法人制度的研究。争议焦点集中在法人分类的模式选择之上。传统民法以法人本质为标准，将法人分为社团法人与财团法人，与前者不同，我国民法典依法人目的是否营利，把法人

---

〔1〕　参见孙宪忠：《民法典总则编"法律行为"一章学者建议稿的编写说明》，载《法学研究》2015 年第 6 期。

〔2〕　参见朱广新：《民事法律行为制度的反思与完善——以法律规范的逻辑合理性为中心》，载《政治与法律》2015 年第 10 期。

〔3〕　参见席志国：《〈民法总则〉中法律行为规范体系评析》，载《浙江工商业大学学报》2017 年第 3 期。

〔4〕　参见杨立新：《我国〈民法总则〉法律行为效力规则统一论》，载《法学》2015 年第 5 期，第 3~11 页。

〔5〕　参见陈小君：《民事法律行为效力之立法研究》，载《法学家》2016 年第 5 期。

〔6〕　参见朱晓喆：《诉讼时效制度的价值基础与规范表达〈民法总则〉第九章评释》，载《中外法学》2017 年第 3 期。

〔7〕　参见房绍坤：《我国民法典编纂中时效立法的三个问题》，载《法学杂志》2015 年第 9 期。

划分为营利法人与非营利法人。[1] 在部分学者看来，这一区分标准确立了商法（商事）的核心范畴，可谓民法总则之于商法的最大贡献。[2] 有学者从逻辑周延性、确定性和实质性区别这三个角度出发，对法人的三种基本类型模式进行衡量与比较，提出社团法人与财团法人的分类模式是最优选择。[3] 还有学者通过对域外法人分类模式的考察，指出营利法人与非营利法人的二元结构存在缺陷，进而认为应采用社团法人与财团法人的分类模式。[4]

3. 知识群三：物权之立法研究

主要包括聚类#2"物权编"和#7"民法典物权编"。结合这两个聚类所包含的高频关键词可知，"物权之立法研究"中有如下几个重点议题：

其一，关于居住权的研究。随着保障体系不断完善，家庭养老模式正逐渐退出历史舞台，有学者以居住权原本承载的家庭生活保障功能已丧失为由，反对在物权编内设立居住权；但也有学者认为，居住权仍有利于保护家庭中的弱势群体，而且它在满足人们投资需求的同时，也能为非所有权人提供通过法律行为比较稳定地使用他人财产的可能性。[5] 对于居住权的具体立法，鲁晓明认为，应当区分居住权的人役性与对住房的居住功能，对于居住权的人役性部分，交由亲属法、继承法等法律专门规范，而对于非家庭之社会一般成员具有重大意义的投资性居住权，则交由"物权编"解决。[6] 在申卫星看来，民法典分编应围绕着居住权的一般规定、居住权的设立、登记与限制、居住权人的权利与义务等十二个方面的内容，作出系统性规定，"实现我国住房之策由'居住有其屋'向'住有所居'的转变"。[7] 其二，关于农地"三权分置"的研究。"三权分置"是我国农村土地建设中最引人瞩目的内容，而

---

〔1〕 参见梁慧星：《〈中华人民共和国民法总则（草案）〉：解读、评论和修改建议》，载《华东政法大学学报》2016 年第 5 期；董学立《民法典编纂视野下法律行为的效力制度体系研究》，载《河南社会科学》2017 年第 4 期。

〔2〕 参见蒋大兴：《〈民法总则〉的商法意义——以法人类型区分及规范构造为中心》，载《比较法研究》2017 年第 4 期。

〔3〕 参见罗昆：《我国民法典法人基本类型模式选择》，载《法学研究》2016 年第 4 期。

〔4〕 参见曹兴权：《组织类民事主体制度的民法典表达——兼评〈民法总则（草案）〉》，载《河南社会科学》2016 年第 7 期。

〔5〕 参见崔建远：《民法分则物权编立法研究》，载《中国法学》2017 年第 2 期。

〔6〕 参见鲁晓明：《论我国居住权立法之必要性及以物权性为主的立法模式——兼及完善我国民法典物权编草案居住权制度规范的建议》，载《政治与法律》2019 年第 3 期。

〔7〕 参见申卫星：《从"居住有其屋"到"住有所居"——我国民法典分则创设居住权制度的立法构想》，载《现代法学》2018 年第 2 期。

土地经营权是"三权分置"改革的关键与症结所在。对于土地经营权，学界一般从其性质、客体与内容进行讨论。就性质而论，主流意见是将土地经营权物权化，使之纳入用益物权的范畴。[1] 不过，也有学者提出土地经营权债权化和土地经营权之"物权—债权"二元结构两种思路。[2] 对于土地经营权的客体，有的主张，土地经营权乃是农民为他人在土地承包经营权的基础上为他人设定的一项他物权，以土地承包经营权为客体；有的则认为，土地经营权的客体为特定的土地。土地经营权的权利内容通常包括占有、使用、收益权以及对本权的处分权等权能；土地经营权应采行债权形式主义的变动模式，在条款设置上应包含权利主体、权利内容、权利取得以及权利限制等制度。[3] 其三，关于担保物权的研究。担保物权是民法中比较活跃的领域，由于担保物权在我国经济体系中扮演了重要角色，民法典编纂不得不重视担保物权法制的建构。关于担保物权的学术争议，主要体现在民法典是否要改变现有的担保物权体系。就此问题，有的主张民法典物权编只需维持以抵押权、质权和留置权为基本形态的担保物权体系即可，无须加以改变。[4] 也有学者提出，典权具有自己的特征，与抵押权、质权等担保物权不同，应当就典权作专门规定。[5]

4. 知识群四：合同之立法研究

从表 3 来看，聚类#9"连带债务"所包含的高频关键词，有"合同法、民法典合同编、劳动合同、雇佣合同、典型合同、融资租赁公示制度、连带债务、合同法总则、合同类型"等。结合有关合同立法的文献，可以发现，法学者就合同编的立法完善，主要从以下几个角度展开：一是从宏观层面出发，讨论民法典合同编总则的立法技术。比如，谢鸿飞提出，合同编总则的编纂，要尊重我国现行的法律秩序，处理好民商合一与民商分立之间以及普通法与特别法之间的关系。[6] 二是从中观层面出发，对合同编中的主要法律

---

〔1〕 参见孙宪忠：《推进农地三权分置经营模式的立法研究》，载《中国社会科学》2016 年第 7 期；谭启平：《"三权分置"的中国民法典确认与表达》，载《北方法学》2018 年第 5 期。

〔2〕 参见温世扬、吴昊：《集体土地"三权分置"的法律意蕴与制度供给》，载《华东政法大学学报》2017 年第 3 期；王利明：《我国民法典物权编的修改与完善》，载《清华法学》2018 年第 2 期。

〔3〕 参见丁文：《论"三权分置"中的土地经营权》，载《清华法学》2018 年第 1 期。

〔4〕 参见程啸：《民法典物权编担保物权制度的完善》，载《比较法研究》2018 年第 2 期。

〔5〕 参见高圣平：《民法典中担保物权的体系重构》，载《法学杂志》2015 年第 6 期。

〔6〕 参见谢鸿飞：《民法典合同编总则的立法技术与制度安排》，载《河南社会科学》2017 年第 6 期。

制度的完善，提出意见。如王利明从合同编的整体出发，分别讨论了合同的订立、合同的履行、情势变更、合同的解除、违约责任和合同解释等制度的完善。[1] 再如，方新军、刘承韪和朱广新均认为，民法典合同编应增设新的合同类别，并对雇佣合同、旅游合同、保理合同等新合同类型展开讨论。[2] 二是从微观层面出发，对合同法中的具体制度之完善的讨论。例如，谢增毅通过考察大陆法系主要民法典中的雇佣合同/劳动合同的发展脉络，指出我国民法典中确立雇佣合同规则的必要性，并就雇佣合同的立法完善提出了建议。[3] 王利明从法定解除权的行使主体、行使条件、合同解除的效力等几个方面出发，讨论了如何完善合同编中的合同解除规则。[4] 针对融资租赁合同制度的完善，高圣平指出，登记公示制度的缺失会对交易安全造成不利影响，融资租赁合同章应安排融资租赁登记制度，采取"以登记公示出租人所有权为主，以登记公示承租人的租赁权为辅"的模式，赋予普通动产融资租赁登记的对抗效力，并构建电子化登记系统。[5]

5. 知识群五：侵权责任之立法研究

这部分仅包括聚类#10"归责原则"，在内容上主要聚焦于侵权法的绿色化，以及公平责任与危险责任研究。

首先，关于侵权法的绿色化研究。绿色原则已被提升至民法基本原则的地位，侵权法律规范的"绿色化"应以前述原则为指引。既有研究之中有的聚焦环境侵权制度的完善，提出要完善现有环境侵权法律规则的设计，增设衔接条款，使环境侵权责任与环境公益诉讼、生态环境损害赔偿制度、生态环境修复责任等相关制度能衔接起来。[6] 侵权责任编"绿色化"的一个重要

〔1〕 参见王利明：《民法分则合同编立法研究》，载《中国法学》2017年第2期。
〔2〕 参见方新军：《关于民法典合同法分则的立法建议》，载《交大法学》2017年第1期；刘承韪：《民法典合同编的立法建议》，载《法学杂志》2019年第3期；朱广新：《民法典之典型合同类型扩增的体系性思考》，载《交大法学》2017年第1期。
〔3〕 参见谢增毅：《民法典编纂与雇佣（劳动）合同规则》，载《中国法学》2016年第4期。关于民法典合同编中对雇佣合同的完善问题，还可参见郑尚元：《民法典制定中民事雇佣合同与劳动合同之功能与定位》，载《法学家》2016年第6期。
〔4〕 参见王利明：《合同编解除制度的完善》，载《法学杂志》2018年第3期。
〔5〕 参见高圣平：《融资租赁登记公示制度的建构——以民法典合同编融资租赁合同章的修改为中心》，载《河南社会科学》2017年第6期。
〔6〕 参见刘超：《论"绿色原则"在民法典侵权责任编的制度展开》，载《法律科学（西北政法大学学报）》2018年第6期。

争议是，该编能否规定生态环境损害责任。反对者认为，生态环境损害行为指向的是公共利益，对环境公共利益的破坏，所涉及的是公法问题，生态环境损害责任应交由环境法而非民法调整。[1] 赞成者认为，规定生态环境损害对生态文明建设意义重大，并就生态环境损害责任的认定与治理模式提出了意见。[2] 其次，关于公平责任与危险责任的研究。在我国，公平责任与危险责任均是处理损害赔偿纠纷的基本原则。由于公平责任无法像过失责任、严格责任等其他归责原则那样建构出一套完整的体系，公平责任通常不被认为具有归责原则的地位。有学者认为，公平责任原则是基于特殊扶助义务的归责原则，仅适用于产生了损害后果的损失分担之中，旨在避免受害人因遭受损失而陷入生活窘迫。[3] 为防止公平责任的滥用，有学者提出，公平责任应仅适用于无过错侵权，且行为人的侵权行为与他人损害后果的发生要有因果关系，如果行为人没有采取任何行为，则不能要求其分担损失。[4] 在风险社会之下，传统过错责任在应对新型侵权纠纷时已经捉襟见肘，以风险分配与社会安全为核心的危险责任逐渐流行起来。危险责任作为我国侵权责任法的二元规则原则，在学界已得到了广泛认同。在民法典编纂中，也有专门就危险责任立法展开的学术研究。例如，岳红强在谈及危险责任的建构时，提出民法典侵权责任编不仅要明确设立危险责任一般条款，同时还要针对危险责任进行类型化，[5] 即应采取危险责任一般条款与类型化相结合的模式。

（二）研究的发展脉络

为了进一步分析民法典研究在不同时间段的研究热点，在 CiteSpace 中的 Layout 面板中使用"TimeZone"功能，生成 2005—2019 年民法典研究的关键词时区图（图 5）。关键词时区图可以清楚地呈现关键词在时间轴上的演变，据此可以分析民法典研究的发展脉络（图 4）。通过研读民法典的学术文献并结合关键词时区图，大体上将我国民法典研究的热点时区分成两个阶段：

---

〔1〕 参见孙佑海、王倩：《民法典侵权责任编的绿色规制限度研究——"公私划分"视野下对生态环境损害责任纳入民法典的异见》，载《甘肃政法学院学报》2019 年第 5 期。

〔2〕 参见林潇潇：《论生态环境损害治理的法律制度选择》，载《当代法学》2019 年第 3 期。

〔3〕 参见毛东恒：《"公平责任原则"构造问题的比较法研究》，载《湖南社会科学》2016 年第 4 期。

〔4〕 参见石冠彬、谢春玲：《前民法典时代公平责任的适用：裁判误区与应然路径》，载《河南社会科学》2019 年第 9 期。

〔5〕 参见岳红强：《我国民法典中危险责任制度的建构》，载《法商研究》2019 年第 6 期。

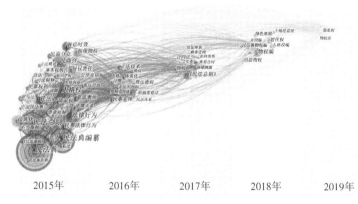

2015年　　　2016年　　　2017年　　　2018年　　　2019年

图5　民法典研究关键词时区图

第一阶段为2015—2016年。在这个时间段内，民法典、民法典编纂、民法总则、人格权、法典化、民法、法律行为、诉讼时效、私法自治、立法技术、体系化等关键词所在的节点比较大，说明它们是此阶段的高频关键词，是法学者所关注的热点议题。归结起来，法学者主要致力于民法典编纂的基础性问题与立法技术研究，以及民法总则立法的研究。一方面，编纂民法典是中国特色社会主义法治建设的重要举措。早在民法典编纂启动之初，民法学者们对民法典编纂的意义与价值就已形成了共识，唯对中国民法典的"愿景"，即中国应当编纂一部什么样的民法典，没有形成一致的认识。然而，如果在民法典编纂工作开展之初不能很好地回答这个问题，实际相关工作就无法有效推进，也无法形成合理的工作方案。[1] 因此，在这个阶段，法学者从民法典编纂的目标与功能、民法典的实质要素和形式要素、民法典的立法技术等不同层面来谈转型中国的民法典应呈现何种样态。另一方面，民法总则是对所有民商事法律"公因式"的提取，为民商法各个部分的共通规则。民法总则统领了整个民法典，在很大程度上决定了民法典的体系安排，具有"定石"作用。有鉴于此，在这个阶段，针对民法总则的研究成果颇多，从民法总则的立法模式选择到相关法律制度的完善，从域外关于总则编的立法研究到对民法通则的扬弃等层面。总而言之，这些阶段的研究成果对于民法典"内在灵魂"的塑造以及基本"骨架"的搭建具有重要意义。

---

〔1〕　参见薛军：《中国民法典编纂：观念、愿景与思路》，载《中国法学》2015年第4期。

第二阶段为 2017—2019 年。从图 5 所显示的关键词来看，该阶段总体上侧重的是民法典分则编的研究。其中，2017 年的研究主题大多聚焦于合同部分的立法，2017 年之后的研究主题虽然也涉及合同研究，但明显偏向了人格权、侵权法与物权法的内容。合同法距离其颁布已有二十余年，随着我国社会主义市场经济得到进一步发展，以及经济全球化和网络时代催生了新的交易类型，合同法中的内容已不能完全适应社会经济发展的需要，合同类型或典型合同的扩增和市场交易规则的完善因而得到了学界重视。物权法领域虽不像合同法领域那样活泼，但也与国计民生紧密相关。十九大报告提出了"实施乡村振兴战略"之后，我国农村土地改革不断深化，农地"三权分置"得以有序推进。这投射到法律领域就是，学者们凭借着民法典编纂这股"东风"，深入研究农地"三权分置"的法律问题，从"三权分置"的内涵，土地经营权的合法地位与性质，土地经营权人的权利、义务和责任等层面予以重点讨论。此外，学者也针对家庭弱者的居住权问题展开了诸多研究。不仅如此，面对着我国生态环境日益恶化的形势，为响应建设美丽中国的号召，侵权法的"绿色化"也为学者所广泛关注。而在高科技时代下对个人的隐私权、名誉权、个人信息权等人格权的侵害问题越来越突出，由此导致对人格权保护的研究也愈来愈多，这些研究不仅立足于具体制度的完善，同时也涉及民法典是否单独设立人格权编的问题。

（三）讨论与评析

上文的论述，已经较为清晰地呈现了我国第五次民法典编纂中的主要学术热点与研究方向。结合 2015—2019 年的研究样本文献，可以看出：第一，这些研究主题之中有很大一部分都是过去民法典编纂学术研究的重点研究主题。这些主题对于我国将塑造一部什么样的民法典起到至关重要的作用。例如，民法典的立法技术研究（人格权立法、民商立法体例、婚姻法"回归"民法，以及知识产权法与民法典关系）、法律行为制度、居住权立法、典权立法、民法典的绿色原则、法人分类等问题，都是对过去民法典编纂中学术研究热点的再讨论。[1] 应当看到，较之以往的研究成果，当前的学术讨论在内

---

〔1〕　参见柳经纬：《共和国六十年法学论争实录》（民商法卷），厦门大学出版社 2009 年版，第 21~36 页、第 71~111 页、第 215~247 页、第 273~289 页、第 337~353 页、第 427~448 页；徐国栋：《民法哲学》，中国法制出版社 2009 年版，第 431~432 页；马俊驹：《法人制度的基本理论和立法问题之探讨》（上），载《法学评论》2004 年第 4 期，第 9~12 页。

容上有着一定的发展和深化。例如，在原有主题的基础上，深入讨论了个人信息权的保护、隐私权的立法、民法总则如何安排商事代理、法律行为与公序良俗的关系、虚假意思表示的法律行为、不适用诉讼时效的请求权、侵害未成年人性自主决定权的特别时效、环境法与民法典的对接、生态损害的侵权救济等。[1] 第二，体系研究与问题研究并行。现有的研究既重视民法典的结构设计，也注重从我国国情出发，坚持问题导向，解决我国的现实问题，力图打造一部"好用"的民法典。例如，立足于我国社会主义现代化建设，深入研究农地"三权分置"、担保制度现代化、高空抛物致人损害、英雄烈士名誉权保护、对自愿紧急救助的保障等。第三，研究方向偏重民法典的立法与完善，同时也有研究成果从本土司法实践中的法院裁判来谈立法的完善。人类所面临的一些问题具有共通性，作为人类法律文明的重要组成部分，两大法系与国际法治资源可为我国民法典的制定提供丰富的立法研究资源，因此学者对于域外法经验给予了重点关注。此外，本土司法裁判在最近几年的学术研究中也越来越受到学者的青睐。

　　总体来看，民法典研究以 2017 年为分水岭，呈现了阶段性的特点。2017年之前的民法典研究大多关注民法典编纂的基础性问题（尤其是民法典的体系问题）和民法总则的立法问题，属于民法典的"灵魂"塑造和"骨架"搭建；而 2017 年之后则更多将目光放在分则编的具体制度建构，属于民法典的"血肉"填充，民法典编纂后期较少再去关心如何搭建科学合理的民法典体系。之所以如此，很大程度上是受到了民法典编纂"两步走"策略的影响：第一步编纂民法典总则，争取 2017 年提请全国人大审议通过；第二步在整合现有民商事法律的基础上编纂民法典分编，争取 2020 年上半年提请审议并通

---

〔1〕　参见程啸：《民法典编纂视野下的个人信息保护》，载《中国法学》2019 年第 4 期；张红：《民法典之隐私权立法论》，载《社会科学家》2019 年第 1 期；刘斌：《论我国民法总则对商事规范的抽象限度——以民法总则的立法技术衡量为视角》，载《当代法学》2016 年第 3 期；李永军：《虚假意思表示之法律行为刍议——对于〈民法总则〉第 146 条及第 154 条的讨论》，载《中国政法大学学报》2017 年第 4 期；杨巍：《论不适用诉讼时效的请求权——我国〈民法总则〉第 196 条的问题与解决》，载《政治与法律》2018 年第 2 期；吴奕锋：《论侵害未成年人性自主决定权的特别时效制度——评〈中华人民共和国民法总则〉第 191 条》，载《法律科学（西北政法大学学报）》2018 年第 1 期；陈海嵩：《论环境法与民法典的对接》，载《法学》2016 年第 6 期；刘静：《论生态损害救济的模式选择》，载《中国法学》2019 年第 5 期。

过民法典。这样"一年点睛，三年画龙"的时程规划，[1] 导致了民法典研究的主题侧重点在时间上出现了分野。

四、研究结论与展望

本文以 2015—2019 年之间有关民法典研究的学术文献为研究样本（以CNKI 为数据来源），以 CiteSpace 可视化软件和 Excel 为研究工具，分析和展现了我国第五次民法典编纂运动中民法典研究的整体样态，可以作出如下结论和展望。

（一）研究结论

从民法典研究的整体现状来看，2015—2019 年之间有关民法典研究的发文数量与受基金和项目支持的文章数量大体保持上升趋势，反映了我国法律学人和国家相关机构对民法典编纂的关注度较高。就核心研究者而言，民商法学者为民法典研究的主力军，中法史学者以及其他法学领域的学者的参与度不比民商法学者高。此外，国内民法典研究合作网络尚未形成，研究者之间的学术联系与团队协作之规模仍然需要加强与完善。就研究机构而言，中国人民大学、中国政法大学、西南政法大学、清华大学、华东政法大学等十个单位是民法典研究的主要力量。研究机构与核心研究者之间存在一定的共生关系，二者相互成就。

从民法典研究领域与主题分布来看，我国第五次民法典编纂运动中的研究主题广泛，且呈现如下特点：①这些研究中有许多议题虽然是对过去民法典编纂中学术研究热点的再讨论，但也有一定的发展；②这些研究既重视民法典的结构设计，也坚持问题导向，解决我国的现实问题；③这些研究总体偏向民法典的立法与完善，从本土司法裁判出发来谈立法完善在近几年也逐渐得到重视。此外，由于受到民法典编纂"两步走"策略的影响，民法典研究的热点议题在时间上大体分为两个阶段：2017 年之前关注民法典的基础性问题与民法总则的安排；2017 年之后侧重点转向了民法典分则编的具体制度建构。这说明我国民法学界的研究热点与我国民法典编纂政策息息相关，紧随我国民法典编纂的时间安排。

（二）未来研究的展望

通过回顾本次民法典编纂中学术研究的概况，可以"以史为镜"，从走过

---

〔1〕 苏永钦：《体系为纲，总分相宜——从民法典理论看大陆新制定的〈民法总则〉》，载《中国法律评论》2017 年第 3 期。

的民法典编纂之路中汲取经验、反思不足，为后法典时代甚至是多年之后可能再次迎来的"民法典重构"做准备。民法典研究是我国法律学者的未竟事业，未来的法律学者可以朝以下几个方向努力：

一是从立法论向注重解释论转化，但又不忽视立法论研究。民法典颁布后，法学界的学术风向需要转向民法典文本解释或法典评注。法律文本解释与法典评注不仅有利于正确理解和适用法条的规则，为公正裁判和定分止争提供依据，而且还有助于借助解释论将民法典之规则以本土化。然而需要注意的是，民法典在很大程度上是建立于既有制度和法律遗产之上的，具有守成的特点，其本身很难对现实世界做出镜像式的完满回应，民法典相对其所处既定的社会阶段，往往是滞后的。[1] 习近平总书记 2020 年 5 月 29 日在第十九届中央政治局第二十次集体学习时也强调："民法典颁布实施，并不意味着一劳永逸解决了民事法治建设的所有问题，仍然有许多问题需要在实践中检验、探索，还需要不断配套、补充、细化。有关国家机关要适应改革开放和社会主义现代化建设要求，加强同民法典相关联、相配套的法律法规制度建设，不断总结实践经验，修改完善相关法律法规和司法解释。""'法与时转则治'。随着经济社会不断发展、经济社会生活中各种利益关系不断变化，民法典在实施过程中必然会遇到一些新情况新问题……也给民事立法提出了新课题。"[2] 这就意味着，即便是在后法典时代，法律学者仍有必要继续关注与民法典相配套的民商事法律制度的研究，如此才能为有关国家机关的后续立法工作提供智识支持。

二是加强民法典的体系性研究，同时兼顾民法问题研究。无论如何，我国民法典编纂受政治权力上层强力推动，是一个必须在有限时间之内完成的政治任务。因此，在紧迫的时间压力之下，民法典研究在"体系导向"与"问题导向"之间做出了取舍。然而，"法典之所以为法典，就在于它科学的体系，体系性是法典的生命力所在"。[3] 民法典体系性问题不能被忽略，"体系不仅储存大量规范，而且通过统一的概念和规范间逻辑的排列组合，可内化规则间的矛盾，便于推论出规则适用的优先次序，大量减少找法过程中的

---

〔1〕 参见魏磊杰：《论民法典的保守性》，载《甘肃政法学院学报》2011 年第 3 期。

〔2〕 习近平：《充分认识颁布实施民法典重大意义 依法更好保障人民合法权益》，载《求是》2020 年第 12 期。

〔3〕 柳经纬：《民法典编纂的体系性困境及出路》，载《甘肃社会科学》2018 年第 2 期。

搜寻、比较、权衡、记录成本，其效益即十分宏大"〔1〕。不唯如此，民法典的体系效益还惠及法律专业的教育，有助于法律人形成体系思维。应当说，在加强体系性研究的同时，后法典时代的法学者还要致力于研究那些产生于中国社会的"民法问题"，例如，农地"三权分置"、高空抛物致人损害、违约方解除权问题、离婚冷静期、生态环境损害赔偿、人工智能时代对民法的挑战等。在研究中国的"民法问题"时，法学者要善于运用中国的素材和案例，即关注"运行中的法"，分析法律在司法适用中的问题，总结中国司法审判的本土经验，并将这些经验贯穿于法典评注或民法典具体法律制度的完善之中，实现法律规则的本土化。另外，需要强调的是，民法典的体系化和本土化研究，还要求加强民商法学者之间的合作研究，以及构建中法史学与民商法学者的对话平台，以避免法学者之间自说自话的局面。〔2〕

三是重视法律文化的建设，关注对世界民法文化的贡献。尽管体系化与本土化的民法典对于我国的社会主义现代化具有举足轻重的作用，但只关注本国法典评注与立法研究，并不能为世界民法文化贡献中国智慧。诚如美国比较法学家乌戈·马太所指出的那样，"某种法律文化越是采用一种偏狭的实证主义方法，集中关注某些特定文本或当地问题，则越不可能成为世界学术领域中的领导型法律文化。"〔3〕法国法的出口以法典为载体，基于其理性权威（imperio rationis），《法国民法典》在国外获得了普遍推崇，被其他国家自愿效仿。但法国在法律出口方面的领导者地位在 19 世纪后半期就已经发生了转移。《德国民法典》被视为对世界范围内的"法律事业"的一项真正贡献，其原因并不在于实证性的法律本身，而是在于教义式与系统化的法律方法及其所界定的法律概念。而当《德国民法典》颁布之后，德国的法律文化就开始越来越实证主义化，法律智识的领导权也逐渐丧失，并最终为美国所取代。〔4〕就此而言，我国如欲在以西方法律为主导的国际竞技场上争得法律话

---

〔1〕 苏永钦：《体系为纲，总分相宜——从民法典理论看大陆新制定的〈民法总则〉》，载《中国法律评论》2017 年第 3 期。

〔2〕 参见魏磊杰：《中国民法典的本土化何以可能：一条现实主义的路径》，载《法律科学（西北政法大学学报）》2019 年第 4 期。

〔3〕 ［美］乌戈·马太：《风向为何转变：西方法律智识领导权的变迁》，吴雅婷译，载《岳麓法学评论》（第 11 卷），中国检察出版社 2017 年版，第 242~258 页。

〔4〕 参见［美］乌戈·马太：《风向为何转变：西方法律智识领导权的变迁》，吴雅婷译，载《岳麓法学评论》（第 11 卷），中国检察出版社 2017 年版，第 257~262 页。

语权，中国民法典及其学术研究如欲经久不衰，那么就应避免褊狭的地方主义与实证主义，之于中国法学者而言则应系于各种文化所能孕育出的学术作品之质量。

司法改革专论

论民事诉讼书证提出命令制度之程序完善

——基于对日本及我国台湾地区书证提出命令制度的分析

方泽琦*

摘　要：发现案件真实是民事诉讼的重要理念，这离不开对证据的收集和审查判断。书证提出命令制度旨在缓解当事人收集证据存在的困难，保障民诉"两造"平等对抗，实现真正的"武器平等"。2019 年发布的最高人民法院《关于民事诉讼证据的若干规定》对该制度作出了详细规定。日本及我国台湾地区的书证提出命令制度有着较为成熟的理念和规定，应该首先明确证据协助义务的一般原则，再从具体规定进行细化，将书证提出义务主体扩展至第三人，增加对当事主体的程序权利的保障，并建立起严格的制裁措施以督促书证提出义务的履行。

关键词：书证提出命令　真实义务　证据协力义务

引　言

民事诉讼的重要理念在于发现案件真实，在法官和当事人寻求案情真相的过程中，证据的收集和审查无疑居

---

* 方泽琦，中南财经政法大学法学院。

于核心地位。发现案件真实不仅要求法官充分发挥职权，更需要当事双方的协同合作。在证明责任制度的制约下，未能够提出有利于自己主张的事实证据材料的当事人，将面临一种不利的负担。但在现代不断发展的民事诉讼中，纠纷不断复杂化、信息不对称、当事双方力量差距悬殊，这些方面的原因导致诉讼双方并不能展开平等对抗，有违公平公正的要求。而这种不平等往往体现在证据上，证据偏差的存在严重制约了当事人之间展开充分的辩论，使得法官很难深入案情、发现焦点，且有损程序正义，可能使程序保障沦为形式。[1] 我国民事诉讼立法没有明确规定"书证提出命令"的制度，为促进当事人举证能力提高，最高人民法院在《关于适用〈中华人民共和国民事诉讼法〉的解释》（2020年修正）（以下简称《民诉法解释》）中进行了创设，为了使证据规则能够与2001年之后的我国法律、司法解释的发展变化相协调，[2] 2019年最高人民法院发布了《关于民事诉讼证据的若干规定》（以下简称2019年《证据规定》），该规定基于我国的司法实践，增加了许多富有操作性、具有实践意义的条款，在《民诉法解释》第112条对"书证提出命令"作出原则性规定的框架上进行了修改和完善，并在一定程度上填补了我国一直以来在书证提出命令制度领域的空白，有利于民事审判证据的收集审查不断趋向规范化发展，也有助于民事诉讼程序操作的规范化，[3] 为证据提交、证据收集和质证等提供了制度保障。[4] 但同时也存在着不够完善的方面，对于此前对该制度具有争议的问题，如是否要将第三人纳入书证提出义务的主体范围问题，没有给出明确的回应，有些也只是进行较为笼统和模糊的规定；在司法适用上存在着不确定性，如对可以予以申请提出的书证的范围，尚无定论。

法律的修改完善离不开对理论和实践的检视，也离不开对境外国家和地区相关制度的考察和思考。纵观各地相关制度，德国、日本等对书证提出命

---

[1] 包冰锋、陶婷：《证据收集程序之保障：文书提出命令制度》，载《南通大学学报（社会科学版）》2010年第3期，第50~56页。

[2] 李浩：《新〈民事诉讼证据规定〉的主要问题》，载《证据科学》2020年第3期，第302~314页。

[3] 江必新：《关于理解和适用新民事证据规定的若干问题》，载《法律适用》2020年第13期，第38~42页。

[4] 肖建华：《民事诉讼案件事实发现的路径——评〈关于民事诉讼证据的若干规定〉》，载《证据科学》2020年第3期，第315~328页。

令制度的研究较早，相关的理论基础较为完备，制度和程序的框架较为成熟。因此有必要审慎思考 2019 年《证据规定》以及《民诉法解释》的相关规定，并分析研究日本法中关于民事诉讼制度的规定，以期更好地构建书证提出命令制度。

一、我国书证提出命令制度的规范检视

书证提出命令制度首次被立法肯定，是在 2015 年《民诉法解释》第 112 条至第 113 条，它规定承担证明责任的当事人可以申请法院责令持有书证的对方当事人提交，并对申请的费用、对方拒不提交的法律后果等进行了说明。可以说这是我国书证提出命令制度的雏形，但却不能成为真正意义上的这项制度的创设，该条规定的提出义务仅限书证，对于其他类型的书证却没有涉及。再看 2019 年《证据规定》，一共有 89 条为修改或新增加的条文，修改力度之大，足可见我国民事诉讼各方面程序的完善；[1] 其中第 45 条至第 48 条属于对书证提出命令制度的细化性的规定，涉及了申请人申请的内容、书证提出申请的条件理由；法院对于书证提出申请审查的程序规定；当事人应当提交书证的具体情形；局部提交书证的法律后果这些内容，同时在第 94 条规定了电子数据也适用书证提出命令制度，可以说是非常详尽和具有操作性的规定，在该制度的适用范围、程序运作、权利义务等方面都有相当大的改善，对于实践中经常遇到的困境，有很大的指导意义。下面从规范层面对规定的相关内容进行解读。

（一）关于书证的概念界定

书证一般指的是以用文字、符号、图案等所记载和表达的思想内容来证明案件事实的证据，其特点在于通过一些形式传达思想内容，具有较强的证明力。[2] 书证是我国法定的证据类型，《民诉法解释》在规定书证提出命令时将其适用范围界定为书证，同时 2019 年《证据规定》也仅采用了"书证"的表达，因此可以肯定的是我国法律所规定的书证提出命令的证据范围仅限于书证这一种，但是 2019 年《证据规定》第 94 条规定了电子数据也适用书证提出命令制度，那对于书证提出命令中"书证"进行规范解释的时候，对于其外延的界定却十分模糊，《民诉法解释》第 112 条在实务中运行中也存在

---

〔1〕 郑学林、宋春雨：《新民事证据规定理解与适用若干问题》，载《法律适用》2020 年第 13 期，第 43~56 页。

〔2〕 江伟主编：《民事诉讼法学》，中国人民大学出版社 2013 年版，第 176~177 页。

书证名称的使用混乱等问题,[1] 其实司法实践中证据类型的发展早就先于理论了，如 2019 年《证据规定》对于微信截图等一些新的证据形式也作出了补充，那么传统意义上书证的内涵能否再适用于现在的新情况呢？笔者认为，应当坚持的大前提是，2019 年《证据规定》所明确的书证提出命令制度仅限于书证一种，但是涉及当事人对其他类型的证据具有提出义务时，应当依据 2019 年《证据规定》所明确规定的类型加以适用，如明确电子数据的提交也具有提出的义务，但是如果没有特殊规定，就不可恣意进行扩大解释。因此对于书证提出命令制度之适用，应当在法律规定的范围内进行合理地扩张。

（二）关于书证提出命令制度的适用范围

1. 书证范围

对于哪些书证适用该制度，2019 年《证据规定》第 47 条作出明确回复，包括引用书证、利益书证、法律规定的书证等，并作出了保留规定，该条第 1 款第 5 项即为兜底性条款，给予了法官自由裁量权。这表明我国对书证提出义务采取的是限制性规定，仅对可以适用的范围进行了界定，但未涉及除外情形，即哪些书证不适用该制度。对于被申请以除外情形为理由拒绝提交书证的举证责任，立法也没有作出规定。其实这种限制性义务和其他类似于证人作证义务的理念相类似，我们国家没有强制证人出庭作证的规定，事案解明义务并没有一般化。因此值得注意，这种兜底性条款与日本等一些大陆法系国家的文书提出义务一般化不能等同，其目的在于为人民法院在审判实践中逐步探索前四项之外的书证提出义务范围预留空白。[2] 对于涉及国家秘密、商业秘密等存在法律规定应当保密情形的书证，规定认为不属于不应当提交的范围，即采取不公开质证的方式进行审查判断，避免当事人因上面的理由拒不配合提交书证，让该制度能够发挥实际的作用。

2. 对象范围

根据《民诉法解释》第 112 条之规定，书证提出命令针对的对象范围是承担举证证明责任的当事人的对方当事人，但是第三人是否属于被申请的"对方当事人"呢？实践中第三人掌控书证的情况很常见，但若是拒不提交，

〔1〕 范喜跃：《我国文书提出义务制度运行现状及完善路径——基于〈民诉法解释〉第 112 条的分析》，载《西昌学院学报（社会科学版）》2019 年第 3 期，第 72~76 页。

〔2〕 郑学林、宋春雨：《新民事证据规定理解与适用若干问题》，载《法律适用》2020 年第 13 期，第 43~56 页。

也没有规定相关的法律后果。我国2019年《证据规定》第48条规定书证提出命令的主体是当事人。究竟对"当事人"狭义解释为原被告，或者解释为广泛意义上的包括第三人在内的当事人，学界对这个问题产生了争议且尚无定论，而实践中，诉讼外第三人往往掌控着对负举证责任当事人而言极为重要的证据。[1] 因此法律规定存在着不够完整之处，对于书证提出义务人的范围，应当结合实际情况重新思考。

（三）关于违反义务的制裁措施

对于不遵守书证提出命令的当事人，应当承担何种法律后果，也是证据规定新增的内容之一。2019年《证据规定》第48条规定违反这种义务的当事人，适用证明妨害的相关规定，给予诉讼程序上的制裁措施。但对书证提出义务的免除，即有正当理由拒不提交书证的情形只字未提。免除义务在实践中有出现的可能，这关涉到当事人诉讼权利的保障。同时在我国尚且不具备体系化的民事诉讼法上的强制性措施的情况下，对于违反书证提出命令要如何处理，也是相对模糊的，与违反书证提出义务具有直接关联性、可操作性的制裁措施存在立法空白。具体到实践中常常需要依赖法官的自由裁量，在法律适用上存在一定的不确定性，容易导致同案不同判的情况。

综上，2019年《证据规定》基本详尽地构思了书证提出命令制度，框架清晰且基本完整。但是具体到细枝末节，对重要概念的界定、适用范围、书证提出义务的免除情形、当事人的救济机制等方面，还有进一步发展的空间。我国书证提出命令制度起步较晚，有些程序规定相对单薄，[2] 在和其他相关法律原则和规定的联系方面，缺乏一定的灵活性和联动性。

二、书证提出命令制度的比较法分析

英美法系国家事证开示制度下的当事人开示义务视为一般性事案解明义务，[3] 大陆法系国家遵循辩论主义，重视民事诉讼实体真实的发现，强调实质正义的实现和当事人权利的保护。为了减少证据博弈中存在的偏差，应对诉讼中出现的"武器"不公平现象，德国和日本等大陆法系国家于20世纪末

---

〔1〕　吴如巧等：《论中国文书提出命令制度适用范围的扩展——以第三人文书提出义务为视角》，载《重庆大学学报（社会科学版）》2017年第1期，第94~100页。

〔2〕　庞宇培：《论我国书证提出命令制度的完善——基于新〈民事证据规定〉的思考》，载《集宁师范学院学报》2020年第4期，第89~95页。

〔3〕　陈杭平：《"事案解明义务"一般化之辨——以美国"事证开示义务"为视角》，载《现代法学》2018年第5期，第159~169页。

开始对其民事诉讼法进行修改，书证提出义务基本上经历了从限定性义务到一般性义务的调整。日本在 1990 年修订民事诉讼法时，对该制度进行了较大修改，总体上确定了一般性义务，具体在证据专章作出了原则性规定，在书证部分规定了书证提出义务。我国台湾地区选择性地移植了日本、德国的立法成果，于 2000 年进行了"民事诉讼法"的修改，书证提出命令制度规定在"民事诉讼法"第 342 条至第 348 条中。我国台湾地区基于保障当事人诉讼公平原则，为便于发现真实和集中审理，解决在一些像环境损害、医疗损害赔偿等现代型诉讼中存在的严重的证据偏差，扩大了书证提出范围，[1] 规定了当事人的协力义务、当事人第三人拒绝提出的权利等。

（一）书证提出义务的限定性或一般性

书证提出义务主要采取限定性或者一般性的模式。日本和我国台湾地区的书证提出命令制度的发展和完善均较早，尽管在采取一般化义务路径或者是限定化义务路径方面，采取的思路不完全相同，但总体偏向一般化义务。书证提出义务一般化意味着法律没有禁止提出的书证类型都可以纳入申请的客观范围。日本法上，书证被认为是十分准确的证据方法，在现代诉讼中地位越来越重要，且对于书证的调查方式较为灵活，出现特殊情形时亦可以进行庭外调查。[2] 书证提出义务跟证人义务、鉴定人义务、勘验容忍义务等一样，作为当事人的一项公法上的一般义务，即只要与待证事实相关，即可作为申请提出。[3] 我国台湾地区尽管抛弃了以往旧法中限定性书证提出义务的观念，在实践中基本上已然建立起一般性义务，但学界对于该问题存在较大争议。有学者认为为提高当事人举证的能力，保障当事人程序主体权，应倡导书证提出义务一般化，站在程序重心的角度提出这种观点；学者沈冠伶认为从立法出发，我国台湾地区已然包含了义务一般化的规定；姜世明则认为不宜采取一般化义务，基于我国台湾地区现阶段程序发展状况，有损于辩论主义和举证责任理论。[4]

但大陆法系的书证提出义务的一般化也是有限制的，考虑到不利一方当事人的期待可能性，这种义务不宜被泛化。[5] 民事诉讼要求最大限度地发现

---

〔1〕 姜世明：《新民事证据法论》，厦门大学出版社 2017 年版，第 2 页。

〔2〕 [日] 新堂幸司：《新民事诉讼法》，林剑锋译，法律出版社 2008 年版，第 450 页。

〔3〕 [日] 伊藤真：《民事诉讼法》，曹云吉译，北京大学出版社 2019 年版，第 289 页。

〔4〕 姜世明：《举证责任与真实义务》，厦门大学出版社 2017 年版，第 381~382 页。

〔5〕 张卫平：《当事人文书提出义务的制度建构》，载《法学家》2017 年第 3 期，第 31~44 页。

案件真实，但充分展开证据的辩论时也不能够使当事人对该制度产生过度依赖。值得注意的是日本作为大陆法系国家，其书证提出义务扩大化和他们基于强调当事人自我责任和辩论原则的当事人诉讼体制是紧密联系的。我国尚未建立辩论主义的原则，存在证据偏差的案件大部分也限于环境公益诉讼等少数特定领域，其适用暂不具普遍性。对于我国应当采取哪种模式，笔者认为应当循序渐进，不宜太过激进，尽管限定性义务可能在现代型诉讼中无法弹性处理证据偏向存在的问题，[1] 但在我国 2019 年《证据规定》才刚刚建立起书证提出命令的雏形，对于解决现有大部分纠纷，已经足够发挥作用。我国诉讼中当事人的冲突对立仍居于主要位置，当事人在各自证据方面的互动交流也是不积极的，法官在证据的收集审查方面的主导权仍存在。综上，书证提出义务一般化在我国不具有理论和立法基础。

（二）制裁措施的相关规定

日本法根据书证持有人身份的不同，给予了违反该制度义务人不同的制裁措施，规定不服从提出命令的当事人将被裁定其对方对书证主张的内容为真实（不等同于书证证明的事实），对第三人则处以罚款。[2] 但我国台湾地区"民事诉讼法"可以对此认定对方当事人主张为真实，也可以认定对方当事人主张的事实为真实，后者属于我国台湾地区独有的规定，这与 2019 年《证据规定》第 48 条第 2 款内容有相同之处，这种较为严厉的制裁措施旨在增强书证提出命令的实效性。同时对第三人局部提交书证时，法院不仅仅可以处以罚款，也可以对其作出强制处分之裁定，强制其提出书证。[3]

以上制裁方式基本上达成了一致，即认定对方当事人主张书证内容为真实，在某些情况下，该书证主张的待证事实为真实，后者需要由法院裁量认定。除了这项义务，2019 年《证据规定》没有明确对第三人违反该义务的制裁方式，[4] 法院仅可引用诚实信用原则，或者以妨害民事诉讼的行为相关条款为依据，对持有书证者的虚假陈述等违反诉讼法的行为作出制裁，可见我

---

〔1〕 包冰锋：《我国台湾地区文书提出命令制度探讨——兼论与日本相关制度比较》，载《海峡法学》2011 年第 4 期，第 16~23 页。

〔2〕 ［日］伊藤真：《民事诉讼法》，曹云吉译，北京大学出版社 2019 年版，第 290 页。

〔3〕 包冰锋：《我国台湾地区文书提出命令制度探讨——兼论与日本相关制度比较》，载《海峡法学》2011 年第 4 期，第 16~23 页。

〔4〕 徐亚东：《民事诉讼中文书提出义务的司法适用研究》，载《对外经贸》2019 年第 4 期，第 90~92 页。

国对于书证提出义务的违反并没有规定可以依据作出民事制裁，这很容易导致当事人拒不配合，难以达到协助法院查明证据事实的效果。扩展到实体法领域，对当事人造成损失的，也缺少了相应的救济途径。此外，值得注意的是，一些大陆法系国家或者地区已经基本建立起当事人的具体化义务和真实义务，如我国台湾地区"民事诉讼法"第 195 条第 1 项规定当事人应当作真实完全之陈述，但缺陷在于没有规定违反该项义务该承担何种责任之规定。综上，对于违反书证提出命令的当事人的制裁措施的规定，呈现出弱制裁性的特点。

三、完善书证提出命令制度的理论基础

我国现阶段建立起来的书证提出义务是限定性的。通过对规范的分析，我们可以发现一些理论，诸如公平公正理念、诚实信用原则等在我国尚未深入落实，有一些重要的证据法上的原则在我国也尚未确立起来。但是，书证提出命令制度和诚实信用原则、当事人诉讼权利平等原则相关联，且和其他证据、证明责任也存在着不可分割的关系，因此有必要从诉讼平等原则、当事人促进诉讼义务等理论根源上，论证书证提出命令制度完善的必要性和可行性，深入挖掘支撑该制度的理论基础，研究其深刻内涵和基本内容，以及其中存在的一些关联，从理论出发为制度的完善提供充足动力。

（一）公平公正原则的要求

公正的两层含义，包括真实发现和程序保障，我国民事诉讼法对于程序性规则的设置一直较实体保障更为缺乏，对于当事人的程序救济显得十分贫乏。在未能公平地给予双方举证机会的情况下对案件事实进行认定，这很难使得当事人对判决的结果信服。武器平等理念也是大陆法系国家或者地区所遵循的一项重要准则，我国民事诉讼立法原则之一是当事人诉讼权利平等原则，举证能力的差距越来越明显，那么立法有必要进行适当平衡以缓解这种不平等。因此，法官有义务使程序公正进行，有责任中立客观保障当事双方能够平等对抗。证据过分偏差将导致法官在形成心证时产生偏差。同时以举证责任为基础的证明责任的规则体系并不是完全没有瑕疵、完全客观中立的，完全依赖"谁主张、谁举证"的规则是不可取的，毕竟对事实的认定主要在于法官自由的心证，而书证提出命令制度能够使证明更加多元、灵活，法官对证据认定的取舍不仅仅依赖证明责任，要综合考量各种因素，毫无疑问会更加接近案件的客观真实，而不是机械地运用一套机制进行裁判，符合我国庭审实质化审理的改革理念，促进司法公正的实现，实质上保障当事人的证

明权，更好地将当事人诉讼平等原则贯彻落实。[1]

（二）当事人促进诉讼义务的要求

书证提出命令制度本身包含着包括权利和义务在内的一整套规范，当事人在诉讼中，负有促进诉讼的义务，违反义务应承担相应的责任，促进诉讼义务是协同主义的重要体现，采取协同主义的模式有助于实现集中审理。[2]其实我国在由强职权主义向当事人主义转变的司法转型中，当事人之间协助义务的存在可以说能够促进这种转型。但我国尚未确立约束性的辩论原则，亦没有很好地吸收协同主义的一些理论。而且实践中，我国在对当事人及其代理人的调查证据的权利方面给予的保障较为薄弱，[3]当事人书证提交义务是证据协力义务的一个方面，[4]这种协力义务不仅应制约原被告，也应对第三人有所约束。但我国在起诉、证据、证明等方面当事人促进诉讼义务的履行并不十分理想，在很多情形下当事人即使不履行促进诉讼的义务，也不受任何制裁。该义务的设定缺乏效果规范，呈现泛道德化的特点，这在一定程度上制约了民事诉讼发现真实目的的实现。当事人协力义务也是诚实信用原则的内容之一，当事人若妨害证明，则违反了诚实信用原则，会招致诉讼上甚至实体上的相关法律后果。一方当事人若妨碍相关事实发生，其诉讼行为若违反诚实信用原则，则可能导致其丧失已取得的诉讼地位。我国诚实信用原则呈现出弱制裁性的特点。具体到书证提出命令制度上，当事人违反该命令，仅粗略规定其会招致诉讼法上书证内容失权的后果，诚实信用原则所约束的主体显然包括广泛意义上的诉讼参与人，因此对于不履行义务的第三人处以强制性措施合法合理。

（三）发现真实目的的实现

我国台湾地区强调发现真实原则，对于当事人遵守真实义务的要求不断增加，该原则在我国澳门地区被称为"发现真实性之合作原则"，而当事人真实义务恰好是诚实信用原则的体现，[5]违背真实义务应当有一定诉讼法和实

---

〔1〕 张卫平：《当事人文书提出义务的制度建构》，载《法学家》2017年第3期，第31~44页。

〔2〕 杨严炎：《论民事诉讼中的协同主义》，载《中国法学》2020年第5期，第284~302页。

〔3〕 肖建华：《民事诉讼案件事实发现的路径——评〈关于民事诉讼证据的若干规定〉》，载《证据科学》2020第3期，第315~328页。

〔4〕 占善刚：《论民事诉讼中的当事人之文书提出义务》，载《求索》2008年第3期，第154~156页。

〔5〕 姜世明：《举证责任与真实义务》，厦门大学出版社2017年版，第350~251页。

体法上的效果。在诉讼法上这可能导致法官对其形成不利的心证，在民事实体法上如果违反该义务对他人造成损害，可能会导致损害赔偿责任等。发现真实义务是诉讼协力义务的重要方面，当事人提出书证证据属于广义的发现真实原则，[1] 日本有学者认为当事人对于实施厘清负有对相关有利及不利事实之陈述义务，及为厘清事实而提出相关证据资料或忍受勘验之义务。[2] 在我国台湾地区，真实义务有公正程序请求权、武器平等原则等重要的理论基础和支撑，发现真实往往同民事诉讼目的有着很大的关联性，为了追求实体正义的实现，有必要规定当事人的真实陈述义务，以及在诉讼中采取诚实的诉讼行为。

发现真实不仅仅具有实现实体正义的目的，在程序正义的实现上，也有助于实现诉讼当事人平等原则，保证当事人在程序上的主体权利能够实现平等。强调当事人提出书证义务，必须符合诚信原则，不允许当事人在书证提出上虚假陈述、隐匿证据，有利于当事人的权利真正得到保护，不至于使得实体公正和程序公正遭到破坏。民事诉讼制度的目的是通过司法程序保护当事人的合法正当权益，[3] 对不公正的现象予以打击，而发现真实也是实现当事人利益保护目的的重要一环，要求规制不诚信的诉讼行为，对其予以制裁。

四、书证提出命令制度的完善建议

早在 21 世纪初，我国许多学者提出考察一些大陆法系国家或地区的书证提出命令制度。其中，张卫平教授就书证提出应当以限定主义为基础，在我国建立包括书证提出对象范围、不履行书证提出命令的法律后果、书证提出命令的申请活动审查程序在内的一整套机制；唐力教授研究了日本民诉法证据收集制度的规则、实践以及法理；包冰峰将我国台湾地区的书证制度和日本进行比较并深入探讨；占善刚从比较法的角度对证据的协力义务进行对比研究，也主张第三人的书证提出义务，等等。笔者对于书证提出命令制度的完善，基于 2019 年《证据规定》的出台，提出以下几点补充建议。

（一）明确证据协力义务

我国的证据制度体系中，缺少对于协助义务的规定。只有《中华人民共

---

〔1〕 刘鹏飞：《修正辩论主义与武器平等的证明责任》，载《证据科学》2014 年第 6 期，第 733~749 页。

〔2〕 [日] 伊藤真：《民事诉讼法》，曹云吉译，北京大学出版社 2019 年版，第 289 页。

〔3〕 王登辉：《民事诉讼目的之反思与司法保护说之倡导》，载《现代法学》2014 年第 2 期，第 109~127 页。

和国民事诉讼法》（以下简称《民事诉讼法》）第114条中规定了一些妨害民事诉讼行为的制裁措施，但尚未明确协助义务的具体要件。证据对当事人来说至关重要，明确证据协力义务是当事人促进诉讼义务的重要内容。传统的辩论主义默认当事人拥有同等的诉讼能力，但现实中双方当事人能力与资力相同之情形非常少见。[1] 因为有必要强化当事人对法院在收集证据方面的配合的义务，甚至采用强制性手段，才能够改善当前证据收集手段较为缺乏、较难以发现案件真实的困境。协同主义有助于证据链更加清晰完整，从而快速整理争点以更好地实现集中审理，促进诉讼的顺利进行。有必要考察我国台湾地区、澳门地区的相关规定，在证据规定中增设一条原则性规定，即诉讼中的任何一方主体都有协助发现案件真实的义务。从宏观上来讲，这项原则包含了法官行使释明权、职权调查方面的权限，以及当事人在真实陈述、证据提出等方面须及时配合所产生的义务，是一个涉及多方的较为完整的体系。

　　首先，对于证据协力义务的主体范围，可以参照诚实信用原则，将第三人纳入其中。在一些情况下，证据在由第三人掌控，若不提交很有可能损害当事一方的利益，但第三人很可能以该证据提出与自己切身利益无关而拒不配合，但这更容易造成对实体公正的损害，影响法官对案件的裁判。因此有必要在理论和立法上，将第三人纳入协同主义约束的范围内。其次，对于证据协力义务的客体范围，在书证提出命令这部分不仅应规定适用于书证，也应当扩大其适用范围，将电子数据、勘验检查笔录甚至以后可能出现的新证据类型纳入适用的范围，规范可以对此作出兜底性规定。最后，在证据协力义务的保障上，有必要将违反该义务的行为认定为妨害证明的行为，我国其实缺乏完善的证明妨碍的程序制度，对于妨害证明的制裁措施散落于《民事诉讼法》及相关司法解释中，存在一些问题。除了下文将提及的对于第三人违反协助义务的制裁措施外，对于其他主体以及何种行为要予以制裁，我国对妨害民事证明行为的处罚缺乏系统的规范，书证提出义务的规范缺乏效果规范。[2] 因此对违反证据协力义务的行为也要采取合适的强制措施，因为其行为已然构成藐视法庭，理应受到法律制裁，作为强制型证据收集制度的重

---

〔1〕　程书锋：《文书提出命令制度研究与本土借鉴》，载《社会科学家》2018年第5期，第130~136页。

〔2〕　占善刚：《民事诉讼证据调查研究》，中国政法大学出版社2017年版，第234页。

要类型，应当有强制措施予以保障施行，[1] 使我国民事诉讼法上证据协力义务的履行基本上依道德自律实现的现象得以改观。[2]

（二）对象范围的适当扩张

在现代诉讼中，第三人越来越多地介入到纠纷处理中，法院与当事人之间的互动有必要扩展到第三人，因此这里的"当事人"是广义上的概念。[3] 当事人容易因为证据获取能力低下导致不能实质性地行使诉权，因此扩大书证提出义务的主体范围、切实保护当事人收集证据，是急需解决的问题。第三人在这种情况下的协助能够起到保障诉讼公平公正进行的作用。规范对于是否可以对持有书证的第三人提出申请尚未提及，鉴于此，笔者建议赋予申请一方当事人要求持有书证的第三人提交书证的权利，理由是允许对持有书证的第三人要求其提供书证，并不意味着对无利害关系人的一种打扰，反而也有利于通过各方当事人的交流促使当事人获取更多信息。同时，也能够防止一些当事人利用该制度将书证隐匿、转移，逃避书证提出义务。只要在诉讼程序上给予第三人相应的救济，如给予拒不提交书证的第三人充分陈述说理的机会，这样就能够达到保障第三人诉讼权利的目的。不过对于无正当理由拒不提交的第三人，法院可以行使审判权苛责其限期履行命令，否则将招致民事制裁。

在确立当事人协同义务的存在的前提下，将第三人纳入书证提出命令制度的主体范围，早已为大陆法系国家或地区的民事诉讼法所规定。日本法上，新民事诉讼法规定书证在对方当事人或者第三方手中时，书证持有人和证人都具有书证递交义务（例外事由除外），[4] 且规定了第三人参与程序，根据《日本民事诉讼法》第223条之规定，即应当对第三人进行询问，同时立法给予第三人即时抗告权，对于第三人不履行书证提出命令的，法院可以裁定给予罚款。[5] 第225条就规定了对第三人的制裁措施。可见日本新民事诉讼法对于第三人设置了义务，同时也给予其反驳陈述意见的权利，也强化了第三人违反命令的惩治。我国台湾地区规定第三人只要满足"应证之事实重要"

---

〔1〕 曹志勋：《书证搜集裁判：模式比较与本土改造》，载《现代法学》2011年第5期，第151~160页。

〔2〕 占善刚：《证据协力义务之比较法分析》，载《法学研究》2008年第5期，第86~96页。

〔3〕 张卫平：《当事人文书提出义务的制度建构》，载《法学家》2017年第3期，第31~44页。

〔4〕 ［日］中村英郎：《新民事诉讼法讲义》，陈刚等译，法律出版社2001年版，第210~211页。

〔5〕 ［日］伊藤真：《民事诉讼法》，曹云吉译，北京大学出版社2019年版，第296~297页

与"申请正当"这两个要求就负有书证提出义务。可以根据我国台湾地区、澳门地区的思路,只要属于本案应证事实范围之内,第三人拒绝提出正当理由经审查不成立,法院就有权要求其提出书证。若拒不提交,则可以对其处以强制措施。此外,我国台湾地区"民事诉讼法"第334条规定了书证提出的种类,同时明确第三人若持有这些书证也负有提出义务,同时第349条规定对违反提出义务的第三人可以作出罚款或者强制处分的裁定。可见对于第三人持有书证,申请人是否可以就该第三人向法院提出申请,上述国家和地区均予以认可,且赋予其程序上的诉讼权利,如日本法赋予其即时抗告权,充分尊重第三人的意见。在我国台湾地区的规定中,该第三人也有提出意见和声明的权利。

简言之,首先有必要在原则上明确第三人受到协同义务的约束,其次要肯定第三人作为合格的书证提出义务主体,程序上审慎判断申请人是否具有显著困难或者不提交的正当理由,不能过分加重其负担,不能过分苛责,最后要对违反命令的该行为予以处罚,提高违法成本,保障诉讼权利不被滥用。但值得注意的是,对于第三人提交书证造成的负担如费用的负担和造成的损失,应当给予救济措施,如可以向申请人提出请求支付必要费用,由法院在裁判中给予判断,以提高第三人自身对于参与诉讼的积极性,尽可能多地提供协助。

(三)完善申请人和义务人的程序保障

1. 保障申请人的诉讼权利

日本书证提出命令制度就非常注重相关利益的均衡保护,[1] 这值得我们学习。发现事实真相固然重要,但效率也是法院在审理中需要考虑到的重要因素。实践中,很多法官熟知证据获取的难度和烦琐程序,证据的收集也不是短时间就可以完成的。不排除很多法官为避免诉讼程序拖沓和反复,对于当事人书证提出申请直接以模糊的理由拒绝。我国法律对于当事人申请提交书证的要件作出了规定,包括名称或者内容、需要以该书证证明的事实及事实的重要性等,但是后续的程序戛然而止,显然考虑不够周全。笔者建议考虑到法院判决说理的要求,建议立法要求法院明确说明当事人提出的申请不合法的理由并在裁定中释明,且对于当事人提供的申请不完整的要求其进行

---

〔1〕 唐力:《日本民事诉讼证据收集制度及其法理》,载《环球法律评论》2007年第2期,第81~87页。

补正。2019 年《证据规定》仅仅规定法院认为申请理由不成立的要通知申请人，并未给予申请人救济的权利，这很难充分保障申请人的权利。

此外，申请人对于法院作出的裁定不满，是否有申诉、上诉等权利？考虑到及时救济的原则，申请人可以依据法院给出的不予提出要求的裁定中说明的理由提出补正，若满足条件之后即可作出撤销原裁定的裁定。笔者认为对申请人提出申请的内容作出的裁定，本来就具有很大的裁量空间，给予申请复议的权利有必要，学者所提出的观点较为客观全面，本文不再赘述。但其中值得注意的问题是法官释明的必要性。当申请人提出的申请不够全面和准确，不足以证明书证的特定性，则法官有释明的必要，提醒申请人补足必要的材料，以免作出错误的裁定之后，引起当事人申诉，造成程序的反复，也不利于法官作出裁决的公正性和权威性。在经过法官充分释明之后，对于不符合法律规定的申请予以驳回，当事人如果不服则可以及时提出申诉，或者提出上诉。

2. 保障书证持有人的诉讼权利

法律对于书证持有人在履行义务所产生的费用没有明确规定如何负担。为减轻相对方当事人在履行书证特定协力义务时所付出的时间和经济成本，[1] 有必要给予书证持有人该方面的救济途径，这也能够促使其更好地履行义务。对于当事人隐私权的保护，也不容忽视，对于有些需要斟酌是否属于书证提出一般义务的书证的分类，2019 年《证据规定》沿袭了对于法院依职权调查取证的类似规定，规定了不得公开质证，却没有赋予书证持有人拒绝或者说理陈述的权利，这间接或直接地损害了书证持有人的合法权利。涉及一些秘密书证以及提出书证将可能损害书证持有人权益的情形，若书证所记载的各项秘密散播无遗，会造成秘密所有人难以恢复的损害。[2] 2019 年《证据规定》对于当事人的秘密保护机制的设计是不够完善的。日本民事诉讼法将涉及公务员职务秘密的书证、记载具有免证义务的其他人职务行为的书证、专为书证制作人自己的利益所作书证等排除在义务书证的范围内。我国台湾地区也规定了可以拒绝提出的例外情况，如对涉及商业账簿的书证，有

---

〔1〕　唐力、高星阁：《论文书特定协力义务的具体化——基于我国台湾地区立法的思考》，载《学海》2018 年第 2 期，第 177～183 页。

〔2〕　包冰锋、陶婷：《论文书提出命令中的秘密保护》，载《西南民族大学学报（人文社科版）》2010 年第 8 期，第 126～129 页。

拒绝提出的权利。我国澳门地区民事诉讼法对第三人的义务要求十分严格，即使有正当理由也必须提供，但对于商业账簿则另有规定。

笔者认为法院首先应当就书证的记载内容对于申请人具有的利益与书证持有人的秘密保护这两者进行比较衡量，采取比例原则来比较、权衡哪一种利益更值得保护，从而决定是否要求提出书证。对于必须提出的书证但又涉及职务秘密等不宜公开的书证，实质上缺乏秘密保护措施。法律仅规定不得公开质证，但在其他环节也存在秘密泄露的可能，实践中书证持有人很可能因为害怕秘密泄露而拒不提交，这就无法实现该制度的目的，因此建议增加对于秘密书证不得向一方当事人展示、禁止将该证据运用于诉讼外等规定，并与公开审理制度进行衔接，以强化对当事人隐私权的保护。

结　语

2019 年《证据规定》关于书证提出命令制度的细化规定，对于解决民事诉讼当事人在收集证据方面存在的偏差、保障诉讼当事人平等地享有权利有着极为重要的意义。我国书证提出命令制度，在进行细致化规定的同时，在一定程度上忽略了制度背后的理论根源，忽略了原则性规定的设置；从具体的细化规定上看，在给当事人设定义务之时忽视了对其相应权利的保护，程序的正义意味着在剥夺其某种利益的同时又要保障其享有被告知和陈述自己意见并得到倾听的权利。[1] 我国正处在民事诉讼模式转型的过程中，2019 年《证据规定》中的很多新内容，是其中不可或缺的一环，是机遇亦是挑战。一方面，通过合理吸收以当事人主义为基础的境外立法体例，与现有制度更好地接洽；另一方面，看到境外在制度的改革中存在的一些问题，以免重蹈覆辙。境外的相关制度也不是完美无瑕的，日本在书证提出命令制度的修改上也存在新旧条文衔接不畅、义务排除事由设置欠缺科学性等问题。[2] 我国目前一些制度的空白点，也需通过法律的修改或者发布指导案例等形式进行补充，以更好地指导司法实践的进行，以便于发挥书证提出命令制度的价值和效果。

---

〔1〕　［日］谷口安平：《程序的正义与诉讼》，王亚新、刘荣军译，中国政法大学出版社 2002 年版，第 4~5 页。

〔2〕　赵清：《日本民事诉讼证据制度及对中国的启示》，载《河北法学》2018 年第 5 期，第 138~146 页。

论被追诉人阅卷权及其制度构建

赵方强 *

摘　要：被追诉人阅卷权是指在刑事诉讼中被追诉人查阅、摘抄、复制案卷材料的权利。我国立法尚未明确赋予被追诉人阅卷权，但只有赋予这项权利，才能改变被追诉人获取案件信息的弱势和促进认罪认罚从宽制度与被追诉人自我辩护的完善。赋予被追诉人阅卷权，需要考量其背后的价值，彰显人权保障、程序选择、自我辩护等积极价值，化解与其他价值例如发现真实、诉讼效率和第三人利益之间的冲突。我国被追诉人阅卷权的制度构建，应该包括被追诉人阅卷权在立法上的明确和被追诉人阅卷的阶段、范围、权利救济以及相关的配套措施等各个方面。

关键词：被追诉人　阅卷权　价值　制度构建

一、赋予被追诉人阅卷权的必要性

（一）应然概念与滞后立法之间的鸿沟

名字的意义若没有正当的标准，便连话都说不通了。[1] 在给被追诉人阅卷权下定义之前，需要明确什么是阅卷权。相较于英美法系采用证据开示制度，大陆法系

---

　　*　赵方强，任职于北京市第三中级人民法院刑一庭，法学硕士。

〔1〕　胡适：《中国哲学史大纲》，上海古籍出版社1997年版，第68页。

一般采用卷宗检阅制度，由此阅卷权是存在于大陆法系的一个概念。关于阅卷权的概念为何？林钰雄教授认为，辩护人于审判中得检阅卷宗及证物，此项权利简称为阅卷权，属于被告最为重要的辩护权利，法理基础导源于听审原则之下被告的请求资讯权。有学者认为："阅卷权在刑事诉讼语境中特指被追诉方对控方案卷的知情权……这项权利是被追诉人宪法性权利的具体化。"[1] 尽管不同学者对阅卷权的定义不完全相同，但阅卷权从根本上说是被追诉人在刑事诉讼中对控方案卷的知情权。随着被追诉人的程序主体地位不断得到正视，传统的"固有权利"和"权利分离说"已经不合时宜。阅卷权属于被追诉人，律师阅卷权应该是来源于被追诉人阅卷权。在不同的诉讼阶段和不同的案件中，被追诉人也逐渐能够亲自行使阅卷权，受到某些阅卷限制并不能否定被追诉人拥有阅卷权和可以行使阅卷权。被追诉人阅卷权的含义较广泛，被追诉人可以本人直接阅卷，也可以通过辩护律师和其他主体间接阅卷。因此，被追诉人阅卷权的应然概念是指在刑事诉讼中被追诉人查阅、摘抄、复制案卷材料的权利。

被追诉人阅卷权在概念中得到了厘清，而在立法中，被追诉人阅卷权却"犹抱琵琶半遮面"。关于阅卷权的立法演变，我国立法一直是围绕着律师阅卷权进行规范。直到 2012 年修改的《中华人民共和国刑事诉讼法》（以下简称《刑事诉讼法》）中的"核实证据权"才引起了律师阅卷权和被追诉人阅卷权之争，2018 年在有关认罪认罚从宽制度的规定中瞥见证据开示的一丝情影。1979 年《刑事诉讼法》规定了辩护律师可以"查阅本案材料，了解案情"。1996 年修改《刑事诉讼法》时对"材料"的范围进行了明确和扩大，把"材料"修改为"本案的诉讼文书、技术性鉴定材料"。2007 年《中华人民共和国律师法》第 34 条认可了律师的阅卷权，认为律师有权查阅复制与案件有关的材料，认为阅卷权是律师的固有权利，律师代替被追诉人行使阅卷权。有学者认为 2012 年修改的《刑事诉讼法》第 37 条第 4 款中的"核实证据权"间接地确立了被追诉人得以接触和查阅案件中证据材料的机会，并认为被告人阅卷权是指"嫌疑人、被告人通过律师的核实证据活动所获得的查阅控方证据的权利"。[2] 但也有学者反对这种从立法中的"核实证据权"推出被追诉人阅卷权的观点，司法解释并未对"有关证据"的范围做出解释，

---

〔1〕　郜占川：《论刑事被告人阅卷权及其实现途径》，载《兰州学刊》2015 年第 6 期，第 162 页。
〔2〕　陈瑞华：《论被告人的阅卷权》，载《当代法学》2013 年第 3 期，第 127 页。

阅卷权与核实证据权是两项不同的权利，有明显区别。[1] 从现行法律规定中的"核实证据权"推导出法律已经规定了被追诉人阅卷权是难以自圆其说的。在核实的证据范围不确定和核实权的行使主体为辩护律师的前提下，核实证据权并不能真正使被追诉人获得阅卷权。被追诉人仅仅通过辩护律师的核实可能获取一部分有关案件的信息，与被追诉人阅卷权的实现相去甚远。并且更重要的一点是，阅卷权是被追诉人的诉讼权利，从律师阅卷权推导出被追诉人阅卷权是本末倒置的。2018年修改后的《刑事诉讼法》第39条第4款并没有对2012年《刑事诉讼法》中律师向被追诉人核实证据的规定进行改动。法律直接赋予了辩护律师阅卷的权利，并没有通过赋予被追诉人阅卷权而后衍生出律师阅卷权。因此，我国法律尚未赋予被追诉人阅卷权，律师向被追诉人核实证据只是其履行辩护职责的一个方面。实践中被追诉人可以通过律师间接行使阅卷权，但这种律师阅卷权并不代表被追诉人阅卷权已经得以实现。

尽管被追诉人阅卷权尚未确立，而对这项权利的呼声从2006年便开始。2006年，全国律师协会首次提出"辩护律师向嫌疑人、被告人展示案卷的权利"的立法建议。[2] 2017年《人民法院办理刑事案件庭前会议规程（试行）》中第19条第3款[3]，该款在一定程度上肯定了被追诉人在审判阶段查阅案卷的权利。该款也改变了之前对被追诉人可以通知或者可以不通知被追诉人参加庭前会议的态度，明确一般应当通知被追诉人参加。2018年修改的《刑事诉讼法》设置了认罪认罚从宽制度，2019年10月24日发布的《关于适用认罪认罚从宽制度的指导意见》（以下简称《指导意见》）涉及对被追诉人知情权的保障，《指导意见》第29条[4]规定了"可以针对案件具体情况，探索证据开示制度"，应当说该条对被追诉人阅卷权有所呼唤，但该条并没有确立被追诉人阅卷权，也并没有将证据开示纳入检察机关的义务中，并

---

〔1〕 董坤、段炎里：《当前检察环节律师权利的保障现状与新现问题研究——以阅卷权、会见权和检察救济权切入》，载《河北法学》2017年第6期，第109页。

〔2〕 田文昌、陈瑞华编著：《〈中华人民共和国刑事诉讼法〉再修改律师建议稿与论证》，法律出版社2007年版，第71页。

〔3〕 《人民法院办理刑事案件庭前会议规程（试行）》第19条第3款："人民法院组织展示证据的，一般应当通知被告人到场，听取被告人意见；被告人不到场，辩护人应当在召开庭前会议前听取被告人意见。"

〔4〕 《关于适用认罪认罚从宽制度的指导意见》第29条："人民检察院可以针对案件具体情况，探索证据开示制度，保障犯罪嫌疑人的知情权和认罪认罚的真实性及自愿性。"

且该条采用了"可以""探索"等灵活概念，规定也比较模糊。在之后 2019年 12 月 30 日公布施行的《人民检察院刑事诉讼规则》中并没有规定证据开示。因此，对我国与被追诉人阅卷权相关的立法和规定厘清后可以发现，我国刑事诉讼法律体系中依旧缺乏对被追诉人阅卷权的确定与认可，仅仅在 2019 年 10 月 24 日的《指导意见》中仿佛看见了些许"背影"，正式立法中尚未明确规定被追诉人阅卷权。

（二）被追诉人获取案件信息的弱势

在我国，被追诉人在审前获取案件信息主要有公安司法机关的告知和与辩护律师核实证据两种方式。在侦查阶段，被追诉人可以在一定程度上通过公安司法机关被动获知讯问笔录、搜查笔录和鉴定意见等证据资料。根据现行法律，办案机关制作的讯问笔录需要提交被追诉人核对，对于没有阅读能力的应当向其进行宣读。在搜查中制作的搜查笔录也需要被搜查人或其家属、邻居及其他见证人签名或盖章。此外，被追诉人还可以获悉鉴定意见。[1] 但是，这种通过公安司法机关告知获悉卷宗内容的方式具有局限性。第一，被追诉人通过公安司法机关的告知获取的卷宗信息有限。第二，被追诉人并未真正获取这些案卷信息，仅仅是在制作这些案卷中核对签字或聆听，不能对这些案卷进行复制和仔细审阅。第三，法律通过规定公安司法机关履行义务的方式来使被追诉人在一定程度上知悉这些卷宗内容，被追诉人并不能申请查阅、复制这些卷宗。而且如果公安司法机关不履行这些义务，法律也并没有规定相应的程序制裁措施。无论是授权性的、义务性的还是禁止性的法律规则，若没有相应的程序制裁后果，刑事诉讼法所确立的任何程序规则都将遭到违反甚至践踏。[2] 除了通过公安司法机关的告知外，被追诉人在与辩护律师的合法交流中也可获悉一些卷宗内容。除了《刑事诉讼法》中规定了辩护律师核实证据权外，中华全国律师协会出台的规范文件也涉及了辩护律师向被追诉人提供与辩护有关的文件和材料的情形。[3] 但是何谓"与辩护有关"语焉不详，实践中辩护律师也不愿冒风险向被追诉人提供文件和材料。

---

〔1〕 《刑事诉讼法》第 148 条："侦查机关应当将用作证据的鉴定意见告知犯罪嫌疑人、被害人。如果犯罪嫌疑人、被害人提出申请，可以补充鉴定或者重新鉴定。"

〔2〕 陈瑞华：《程序性制裁理论》，中国法制出版社 2017 年版，第 34 页。

〔3〕 2017 年印发的《律师办理刑事案件规范》第 26 条第 2 款也规定：辩护律师可以接受犯罪嫌疑人、被告人提交的与辩护有关的书面材料，也可以向犯罪嫌疑人、被告人提供与辩护有关的文件与材料。

由此可以看出，我国被追诉人获悉卷宗内容的方式明显不足，被追诉人并不能在审判前获得充分的阅卷权。即使到了审判阶段，被追诉人在庭审中也处于被动，只能通过法庭向其出示证据的方式来获取较少部分卷宗内容。赋予被追诉人阅卷权是保障其获得公正审判的必要前提。在刑事诉讼程序中，被追诉人有权知道其被控诉的详细证据，以便在诉讼程序中作出自主的决定、提出自己的意见和请求。赋予被追诉人阅卷权，能够使被追诉人获取更多的案件信息，弥补其在刑事诉讼中的弱势地位，从而更好地实现控辩平衡。被追诉人行使阅卷权后，也能够保障被追诉人对质权的行使，从而实现有效的质证和自我辩护。

（三）自我辩护与认罪认罚从宽制度的需要

根据现行法律，被追诉人的阅卷权需要通过律师来行使，但有学者对我国辩护律师的情况进行了调研，刑事案件中仍存在被追诉人没有委托辩护律师的情况。根据《中国法律年鉴》公布的"决定公诉人数"和"刑事辩护件数"，计算得出律师辩护率。1997年至2012年间，我国刑事案件辩护率三个阶段平均水平是相当低的，最高只有17.46%，最低仅为11.07%。[1] 根据中华全国律师协会的统计数据，70%的刑事案件中被告人没有律师辩护。[2] 在无辩护律师的案件中，实现被追诉人阅卷权就是一个伪命题，无法阅卷导致被追诉人自我辩护成为空谈。即使实施刑事案件律师辩护全覆盖试点，自行辩护问题仍不容忽视，自行辩护的质量有待提高。[3] 被追诉人审判前的先悉权保障可以通过律师帮助实现和自主阅卷两种方式来实现。在我国辩护率较低和辩护质量较低的情况下，借助律师来实现阅卷权显然是不够的，只有真正赋予被追诉人阅卷权才能保障被追诉人的审前利益。作为法律援助制度组成部分的值班律师制度能够提高刑事案件辩护率，但由于值班律师"应急性"的自身性质局限导致其无法完全取代真正意义上的法律援助律师。有学者对我国目前的值班律师做出了深刻理解："法律将值班律师定位为法律帮助者与权利保障者……但由于值班律师是临时性的轮流坐班者，再加之报酬少、风险高等因素，均使其不能、不愿'深度'介入案件。"[4] 因此，在我国无辩

〔1〕 顾永忠：《刑事辩护制度改革实证研究》，载《中国刑事法杂志》2019年第5期，第141页。
〔2〕 卞建林等：《新刑事诉讼法实施问题研究》，中国法制出版社2018年版，第46页。
〔3〕 韩旭：《自行辩护问题研究》，载《当代法学》2021年第1期，第37页。
〔4〕 汪海燕：《三重悖离：认罪认罚从宽程序中值班律师制度的困境》，载《法学杂志》2019年第12期，第14页。

护律师的案件中，被追诉人无法借助律师进行阅卷从而使被追诉人阅卷权成为空谈；在值班律师保障的案件中，即使赋予了值班律师阅卷的权利，被追诉人也无法完全借助值班律师行使防御权。因此，需要赋予被追诉人阅卷权，使被追诉人更好地进行自我辩护。在律师缺位和被追诉人与辩护律师产生冲突的情况下，被追诉人自行辩护功能需要被激活。被追诉人不应是辩护律师的附属品，而应当与其进行积极配合，共同完成辩护目的，达到最佳的辩护效果。[1] 激活被追诉人辩护能力一个很重要的方面就是赋予被追诉人阅卷权。

另外，在认罪认罚中，对被追诉人阅卷权进行保障尤显重要。赋予被追诉人阅卷权具有两个重要作用：一是能够保障认罪认罚的自愿性，二是可以提高检察机关的办案质量。从权利保障的角度看，认罪认罚从宽不应是司法机关的权力，适用认罪认罚从宽也不是办案机关对被追诉人的"施舍"和"恩赐"，[2] 而应该属于被追诉人的一项重要权利。保障认罪认罚中被追诉人知悉权和程序选择权的一个重要前提，就是赋予被追诉人阅卷权。被追诉人只有通过行使阅卷权，才能知悉案件情况，做出明智的选择。从制度正当性的角度看，认罪认罚制度的正当性基础在于认罪认罚的"自愿性"，"自愿"认罪认罚以被追诉人对案件事实情况有充分的认知为前提，允许被追诉人亲自阅卷无疑是满足其知情权的直接途径。[3] 被追诉人阅卷权对检察机关办理认罪认罚案件同样具有重要作用。首先，认罪认罚案件的精准量刑需要从根本上考虑被追诉人的利益与诉求，需要检察机关向犯罪嫌疑人和律师开示证据。当前我国认罪认罚案件中的辩护人及其值班律师发挥的作用十分有限，被追诉人"在与检察官进行量刑协商的关键阶段，就主要依靠自身力量完成与检察官的量刑协商过程"。[4] 这种检察官与被追诉人的协商制度设计不合理，被告人对量刑建议的接受过程在实践中通常表现出一种单方性。[5] 检察

〔1〕 卫跃宁、严泽岷：《基于被追诉人自主性辩护权的辩护格局重构研究》，载《内蒙古社会科学（汉文版）》2020年第2期，第90页。

〔2〕 闵春雷：《回归权利：认罪认罚从宽制度的适用困境及理论反思》，载《法学杂志》2019年第12期，第3页。

〔3〕 何静、孙滢滢：《认罪认罚案件中被追诉人阅卷权的实现》，载《长白学刊》2020年第2期，第88页。

〔4〕 陈瑞华：《刑事诉讼的公力合作模式——量刑协商制度在中国的兴起》，载《法学论坛》2019年第4期，第15页。

〔5〕 左卫民：《量刑建议的实践机制：实证研究与理论反思》，载《当代法学》2020年第4期，第53页。

机关仅仅通过审查己方掌握的证据后得出结论无法得到精准化的量刑，还需要向辩方尤其是被追诉人本人开示证据。认罪认罚从宽协议的达成离不开控方向辩方开示证据，控辩双方协议的达成需要在对定罪证据和量刑证据进行充分协商交流的基础之上进行。其次，被追诉人没有与检察机关围绕罪名与刑罚展开"讨价还价"，也会使认罪认罚案件在之后的程序中出现被追诉人反悔和提出上诉的情况。对于检察机关提出的量刑建议，法院"一般应当采纳"，"使得诉讼的重心提前到审查起诉阶段"。检察机关应该在审查起诉阶段与被追诉人达成一个稳定的协商结果。通过被追诉人阅卷，可以增强被追诉人对量刑协商结果的认可度，减少反悔和上诉的情况发生。最后，被追诉人阅卷权也是法律中"应当听取犯罪嫌疑人意见"这项检察机关义务履行的前提。通过2018年修改的《刑事诉讼法》第173条可以发现，对于犯罪嫌疑人认罪认罚的案件，检察机关应当听取犯罪嫌疑人对案件的各种情况的具体意见。而赋予被追诉人阅卷权，无疑是检察机关在办理认罪认罚案件中保障被追诉人诉讼权利和听取被追诉人意见的前提和基础。

二、赋予被追诉人阅卷权的价值与冲突化解

赋予被追诉人阅卷权具有一系列积极价值，也可能会与发现真实、诉讼效率和第三人利益等价值相冲突。但是被追诉人阅卷权的构建与这些价值的冲突并非不可化解。赋予被追诉人阅卷权，不是立法上盲目的"先行一步"，而是解决争议与冲突后的"顺理成章"。

（一）被追诉人阅卷权与发现真实

反对被追诉人阅卷，大多数是认为被追诉人如果获知案卷信息，会导致公安司法机关在侦查阶段的侦讯技巧和案件侦查手段失灵，或者会导致被追诉人阅卷后产生翻供、串供、提供虚假陈述等消极后果，从而背离了发现真实的目的。但这并不代表公安司法机关可以采取任何手段、用任何代价来实现发现真实。被追诉人阅卷权，是发现真实和保障人权这两个目的的实质内涵。从发现真实的角度来看，赋予被追诉人阅卷权后也能促进达到发现真实的目的，因为被追诉人是案件中最重要的亲历者之一，对案卷材料的检阅可以发现不真实的证据或者违法的程序，从而提出自己的意见进行自我辩护，促进案件办理的合法性，避免冤假错案的发生。被追诉人的阅卷也可以督促控方完善证据的证据能力和证明力，消除案件中的疑点和问题，从而使案件办理结果越来越符合"真实"的要求和标准。对于赋予被追诉人阅卷权后会产生妨害侦查等的疑虑，是可以通过侦查手段和其他配套制度消除的。真正防范被追诉人做伪证等不在于限制被追诉人阅卷权，因为这种限制会同时消除真实和谎言。阅卷权利的滥用固然令人担忧，但我们应努力采取适当的措施防止危险和滥用，而不是拒绝和限制阅卷。如果被追诉人在开庭之前并不完全了解公诉机关的证据链，那么他们通常不清楚自己将会面对何种质疑，从而无法作出相应的回应为自己辩护。赋予被追诉人阅卷权能够弥补被追诉人弱势的资讯地位，促进控辩平衡和保障被追诉人对质权的实现。总之，赋予被告人阅卷权不仅有助于促进侦查机关和公诉机关的侦查和控诉活动更加合乎规范，也有利于被追诉人在庭审中有一个良好的辩护状态，这些都有助于更好地发现真相。

（二）被追诉人阅卷权与诉讼效率

不可否认，即使在经济相对发达和资源相对丰富的今天，刑事诉讼仍然是一项耗费大量司法资源的活动。而且为了追求效率，刑事诉讼程序中设置了速裁程序、认罪认罚从宽制度等。有学者认为赋予被追诉人阅卷权会影响诉讼效率，主要理由有阻碍侦查活动、阅卷需要时间成本等。阻碍侦查活动主要体现在威胁证人、不愿供述和认罪，被追诉人在获悉证人信息后，可能通过非法的方式迫使证人不愿作证或改变之前的证言，使案件的发展出现"阻碍"甚至"转折"。我国当下的证人保护制度也尚不完善，这种疑虑也并不无道理。还有一种疑虑是被追诉人阅卷后可能有"心理预期"，而不会出现"矛盾心理"。如果被追诉人不知道案卷信息，那么其一方面抱有侥幸心理，不愿供述，期待回避犯罪事实；另一方面又担心公安司法机关掌握了足以定罪的证据，如果不供述和不如实交代罪行反而会对自己不利。公安司法机关在被追诉人阅卷后，就难以利用心理战术打破其心理防线，侦查机关获得被追诉人的供述也可能变得困难，这样的信息反向不对称可能会影响侦查工作的开展，从而进一步降低诉讼效率。

然而，不仅以上疑虑可以通过相关的配套制度比如证人保护制度和提高侦查能力等来消解，而且赋予被追诉人阅卷权从一定角度来看还能提高诉讼效率。首先，刑事案件对证据和证明的要求很高，现在的侦查手段也得到了很大的发展。在侦查阶段，被追诉人可以通过阅卷，尽早获悉侦查机关已经获取的有罪证据，从而会促使有罪的被追诉人认清现状，放弃逃避和侥幸。被追诉人在侦查阶段进行阅卷，也可以及时"检验"公安司法机关掌握的证据，侦查机关可以有针对性地"复盘"现有证据，消除案件存在的疑点。为此，法律需要进一步完善证人保护制度，侦查机关也需要不断提高侦查能力，降低对被追诉人口供的依赖。此外，随着我国刑事诉讼的改革，我国的侦查阶段已不仅仅是审判程序的先前准备程序，还负有终结大量案件的任务，比如我国刑事诉讼中的附条件不起诉、未成年人不起诉、刑事和解等。随着这些目的要求，适当的阅卷和资讯的提供应是不可或缺的必要条件。其次，在审查起诉阶段，被追诉人阅卷后，检察机关在讯问被追诉人时可以获取更有效的信息，发现案件中可能存在的问题，以便移送起诉或是继续侦查，提高案件办理的效率和质量。最后，在审判阶段，庭审实质化也要求被追诉人积极参与庭审。被追诉人如果事前不知晓案卷内容，那么他在庭审中无法质证，不能提出有效的反驳来为自己辩护；如果被追诉人不阅卷，那么他可能对其指控并不认可，从而继续上诉和申诉；甚至会导致庭审"走过场"，产生冤假错案，之后还要耗费更多的司法资源和经济成本。因此，赋予被追诉人阅卷权是十分有必要的，这能够在程序上提高刑事诉讼的效率。

（三）被追诉人阅卷权与第三人利益

对于赋予被追诉人阅卷权的一个重要疑虑就是如果被追诉人阅卷便可能对证人等其他第三人的利益产生不利影响。在阅卷过程中，被追诉人对有关的证人、被害人等容易产生怨恨情绪。被追诉人可能会了解这些人的身份信息，给被追诉人违法报复甚至再次犯罪提供了机会。虽然绝大多数被追诉人可能处于羁押状态，但是如果其被解除羁押措施后或者在羁押中利用亲友等对这些人采取报复行为。为此，赋予被追诉人阅卷权，不得不考虑要制定相应的措施来保护第三人的利益。我国2018年修改的《刑事诉讼法》第63条、第64条以及其他条文中规定了不得干扰证人作证、部分案件保护证人个人信息、人身和住宅等安全保护措施。但现行法律对这些人的保护仍然存在缺陷。首先，法律只针对黑社会性质犯罪等部分案件中的证人、鉴定人等采取人身保护，保护的主体比较狭窄。其次，对于保护的措施，法律规定的是"采取一项或者多项"，措施也不尽完备。在这样的情况下，贸然赋予被追诉人阅卷权，可能会侵害被害人、证人等其他诉讼参与人的利益。此外，刑事诉讼的案卷材料可能会涉及广泛的信息，且有的信息具有秘密性。如果允许被追诉人阅卷可能会侵犯个人隐私和商业机密。尽管赋予被追诉人阅卷权有这些可能的不良后果，但这些不良后果是可以通过其他配套制度来消除的，并不能"因噎废食"否定被追诉人阅卷权。我们可以对双方利益进行平衡，对被追诉人阅卷权的阅卷范围和阅卷方式进行限定。美国律师协会ABA标准第六部分规定了证据开示范围的限制，主要包括四个方面：一是检察官或辩护人或其法律团队成员的意见、理论或结论；二是秘密侦查中告发人的身份；三是对于国家安全有重大损害实质风险的资料或资讯；四是其他依法得拒绝开示的资料。另外，法院如果发现某项证据开示会对任何人有伤害身体、恐吓或贿赂等风险从而超过开示的有用性时，法院有权力驳回、暂缓或变更该标准授权的开示。对于该标准规定的内容，不可以妨碍其他当事人进行调查，开示的资料也不能用作其他目的的使用。

三、我国被追诉人阅卷权的制度构建

我国法律并未明确规定被追诉人阅卷权，刑事诉讼中审查起诉阶段被追诉人无法阅卷，侦查阶段律师尚不享有充分阅卷权并且无辩护人的被追诉人也无法阅卷。我国被追诉人阅卷权的制度构建，既需要在立法中明确赋予被追诉人阅卷权，也应像被追诉人的其他权利一样，从权利行使与开启的阶段到权利的救济以及有关的配套措施予以全面构建。

（一）在立法中明确被追诉人阅卷权

构建我国被追诉人阅卷权相关制度的第一步就是从立法上对该项权利予以明确。只有从立法上明确了被追诉人阅卷权，才能正本清源，理顺被追诉人和其他主体尤其是辩护律师在阅卷权上的关系。被追诉人阅卷权的权利主体是刑事诉讼程序中的被追诉人，既包括没有辩护律师的被追诉人，也包括有辩护律师的被追诉人。被追诉人是阅卷权的权利主体，既可以自己直接阅卷，也可以通过辩护律师间接阅卷。应该赋予没有辩护律师的被追诉人阅卷权，因为只有这样才能改变被追诉人在信息上的"空白"和"盲区"，在程序上弥补与控方的力量差距，使被追诉人自我辩护得以成为可能。关于有辩护律师的被追诉人，也应该明确其享有阅卷权，这样才能说是完整的被追诉人阅卷权。有辩护律师的被追诉人享有阅卷权，这不仅是由被追诉人地位和权利主体地位所决定，也能够使辩护律师在辩护问题上产生的矛盾找到化解的突破口。被追诉人阅卷可以与律师阅卷相得益彰，双方更好地沟通，增强被追诉人与辩护律师的信任关系，达成一致的辩护方向。明确被追诉人阅卷权，还可以解决实践中律师难以或者说是怯于与被追诉人核实证据的现象，甚至减少以辩护律师泄露秘密的理由肆意挥舞"达摩利斯之剑"的现象。如此，既可以保障被追诉人的权利，也可以保障律师履行辩护职能。此外，被追诉人可以通过律师间接阅卷与其直接阅卷两种行使方式，这两种阅卷方式并不冲突，辩护律师行使阅卷权并不导致被追诉人阅卷权的丧失。当被追诉人放弃自己直接阅卷时，应当签署放弃声明，以杜绝其受到辩护律师或者其他主体的诱导或胁迫而非自愿放弃的情况发生。

（二）阅卷阶段与开启

被追诉人在审查起诉阶段享有和行使阅卷权并无太大争议，但其在侦查阶段享有阅卷权还存在反对的声音。反对被追诉人在侦查阶段享有阅卷权的主要是担心阅卷后可能有碍侦查，而且侦查阶段收集的证据也并不全面，此时阅卷的意义有限。但是不能因为存在有碍侦查之虞和意义有限而"因噎废食"。因为公安司法机关在侦查阶段会对被追诉人采取一系列的侦查措施，尤其是可能会对被追诉人采取拘留、逮捕等对人身自由限制较大的措施。这些措施是侦查机关收集了一定证据后作出的，尤其是我国对于作出逮捕决定的证据要求较高，要求有证据证明有犯罪事实等。因此，需要保证作出逮捕的合法性与合理性。通过行使被追诉人阅卷权，可以从外部进行监督，而不只是公安司法机关一方审查证据作出决定逮捕。被追诉人在侦查阶段阅卷对其行使防御权有重大意义，只有让被追诉人获悉作出逮捕所依据的有关证据例如鉴定意见等，才能判断其受到逮捕的合法性。对被追诉人及其辩护人获知的范围，可以设立除外规定，以兼顾被追诉人权益和保护刑罚权正确行使。因此，在侦查阶段也应该赋予被追诉人阅卷权，让被追诉人更好地维护自身的合法权益，促进公安司法机关正确羁押，减少错误逮捕。

行使被追诉人阅卷权和开启阅卷程序，可能的方式是依申请启动和依职权启动两种。作为被追诉人的一项诉讼权利，对应的就是办案机关的义务。[1] 在我国被追诉人权利保障中，公安司法机关依职权对这些权利进行保障是权利得到落实的重要方式。保障被追诉人阅卷权得以落实，在侦查机关和审查起诉阶段应该由检察机关依职权开启被追诉人阅卷程序。之所以由检察机关开启，理由有三：一是检察机关地位特殊。检察机关不仅是提起公诉的机关，更是法律监督机关，相对于侧重侦查的公安机关而言，由检察机关履行告知义务和开示义务具有合理性和可行性。公安机关主要侧重于查明真相、打击犯罪，由其开启会使其职能发生冲突和矛盾。二是检察机关作用特殊。在侦查阶段，检察机关有权作出是否逮捕的决定和开展监督侦查活动合法性的工作。在审查起诉阶段，检察机关履行公诉职能和法律监督职能。检察机关在侦查阶段和审查起诉阶段应该依职权向被追诉人告知其拥有的权利，

---

〔1〕 何静、孙滢滢：《认罪认罚案件中被追诉人阅卷权的实现》，载《长白学刊》2020 年第 2 期，第 93 页。

并分别向被追诉人开示作出逮捕决定的有关证据和审查起诉的有关证据。三是随着程序多元化的发展，在非审判阶段解决刑事案件成为一种趋势，检察机关在终结案件上发挥越来越重要的作用。被追诉人通过阅卷，能够促进其在认罪认罚从宽程序中作出自主自愿的认罪协议，检察机关也可以更好地作出不起诉、减轻处罚和提出准确的量刑建议。审判阶段则理应由法院保障被追诉人阅卷权。审判阶段由法院保障被追诉人在审判阶段的阅卷权是保障公正审判的必要前提。除了检察机关依职权开启被追诉人阅卷程序和法院在审判阶段依职权保障被追诉人阅卷权外，被追诉人本人或通过其辩护律师、值班律师等申请开启也是一种重要方式，被追诉人可以本人申请或者委托律师主动向公安司法机关提出阅卷的申请。

（三）阅卷范围与地点

明确了阅卷的时间后，也需要对阅卷的范围和地点进行研究。无条件地设立被追诉人阅卷的范围是盲目的。欧盟法中规定，法院可以裁定拒绝被追诉人查阅可能会威胁他人生命和侵害公共利益的卷宗。德国刑事诉讼法从原则上规定阅卷需要在必要的辩护所需范围，阅卷不得危及侦查目的，也不能与其他第三方更具优势的利益相抵触。美国对阅卷的范围进行了列举式规定，主要限制检察机关的工作成果和危害国家安全等证据内容的查阅。

关于被追诉人阅卷的范围，我国学者从卷宗中的证据种类和阅卷应遵循的原则等不同角度进行了探讨，并从刑事诉讼阶段的角度出发对被追诉人阅卷范围作出了不同的限制。对于被追诉人阅卷的范围，应该进行一定的限制，但是这种限制应该符合一定的宗旨，也需要"正负面清单式"的列举，同时要明确司法机关的个案裁量权。因此，我国被追诉人阅卷的范围在立法上可以采取"原则规定+列举式规定"相结合的模式，阅卷的范围也应当在不同阶段由检察机关和法院在个案中针对具体证据作出裁量。被追诉人阅卷应该符合保障羁押的合法性和公正审判。被追诉人阅卷不能超过必要的限度，不能妨碍侦查、损害其他第三人利益和危害国家安全等。除了对阅卷范围从原则上进行规定外，还应制定与我国司法实践相适应的规定或细则，可以通过列举的方式规定可以查阅的证据类型，以提高阅卷的操作性。对于阅卷的证据范围，可以分为可以无条件查阅类和裁量后查阅类。一般而言，讯问笔录、扣押笔录等来源于被追诉人的证据无疑应当由被追诉人无条件查阅，物证、书证、勘验检查笔录以及鉴定意见等证据，其稳定性较强，不易改变，也应当允许被追诉人查阅。证人证言也应当让被追诉人查阅，但为了保障证人的安全和诉讼顺利进行，证人名单、住址等信息在案卷中应当隐去。[1] 对于零口供的被追诉人，同案供述的开示可能会导致串供的情形，以及对于查阅证人证言会导致严重后果等情形时，应该根据个案具体情况和证人作证的意愿由检察机关裁量阅卷的范围或者对有关信息处理后准许阅卷。

被追诉人阅卷的地点，应该便利被追诉人获取案卷信息而不是"跟随案卷"。有学者提出"随卷原则"即卷宗在哪里就在哪里阅卷的观点[2]。但是目前我国律师阅卷主要是审查起诉以后在检察院或者法院阅卷，而被追诉人在被逮捕后至审判前一直羁押在看守所，人身自由被限制，被追诉人无法跟随卷宗展开阅卷活动。被追诉人应该从被决定逮捕以后就享有相应的防御措施，得以阅卷。因此，看守所除了设置辩护律师与被追诉人会见的设施外，也应该提供相应的地点供被追诉人或被追诉人委托的辩护律师查阅有关案件材料，主要查阅被追诉人在侦查阶段被羁押所依据的证据材料和审查起诉阶段与案件有关的证据材料，当然，这些证据材料的内容是由法律规定和检察院依法裁量后确定的。

（四）对侵犯阅卷权的行为进行程序性制裁

"程序性制裁主要是通过宣告程序违法者的证据、行为或裁决丧失法律效力的方式，来发挥惩罚违法者的作用的。"[3] 如果公安司法机关在刑事诉讼中侵犯了被追诉人的合法权利，程序性制裁就会被启动。程序性制裁更像一种"过程性制裁"，具体到刑事诉讼中，被追诉人阅卷权更需要程序性制裁加以保障。当公安司法机关侵犯被追诉人阅卷权时，被追诉人和其辩护律师有权将程序性违法行为诉诸裁判，要求该违法行为无效。被追诉人通过程序性制裁来保障其阅卷权主要包括阅卷权被驳回和限制时申请异议、申请某一程序无效等。无救济则无权利，当被追诉人提出阅卷申请，而公安司法机关拒绝时，被追诉人有权申请异议。域外程序性裁决和救济措施各有不同，主要涉及检察院和法院。在德国被追诉人侦查程序中由检察院裁决是否准许查阅案卷，拒绝被追诉人的救济则是向有管辖权的法院申请裁决。美国证据开示法院可以对阅卷范围进行限制，对没有开示证据的一方法院会命令开示或施

〔1〕 何静、孙滢滢：《认罪认罚案件中被追诉人阅卷权的实现》，载《长白学刊》2020 年第 2 期，第 93 页。

〔2〕 温静：《刑事被追诉人阅卷权研究》，湘潭大学 2013 年硕士学位论文，第 26 页。

〔3〕 陈瑞华：《程序性制裁理论》，中国法制出版社 2017 年版，第 103 页。

加其他制裁。

在我国，有学者提出由中立的裁判机构负责在被追诉人阅卷权受到侵害时提供救济。这种司法审查的方式在我国难以在短期内实现，而由检察机关进行救济比较实际和妥当。我国检察官负有客观公正义务，要"坚持客观立场，忠实于事实真相，实现司法公正"。[1] 检察院是我国的法律监督机关，检察官在指控中也负有维护被追诉人合法权益的职责。在现行法律框架下，刑事诉讼中的一些程序问题难以通过行政诉讼解决，以程序性违法为由进行上诉也难以获得支持。因此，拒绝和限制被追诉人阅卷的决定应当由检察机关作出。当被追诉人对于检察机关拒绝或者限制的决定有异议时，应当向同级或上一级检察机关提出申诉或控告，由上一级检察机关审核拒绝或限制阅卷决定的合法性。上一级机关应该在法定时限内对被追诉人的申诉或控告作出答复，如果维持不批准或限制阅卷的决定则需要说明具体理由。而对于公安机关和检察机关隐匿证据或者拒绝开示对被追诉人有利的证据，被追诉人则可以寻求法院救济。如果公安机关或检察机关违反规定阻碍被追诉人行使阅卷权影响了审判公正，被追诉人有权提起上诉开启二审程序或者申诉启动审判监督程序。

（五）被追诉人阅卷权的配套措施

一项制度的建立事体重大，不能狼奔豕突般轻率为之。被追诉人阅卷权的实现和真正行使，除了对这项权利作出具体规定以外，还需要在刑事诉讼中制定一系列的配套措施，主要包括卷宗保护制度、证人等第三人利益保护制度和被追诉人阅卷权告知制度等。首先，案卷在我国刑事诉讼中意义重大，案件的卷宗原本需要得到妥善保管。允许被追诉人查阅的案卷应该是副本而不是原件。反对被追诉人阅卷的理由之一便是被追诉人为了其自身利益可能会在阅卷时毁坏原始卷宗，从而对诉讼程序的推进产生不利影响，认为只能由被追诉人委托辩护律师查阅案卷。然而，随着科技的进步，被追诉人采取复印、拍照或者在线查阅案卷已经不是空谈，借助电子设备等可以有效防止原始卷宗损毁的风险。对此可以制定专门的网上在线或线下查阅的工作机制与流程，形成卷宗保护制度。

其次，赋予被告人阅卷权带来的一个重要隐患就是干扰证人作证以及证

---

[1] 朱孝清：《检察官客观公正义务及其在中国的发展完善》，载《中国法学》2009年第2期，第162页。

人的安全问题和危害公共利益与商业秘密，为此需要建立相应的证人等第三人利益保护制度。在被追诉人阅卷中应该注意对证人个人信息的保护，具体措施采取利用技术手段隐去敏感信息。对于公共利益和商业秘密的保护，也可以对有关信息予以隐去。随着互联网技术的成熟，相信与在线调解、"移动微法院"[1]、律师互联网阅卷系统、"电子卷宗"等互联网司法一样，被追诉人"在线阅卷"正不断成为现实。

最后，要建立相应的权利告知制度等。当被追诉人被逮捕后，公安机关应该及时告知其拥有的各项权利和权利实现方式，其中一项就是被追诉人阅卷权。在被追诉人行使阅卷权之前应该详细向其说明阅卷的相关规定，也要告知其违反阅卷权行使规范的后果，对被追诉人利用阅卷进行目的外使用等违法行为相应的制裁和处置措施。在审查起诉阶段和审判阶段，检察院和法院也应该履行告知义务。此外，被追诉人阅卷权的实现不仅离不开公安机关、检察机关和法院的配合，也需要看守所的配合。看守所应当为被追诉人阅卷提供必要的便利，应该设置单独的阅卷场所和阅卷设备。

结 论

在我国刑事诉讼法发展中，增加了许多当事人主义色彩和效率追求，在譬如认罪认罚从宽等制度中，需要被追诉人更深入地参与其中。被追诉人自我辩护也需要通过行使阅卷权获取案件信息。赋予被追诉人阅卷权的呼声早已有之，而我国立法至今没有明确规定被追诉人阅卷权。赋予被追诉人阅卷权，有利于被追诉人的自我辩护和理智作出程序选择。而且赋予这项权利，也能够符合甚至彰显发现真实、诉讼效率和保护第三人利益等刑事诉讼法价值。构建我国被追诉人阅卷权需要全面系统，首先应该在立法中予以明确，阅卷的阶段应该从侦查阶段开始，权利行使由依申请启动和依职权启动，并且应该采取检察官保障模式。被追诉人阅卷权的范围在阅卷范围上可以"原则规定+列举式规定"相结合，并且法律应该规定检察机关有权对具体证据进行裁量。当被追诉人阅卷权遭到侵犯时应该分情况向检察院和法院寻求救济。此外，应该配套建立卷宗保护制度、证人等第三人利益保护制度和被追诉人阅卷权告知制度等。

---

〔1〕 移动微法院基于微信小程序，利用人脸识别、电子签名、实时音视频交互等先进的移动互联网技术，实现民商事一、二审案件立案、缴费、证据交换、诉讼事项申请、笔录确认、诉前调解、移动庭审、电子送达等全流程在线流转，提供诉讼服务网上办理、即时服务。

刑事陪审案件中法官指示之完善

蒋秋玲 *

　　摘　要：法官指示制度旨在解决由人民陪审员法律知识匮乏导致的"陪而不审"顽疾，但实践中存在着法官不愿指示、人民陪审员不理解指示等问题。完善立法的论调只能从制度层面予以优化，却忽视了在制度与成效之间起关键性作用的主体。以微观视角分析"法官—人民陪审员"的二元审判结构，可以发现，法官指示的动力取决于指示的成本与收益，法官指示的效果取决于人民陪审员接受规训与矫正指示程度。具体而言，可以通过降低法官指示中的信息传输成本、人民陪审员的兼容成本、交互受阻的情绪成本，提高法官指示动力。此外，通过增强人民陪审员的规训作用，保证独立判断能力，能够有效推进法官指示的简明表述、形成有针对性的个案指示以及救济措施。

　　关键词：刑事陪审　法官指示　审判结构　规训

一、问题的提出

　　在我国，法官指示是为矫正"陪而不审"提出的，但并未发挥出应有的功能价值。2010 年《最高人民法院关于人民陪审员参加审判活动若干问题的规定》第 8 条中

---

　　* 蒋秋玲，中国政法大学刑事司法学院 2022 级博士研究生。

首次提出由承办法官介绍案件涉及的相关法律、审查判断证据的有关规则。[1] 这一规定可视为法官指示的雏形。2018年《中华人民共和国人民陪审员法》（以下简称《陪审员法》）颁布后，第20条对上述规定进行了内容扩充，[2] 并成为法官的一项义务。法官指示旨在通过法官履行对人民陪审员的指引、提示义务，弥补后者对证据规则、法律规定等事项的认知匮乏，从而使其在事实认定、法律适用等方面具备独立判断的知识基础，以此解决"陪而不审，审而不议"的顽疾。然而在实践中，法官指示的运行并不乐观，突出表现为指示缺失、指示不当或指示错误等，[3] 导致本应解决人民陪审员专业性不足的制度再次被虚化。针对这一问题，已有研究大多归因于立法不够完善，认为制度规范的缺位导致法官在履行指示义务时无所适从，因而提倡完善立法，并提出相应的措施。[4] 但是，法律文本的完善并不意味着法官指示就能发挥出应有的作用，从制度到效能之间还存在着关键的一环，即落实制度的主体——法官与人民陪审员。在分析法官指示制度时，不能脱离主体研究效用，在关注体制性因素时也须分析动力性因素，因此，本文借助达马斯卡所提出的二元法庭模型，[5] 以微观视角分别对法官和人民陪审员在审判结构中的角色和功能进行分析。

---

〔1〕 《最高人民法院关于人民陪审员参加审判活动若干问题的规定》第8条规定："合议庭评议案件时，先由承办法官介绍案件涉及的相关法律、审查判断证据的有关规则，后由人民陪审员及合议庭其他成员充分发表意见，审判长最后发表意见并总结合议庭意见。"

〔2〕 《中华人民共和国人民陪审员法》第20条明确指出法官的指引、提示义务，其表述为："审判长应当履行与案件审判相关的指引、提示义务，但不得妨碍人民陪审员对案件的独立判断。合议庭评议案件，审判长应当对本案中涉及的事实认定、证据规则、法律规定等事项及应当注意的问题，向人民陪审员进行必要的解释和说明。"

〔3〕 参见张晓行、蒋利龙：《参审制下法官指引机制的重塑——以司法三段论为路径》，载《山东法官培训学院学报（山东审判）》2020年第2期，第76~78页。唐楠栋：《类案范本指引：法官指引制度实质化运行的实现》，载马世忠主编：《司法体制综合配套改革中重大风险防范与化解——全国法院第31届学术讨论会获奖论文集》（上），人民法院出版社2020年版，第367页。

〔4〕 相关研究参见周欣等：《论法官指示制度之构建——兼论〈最高人民法院关于人民陪审员参加审判活动若干问题的规定〉第8条之适用》，载《现代法学》2011年第2期，第161~169页。陈琳、陈志龙：《能度超越与限度突围：陪审员职权改革语境下法官指引制度之构建》，载《海峡法学》2017年第2期，第58~65页。

〔5〕 达马斯卡所提出的二元法庭模型适用于英美陪审团制度，本文所使用的"法官—人民陪审员"二元审判结构着重以事实审与法律审分离的七人合议庭为代表，强调不同于职业法官所组成的一元审判结构。参见［美］米尔建·R.达马斯卡：《漂移的证据法》，李学军等译，中国政法大学出版社2003年版，第64~65页。

二、法官指示的动力：法官的成本与收益

法官指示作为一项义务写入《陪审员法》的同时，并未设立相应的惩罚或救济措施，因此法官是否履行指示义务，以及指示正确与否很大程度上取决于法官的自觉。这种自觉可以理解为行动理性，即结合态度和主观准则决定行为意向，[1] 判断这一行为是否值得去做。在本质上涉及主体利益的考量，也就是行动成本与行动收益之间的量化比较。

（一）基于职业个体的成本考量

1. 法律知识的传输成本

从目的解释上看，法官指示是为了实现法律知识从法官到非职业法官的传输，这意味着法官需要从表达者的身份向传授者的身份转变。作为法律的表达者，法官依据事实认定和法律适用完成裁判文书的制作与说理后，无需再就此向当事人阐述原理或使其信服，完成表达即职责所在。[2] 尽管对裁判结果不服的当事人有权以上诉的方式撤销原判或改判，但法官无需承担说服他人的责任，概言之，在中国的"积极法民关系"下，法官倾向于选择"简约化""个案化"和"程式化"的裁判说理。[3] 而当法官面对人民陪审员时，其职责不仅是表达法律，还需要在此基础上释疑解惑，并尽可能成为好的法律传授者。因而，释疑解惑成为法官指示过程中的隐形成本，具体而言，包括形成指示、进行阐释、纠正错误和保证独立四部分。

首先，形成指示需要法官准确把握案件中可能存在的疑难或误解之处，并将这些疑难点合理分配到审判过程的不同阶段进行指示。例如，对于可能存在刑讯逼供的非法证据，在人民陪审员阅卷或参与庭前会议时，法官应予以适当指示，防止该证据形成的印象带入庭审，污染心证。[4] 而对于某一犯罪构成要件成立与否的争议，则应在庭前或庭审中予以适当实体法指示，若

---

〔1〕 参见乐国安等：《理性行动-社会认同整合性集体行动模型》，载《心理学探新》2014 年第 2 期，第 158 页。

〔2〕 有学者认为"司法沉默"的优点在于保持了法官的中立性和独立性，是法官慎言义务的一部分。参见孙笑侠：《论法官的慎言义务》，载《中国法学》2014 年第 1 期，第 39 页。

〔3〕 凌斌：《法官如何说理：中国经验与普遍原理》，载《中国法学》2015 年第 5 期，第 107 页。

〔4〕 例如扬州市江都区人民法院对一起重大刑事案件进行审理，庭审前，主审法官组织合议庭成员集中阅卷，针对该案的法律关系、争议焦点、法律条文、司法解释等内容——向人民陪审员进行详细阐述。参见《江都法院首次组成七人制合议庭审理重大刑事案件》，载扬州市江都区人民法院网站，http://fy.jiangdu.gov.cn/jdfy/fyyw/201811/d7979bed15084ca8a53a058009434cb8.shtml，最后访问日期：2021 年 4 月 11 日。

留待退庭评议时提出，人民陪审员依靠残存的庭审记忆与法条完成匹配认定较为困难。[1] 可见，在司法实践中，法官需要根据案件情况灵活调整指示的阶段和内容。此外，法官指示包括口头和书面两种形式，在《最高人民法院关于适用〈中华人民共和国人民陪审员法〉若干问题的解释》（以下简称《高法解释》）第9条和第13条中提到，在七人合议庭中，法官可以准备事实问题清单，引导人民陪审员关注案件争议点。这显然是法官对心证路径的一次文字预演。[2] 无论是口头形式还是书面形式，都要求法官对案件有全局的把握，并以较为清晰的逻辑呈现给人民陪审员。而这一过程在法官独任审理或者由法官所组成的合议庭中无需展现。在非专业法官隐退的一元法庭结构中，法官们仅对疑难点进行讨论，而不必大费周章地铺垫背景知识，因此面向人民陪审员的展示本身构成法官进行指示的第一部分成本。

其次，指示是以理解为导向的，因此从指示被表达到被理解之间的阐释构成第二部分成本。其内容多为刑事实体法规范中的概念、术语及犯罪构成，目前我国尚未规定统一的法官指示范本，因此法官需要针对不同陪审员的理解程度进行解释，用通俗易懂的语言解释"法律术语"，[3] 以尽可能保证人民陪审员对此的解读不发生偏离。在这一点上，美国陪审团指示（jury's instructions）要求避免法律专业术语，并遵循指示拟定规则，例如使用短小、宣告性的句子等。[4] 我国香港地区法庭则是偏口语化的法官指示。[5] 这也说明，阐明指示是惯例性要求。法官阐释的步骤本应发生在制作裁判文书进

〔1〕 如在四川省宜宾市中级人民法院一起跨国走私运输毒品案中，法官在庭审前专门召开座谈会，向4名人民陪审员介绍了基本案情，涉及走私、运输毒品罪的法律规定，以及七人合议庭中人民陪审员的权力范围、庭审程序及注意事项。参见刘春华：《重大刑事案首现七人合议庭》，载《四川日报》2018年5月25日，第8版。

〔2〕 参见尹华：《"民间智慧"与"法律决断"的桥接路径——"问题列表制度"引入人民陪审员参审刑事案件之探寻》，载万鄂湘主编：《建设公平正义社会与刑事法律适用问题研究——全国法院第24届学术讨论会获奖论文集》（上册），人民法院出版社2012年版，第417页。

〔3〕 在上海第一中级人民法院采用七人合议庭审理一起重大刑事案的采访中，审判长余剑认为："七人合议庭……，用通俗易懂的语言解释'法律术语'等，强化了实质裁判。"参见宋宁华：《沪上首例！上海第一中级人民法院采用七人合议庭审理一重大刑事案》，载新民网，http://newsxmwb.xinmin.cn/shizheng/2018/07/27/31411561.html，最后访问日期：2021年4月12日。

〔4〕 参见［美］伦道夫·乔纳凯特：《美国陪审团制度》，屈文生等译，法律出版社2013年版，第283页。

〔5〕 参见章文君、程乐：《香港陪审团指示与语用学合作原则研究》，载《浙江师范大学学报（社会科学版）》2012年第2期，第110页。

行说理的过程中，但法官指示潜在的阐释要求使得这一步骤被提前到庭审进行，无疑增加了法官的解释成本。

再次，当法官完成了指示的表达和阐释后，对于人民陪审员而言，仅仅实现了法律知识的输入过程，还需要输出对事实或法律的认定，对于这种输出的校正同样是法官需要支付的成本。基于"陪审员是不懂法律的外行，不应该勉为其难要求其对法律问题作出裁断"的考虑，[1] 我国增设的七人合议庭中人民陪审员仅就事实认定问题进行表决，包括犯罪构成要件事实和量刑情节事实两部分。这些属于案件原初事实的判定，需要法官进行加工处理的创造性劳动。[2] 正如卡尔·拉伦茨所言："所有经法律判断的案件事实都有类似的结构，都不仅是单纯事实的描述，毋宁是考察法律上的重要性，对事实所作的某些选择、解释及联结的结果。"[3] 因此，校正人民陪审员输出的描述性事实，并依据裁判规范进行剪裁，构成指示成本之一。

最后，法律知识的传输虽然以指示为载体，但上述关于表达、阐释、校正的方式均不得干扰人民陪审员对案件的独立判断，其中的程度把握对于法官而言同样是一项需要消耗心智的成本。在一项针对法官的实证考察中指出，司法实践中存在司法不作为的"空白式"法官指引、拿捏不准的"力度不够式"指引，以及妨碍陪审员独立有效认定事实的"力度过度式"法官指引、故意或过失的"错误式"法官指引。[4] 要克服上述问题，除了完善程序制度外，法官尚需投入精力改善实践。因此，在一系列指示过程中，法官所承担的义务已经不局限于审理案件，还需要完成对人民陪审员的深度普法，由此形成较高的法律知识传输成本。

2. 非职业法官的兼容成本

上述关于法官指示的成本讨论是以法律知识的流动和转移为视角，当我们把视线转向这一过程中的主体时，会发现法官还需要承担对非职业法官的兼容成本。从本质上分析，法官之所以要对人民陪审员进行指示，是因为二

---

〔1〕 参见刘峥:《审判长在七人陪审合议庭中应履行好指引、提示义务》，载《人民法院报》2018年12月5日，第5版。

〔2〕 参见魏胜强:《法律解释视角下的法律与事实》，载《郑州大学学报（哲学社会科学版）》2011年第3期，第52页。

〔3〕 ［德］卡尔·拉伦茨:《法学方法论》，陈爱娥译，商务印书馆2003年版，第3页。

〔4〕 参见张晓行、蒋利龙:《参审制下法官指引机制的重塑——以司法三段论为路径》，载《山东法官培训学院学报》2020年第2期，第77~78页。

者在法律知识上的不平等，而司法学术性资源的失衡必然会影响二者在审判结构中的地位。[1] 因此，要在实行法官指示制度的同时保障人民陪审员的独立性，法官需要付出一定的向下兼容成本，即法官不能基于自身法律知识径直给出指示，而要考虑人民陪审员作为非职业审判人士的理解能力，将其视为审判结构中的"自己人"而非"外人"。[2] 因而，主要包括三方面的兼容成本：由法官群体组成的"熟人社会"开放成本、法院内部约定俗成的"潜规则"失效成本以及类型化决策的细化成本。

首先，法官群体具有相似的法学教育背景，在办案实践中使用同一套审判话语，因此形成了身份凝固的"熟人社会"。[3] 当法官对案件进行讨论时，能够省略大量专业化的背景性知识，而当这一讨论发生在法官与人民陪审员之间时，法官必须先给出相应的指示，使其具备共识基础。因此，法官指示相当于帮助人民陪审员推开熟人社会的大门。与此同时，人民陪审员的"常识、常情、常理"也成为投掷到法官这一精英群体中的一颗石子，其影响以波纹形式扩散到法官思维中。从这一角度看，法官指示属于开放"熟人社会"的成本。

其次，由法官所构成的法院内部存在着某些共识性"潜规则"，这些规则并非贬义，而是为了实现指标化评价而衍生的系列操作。例如，为了降低上诉率，法官会依据同案同判的原则裁判，为了减少撤销原判或发回重审比例，法官会参照上级法院对于类似案例的处理方式或指导性案例。[4] 上述规则以类比参照的方式减轻了法官的审判压力，也在一定程度上暗合内部行政化考察指标的要求，符合录用、培养和晋升的职业发展轨迹。而当人民陪审员进入审判后，其不具备对上述规则的认识，同样也不存在绩效考核的要求，因

---

〔1〕 司法学术性资源主要由法律专业学历、从事司法实务的阅历、专业技术职称以及是否加入专业学术组织等组成。参见刘方荣、张存建：《人民陪审员承受的司法学术性压力及其消解——一个案件事实确定性视角的哲学分析》，载《内蒙古社会科学（汉文版）》2018 年第 6 期，第 79 页。

〔2〕 参见［美］米尔伊安·R. 达玛什卡：《司法和国家权力的多种面孔：比较视野中的法律程序》，郑戈译，中国政法大学出版社 2015 年版，第 24 页。

〔3〕 参见左卫民等：《合议制度研究——兼论合议庭独立审判》，法律出版社 2001 年版，第 103 页。

〔4〕 数据显示约 60% 的法官及人民陪审员会将指导案例作为裁判理由引述，参见四川省高级人民法院四川大学联合课题组等：《中国特色案例指导制度的发展与完善》，载《中国法学》2013 年第 3 期，第 41~42 页。

此法官的上述考虑不构成人民陪审员所需遵循的规则。[1] 相反，因为参审案件的数量上限，人民陪审员每年参与审理的案件数量少，倾向于以个案的视角观察，这就要求法官所给出的指示应当是个案的、具体的，法官平时潜移默化使用的类比或参照规则不能理所应当地放到指示中，也难以渗透到案件中。因此，法官指示造成了法院内部"潜规则"失效的成本。

最后，法官在长年累月的审判经验中，会自觉或不自觉地对案件进行分门别类的处理，尤其是长驻于某一类刑事案件法庭的法官，以案件类型化的决策方式大幅提升了审判效率，这同样也是人民法院司法改革的要求。[2] 然而这些经验是难以传授给人民陪审员的，这也说明法官的优势建立在容易传播的局内人的知识之上。[3] 在陕西省陪审员改革试点法院的一项调研中，31%的法官认为增加了区分事实与法律的工作量，24%的法官认为增加了指引方面的工作量。[4] 因此法官除了尽可能运用日常逻辑和经验法则解释指示外，还需要在一定程度上对类型化决策进行细化，对事实和法律作出更为精细的划分。

3. 信息交互受阻的情绪成本

在法官指示的成本问题上，除上述传输成本和兼容成本外，还包括隐性但并非不重要的情绪管理成本。法官指示依靠话语和文字得以实现，这种信息交互的过程中，由于法官与人民陪审员的认知模式和表达习惯存在差异，

---

〔1〕 已有学者指出法院系统内部的考核要求属于潜规则，职业法官很难直接与陪审员进行沟通。参见刘哲玮：《人民陪审制的现状与未来》，载《中外法学》2008年第3期，第437页。

〔2〕 例如湖北省襄阳市中级人民法院为统一辖区内类型化案件的法律适用标准，依托信息化手段，组织辖区跨专业、跨地域专业法官会议，2019年以来，研讨疑难和类型化案件1228件。参见《人民法院司法改革案例选编（十）》，载最高人民法院网，http://www.court.gov.cn/zixun-xiangqing-276311.html，最后访问日期：2021年4月12日。

〔3〕 参见［美］米尔建·R.达玛斯卡：《漂移的证据法》，李学军等译，中国政法大学出版社2003年版，第43页。这一点从全国法院办案标兵的介绍中也可以得到印证，如天津市西青区人民法院刑一庭副庭长刘斌在采访中称经常向身边经验丰富的老法官虚心请教，与优秀年轻干警交流讨论，不断学习他们在办案过程中的实践经验和审判技巧，参见赵婉初：《全国法院办案标兵是怎样的炼成的?》，载天津西青法院网，http://xqqfy.chinacourt.gov.cn/article/detail/2021/01/id/5788722.shtml，最后访问日期：2021年4月12日。

〔4〕 数据来源参见胡云红、刘仁琦：《人民陪审员认定事实审判指引》，中国法制出版社2018年版，第106页。

在指示没有发挥出应有效能时，法官需要承担情绪劳动、[1] 情绪倦怠和低价值感的情绪成本。这一成本不同于前述制度性成本，是通过影响法官行为动力的方式削弱法官指示的功能，法官并非自动售货机一般的司法机器，在情绪层面对其关注有助于在制度层面提供改进方案。

法官指示属于审判主体之间的信息互动，其中法官因其职业化和专业性表现为法律知识传授者，人民陪审员则作为接收者。如前述，法官在消耗一定成本后给出指示，但指示被理解的过程涉及各方面因素的影响，交互本身也存在着过程损失，包括交流不完全的过程损失和交流本身带来的损失。[2] 例如法官的认知模式大多采三段论推理，而人民陪审员则以构建故事模型或逆向叙事模型来还原案件事实，[3] 在某一关键事实的认定上，法官将其与刑法规范的大前提相对应给出结论，而人民陪审员在了解大前提后，因缺乏法律思维训练，更多考虑的是小前提的连贯性。[4] 因而，法官关于大前提法律规范的指示可能丧失效用。在多次指示后，法官仍认为自己尚未使人民陪审员了解遵守指示，容易在信息交互受阻中产生情绪懈怠，或对于自身职业价值形成否定，影响法官指示动力。此外，在有关案件的故事建构过程中涉及实质性信息加工（substantive processing）和启发式加工（heuristic processing），[5] 社会心理学家福加斯认为上述两种信息加工方式受到情感的影响很

---

[1]　1979 年社会学家霍克希尔德首次提出情绪劳动（emotional labor）的概念，其最初用于解释空姐提供的情绪方面的需求，后来将情绪劳动看作是组织中的社会互动，认为员工不仅须按要求完成任务，付出精力和生理努力，而且他们往往被要求在工作中控制自己的情绪。之后该概念被广泛应用到各种职业情绪劳动的实证研究中。例如，莫里斯认为，有些职业情绪要求比较单一，如法官必须表现出威严、独立和公正。参见文书生：《西方情绪劳动研究综述》，载《外国经济与管理》2004 年第 4 期，第 13~14 页。

[2]　参见张雪纯：《合议制裁判研究——基于决策理论的分析》，法律出版社 2013 年版，第 142 页。

[3]　故事模型，参见［美］里德·黑斯蒂主编：《陪审员的内心世界——陪审员裁决过程的心理分析》，刘威、李恒译，北京大学出版社 2006 年版，第 232~267 页。与之类似的逆向叙事模型，参见刘奕君：《模式、依据与冲突：人民陪审员参审职权研究》，载《法学杂志》2018 年第 9 期，第 135 页。

[4]　在学者所调研的"审理案件的难点分布"数据中，43.8% 的人民陪审员认为分析证据认定事实较为困难，37.5% 的人民陪审员认为适用法律条文是难点，可见人民陪审员更在意如何根据证据认定案件事实。参见刘晴辉：《对人民陪审制运行过程的考察》，载《北大法律评论》2007 年第 1 期，第 28 页。

[5]　参见唐丰鹤：《司法决策过程中的情感效应》，载《交大法学》2020 年第 3 期，第 65 页。

大。[1] 因此法官在指示过程中，应当避免自身对于案件的主观判断和情绪倾向侵入指示内容，需要遵守立法上要求的"不得妨碍人民陪审员对案件的独立判断"，而这一部分情绪抑制的内容可归为情绪劳动。

（二）基于结构内部的审判利益

由前述讨论可知，法官指示增加了法官作为个体的审判成本。但从整体上看，法官指示对于"法官—人民陪审员"的二元审判结构而言，是存在收益的。在法官依据法律为社会生产规范性期望结构时，引入人民陪审员的经验结构认知，[2] 能够实现民意的输入和大众理性的表达，这是人民陪审员的优势所在。然而，无论是经验、民意还是理性，都需要在诉讼程序的框架下遵循一定的规则进行表达，这些规则包括程序法、实体法以及审判道德等，法官指示的作用便在于引导人民陪审员进入框架。经过这一步骤，人民陪审员对法律知之甚少的劣势得以补足，民意表达的优势得以发挥，审判收益也得以体现。

1. 检测异常僵化法律适用

通过口头或书面形式的法律知识传输，人民陪审员经过自身理解的二次加工，能够借助日常生活经验或社会道德理念，对不合常理的法律适用进行检测，尤其是对刑事实体法的指示。从指示主体上看，法官作出指示的过程近似于心证的公开，因为在解释法律术语、犯罪构成要件时，需将重点考虑的问题告知人民陪审员，并在容易发生误解的问题上给予提示。这本身也是对法官梳理案件、整理思维的督促，是一种世俗的检验。[3] 从接受指示的主体上看，人民陪审员曾面临的问题是，对民主符号意义的大力推广与配套制度的缺乏，使其本应具备的司法功能被虚置。[4] 因此，法官指示的一个重要作用在于，激活人民陪审员参审所应发挥的"促进司法公正，提升司法公信"的功能。有学者通过对影响力较大案件的观察，认为影响司法公信力的核心

〔1〕 See Joseph P. Forgas, "Mood and Judgment: The Affect Infusion Model（AIM）", *Psychological Bulletin* 117, 1995, pp. 39-66.

〔2〕 参见江雪松、张昌辉：《〈陪审员法〉回应民意的法理辨思与施行路向》，载《宁夏社会科学》2020年第2期，第65~66页。

〔3〕 参见吴丹红：《中国式陪审制度的省察——以〈关于完善人民陪审员制度的决定〉为研究对象》，载《法商研究》2007年第3期，第133页。

〔4〕 参见刘哲玮：《人民陪审制的现状与未来》，载《中外法学杂志》2008年第3期，第434页。

要素包括信任、互动、声誉。[1] 人民陪审员作为大众的代表进入审判，增强了人们对司法的信任度，而法官指示消解了专业法官与大众之间的信息不平等，缓解了民意与司法能力的"信息不对称"，[2] 有助于增强人民陪审员与案件当事人的互动，并提升审判机关的声誉。

2. 减少科层制指标化干扰

此外，法官指示增强了法官对个案的敏感性，减少了指标化的统一适用。法官审理案件过程中，除了会受到事实和证据的约束，还会受到法院组织科层制的潜在影响。科层制维系着法官等级序列，通过法官法的程序运作管理法官，并要求法官的职位占有者具有非人格化的理性特征。在这种铁面无情的形式理性下，除了前文所提到的潜规则外，法官绩效考核制度已然是常态化的管理制度，即绩效考评制度的"数目字管理"。[3] 有学者指出，简单的数字化管理不符合司法的现实情况，容易导致功利化追求指标排名，不以司法公正为标准而以符合考核指标体系为导向。[4] 在刑事陪审案件中，最明显的是依赖指导案例审理，依靠上级法院权威性认可的类案为样板，以期降低上诉率、发改率、撤诉率等各种指标，而忽略了个案的特殊性。此外，司法理性的封闭还导致诸如"许×盗窃案""天津大妈赵××摆射击摊被控非法持枪案"等法律适用僵化的案例。这实际上是法律高度工具化的体现，面对这种情形，要求法官审视、回溯案件的细节等反而是效率的倒退。但作为法律外行的人民陪审员没有必要作出取悦司法职业控制者的裁决，因为其缺乏这方面的职业性激励因素（career incentives）。[5] 科层制是依据组织内部权力体系的划分方式提出的，其发挥效能的场域有限，难以企及非系统内的人员，因此，在法官给人民陪审员的指示中，人民陪审员并不理解法官群体潜移默化所形成的潜规则，也不具备功利导向。当法官站在自身立场作出相应指示时，人民陪审员是基于个案视角理解案件的，更能对个案而非类案发挥共情能力，

〔1〕 参见胡铭：《司法公信力的理性解释与建构》，载《中国社会科学》2015年第4期，第93~95页。

〔2〕 参见孙笑侠：《司法的特性》，法律出版社2016年版，第188~191页。

〔3〕 参见李拥军、傅爱竹：《"规训"的司法与"被缚"的法官——对法官绩效考核制度困境与误区的深层解读》，载《法律科学（西北政法大学学报）》2014年第6期，第12页。

〔4〕 参见陈光中、龙宗智：《关于深化司法改革若干问题的思考》，载《中国法学》2013年第4期，第12页。

〔5〕 参见［美］理查德·A. 波斯纳：《证据法的经济分析》，徐昕、徐昀译，中国法制出版社2001年版，第70页。

并对事实问题的认定进行外部监督，同时降低统一性对个案性的覆盖率。

3. 吸纳多层次社情民意

在上述利益衡量中不难发现，法官与人民陪审员的沟通实际上存在着诸多理念碰撞的过程，在结果上也存在着指示难以被理解、指示不当等问题，这在一定程度上也反映了法律与民意的纠结现状。我国最初创立的人民陪审员制度，以贯彻群众路线为宗旨，[1] 即便没有法官的指示，人民陪审员也能就案件的是非曲直作出判断。而随着社会结构、经济发展趋于复杂化，刑法所容纳的犯罪行为不再局限于具体的自然犯罪，而涵括更多抽象的罪名，与此同时法官素质也得到整体提升，法律逐步走向专业化。于是，人民陪审员所擅长的那种通过事实叙述即可判断是非的模式消失了，取而代之的是普通人伫立于法律体系中心的无所适从。法官指示则搭建了沟通的桥梁，为人民陪审员提供了有效的法律工具，用以表达自己的理解与看法。这种理解来自不同行业的生活和工作经验，吸纳了普罗大众对于法律的认识，借助指示的沟通过程，这些外行知识不断与法官发生交互作用。在这一层面上，不能简单将法官指示理解为单纯由法官发出的动作，实际上也隐含着人民陪审员的接收和反馈。在给出指示、进行阐释、纠正错误的过程中，法官也在不断理解人民陪审员所代表的大众观念，加之保证独立的要求，这种理解不得转化为说服，因此在交流的话语体系中，双方都获得了新的信息量。对于法官而言，通过指示可以吸纳某一态度背后的民意、某一观点背后的社会情况，真正做到了对民意的关怀与吸收。

三、法官指示的效果：人民陪审员的规训与矫正

法官指示作为一种法律内行对外行的指导，其效果取决于人民陪审员能否准确理解指示，并在此基础上作出独立判断。这不仅是对法官指示程度的约束，也对人民陪审员提出了两方面要求，即法律知识的输入和个人判断的输出都应当是有效的。与之对应的是接受法官的职业化"规训"的同时保持独立判断。有学者认为，法院对陪审员所进行的福柯意义上的规训，是通过隆重的任命仪式、佩戴司法标识、职业化培训、行政化管理以及给予补助等

---

[1] 参见彭小龙：《非职业法官研究：理念、制度与实践》，北京大学出版社 2012 年版，第 207 页。

方式实现的。[1] 这种归纳是从行政的视角观察，如果从审判的全过程上看，可分为审前培训、庭前阅卷以及庭审中发问三方面的职业化规训。此外，福柯认为规训基于话语和权力展开，[2] 但这种权力并不是上下分等级的，而是处于主体之间流动不定的弥散状态，[3] 因此，法官在对人民陪审员产生影响的同时，人民陪审员也对法官产生了影响。这种影响并非从司法意义中产生，而是在政治意义上基于民主的话语和身份产生的反馈与矫正。具言之，法官指示要得到理解，就需要符合人民陪审员的认知水准，并经受社会价值观的检验，实际上将指示正当与否的判断权交给了人民陪审员。人民陪审员通过对不恰当的、不符合社会价值的法官指示进行过滤，从而矫正职业法官在审判中的思维定式或不当偏向。因此，法官指示的效果取决于人民陪审员的规训与矫正程度。

（一）基于非职业法官身份而接受规训

1. 选任后接受培训

《陪审员法》将担任人民陪审员的文化程度下调至高中基准，年龄则上升为 28 周岁，以尽可能容纳更广泛的群体代表，排除颇受诟病的精英化选任。[4] 然而，人民陪审员大众化得以实现的同时，司法职业化也受到一定冲击。因此，经过三轮随机抽选确定的人民陪审员，在开庭前需要接受有计划的培训，包括案例教学、现场观摩、专题报告等。[5] 审前培训成为法院设定人民陪审员行为界限的主要机制。在培训过程中，人民陪审员充当着学生的角色，需要了解即将进入的审判领域的规则体系，以及需要完成的工作，并

---

〔1〕 参见李拥军：《我国人民陪审制度的现实困境与出路——基于陪审复兴背后的思考》，载《法学》2012 年第 4 期，第 15~16 页。

〔2〕 参见 [法] 米歇尔·福柯：《规训与惩罚》，刘北成、杨远婴译，生活·读书·新知三联书店 2012 年版，第 251 页。

〔3〕 参见孙运梁：《福柯刑事法思想研究——监狱、刑罚、犯罪、刑法知识的权力分析》，中国人民公安大学出版社 2009 年版，第 25 页。

〔4〕 以往在人民陪审员的职业分布中，企事业单位人员占据大多数，以成都市武侯区人民法院为例，教师等各类专业、技术人员和国家机关、党群组织、事业单位工作人员分别占 38.9% 和 33.3%，超过 60% 的人民陪审员为企事业单位人员。参见中国陪审制度研究课题组：《中国陪审制度研究——以成都市武侯区人民法院陪审工作为对象》，载《法律科学（西北政法大学学报）》2008 年第 6 期，第 131 页。而在中原某两市法院中，来自企事业单位的人民陪审员分别占 47.4% 和 41.8%，参见张嘉军：《人民陪审制度：实证分析与制度重构》，载《法学家》2015 年第 6 期，第 4 页。

〔5〕 《人民陪审员培训、考核、奖惩工作办法》第 14 条第 2 款规定："培训形式除集中授课外，可采取庭审观摩、专题研讨、案例教学、模拟演示、电化教学、巡回教学等多种形式。"

在培训中形成对自己身份的定位。换言之，人民陪审员进入审判场域就必须遵循法官所设定的行为准则，而法院则依据行为模式实施奖惩。例如有的法院会像对待优秀法官一样对优秀陪审员进行表彰，[1] 或者向表现良好的人民陪审员发放培训合格证书，无形中提升法官的专业优越感和职业权威性，[2] 从而建立起了一套对人民陪审员的规训体系。这一阶段的规训目的在于快速涤除人民陪审员对审判的陌生感，使其了解和遵循司法场域中的运作规则，可以视为法官对人民陪审员的初步程序性指示。

2. 审判前查阅案卷

尽管庭审实质化改革要求裁判结果形成在法庭，但提前阅卷仍是法官了解案件的重要途径。这一方法被迁移到参审案件中，即《高法解释》第 8 条规定法官应当为人民陪审员阅卷提供必要的便利。其目的在于增进人民陪审员对案件的了解，避免在庭审中因大量信息涌入而难以处理，失去庭审积极性。然而，人民陪审员承担着时间紧迫和大众认知定势的压力，一方面需要兼顾参审外的本职工作，而参审的刑事案件多为重大复杂案件，卷宗承载的信息量大，阅卷耗时长，有陪审员在访谈中提到"看了就耽误时间了"，且阅卷积极性不强，因此时间上的冲突导致司法实践中阅卷比例极小；[3] 另一方面提前阅卷难以避免审前心证的形成，而且案卷中包含尚未经控辩申请排除的非法证据，即便这些证据在庭审过程中被予以排除，它们在人民陪审员心中所形成的固有印象也难以剔除。在诸多问题之下，《陪审员法》并未明确法官是否应在阅卷时提供相应指示。多数观点认为，出于保护人民陪审员心证不被污染的考虑，应当给予指示，包括允许主动咨询法官或制作陪审员阅卷

---

[1] 参见刘方勇、廖永安：《我国人民陪审员制度运行实证研究——以中部某县级市为分析样本》，载《法学家》2016 年第 4 期，第 62 页。

[2] 参见刘晴辉：《对人民陪审制运行过程的考察》，载《北大法律评论》2007 年第 1 期，第 36 页。

[3] 以我国中部某县级市为样本，有 63.4% 的法官认为陪审员从来没有或者很少阅卷，陪审员甲提到"如果是上午，去早点还有时间看案卷，像下午去早了没上班，一上班就只剩几分钟就开庭了，案卷是在法官或书记员那里，看了就耽误时间了"。参见刘方勇：《人民陪审员角色冲突与调适》，载《法律科学（西北政法大学学报）》2016 年第 2 期，第 156 页。同样，在上海地区法院，陪审员主动要求庭前阅卷的比例为 28%，71.9% 陪审员皆因法院通知而参与庭前阅卷活动。参见郑成良、李文杰：《人民陪审实践：法治中国语境下的考量与反思——基于上海三区法院陪审运行之研究》，载《法学杂志》2016 年第 11 期，第 81 页。

表等。[1] 笔者赞同上述意见，阅卷期间法官指示内容应符合证据规则，对于涉及非法排除的证据，应当避免人民陪审员查阅。可见，尽管要求非职业法官庭前查阅案卷具有实际难度，但阅卷环节仍然得以保留，本质上是通过外行角色内行化的方式，为人民陪审员设置一系列与职业法官相近的要求，实现法官对于人民陪审员的规训。

3. 庭审中当庭发问

在大多数实证分析中，人民陪审员是否实质参审的重要指标是庭审中的活跃程度，主要表现为向当事人发问或表达意见。[2] 人民陪审员可以向诉讼参与人发问的依据是《高法解释》第 11 条，但该条同样也通过审判长的提示限制了发问的范围，[3] 而且以上述标准来实现有效参审的规训，面临着难以实现的窘境。首先，人民陪审员存在着司法学术性资源方面的薄弱，[4] 而在刑事案件的法庭调查、法庭辩论等环节，我国犯罪构成理论尚未走出"要件式"的藩篱，[5] 因此控辩均围绕要件理论展开对抗，由此引申而来的罪与非罪、此罪与彼罪等判断都需要一定的法律基础。人民陪审员因自身法律储备的匮乏，容易反复斟酌提问是否规范、合适，最后不问而终的居多。其次，发问后如遇到控辩质疑或需要进一步延伸的解释性问题，人民陪审员可能会遭遇被反问而无法回答的尴尬，或者常识常理与法言法语发生冲突的情形，难免会出现专业判断"吸附"甚至"压制"常识判断。[6] 最后，在经过审

---

〔1〕 相关观点参见刘梅湘、孙明泽：《刑事陪审团指示制度研究——论中国刑事诉讼人民陪审员指示的完善》，载《重庆大学学报（社会科学版）》2019 年第 2 期，第 141 页。陈琳、陈志龙：《能度超越与限度突围：陪审员职权改革语境下法官指引制度之构建》，载《海峡法学》2017 年第 2 期，第 65 页。

〔2〕 相关研究参见张嘉军：《人民陪审制度：实证分析与制度重构》，载《法学家》2015 年第 6 期，第 7～8 页；刘晴辉：《对人民陪审制运行过程的考察》，载《北大法律评论》2007 年第 1 期，第 28～29 页。

〔3〕 《最高人民法院关于适用〈中华人民共和国人民陪审员法〉若干问题的解释》第 11 条："庭审过程中，人民陪审员依法有权向诉讼参加人发问，审判长应当提示人民陪审员围绕案件争议焦点进行发问。"

〔4〕 刘方荣、张存建：《人民陪审员承受的司法学术性压力及其消解——个案件事实确定性视角的哲学分析》，载《内蒙古社会科学（汉文版）》2018 年第 6 期，第 79～80 页。

〔5〕 参见刘仁琦：《人民陪审员参审职权改革的实体与程序基础——以庭审实质化的推进为切入点》，载《法学》2020 年第 6 期，第 107 页。

〔6〕 参见廖永安、刘方勇：《人民陪审员制度目标之异化及其反思——以湖南省某市人民陪审员制度实践为样本的考察》，载《法商研究》2014 年第 1 期，第 92 页。

前培训的规训后，人民陪审员对法律规则有了初步认识，但也更容易形成对法官"专业权威"和"领导权威"的盲从，[1] 提问的话语权也因此喑哑。因此，要求人民陪审员当庭发问的规训更多是一种任务式要求，缺乏实际操作性。

（二）基于司法民主政策而矫正法官指示

尽管人民陪审员在被随机抽取选任后便接受法官的规训，但无论是审前培训、庭前阅卷还是庭审中发问，都对人民陪审员提出了较高的要求。司法实践中能够满足上述要求的往往是长期驻庭的"编外法官"，而这显然违背了人民陪审员"无知的美德"这一要求。因此，采取个案式指引的法官指示更具优势。在二元裁判结构中，法官可以通过恰当的指示帮助人民陪审员胜任个案审理；与此同时，法官指示也受到来自人民陪审员的影响。不同于法官以法律知识为权力轴心展开的规训，人民陪审员对法官的影响是通过其身份所蕴含的司法民主性展开的。刑事案件关乎生命利益，因此即便是以司法为名的杀伐决断，仍要秉持谨慎，避免因法律拟制、司法理性等法律形式主义而导致裁判结果脱离社会基本价值理念。人民陪审员正是这种理念的试金石。

1. 简明的法官指示

人民陪审员对案件事实或法律适用进行裁判，代表着朴素民意的参与和大众理性的进入。因此，面对法官较为复杂或者难以理解的指示时，为避免表达的错意与失衡，人民陪审员可以要求法官提出简单明了的法官指示，或者用生活化的语言解释专业术语。这实际上是以大众思维解构专业审判。有学者将其概括为陪审员表达自由原则，并主张法官负有妥当回应之义务。[2] 类似的做法在美国亚利桑那州陪审团改革项目中也有所体现，法官被要求在开庭前为陪审员提供指导，以使其能够更好地理解一些在没有背景语境情况下，可能会让人困惑的相关证词，并允许陪审员利用提问机会弄清楚缺失的信息。[3] 我国香港地区法官则使用较多的语气词，以设问或重复的方式向陪

---

〔1〕 参见钟莉：《价值·规则·实践：人民陪审员制度研究》，上海人民出版社2011年版，第114页。

〔2〕 唐力：《"法官释法"：陪审员认定事实的制度保障》，载《比较法研究》2017年第6期，第10~11页。

〔3〕 参见〔美〕约翰·加斯蒂尔等：《陪审团与民主——论陪审协商制度如何促进公共政治参与》，余素青、沈洁莹译，法律出版社2016年版，第224~233页。

审团进行指引。[1] 可见，人民陪审员正是通过其"无知"要求进一步简化法官指示。此外，人民陪审员在没有违反审判规定的前提下，无需对案件承担审理责任，但在合议庭表决中，尤其是七人合议庭中人民陪审员对事实认定的意见占据着较大作用。其对于案件事实的判断，与法官最后制作的裁判文书密切相关，而法官须对不当裁判负责，因此反向促进法官不断优化自身的指示。

2. 个案式法官指示

人民陪审员的平民性在一定程度上帮助法官拉近了与当事人之间的距离，使其更具有同理心。古代社会强调具有行政性质的"法官"，审判的评价标准是能否"为民做主"，[2] 而在现代社会，随着陌生人社会的扩大以及法律制度的日益复杂化，法官所具有的行政官属性减弱，审判的独立性增强，随之而来的是职业化与大众化的隔阂。在对大量案件的审理过程中，法官的职业化思维模式可以快速对案件分类并入熟悉的领域，锚定犯罪构成的要件完成定罪量刑。这一模式存在的缺点则是，提取公因式的要件思维和输出标准法律答案的"司法格式化"过程，[3] 在法官与当事人之间形成了一定的阻隔距离。因此，法官对个案特点的敏感性降低，是以一种遥远的眼光审视书面卷宗里的案件。[4] 相比之下，人民陪审员因审理次数的限制和单薄的审判经验，对个案更为关注。在接收法官指示时，尤其是关于刑法适用方面的指示，人民陪审员需要在行为与构成要件之间来回比对，对行为进行定性，在这一过程中往往能察觉到与常识不相符或适用不恰当之处。例如在我国中部某县级市法院作为样本的访谈中，对于一起未成年人在邻居家入室盗窃并进行反抗转化为抢劫的案件，参与审理的人民陪审员指出，"如果严格按照法律，要判 10 年刑"，但考虑到被告人初中在读，且有悔罪表现，未造成严重后果，因此向法院领导争取最后"判 3 年，缓 3 年"。[5] 可见，法官通常在量刑情

---

〔1〕　参见吴宏耀、古锦平：《刑事法官指引机制研究——以人民陪审员制度改革为背景》，载《经贸法律评论》2021 年第 1 期，第 139 页。

〔2〕　参见孙笑侠、熊静波：《判决与民意——兼比较考察中美法官如何对待民意》，载《政法论坛》2005 年第 5 期，第 49 页。

〔3〕　参见苏力：《送法下乡》，中国政法大学出版社 2000 年版，第 199 页。

〔4〕　例如"368 万天价过路费被判无期案""男子追小偷致其倒地身亡被起诉案"以及"天津大妈赵××摆射击摊被控非法持枪案"等，都反映出法官在适用法律审理案件时存在机械化。

〔5〕　参见刘方勇：《人民陪审员角色冲突与调适》，载《法律科学（西北政法大学学报）》2016 年第 2 期，第 158 页。

节上才会注意案件本身的殊异性，而人民陪审员完善故事模型的同时，便将值得关注的细节反馈给法官，对法官指示提出矫正意见。由此，法官能够跳脱固化的法律思维，近距离观察案件及当事人，实现个案的公平正义。

3. 监督法官指示

人民陪审员在理解法官指示的过程中，结合自身认知形成了对案件的判断，但思维上的确信还需要落实到裁判文书中加以体现。作为裁判文书的制作者，法官表达的是合议庭评议后的意见，人民陪审员对此亦存在贡献，因此裁判文书在修辞上需要体现出受众意识。也就是保证逻辑的清晰和可理解性，避免出现人民陪审员无法理解参审案件裁判结果的情况。在我国裁判文书格式中，"经审理查明"后所连接的事实包括法律事实和证据事实，前者是在人民陪审员与法官共同认定的原初事实基础上加以剪裁而成，而民众的情感和诉求正是依托这一路径进入司法程序获得正当性。[1] 随着事实审与法律审的分离，事实认定成为人民陪审员的主要职能，因此，法官指示的效果往往通过事实认定的准确性得以体现。人民陪审员要判断法官指示是否合法合情合理，除了依据朴素正义观，还需要从最终结果中得到验证。[2] 因此，法官指示不仅要简明化、个案化，还需要以简练易读的方式体现在裁判文书中。人民陪审员在阅读裁判文书时，可以从事实认定、法律适用和判决结果三方面评估法官指示的好坏与否，如果法官指示中提示排除某项证据，而裁判文书中仍使用了该项证据作为事实认定依据，那么人民陪审员可以借此推知裁判结果或法官指示有误。据此，应当允许人民陪审员提出异议，这也正是大众司法的监督价值。此外，裁判文书中也应通过客观化的修辞遏制主观主义，[3] 消除人民陪审员过于激烈的情感，并限制法官的自由裁量，以事实和证据构筑裁判的外观，使其具有信服力。

四、法官指示实质化进路：基于动态结构的思考

根据前面的论证，法官指示不仅包括法官发出指示动作，还包括人民陪审员对这一动作的理解，因此，在既有的"法官—人民陪审员"二元审判结

---

[1] 参见张纯辉：《司法判决书可接受性的修辞研究》，法律出版社 2012 年版，第 202 页。

[2] 例如北京市海淀区人民法院规定，在保证陪审员全程参与审理过程的前提下，由陪审员审核裁判文书文稿中的事实认定部分，确认无误后，在裁判文书文稿上签名。参见赵艳艳：《朝阳群众、海淀大妈……来做人民陪审员》，载《人民法院报》2018 年 2 月 3 日，第 8 版。

[3] 参见武飞、王利香：《法律修辞与人民陪审员制度的功能衔接——基于民主视角的探讨》，载《安徽大学学报（哲学社会科学版）》2017 年第 1 期，第 117 页。

构中形成了一种利益共生的动态构造。其中，法官指示的动力取决于对"成本—收益"的衡量。对于法官而言，恰如其分的指示是需要成本的，但好的指示能够在合议庭评议中取得审判收益，因此，降低法官指示中的信息传输成本、与人民陪审员的兼容成本以及交互受阻的情绪成本是提高法官指示率的重要途径。而指示的效果则取决于法官的职业化规训与人民陪审员对法官指示的矫正。法院内部对人民陪审员所实行的规训策略旨在帮助其了解庭审所需技能，但这种灌输式的指示需要内化并以不受干扰的独立形式予以表达，此时人民陪审员起到的作用是对法官指示的反思与矫正。

（一）降低法官指示成本

首先，可以通过设置统一的法官指示范本，降低法律知识从法官传输到人民陪审员过程中所消耗的成本，并尽可能减少有效信息的损耗。在形成指示、阐明指示、校正指示和控制指示的程序中，法官存在着一定的重复性劳动成本，且缺乏指示语言和指示程度的相应标准，在实际的刑事审判中不利于总结经验。以江苏省无锡市南长区人民法院（2015）南刑初字第 0120 号案件为例，法院将犯罪构成要素分解为若干事实认定要素进行指示，包括事情的起因、打人的心态、追求什么程度的后果等，并提出以平常人的阅历看，行为人是否知道会造成伤害等。[1] 这样一来，审理此类案件的法官可以将指示要点集中归纳为案件概要、客观行为、主观心态、因果关系等，并依据实践中人民陪审员的理解能力，对法官指示的用语进行简化，大幅减轻了法官额外的指示压力。根据不同类型的案件可以提炼出不同的指示要点，并将犯罪构成与法律评价相分离，分成事实问题和法律问题两部分进行指示。在事实问题方面，主要包括何人、何事、何地、实施了何种行为，例如被害人的身体健康是否遭受伤害、造成伤害的侵权行为是否由被告人实施、侵害行为是否非法进行、身体损害是否达到重伤死亡程度等。针对法律问题的法官指示则主要包括法律概念、犯罪构成、违法阻却事由等，例如正当防卫、故意杀人、自首等法律规定及相关解释。这样一套由事实问题和法律要点组成的指示范本，不仅可以用于个案，在类似案件中均可适用。通过这样的方式，为不同案由的刑事案件制作统一的法官指示范本，并在特殊个案中予以口头补充，能够有效减轻法官指示压力。

其次，完善人民陪审员培训制度，提高其普法广度和深度，减少职业法

官兼容非职业法官的成本。有观点认为审前培训机制导致了人民陪审员的精英化,使其丧失了应有的大众思维,[1]但实际上真正导致外行职业化的源头在于缺乏随机抽选,部分"驻庭陪审员"在高频率参审中逐步与法官群体思维同化,一方面是大量参审案件累积了实务经验,另一方面则是与法官形成了较为熟悉的社会关系,容易因"熟人关系"或"面子影响"而不提出相反意见。[2]从人民陪审员培训制度的内容上看,多为审判职业道德和基础性法律知识,[3]在"三个随机"和参审案件数量设限的条件下,很难培训出精英化的外行法官。尤其在刑事陪审案件中,即便是同一罪名的案件,也涉及不同的犯罪事实、量刑情节等,在较为复杂的案件中甚至还会引入学理讨论,未经科班训练的人民陪审员自然难担此任。相反,应当扩宽培训内容,使人民陪审员尽可能多地了解刑事案件术语,以及近年来发生的典型审判案例,以便增进对法官指示的理解能力。同时,法官也应当逐步摒弃将人民陪审员视为"招之即来,挥之即去"的廉价劳力的观念,[4]以合作互补的态度进行沟通,而不局限在职业法官的群体性知识之中。

最后,应当以口语化形式表达或解释法官指示,减少法官与人民陪审员之间的信息交互压力。在美国陪审团审判中,法官指示首要考虑的是在形式上正确阐述法律规则,而不是陪审员能否理解,[5]因此晦涩的法律术语并未得到充分诠释,这也成为美国改革法官指示的动力之一。以此为鉴,在如何增进人民陪审员对法官指示的理解上,需要回归到大众化思维对法律概念的拆解,将获取人民陪审员的理解作为指示目标。法律术语本身具有高度抽象性和概括性,法律职业群体基于多年的法学教育和实务经验而对其运用自如,

---

〔1〕 相关观点参见高一飞、李洪阳:《新一轮陪审制改革中问题列表制度的引进与设计》,载《甘肃理论学刊》2016年第4期,第114页。吴宏耀、古锦平:《刑事法官指引机制研究——以人民陪审员制度改革为背景》,载《经贸法律评论》2021年第1期,第130页。

〔2〕 参见钟莉:《价值·规则·实践:人民陪审员制度研究》,上海人民出版社2011年版,第145页。

〔3〕 《人民陪审员培训、考核、奖惩工作办法》第9条:"人民陪审员的培训分为岗前培训和任职期间培训。人民法院应当会同司法行政机关有计划、有组织地对人民陪审员进行培训,培训应当符合人民陪审员参加审判活动的实际需要。培训内容包括政治理论、陪审职责、法官职业道德、审判纪律和法律基础知识等,也可以结合本地区案件特点与类型安排培训内容。"

〔4〕 参见刘哲玮:《人民陪审制的现状与未来》,载《中外法学杂志》2008年第3期,第436~439页。

〔5〕 参见〔美〕伦道夫·乔纳凯特:《美国陪审团制度》,屈文生等译,法律出版社2013年版,第291页。

但对于人民陪审员而言，用来理解法律概念、构建事实框架的基本工具是日常语言。因此，以口语化方式解释或口头表达法官指示，能够避免指示传达过程中的误解和偏差，而释明语言行为的交际性也为法官与人民陪审员的合作提供了空间。[1]

（二）提高陪审规训效能

首先，应当按照审前培训、庭前阅卷、庭审发问以及庭后评议，建立分阶段的法官指示。在现有的规训手段中，由于行政管理和司法培训都较为粗浅，人民陪审员并未发挥出预期的实质参审作用，而阶梯化的法官指示有助于人民陪审员理解每一阶段的审判任务。在审前培训阶段，应着重从三方面提升其事实认定能力：一是司法职业伦理；二是程序规则，例如以非法证据排除规则为代表的证据规则；三是实体法规定。在庭前阅卷阶段，由于案卷中可能出现违法证据或者复杂科学证据等，前者可能污染心证，后者则增加了事实认定难度，尤其是涉及某些专业性较强的金融犯罪，对证据的解读决定了事实认定方向。基于此，除了法院提供的阅卷便利外，法官也应当及时提供阅卷指导，通过法官指示提示人民陪审员注意案件争议点分布。在庭审发问阶段，可以借鉴重罪法庭，陪审员通过向审判长请求发言，在经过审判长同意后，得以向当事人发问。[2] 在我国陪审语境下，经由审判长同意后再发问，能够避免人民陪审员因专业素养不足引起提问怯场，审判长也可以通过法官指示为发问作补充，从而充分调动其陪审积极性。在庭后评议阶段，法官指示则以事实问题清单和口头形式为主，集中于证据规则和实体法规范，为人民陪审员认定案件事实提供法律工具。

其次，确立简明的个案式法官指示，进行类型化、要点化、模板化的改进。法官指示的确立主要是为了适应事实审与法律审分离的实际需要，[3] 因此法官指示的内容也可分为事实问题清单和法律问题口头指示。在法官指示拟定规则上，问题清单应当采取"是"或"否"的封闭式问答，并允许人民陪审员提出其他考虑的问题。口头指示则应当遵循简明扼要的规则，运用通俗易懂的公众语言进行详细解释和说明，不得使用具有倾向性的语言，或者

---

〔1〕 参见章文君、程乐：《香港陪审团指示与语用学合作原则研究》，载《浙江师范大学学报（社会科学版）》2012 年第 2 期，第 115 页。

〔2〕 参见《法国刑事诉讼法典》，罗结珍译，中国法制出版社 2006 年版，第 237 页。

〔3〕 参见最高人民法院政治部编著：《〈中华人民共和国人民陪审员法〉条文理解与适用》，人民法院出版社 2018 年版，第 235 页。

引导人民陪审员在庭审中表达自己对案件的看法等。在法官指示的内容上，应当突出其个案式指引的特点，包括四个方面：一是个案中频繁出现的法律概念，例如犯罪故意、犯罪停止形态、追诉时效等，使其准确了解法律概念内涵。二是程序法规定，主要是了解审判进程以及不同阶段人民陪审员的权力和职责，以及刑事案件中可能涉及的证据规则。三是实体法规定，这是个案指引中最为关键的部分，主要包括法条及相关司法解释。四是司法伦理及其他问题，旨在告知人民陪审员约束与当事人接触的行为，避免产生偏见等。通过对拟定规则和指示内容的限定，有助于法官依职权作出简明的个案式法官指示，此外人民陪审员还可以就相关问题请求审判长进行法官指示。需要注意的是，无论以何种方式进行法官指示，都应当对关键事项的指引记入庭审笔录以供备查。

最后，设立法官指示不当的救济手段，允许人民陪审员对法官指示提出异议。在法院系统的规训下，人民陪审员具备了快速融入庭审环境的能力，但并不意味着丧失了独立思考能力。当法官作出超出必要限度的指示或者错误指示时，人民陪审员认为对独立发表意见造成干扰，或者违背了常识常情常理时，应当为其表达异议提供空间。现行立法对法官指示的内容和义务作出了原则性规定，并未提及法官指示作出后的效力，因此引发了两个问题：一是人民陪审员未遵循法官指示如何处理？二是法官指引存在不当如何处理？由于法官与人民陪审员所组成的审判结构是二元的，因此在就法官指示的内容产生争议时，应当允许提交至位于二者之上的审判委员会加以判断，若法官指示确有不当，则人民陪审员可以保留独立意见，拒绝依据法官指示认定案件事实或适用法律。如果是在庭审过程中作出的法官指示，当事人同样有权利就不当指示提出异议，从而保障自身合法权益。而对于不当指示，除了控辩双方当庭提出异议外，人民陪审员同样有权提出异议，并对不理解的法官指示进行发问，法官则负有回应质疑或异议之义务。对于错误指示，人民陪审员可以要求法官变更或者撤销相应指示。

结 论

通过对法官指示制度的构造分析，不难发现制度运行是否顺畅，取决于法官和人民陪审员所形成的审判结构是否具备足够的动力，能否发挥出预期效果。以微观视角分析，可以发现，处于结构中的个体是相互关联发挥作用的，并以各自利益最大化互相角力。要完善法官指示制度，就需要从根源上找到法官与人民陪审员的利益相切点，以点连线，以线共面，从而形成最大化利益平面。对于法官而言，设置范本指示、遵循指示规则等降低法官指示成本的手段，能够在案件数量居高不下、审判责任终身制的改革当下为法官提供一条较为轻松的道路，有益于推动陪审制度改革落到实处。而对于人民陪审员而言，扩宽既有的审前培训、简化法官指示的语言等提高理解能力的措施，有助于其接受法官规训的同时保有独立判断能力，并借助朴素的法认知矫正法官指示的不当之处。在法官与人民陪审员构成的司法审判结构中，宏观的制度设计固然重要，但从微观上观察制度运行背后的个体以及相互关系，能够给陪审制度改革提供更多思考空间。正如左卫民所言，在中国刑事诉讼制度中，执法者既是如同"自动售货机"一般的"理想人"，又是有着逐利动机的"社会人"，如果仅以前者所代表的官方主流话语压制后者的亚群体话语，则必然导致程序失灵、制度扭曲等结果，因而要以"内部人"的角度洞察司法实践运作机理。[1] 在陪审制度改革中，与陪审员选任条件、七人合议庭职权相比，法官指示虽然是微不足道的一项新规，但是在克服陪而不审的流弊中仍有着不可小觑的作用。这种功能的发挥离不开对审判结构和角色主体的关注，既有研究大多着墨于程序与制度的完善，却忽视了真正运作这套系统的"人"，只有当法官与人民陪审员的角色与结构相匹配，才能发挥出实质参审的效能。

---

〔1〕 参见左卫民：《刑事诉讼中的"人"：一种主体性研究》，载《中国法学》2021 年第 5 期，第 95 页。

换位共识：法官与当事人的沟通策略与效用

武　佳*

　　摘　要：传统司法研究以"法的供给""法的需求"两种单向视角，作为法官或当事人的司法行动策略的观察视角，研究重心在于法官与当事人之间的权力争夺。但仅从单向视角观察，难免忽视法官与当事人在推进案件有序进行中的合作因素。从法民沟通的双向视角出发，挖掘传统资源在当代司法中的"新内涵"，可以发现在家事案件中法官与当事人的话语沟通存在明显的"换位"现象。通过对法官与当事人利用"情理""法理"说理的量化分析，发现在实质说理层面，法官更偏向感性说理、当事人更偏向理性说理。但这种看似"角色错位"的说理偏好是一种基于词汇含义、身份约束等客观条件限制产生的必然选择，能在家事案件中发挥缓和传统情理与现代法治的价值矛盾，加深法官对家事案件中感性要素的共情，推进民众对"当事人"诉讼义务的理解等功能。因此，法官与当事人在案件中达成"换位共识"也是缓和法民关系、追求"案结事了"的必要选择。
　　关键词：情理　法理　话语选择　判决说理

---

　　* 武佳，北京师范大学法学院 2021 级博士研究生。

一、问题的提出

在司法场域中，法官与当事人都需要在复杂多元的话语体系中选择语词的特定含义去表达、解释、运用法律，将"书本中的法"转变为"行动中的法"。特别是在法律、法理、道德、情感等多元价值并立的家事司法审判中，法官与当事人的话语选择与沟通过程更是推进裁判进行的重要进路。解析法官与当事人话语沟通的过程，可以还原法律对法官的责任塑造、现代法制体系对当事人的潜在要求，以及反映法官、当事人对法律的反向塑造。

现有的司法研究中关于司法过程中"人"的研究，以社科法学从中观或宏观上对某一法院组织机构、某一类群体描述性研究为主要进路。[1]例如从"法的供给"视角，针对法官决策开展的系列研究，如理查德·A. 波斯纳以定量分析的方法对美国法院法官在司法体制中如何决策和行动进行了深入研究；[2]苏力将法官放入乡土社会的背景中从质性分析的角度总结了基层法官适用规则、裁决纠纷的范式[3]。聚焦到家事裁判领域，贺欣、任继强等针对法官话语类型、语言策略进行了实证分析。[4]此外，也形成了关注当事人在司法个案中如何思考的"法的需求"视角，比如高敏（Mary E. Gallagher）通过对 50 多名劳动仲裁当事人的深度访谈，提出了"知情去魅"的概念，对劳动者在进入法律程序后其法律意识的变化过程进行了提炼；冯晶在此基础上将民事案件当事人进一步分为"门外汉"和"入门者"，阐释了二者不同的司法信赖作用机制。[5]但以上研究进路中，无论是从"法的供给"还是从"法的需求"的视角，都是单向地从法官或当事人一方的视角出发，无法展现在司法裁判过程中，法官与当事人的互动所产生的影响，在一定程度上形成了视角的割裂。

---

〔1〕 侯猛：《知识结构的塑造——当代中国司法研究的学术史考察》，载《现代法学》2019 年第 4 期。

〔2〕 ［美］理查德·A. 波斯纳：《法官如何思考》，苏力译，北京大学出版社 2009 年版；［美］李·爱泼斯坦、威廉·M. 兰德斯、理查德·A. 波斯纳：《法官如何行为：理性选择的理论和经验研究》，黄韬译，法律出版社 2017 年版。

〔3〕 苏力：《送法下乡：中国基层司法制度研究》，中国政法大学出版社 2000 年版。

〔4〕 贺欣等：《家事审判中的调节式话语与审判式话语》，载《法律和社会科学》2019 年第 1 期；任继强：《"调审合一"下法官调解离婚案件的语言策略》，载《法律和社会科学》2019 年第 1 期。

〔5〕 Mary E. Gallagher, "Mobilizing the Law in China: 'Informed Disenchantment' and the Development of Legal Consciousness", *Law and Society Review* 40, 2006, p. 783. 冯晶：《支持理论下民事诉讼当事人法律意识的实证研究》，载《法学研究》2020 年第 1 期。

与以上研究不同，本文结合"法官说理"和"当事人说理"两个视角，以判决书中法官与当事人运用"情理""法理"开展的话语沟通为分析材料，还原司法场域中法官与当事人的行动策略和二者沟通产生的直接司法效能。试图以定量分析的方式挖掘司法场域内法官与当事人说理话语的选择偏好，分析主体偏好的成因，再从总体双向互动视角阐述这种基于主体选择偏好建构起来的、具有浓厚中国特色的法民沟通模式的运作机制及其积极效用，以此证明法官与当事人之间，通过换位说理在当代法治建构中达成的修复、沟通作用。

而之所以选择家事法中"情理""法理"作为观测符号，首先，家事法作为最贴近民众生活的司法场域，法律语言和生活用语达到最大交集、分界模糊，无疑是当事人最可能直接参与案件说理、与法官共用同一套话语体系沟通的法律领域。其次，从情理、法理的自身意涵出发，二者自古至今都是司法理念中重要的价值向度与说理资源，从古代中国礼制背景下的情理与法理的统筹交织，到近代中国法律建构挣脱礼制的桎梏，在大量法律移植的基础上"另起炉灶"，再到形式化的现代司法难以应对多重法外因素的"疑难案件"转而强调"情理法的交融平衡"，[1]案件中"法理""情理"一定程度上也反映了现代法治理念与传统人情社会的价值碰撞，也是观察当事人与法官在说理价值偏好上的最佳风向标。

二、话语材料的具体意涵及价值取向

作为法官、当事人说理材料的"情理""法理"在不同时期的概念内涵也是不断发展变化的，学界对二者关系的论述也从中国传统司法场域中的高度融通，转为对现代法治中情理与法理价值冲突与整合的讨论。[2]那么在法官和当事人使用同一套话语的沟通过程中，又是如何运用"情理""法理"

〔1〕《最高人民法院关于印发〈全国法院民商事审判工作会议纪要〉的通知》，法〔2019〕254号。
〔2〕林端、苏力、王方玉、郭星华等均指出现代司法体系中情理与法理的冲突是难免的，黄宗智证明了中国古代官方宣传的"情、理、法"的通融和现实中县官判案依法很少依情的实景存在割裂。参见林端：《儒家伦理与法律文化：社会学观点的探索》，中国政法大学出版社2002年版，第391页以下；苏力：《法条主义、民意与难办案件》，载《中外法学》2009年第1期；王方玉：《中国式法理思维探析——法、理、情的融合》，载《河北法学》2014年第5期；郭星华、隋嘉滨：《徘徊在情理与法理之间——试论中国法律现代化所面临的困境》，载《中南民族大学学报（人文社会科学版）》2010年第2期；黄宗智：《清代的法律、社会与文化：民法的表达与实践》，上海书店出版社2007年版，第8页以下。

的具体意涵的，而选取不同价值取向的话语材料是否会引发法官与当事人话语沟通的冲突或对立呢？

为了准确把握家事案件中法官与当事人利用"情理""法理"进行话语沟通的策略和效果，本文采取实证研究的方法，利用北大法宝司法案例数据库，以"情理""法理"作为关键词，对截至2018年的家事案件（案由为婚姻家庭、继承纠纷）的判决书进行全文检索，共检索到符合条件判决书377份。[1] 考虑到不同层级法院说理特点，更高级别法院审理的案件更为复杂且重要，也更加注重说理，本文仅选取经过二审、再审的案件作为样本。经过对判决主文不包含关键词的案件、初审案件、重复案件的剔除，共得到有效分析样本157份，其中"情理"共计出现183次，"法理"出现175次，二者同时出现123次。[2]

（一）判决书中"情理""法理"的具体内涵

本文根据是否使用"情理""法理"进行传统三段论式说理，将"情理""法理"的使用状况大致划分为实质说理、形式说理（如图1）；其中，实质说理是指运用情理、法理进行案件事实认定、寻找法律依据，或以此为依据作出对应司法结论的说理形式；而形式说理中仅出现"情理""法理"这两个符号，不针对具体的个案事实展开详细说理。两种说理方式的核心区别就在于"情理""法理"是否具有实质内涵，实质说理中"情理""法理"仍可作为二次分类的质料，结合案件产生具体的诸如"人情""生活经验法则""法律""法之理念"等具体意涵；而形式说理中的"情理""法理"只能作为高度抽象的评价维度，构成形式上不可分割的逻辑周延的整体。

---

〔1〕 《最高人民法院关于人民法院在互联网公布裁判文书的规定》（2016年修订）第4条规定，人民法院作出的裁判文书有"离婚诉讼或者涉及未成年子女抚养、监护的"情形的，不在互联网公布。自2016年10月1日该司法解释实施以来，各地家事法案件公布数量迅速下降，故仅对截至2018年的案件群展开分析。

〔2〕 "同时出现"是指，判决书中"情理""法理"至少在同一自然段中同时出现，且前后语义存在牵连，以下使用"同时出现"也采此意。

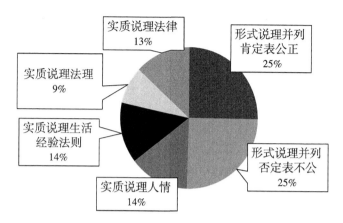

图1 "情理""法理"使用方式

1. 形式说理

在家事判决中出现了大量"情理""法理"连用的说理现象，其中绝大部分都是形式说理，而这种说理方式，实际上导致了"情理""法理"的自身概念意涵的弱化，在情理、法理价值统一的情况下，所有判决主文的形式说理的用法均可归纳为"符合情理+符合法理=公正""违背情理+违背法理=不公"两个"万能"说理公式。当公式前接续权利义务分配内容（可能是裁判内容或诉求内容），就形成了判决书中情理、法理出现频次最高的两种用法：并列肯定表公正，并列否定表不公。在这两种用法中，毋宁说情理、法理本身存在何种意义，不如说两者作为"公正"的拆解，成为丰富说理"公正"的一体两面。此时的"情理"高度抽象为"情"，而"法理"高度抽象为"法"，与事实简单衔接，并不在其各自意义下展开具体说理，仅作为一种正反价值取向的判断。

2. 实质意涵

在实质说理部分包含单独出现的"情理""法理"的全体，还包括14次同时出现的"情理""法理"，可见"情理""法理"在独立使用时更容易承载实质意涵。而对文书中"情理""法理"的各自意涵的拆解，还需要回到概念自身，从词义开始拆解。学界对"情理"一词的概念并未达成共识，梁漱溟认为宇宙之理可以分为情理、物理，情理偏向主观，物理偏向客观。[1]

---

〔1〕　参见许纪霖：《内圣外王之境：梁漱溟集》，上海文艺出版社1998年版，第195页。

滋贺秀三认为情理是中国式的理智（良知）。[1] 王思斌将 "情理" 拓展为 "情理取向的社会行为模式"，强调人与人交往之间的行为预期。[2] 而对 "情理—法理" 中的 "法理" 概念基本达成一致，法律原理最为常见，也可分为法之公理、法之理论等诸多方面[3]，但也存在古今法律演变后其具体内容的改变。

本文结合判决中 "情理" "法理" 在家事案件中展现出的具体概念内涵，进行如下界分：将 "情理" 拆解为 "情" 和 "理" 两个层面，"情" 主要包括了人情、情感、情面等与理性逻辑相对的感性要素；而 "理" 主要围绕事理、常理展开，包括在事实层面的案件情节，以及应然层面的 "常识性的正义衡平感觉"。[4] 其中，"情理" 的第一层着重在 "情" 即人情，可以进一步扩展为人之常情、人与人之间的感情；第二层着重在 "理" 即常理，可以将日常经验法则纳入其中，并进一步与案件事实相连接，形成对事实的推定或判断。

而 "法理" 实质上分化为确指法律原理、法之理论的名副其实的 "法理"，以及泛指或确指法律的名不副实的 "法理"。一方面，名副其实的 "法理" 是指从一般法律中抽象出的具有普遍性的基础原理。而在家事判决书中，这种法律原理一般属于民法原理，诸如 "私法自治" "物债两分" "产权与使用权的区别"，也有一部分与法律原则存在混同，诸如 "公序良俗原则" 等。而未具体阐明的法律原理，多数属于与其他评价因素并列削弱了本身意义的一种价值代号，特别是与 "法律规定" 并列时，更多是为了在 "法" 的领域实现说理周延，即无论是法律具体规定还是法理学说均应支持或反对当事人的主张。另一方面，实质说理中大部分的 "法理" 实际上是指法律，包括确指某一条法律法规或泛指法律全体。其中，确指某条法律的 "法理" 会将具体法条直接列明，此处的 "法理" 完全可以看作对前述具体法律规定的代称，诸如 "根据《最高人民法院关于适用〈中华人民共和国婚姻法〉若干问题的

〔1〕 参见 [日] 滋贺秀三：《清代诉讼制度之民事法源的概括性考察——情、理、法》，载 [日] 滋贺秀三：《明清时期的民事审判与民间契约》，王亚新等译，法律出版社 1998 年版，第 39 页。

〔2〕 参见王思斌：《多元嵌套结构下的情理行动——中国人社会行动模式研究》，载《学海》2009 年第 1 期，第 61 页。

〔3〕 参见丰霏：《"法理" 概念的意义》，载《理论探索》2019 年第 1 期，第 19 页。

〔4〕 [日] 滋贺秀三：《明清时期的民事审判与民间契约》，王亚新等译，法律出版社 1998 年版，第 13 页。

解释（二）》第 10 条第 1 款第 1 项之规定，当事人请求返还按照风俗给付的彩礼的，如果查明双方未办理结婚登记手续的，人民法院应予以支持。根据该解释的法理，彩礼应当全部返还"。同时也有"法理"代指法律，却没有明确列出法律规定的情况，"从法理上讲，婚后财产没有特别约定或法律特殊规定的，均属夫妻共同财产"。还有直接将"法理"泛指广义法律的用法，可以将"法理"与"法律"进行概念替换而不改其意，"齐某以孔某的收入低于齐某 1 为由，否认其履行有关扶养义务，没有法理依据，法院不予采纳"。

（二）传统资源与现代法治的"虚妄"对立

经过对"情理""法理"形式说理以及实质意涵的阐述和分析，发现在 157 份家事判决书中，在更容易承载实质意涵、独立出现的"情理""法理"中，二者均只在自身概念范畴内与案件事实结合，不产生价值交集、交锋。故对二者价值的比较观察的场所就压缩在"情理""法理"同时出现的 123 次中，但其中严格意义上的冲突仅出现了 2 次。而这 2 次情理、法理的冲突，均是当事人对于法院判决不服，陈述上诉或申请再审理由时，要求法院不应依照情理判决，而应依据法理判决：

> 案例 1（节选）：我认为，原审法院不考虑彩礼返还的具体原则，不考虑彩礼返还的法理，就对我方作"借婚姻索取财物"的批判，我方不能接受。人民法院判案，要考虑情理，但更要考虑法理。[1]
>
> 案例 2（节选）：熊某申请再审称，一审判决认为《离婚协议书》中对于财产处理的"房产"并未具体指明是何处房产错误。依据曾某甲的委托代理人陈述，可以认定《离婚协议书》中载明的"房产"就是指本案争议的房产；二审判决看似符合情理，却有悖法理。[2]

而如果将条件放宽，判决书中情理与法律的冲突则可视为还有一处，由一审法院在离婚诉讼中认定房屋归属时，运用"情理"对法定一般审判规则的"可以"进行了变通。这项裁判得到了二审法院的支持，驳回了男方针对

---

[1] 参见山东省聊城市中级人民法院民事判决书（2017）鲁 15 民终 1330 号。
[2] 参见湖北省十堰市中级人民法院民事判决书（2016）鄂 03 民再 7 号。

房屋所有权提出的上诉要求，维持原判。

案例 3（节选）：依据上述规定，[1] 涉诉房屋原则上应判归王xx 所有。但大部分购房款是婚后支付的，王 yy 由罗 xx 抚养，罗 xx无其他住处，且王 xx 婚前与他人生育儿子，罗 xx 婚后知情对其造成极大伤害，这也是直接导致夫妻感情破裂的主要原因，结合以上事实，涉诉房屋判归罗 xx 所有较合乎情理。[2]

综合上述，家事判决中"情理""法理"直接表现出的价值对立极为少数，甚至可以忽略不计。单纯对"情理""法理"的价值意涵自身进行文本观察，并没有发现当事人与法官言语冲突的有力证据，甚至情理与法理的自身的价值冲突也隐藏于无形。以"情理"为代表的传统价值观并未与现代法治思想产生激烈的冲突，而是以一种平和的姿态成为法官与当事人说理材料的一部分。在形式说理的层面，情理与法理构成一个外延周延的说理范围，成为作出正向或反向判断的装饰物。在实质说理层面，情理、法理在多数情况下又近似两条平行线，具备各自完整的概念意涵，并不产生直接的价值交汇。但家事判决中"情理""法理"所达成的文本和谐，其实更值得我们思考，这种话语材料达成的价值和谐存在两种可能，一是当事人步入司法场域后，其处理家事纠纷的情理式思维方式就已经完全扭转为法理式思维，故情理与法理的潜在冲突已被从根源上消解；另一种是当事人和法官在使用"情理""法理"的过程中，都在尽量避免冲突的发生，这种文本和谐是人为协同选择的结果。

三、法官与当事人说理的话语偏好

为了展现当事人与法官的话语沟通策略是如何建构的，笔者又进一步对法官与当事人的使用说理话语的偏好进行整理（如图 2）。当事人使用"情

---

〔1〕 《最高人民法院关于适用〈中华人民共和国婚姻法〉若干问题的解释（三）》（已失效），法释〔2011〕18 号，第 10 条："夫妻一方婚前签订不动产买卖合同，以个人财产支付首付款并在银行贷款，婚后用夫妻共同财产还贷，不动产登记于首付款支付方名下的，离婚时该不动产由双方协议处理。依前款规定不能达成协议的，人民法院可以判决该不动产归产权登记一方，尚未归还的贷款为产权登记一方的个人债务。双方婚后共同还贷支付的款项及其相对应财产增值部分，离婚时应根据婚姻法第三十九条第一款规定的原则，由产权登记一方对另一方进行补偿。"

〔2〕 参见海南省三亚市中级人民法院民事判决书（2014）三亚民一终字第 36 号。

理""法理"的说理意愿整体高于法官，并在所有的使用向度中，仅有两种使用频率低于法官，即对"情理"中表示"人情"的感性说理以及形式说理中并列使用"情理""法理"表达公正感受。为了更清晰、确切地观察法官与当事人的说理偏好，笔者采用卡方检验[1]的方法，来对法官与当事人说理的形式及含义选择进行主体性偏好检验。

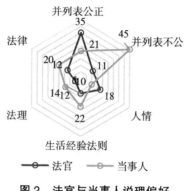

图 2　法官与当事人说理偏好

（一）形式说理与实质说理

根据卡方检验结果（如表 1），法官与当事人对形式说理、实质说理并不存在明显偏好，但在形式说理的正反表意上，存在显著差别；当事人更擅长反向使用情理、法理，表达自己的强烈诉求；而法官更倾向于正向使用情理、法理，作为裁判公正的注解。

表 1　法官与当事人形式说理、实质说理偏好检验

	形式实质说理倾向		形式说理偏好	
	形式	实质	并列表公正	并列表不公
当事人	66	66	21	45

---

〔1〕　卡方检验属于非参数检验的范畴，主要是比较两个及两个以上样本率（构成比）以及两个分类变量的关联性分析。其根本思想就是在于比较理论频数和实际频数的吻合程度或拟合优度问题，**p<0.01；*p<0.05。其零假设为不同组别之间的样本频数不存在显著差异，当 p<0.05 时，则认为可以拒绝零假设，即认为各组别之间因主体不同，样本频数存在显著差异。

续表

	形式实质说理倾向		形式说理偏好	
	形式	实质	并列表公正	并列表不公
法官	46	47	35	11
Pearson 卡方值	0.006		21.249	
渐进 Sig.（双侧）	0.937		0.000**	

　　首先，法官与当事人在进行形式说理和实质说理时，二者的形式—实质说理比率都接近 1∶1；不存在主体偏好，这表明在话语沟通的过程中表明态度的形式说理和拥有具体意涵的实质说理同样重要。其次，在家事法领域的话语沟通中，法官和当事人对形式说理中正向评价、负向评价的主体偏好也一定程度上反映了二者的诉讼角色地位和沟通策略。

　　本文选取形式说理中法院与当事人惯用的两个说理模板进行举例说明：

　　案例 4（节选）：（二审法院）贾某甲作为贾某乙之子，长期怠于履行赡养义务，与情理相悖，与法理不合，原审判决其承担相应赡养义务，合理合法，本院应予以维持。[1]
　　案例 5（节选）：（当事人）生效判决已查明陈某某存在"有配偶者与他人同居并生子"和实施家庭暴力的情形，陈某某不仅不承担抚养费，还来平分共同财产，这不符合情理和法理。[2]

　　案例 4 中二审法院在解释支持原审法院判决时，先从反面批判贾某甲不承担赡养义务是"与情理相悖，与法理不合"的，再从正面支持原审法院判决由其承担赡养义务是"合理合法"的，实际上是将"原判合理公正"这六个字延展开来。家事判决中法官在进行公正价值判断时，加入的类似要素还包括道德、道义、常理、公平原则、善良风俗原则、品行、美德、习俗、俗语等。而此时也会出现一些可以和情理、法理进行替换的概念，比如人情、法律、法律规定、法律效果与社会效果等。我们可以清晰地看到法律并不是

---

〔1〕　参见河南省南阳市中级人民法院民事判决书（2014）南民二终字第 00303 号。
〔2〕　参见海南省第二中级人民法院民事判决书（2015）海南二中民一终字第 619 号。

说理材料中的唯一材料，其他一些社会规则也作为一种广义法源进入了判决书中，而法官可以对这些广义法源进行剪裁，选择与审判思路相契合的部分，加强裁判的说服力，形成裁判形式上的逻辑周延。

在案例 5 中，当事人发出"这不符合情理和法理"的感叹时，实际上是在抒发对原判决的不满。而根据表 1 中，法院、当事人形式说理偏好的 P 值远小于 0.05，说明当事人反向使用情理、法理的说理倾向显著高于法院，而在这一话语背后，表达的是一方当事人对一审判决或者对方诉求的强烈斥责，具有很强的感情色彩，故法院较少采用这种外观不中立的说法。

（二）感性说理、理性说理的"角色错位"

根据判决文本中"情理""法理"具体概念意涵分析可知，"情理""法理"的实质意涵包括"人情""生活经验法则""法理""法律"这四个维度，而按照是否存在情感要素的参与可以将其进一步整合为感性说理、理性说理，感性说理包括"情"的说理方式——人情、感情，而理性说理包含了"法"和"理"的说理维度——生活经验法则、法理、法律。

那么对比当事人和法官使用"情理""法理"进行实质说理的次数（如图 2），可以明显发现，当事人实质说理的热情整体是要高于法官的，当事人提及"法理"的频率更是接近法官的两倍，但唯有在使用"情理"中的"人情""感情"这层意义上，当事人的说理热情像是突然泯灭了，使用说理频率远低于法官。但这与家事案件中多方感情、亲情、人情纠葛的现实，以及当事人表达自身诉求的强烈愿望却是格格不入的。

表 2　法官与当事人感性说理、理性说理偏好检验

	感性、理性说理偏好		情理使用倾向		法理使用倾向	
	感性 （"情"）	理性 （"法""理"）	人情	生活经验 法则	法理	法律
当事人	10	56	10	22	14	20
法官	18	29	18	12	5	12
Pearson 卡方值	7.891	5.168	0.671			
渐进 Sig. （双侧）	0.005**	0.023*	0.413			

如表 2 所示，法官与当事人在感性说理与理性说理以及"情理"实质内涵的选择上，均存在显著差异。法官比当事人更加偏向感性说理，即法官更擅长用"情"说理；反之，当事人更偏向理性说理，对衔接案件事实的常理、日常经验法则、法律、法之原理等理性要素的运用频率显著高于法官的。而这一结论与基于法律职业化做出的假设——民众受法律专业知识限制不擅长使用"法言法语"，更偏好用"情"进行诉求的感性表达，恰好相反。

四、话语选择达成的"换位共识"

《最高人民法院印发〈关于加强和规范裁判文书释法说理的指导意见〉的通知》，已经为法官裁判说理的材料划定了范围，其中就包括"情理""法理"。[1]而在说理资源一定的情况下，当事人和法官本应均等地运用感性说理和理性说理，甚至由于法律专业知识的限制，本应呈现当事人多用感性说理，法官倾向理性说理的偏好，但实然数据分析的结果却恰好相反。那么，为什么会出现这种"角色错位"的说理偏好，当事人、法官为何会将自己擅长的说理领域"让位"给对方？是否存在由法民沟通需要而客观创设的隐形说理限制呢？笔者将以两种最为显著的实质说理主体偏好的形成原因展开讨论。

（一）当事人偏爱"法、理"不讲"情"

在运用"情理""法理"的说理过程中，为什么当事人会更偏好"法、理"说理呢？我们可以站在当事人的角度，根据当事人对司法规则的了解程度的不同，创设两种假设：第一，当事人不知晓人情可以作为法庭说理材料和论据；第二，当事人一方确切知晓可以运用"情理"及其感性因素进行实质说理，但对此持消极态度，不愿用"情"说理。

在第一种假设中，当事人由于自身法律知识的局限性以及来自司法场域的压力，没有认识到在法庭上也可以用"情"说理，因而选择了自身不熟悉的法律、法理等材料表达诉求。当事人在踏入司法场域前，对法律的了解基本源于媒体宣传和自身感知。"法治"提出的依法判案、形式正义等要求，通过新闻、影视作品、小说等大众传媒在全社会范围内广泛传播，在国民心中种下了依法的种子。而作为"初学者"的当事人进入司法场域之后，公平、正义等基本法治价值需要通过法官、法院、法庭等进一步具象化，在短期内

---

〔1〕 《最高人民法院印发〈关于加强和规范裁判文书释法说理的指导意见〉的通知》，法发〔2018〕10号，第13条。

构筑了当事人对司法世界的理解，从而对当事人的行为选择产生直接影响。[1]而在某些情况下，法官为了促成调解目标达成，"采取打断、反问、援引法律、回避特定问题等语言策略去影响、暗示、控制，甚至逼迫当事人"[2]。因此，部分当事人对法庭印象可能停留在了"合法性为第一要义"，庄严的法庭、举证质证的过程、法官使用的法言法语等法庭符号都没有将"情理"中"情"的价值要素传递给当事人。所以，当事人也潜移默化地对自己提出了规范化、专业化的要求，力求使用既定的法律术语表达自己的诉求。但这种假设，在笔者选取的二审、再审案件中说服力并不强，此时当事人已经积累了一审的司法参与经验，甚至大部分当事人聘请了律师提供更为专业化的意见，当事人们对法律运作模式已有初步的了解，多数情况下完成了"知情去魅"（informed disenchantment）的司法认知的转变，[3]能够认识到感性说理的可行性。

在第二种假设中，当事人已经充分认识到用"情"讲理的可能性，但出于胜诉考虑，不愿用"情"说理。这一假设中的当事人在个人摸索学习实践中或在职业律师的帮助下，已经掌握了足够多的法律知识与辩论技巧，完整地意识到在家事案件中用"情"说理的正当性、合理性，但为了提高胜诉概率，选择将感情说理的空间让位于法官，用法言法语重塑自己的诉求和主张。

而当事人这种"讲法不讲情"的诉讼策略也是民事司法改革不断规训的结果。发端于20世纪80年代的民事司法改革，围绕强化当事人的举证责任展开了一系列审判方式、诉讼制度的变革，[4]将举证责任由法官转移到当事人。从而对当事人与法官的沟通提出了新的要求，由当事人提出己方所主张事实并提交对应证据，围绕证据展开令法官信服的论证。因此，为了保证沟通的有效性，当事人必须使用法庭普遍认可的话语体系，用事实和法律构筑自己的说理体系。但作为人情、感情意义的"情理"具有高度个性、主观性

---

〔1〕 "参与仪式之中带来心理上的刺激，一种情绪上的激发；通过这些感觉，仪式构建我们现实感和我们对周围世界的理解"，参见 [美] 大卫·科泽：《仪式、政治与权力》，王海洲译，江苏人民出版社2015年版，第13~14页。

〔2〕 任继强：《"调审合一"下法官调解离婚案件的语言策略》，载《法律和社会科学》2019年第1期，第47页。

〔3〕 Mary E. Gallagher, "Mobilizing the Law in China: 'Informed Disenchantment' and the Development of Legal Consciousness", *Law and Society Review* 40, 2006, p. 783.

〔4〕 许可：《民事审判方法：要件事实引论》，法律出版社2009年版，第1页。

等固有价值属性，通常与法律"内在道德"的一般性原则存在冲突。[1]司法语言强调将日常语言的要素与为日常语言所陌生的要素结合在一起，以此产生中立化、普适化的效果，[2]就导致感性要素主导的"情理"在未经加工提炼的情况下，不适合作为法律说理材料纳入法律语言体系。另一方面，当事人选择以法律手段解决家事纠纷时，其思维模式就已经从家庭中的情感模式切换到对簿公堂的法治思维。中国人向来看重"面子"，选择诉讼这种"家丑外扬"的做法，表明当事人认为双方矛盾已经脱离了传统情理所能调和的"对方关系"[3]，需要引入强力、中立的第三方介入。同时，这种思维模式的转变也自然体现在当事人论证事理的话语选择上。

（二）法官说理自由及限度

当事人对于感性说理的谨慎，展示了当事人为适应、融入司法审判模式，掌握"游戏规则"所做的调整和努力。而与当事人相比，法官在知识储备、审判地位上对法律解释均具有跃然地位，但实际上法官在理性说理领域却呈现一种谨慎状态（如表 2）。那么法官说理的边界在何处，实际上又会受到怎样的潜在限制呢?

从法理的概念属性来看，法官理性说理的谨慎，与法理、生活经验法则的法律规范属性是密不可分的，二者均为法律的种概念，对比排除在法律概念之外仅起辅助说理作用的人情、情感，对法官提出了更精细的适用法则和更高的判断标准。

一方面，对"法理"的运用中夹杂着确指或泛指法律的"法理"，法官受说理规范化的要求，应直接说明具体的法律规范，故法官在将"法理"扩张解释为法律的说理层面，说理频数会明显低于当事人。另一方面，真正意义上的法理能否作为狭义法源进入判决的大前提也是存在争议的。虽然在《最高人民法院〈关于加强和规范裁判文书释法说理的指导意见〉的通知》中，明确写入法官可以运用法理及通行学术观点等非法律法规、司法解释的论据对裁判理由进行论证。但依照《中华人民共和国民法典》第 10 条的规

---

〔1〕 富勒提出的法的"内在道德"，列举了八个基本的程序性条件：一般性原则，公开性原则，不溯既往原则，明确性原则，一致性原则，可行性原则，稳定性原则，法律规定与官方行为之间的一致性原则。参见［美］富勒：《法律的道德性》，郑戈译，商务印书馆 2005 年版，第 40~111 页。

〔2〕 ［法］布迪厄、强世功：《法律的力量——迈向司法场域的社会学》，载《北大法律评论》1999 年第 2 期，第 500~504 页。

〔3〕 参见孙隆基：《中国文化的深层结构》，中信出版社 2015 年版，第 19 页。

定，我国仅确立了"法律—习惯"二位阶的民法法源体系，法理并没有获得狭义法源地位。在立法通过后，学界仍有不少批判的声音，梁慧星、杨立新均主张在二位阶的法源之下，应该还有法理进行补充。[1] 李敏从比较法的视角梳理了其他大陆法国家的民法法源体系构成，强调法理和学说在我国民法法源中具有的应然地位。[2] 于飞从二位阶的民法法源体系的缺陷入手，提出应将"法理"限缩为"法律原则"再作为法源体系的补充。[3] 由于"法理"具有多种表现形式，包含法律条文中直接列明的法律原则、学者的观点、司法实践与立法背景中演绎出的司法原则等，极易形成表现形式的不统一，从而间接导致了法理说理的难以实现，使得"法理"这一概念难以真正进入法官说理的范畴。在适用法理的过程中还存在严格的优先顺位原则，如将笼统的"法理"分解为法律原则与法律理论，则适用法律优先于适用法律原则、优先于适用法理；若法理未显露于法律之中，但依照平等原则、规范目的、法理念或事理可窥见立法者的意图，法官仍应适用法律，不可直接适用法理，使该法律遭到蔑视；法官适用法理与某一法律结论冲突，也不在允许之列。[4] 所以法官在判决书中对于法理的使用仍是呈现一种极其谨慎的状态，多数情况下并不直接运用法律原理进行说理，而是辅之以具体法律规定的"隐形法理"说理。

另外，虽然在民事诉讼中引入经验法则进行法律事实认定为学界所倡导，当事人也积极发挥"情理"中常理、生活经验法则等事实推断的功能，但法官在运用生活经验法则的实质内涵进行说理时仍有自己的顾虑。我国民事审判中有关经验法则的规定集中于《最高人民法院关于适用〈中华人民共和国民事诉讼法〉的解释》中，规定了人民法院应当按照法定程序，全面、客观地审核证据，依照法律规定，运用逻辑推理和日常生活经验法则，对证据有

〔1〕 "虽然本条未明文规定'法理'为法源，并不等于裁判中不能适用法理"，参见梁慧星：《〈民法总则〉重要条文的理解与适用》，载《四川大学学报（哲学社会科学版）》2017年第4期，第52页；对于既没有法律也没有习惯调整的民事生活，法理进行调整，参见杨立新主编：《中华人民共和国民法总则要义与案例解读》，中国法制出版社2017年版，第66页。

〔2〕 参见李敏：《论法理与学说的民法法源地位》，载《法学》2018年第6期，第109页以下。

〔3〕 参见于飞：《民法总则法源条款的缺失与补充》，载《法学研究》2018年第1期，第44页以下。

〔4〕 参见杨仁寿：《法学方法论》（第2版），中国政法大学出版社2013年版，第274~276页。

无证明力和证明力大小进行判断，并公开判断的理由和结果。[1]可见生活经验法则确是法官心证形成不言而喻的一部分。但法院的裁判文书很少涉及此种情形下推定是否成立的问题，法官仅在事实认定部分做出"当事人主张的事实缺乏证据证明，不予采信"的判断；比起生活经验法则，法官更倾向于通过直接证据加以认定，即使实质上通过经验法则对法律事实进行了认定，也避免在文书中进行详细释明。法官的谨慎其实与经验法则的概念特征有着密切联系。经验法则作为连接既存事实与推定事实的中介，最关键的特征是高度盖然性，而根据盖然率的高低，可以将实践中法官对经验法则的运用分为三种：运用了盖然性足够高的经验原则构成表见证明，运用了盖然性不足的经验法则构成了间接证明，以及误将个人经验作为经验法则的误用。但由于我国法律对表见证明、间接证明以及生活经验法则的具体边界均没有明确的规定，无法为法官说理提供更加明确的判断标准，就导致法官在运用经验规则进行说理时需要承担误用的风险，法官缺失了先知地位和权威法典的隔绝屏障，直面当事人乃至普通民众等法律外行的质疑。[2]正如"南京彭×案"中，法官用长达 9 页的判决书细致说理，终于使自己站到"真理"的孤岛上，面临全社会全网络的口诛笔伐而独立无援。

（三）"换位"说理的良性沟通效用

司法场域内确实存在针对当事人和法官不同的诉讼角色创设的客观限制，导致了当事人倾向于理性说理、法官偏爱感性说理，这一看似"角色错位"的说理偏好，但这种说理方法的让位选择，事实上带来了更好的法民沟通效果。

法官在法律规范内部的说理，根据法律职业化的要求，必须严格从规范出发；同时，又迫于紧张的"法民关系"带来的说理压力，法官只能主动规避代表自由心证的实质说理关键词，仅按照形式主义逻辑进行法律涵射，呈现出典型的"规范出发型"司法说理模式。[3]但当事人在肩负起举证职责之后，除表明诉求、提交证据之外，还间接承担了将事实与证据联系起来的"材料加工"任务。为了提高论证说理的说服力，当事人力求将一般生活用语

---

〔1〕《最高人民法院关于适用〈中华人民共和国民事诉讼法〉的解释》，法释〔2022〕11 号，第 105 条。

〔2〕 凌斌：《"法民关系"影响下的法律思维及其完善》，载《法商研究》2015 年第 5 期，第 8 页。

〔3〕 参见 [日] 中村英郎：《新民事诉讼法讲义》，陈刚等译，法律出版社 2001 年版，第 20~21 页。

转化为与法官裁判直接对应的法言法语，将案件事实通过生活经验法则初步转化为法律事实。所以在双方当事人都尽量采用规范的法律语言的辩论终结后，法官就无需亲自释明法律事实的加工过程，而直接根据法律规定对法律事实进行法律涵摄，完成最终判决。

而法官对"情理"中人情、感情等道德话语的感性说理，比当事人更加积极，看似与"规范出发型"的说理模式矛盾，实质上是对家事裁判中当事人"回避情感"的一种补足，也是一种对家事审判改革要求中"由仅重财产分割向重情感和心理修复转变"的回应。[1]但在英美法系纯粹的当事人主义体系下，由于对法院职能定位的不同，法院内处理这类问题的工作人员会认为这些问题是不适合的，很多问题被称为"垃圾案件"，被认为是琐碎和令人讨厌的；案件当事人需要花大量时间论证案件的法律性和严重性。[2]与此不同的是，我国家事审判领域，受传统资源中"情理法"互相交融的影响，不仅要求"全面保护当事人利益"，还要"树立家庭本位的裁判理念"；所以，我国家事审判要求法官在认定法律事实、公正裁判的同时，还需肩负多层次说理的职责，通过以情释法来加深当事人对判决的认可，发挥司法审判对家庭成员关系的"诊断、修复、治疗作用"。这也是传统资源在现代法治框架中焕发生机的表现，并且由于法官与当事人都受到自身身份的规制，使得传统资源可以作为一种说理材料进入司法审判，而不至于对当代个体权利造成直接冲击。

最终，在当事人和法官的"换位"话语沟通过程中，民众使用法律语言建构自己的诉求，认识到自己作为诉讼当事人的举证义务，及时调整自己的话语策略，积极寻求证据、查找法律依据，不再耗神于"情理"，更能接受因为证据不足而导致的败诉。[3]而法官用"情"说理形成一种向"主动贴近民众式的审判"的回归，[4]也是对家事审判中当事人之间亲密关系的一种修复、治疗。

---

〔1〕 张剑源：《家庭本位抑或个体本位？——论当代中国家事法原则的法理重构》，载《法制与社会发展》2020 年第 2 期，第 146 页。

〔2〕 参见［美］萨利·安格尔·梅丽：《诉讼的话语——生活在美国社会底层人的法律意识》，郭星华等译，北京大学出版社 2007 年版，第 2 页。

〔3〕 冯晶：《支持理论下民事诉讼当事人法律意识的实证研究》，载《法学研究》2020 年第 1 期，第 48 页。

〔4〕 刘星：《司法的逻辑：实践中的方法与公正》，中国法制出版社 2015 年版，第 178 页。

五、结语

本文以家事判决书说理为观察田野，提炼法官与当事人利用"情理""法理"说理的行为模式，对微观层面法官与当事人话语沟通的"换位"现象进行了描述和分析。

首先，从话语材料"情理""法理"的自身价值意涵的分析入手，通过对法官与当事人在使用"情理""法理"的说理方式及具体意涵的归纳分析，并没有找到当事人与法官言语冲突的有力证据，甚至情理与法理的自身的价值冲突也在法官与当事人的话语沟通中隐藏于无形。其次，对当事人、法官使用"情理""法理"的主体偏好展开分析，发现法官与当事人对形式说理、实质说理的整体选择并不存在明显偏好，但在实质说理层面，法官更偏向感性说理，当事人更偏向理性说理，似乎呈现出一种与法律职业化要求相背离的"错位"偏好。

但与聚焦于法民关系中权力争夺与潜在冲突的研究不同，[1] 本文发现当事人与法官的"错位"说理，并不是出于权力压迫的结果，而是为了达成"案结事了"的共同目标，法官与当事人自发选择的结果。当事人使用"生活经验法则"说理，帮助法官完成了由案件事实到法律事实的"惊险一跃"，消解了法官严格依法说理的压力。而法官使用"情感、人情"说理，是对家事纠纷案件中情感要素的一种补足和修复。最终，当事人在一定程度上分享了法官关于事实认定和法律适用的裁判权，加深了自己对法律运行的理解，增加了当事人对法官裁判的信赖；而法官在用"情"说理的同时，对家事案件中的感性要素产生共情，从而更好地理解当事人的诉求、做出公正裁决、化解纠纷。

因此，中国家事审判中司法程序的有效推进，并不是依靠单独的个体法律意识的增长而实现的，而是通过法官用"情"、当事人用"法、理"换位说理，在达成"案结事了"共识的基础上，才能实现的一种良性法民沟通模式。

---

〔1〕 参见凌斌：《"法民关系"影响下的法律思维及其完善》，载《法商研究》2015 年第 5 期，第 8 页。［美］萨利·安格尔·梅丽：《诉讼的话语——生活在美国社会底层人的法律意识》，郭星华等译，北京大学出版社 2007 年版，第 2 页。

民商经济法专题

单方允诺制度的体系构造

——以"合同中心主义"之反思为中心

欧阳陈宇*

摘　要：我国《民法典》中合同规范独立成编，此乃"合同中心主义"立法模式的体现，该模式容易导致合同分析思维的泛化，从而局限对不同法律行为解释的空间。事实上，合同构造对法律行为不具有万能解释力，其适用存在边界，不应被过分扩张，尤其是不应否定单方允诺之债的适用空间。在解释论适用上，部分涉及实质债总内容的合同编规范，可以类推适用至单方允诺，从而有利于法效果的优化实现。具体而言，民法典中单方允诺的适用空间包括但不限于纯粹的赠与允诺、不当得利中的道德义务履行和债务承认、债务加入、悬赏广告等，其大致可分为面向特定人的允诺和面向不特定人的允诺，不同情形下的允诺具备多样化的要件，进而构建起有层次、有体系的单方允诺制度体系。

关键词：单方允诺　合同中心主义　债因　法律行为

《中华人民共和国民法典》（以下简称《民法典》）分则并未采纳传统大陆法系国家的民法典体系，其没有

---

　　*　欧阳陈宇，南京大学法学院民商法专业 2020 级硕士研究生。

设置债法总则，而是从中国实际情况出发，保持了合同法总则体系的完整性和内容的丰富性。[1] 但是，为了避免债法总则功能的缺失，合同编承担了实质债法总则的功能。[2] 以合同法总则替代债法总则的理由，至少有二：其一，除了合同、侵权、不当得利和无因管理外，债法的内容甚少，此外，债的一般规则与合同法总则的内容大量重复，基于效率之考量不必设置之；[3] 其二，理论界的共识认为合同是法律行为的原型，合同法是意思自治法的原型。[4]《民法典》通过"提取公因式"所抽象出的民事法律行为，大多以分则中的合同为原型，这种立法模式被称为"合同中心主义"模式[5]，这表明合同仍是最核心、最典型的法律行为。[6] 然而，不容忽视的是，合同之外的其他债因或法律行为亦十分重要，尤其是单方允诺之债，其属于典型的单方法律行为，且民法理论和立法例对单方允诺作为债因的重要价值皆有承认。[7] 对此，"合同中心主义"模式如何应对，将是后民法典时代颇值斟酌和研究的议题。

---

〔1〕 王利明：《论民法典合同编发挥债法总则的功能》，载《法学论坛》2020 年第 4 期，第 5 页。

〔2〕 支持观点参见王利明：《论民法典合同编发挥债法总则的功能》，载《法学论坛》2020 年第 4 期；徐国栋：《〈民法典〉不采用债法总则的本国立法史和比较法依据》，载《法治研究》2020 年第 6 期；于飞：《我国民法典实质债法总则的确立与解释论展开》，载《法学》2020 年第 9 期；朱虎：《债法总则体系的基础反思与技术重整》，载《清华法学》2019 年第 3 期；费安玲：《民法典的理性与债法总则》，载《经贸法律评论》2018 年第 1 期。

〔3〕 参见王胜明：《制订民法典需要研究的部分问题》，载《法学家》2003 年第 4 期，第 9~13 页。

〔4〕 参见刘承韪：《民法典合同编的立法取向与体系开放性》，载《环球法律评论》2020 年第 2 期，第 70 页以下。

〔5〕 "合同中心主义"是近年来大陆法系发展的潮流，如德国 2002 年的债法改革就是针对合同法进行的改革，法国和日本的新债法改革均以合同为中心构建债法的规则体系，具体参见李世刚：《法国新债法·债之渊源（准合同）》，人民日报出版社 2017 年版，第 43 页以下；陈自强：《债权法之现代化》，北京大学出版社 2013 年版，第 184 页以下。

〔6〕 李世刚：《中国债编体系构建中若干基础关系的协调——从法国重构债法体系的经验观察》，载《法学研究》2016 年第 5 期，第 12 页。

〔7〕 比较法上，如意大利在《意大利民法典》第四卷"债"之中，明确规定了单方允诺作为债的渊源之类型。我国理论界的探讨中，学者通常认为单方允诺是独立的债之发生原因，如梁慧星教授主持的《中国民法典草案建议稿》之"债权总则"编的"债的原因"一章中，明确提及债的原因包括不当得利、无因管理和单方允诺，新近观点持类似立场的还有于飞、张红等教授，具体参见于飞：《我国民法典实质债法总则的确立与解释论展开》，载《法学》2020 年第 9 期；张红：《中国七编制〈民法典〉中统一损害概念之证成》，载《上海政法学院学报》2021 年第 1 期。这些理论争议至少说明，单方允诺之债的理论研究具有必要性，其对于完善债法理论及相应的司法适用也具有积极意义。

一、问题之提出

关于契约与单方法律行为的关系，理论界通常认为："凡为单独行为之效果，单独行为固可为之，但当事人亦概可以契约为之成立。反之，法律若未准许，则契约之效果，当事人即无从以单独行为促成之"；"债之关系因法律行为而发生者，原则上应基于契约，单独行为属例外，例外规定应从严解释。"[1] 这似乎表明，单方法律行为仅具有解释选择意义，而不具有立法选择意义上的独立性。然而，《民法典》第 118 条对债的发生原因保留了"法律另有规定"的开放通道，《民法典》第 134 条承认单方法律行为的独立类型，《民法典》第 471 条承认了合同之外的"其他合意方式"，若对此予以体系解释，则作为债因与单方法律行为交汇的单方允诺，或许正是立法有意选择的独立债因。比较法上，《欧洲合同法原则》（PECL）第 1：107 条也承认单方允诺的独立适用意义。这不由得迫使我们进一步反思，在我国《民法典》的语境下，关乎单方允诺的规范适用究竟是解释选择问题，还是立法选择问题？事实上，《民法典》合同编中的部分制度已经"弱化"了当事人的合意认定，例如《民法典》第 552 条的"债务加入"规定与《民法典》第 685 条第 2 款"第三人保证"之规定，债务加入或保证的生效并不需要债权人的明示同意，客观的沉默即为已足。又如，《民法典》第 985 条对不当得利的但书规定，其中履行道德义务与非债清偿的不当得利排除，则未指明双方的合意要求，而仅以单方的行为性质或目的确定其效力。而《民法典》第 499 条"悬赏广告"之规定，更是明确以"完成悬赏行为"之客观要件替代了"合意"要件的阙如。以上规范表明，《民法典》合同编中的部分制度已经逐渐偏离合同架构，而更靠近强调单方意思的单方允诺构造。出于对立法表达与法律体系的尊重，单方允诺的独立性探讨不应在"合同中心主义"模式下被遮蔽，而在理论界对《民法典》合同编的研究趋于白热化的阶段中，本文试图打破"合同中心主义"的思维定式，尝试证明：单方允诺作为一项独立的债之发生原因，并非合同构造解释的替代选择，而是一项具备体系化、层次化的制度，是立法有意而为的价值选择。

---

[1] 王泽鉴：《王泽鉴法学全集·第六卷——民法学说与判例研究（2）》，中国政法大学出版社 2003 年版，第 78 页。

二、单方允诺之独立性证成

"合同中心主义"将合同视为解释法律行为的圭臬，虽然可以很大程度上贯彻合意以维护自治，但合同构造并不具有万能的解释力，尤其是无法解决单方允诺行为所涉领域，单方允诺行为不宜被纳入合同框架予以解释，其理由至少有二：其一，单方允诺作为独立的法律事实，按照事理逻辑可以直接进行解释论分析，何必强行改造？其二，即便认为按照合同构造对单方允诺的解释结果可以自洽，但背后的法理基础是否自洽？这些不无检讨之余地。下文对单方允诺之独立性的证成进路大致如下：以"合同中心主义"思维的困境为契机，批判性地指出合同构造分析"欲而不能"的解释领域，在该领域对单方允诺进行引入，通过对赠与合同解释障碍的回应以及对单方允诺之自身服务于自治品格的综合论证，最终得出单方允诺在意思自治领域具备独立价值的结论。

（一）"合同中心主义"思维的困境

合意，是个人自治交互、合作、妥协之下的结果，是意思自治最显性的表现，也是自生秩序构建的最核心驱动力。毫无疑问，合同作为形式化的合意承载着意思自治最核心的价值。不过，从更广泛的法律行为视角来审查意思自治的实现，虽不能否认合同的关键地位，但也无法轻易得出合同即为意思自治全部的论断。事实上，单方法律行为、决议（多方法律行为）都在不同程度上担当着意思自治实现的工具效用。下文将以单方允诺为核心论域，论证单方允诺作为单方法律行为对意思自治价值所产生的诸多影响。

历史上，自罗马法以来就承认部分单方允诺的法律效力，譬如"向公众的允诺"的单方允诺，这一允诺形式产生于罗马法古典时期，旨在与单方意思表示相衔接，并产生一种单方债务。到古典法后期，允诺还被划分为荣誉允诺与非荣誉允诺，其区分目的是强调荣誉允诺的失诺者所应承担的责任。同时，荣誉允诺也被视为基于"正当原因"而做出的允诺，以此排除无因允诺的效力；而有因允诺则因外在的合意受"依诉求前书之诉"的保护，进而被视为一种准合同类型。[1] 在允诺的上述框架下，以求神或赎罪为目标的神誓页逐渐成为单方允诺的典型形态。[2] 而其后单方允诺制度逐渐向市民法渗

---

〔1〕 参见黄美玲：《允诺原则之历史解释》，载《环球法律评论》2014 年第 5 期，第 51 页。

〔2〕 参见［美］詹姆斯·戈德雷：《现代合同理论的哲学起源》，张家勇译，法律出版社 2006 年版，第 12 页。

透，其规范内含道德义务和社会义务，并与诚信原则的价值相结合，被纳入到私法体系当中，并逐渐形成多样化的允诺制度，如预约的允诺、买卖允诺、婚姻允诺、贷款允诺以及银行支票允诺等不同样态。[1] 从单方允诺的历史演进来看，其自始就与合同理论的发展脉络不相重合，合同制度与单方允诺制度的发展之间没有历史上的重叠性。同时，更值得注意的是，单方允诺行为自罗马法以降，即与道德、社会、公益、宗教等社会伦理因素相结合，这些因素在市民法体系下不断修正，成为单方允诺法律效力的正当化来源。

　　然而，关键问题在于，由于单方允诺涉及允诺者与被允诺者双方，往往被学者以合同的视角加以改造，其原因在于合同是形式化的合意，且合意是意思自治的典型，故以合同构造改造单方允诺行为，虽然"拟制"了某种合意，但至少是维护意思自治的一种保守方式。与之相反，单方法律行为则潜藏"隐患"，在形式上将被允诺人置于"他治"的境地，与意思自治的价值相悖。但这样的逻辑经得起推敲吗？笔者认为，正是这样的观念导致单方允诺的独立价值被误解、蒙蔽，最终被逐出意思价值的核心领域。因此，必须重新审视单方允诺与意思自治的互动关系：首先应当予以厘清，单方法律行为并非以抛弃所有权的单方行为为典型，亦非以形成权为典型，前者完全与他人无涉，后者虽然直接改变他人权利或法律地位（甚至往往是对特定人的法律地位不利），所以其往往以法定或双方约定的形式加以限制，从直观上与意思自治不相冲突。而单方允诺，是表意人向相对人做出的为自己设定某种义务，使相对人取得某种权利的意思表示，[2] 一方面它涉及他方的法律领域，另一方面它的产生完全由一方的自治决定，但"涉及相对方法律领域"的这一特点，并不会当然地置相对方于他治的境地。概言之，允诺的法律效力是赋予相对方权利（请求权），相对方可以自行决定是否行使，并不会强制干涉相对方的行为自由或人格自由，因此单方允诺的法律效力不会给相对方带来负担。不仅如此，容易被合同分析思维忽略的关键点是信赖问题，也就是允诺人应当遵守自己承诺之信用，即允诺人要受到自身允诺的约束，而非把承诺这一法律行为视作游戏。基于理性而言，"自己承诺由自己兑现"是自治的应有之义，"君子一言驷马难追"的诚信价值也为意思自治的信守注入灵魂。行文至此，我们不妨继续观察，倘若此时仍然坚持用合同构造强行解释

---

〔1〕　参见李俊：《论允诺的效力体系》，载《法商研究》2017年第6期，第108页。
〔2〕　参见刘凯湘：《债法总论》，北京大学出版社2011年版，第28页。

单方允诺，则可能造成难以弥补的不利后果：一方面，在相对方不具有承诺能力却具有权利能力的情况下，合同过分强调相对方的承诺意思会阻碍单方允诺效力的实现，同时还会给允诺方失信反悔创造条件；另一方面，合同构造无法解释在不违背相对方利益的情况下，为何要为允诺方自治的实现设置障碍？这究竟是在维护意思自治，还是在阻碍意思自治？合同分析思维的过分泛化是否"走得太远"，从而违背生活事理的基本逻辑，导致二律背反的结果？事实上，过分强调相对人的意思，反而可能导致对相对人的权利保护不周，比如在遗赠行为中，受遗赠人还没有来得及作出接受的意思表示就已经去世，依据合同构造进行解释，只有通过合意才能使遗赠发生效力，受遗赠人的去世将导致其继承人无法继承受遗赠人本应取得的利益，对受遗赠人及其利害关系人极为不利。反之，若遗赠以单方允诺构造实施，受遗赠人自然享有取得遗赠财产的权利，从而受遗赠人的去世并不能影响其继承人的合法利益，受遗赠人的继承人仍然能够主张遗产权利。因此，对单方允诺进行简单的契约化[1]剪裁，实有削足适履之嫌。[2]

（二）单方允诺独立性之回应——赠与行为采合同构造的再质疑

单方允诺既然是一方对另一方的利他承诺，那么在形式上就同赠与行为难以区分且界限模糊：二者同为利他行为，并且都是无偿使他人获益，然而前者采单方模式，后者采合同模式，故逻辑上的推导似乎可以认为，既然赠与行为以合同框架予以规范，则单方允诺作为与赠与类似的行为，采合同构造解释足以。这无疑成为单方允诺独立性构建之最大质疑，但本文认为该质疑可以得到破解，具体的思路如下：首先，应当反思，赠与采合同架构本身的合理性是否值得检讨？若赠与采合同构造本身就缺乏合理性，那么质疑的根源实际上是"合同中心主义"的思维定式束缚了对单方允诺行为的妥当性分析，此时该质疑自然似是而非，不构成对单方允诺独立性的冲击；其次，退一步来说，即便赠与采合同框架予以解释逻辑上尚可自洽，但此时若采单方允诺的框架解释赠与行为是更优的替代选择，则该质疑同样无法成立。

下面，我们不妨以比较法的视角对赠与行为的规范路径予以观察，为批判性思考提供素材。对大陆法系的立法例进行观察，可以发现，赠与采合同

---

〔1〕 契约在我国通说认为与合同为同一概念，在我国理论界通常称合同，域外法时称契约，本文对此不做严格区分，其间的细微差别不在本文的论域范围之内。

〔2〕 参见许中缘：《论民法中单方法律行为的体系化调整》，载《法学》2014年第7期。

主义是大陆法系的主流立场，典型的立法例如《德国民法典》第 516 条、第 518 条第 1 款详细规定了赠与的合意与实际履行之间的关系，尤其是当无偿赠与合意先于实际履行之时，需要公证的形式才能发生法律效力。[1]《法国民法典》第 931 条亦规定赠与必须以契约的方式成立，且必须在公证人处公证方才有效；第 932 条规定在受赠人以明确的书面文字表示接受之前，赠与不发生任何效力。[2]《意大利民法典》第 769 条规定赠与是一种契约行为；第 782 条规定了赠与应当以公证的方式作出，否则不发生法律效力。[3]

大陆法系学者认为，赠与采合同构造主要源于两大原因：第一是当事人自决原则；第二是分配正义的契约观念。[4] 迪特尔·梅迪库斯认为，将赠与规定为合同的必要性是与私法自治原则联系在一起的，它意味着任何一个人都享有的、以自己的意思自行形成私人法律关系的自由。[5] 迪特尔·梅迪库斯这一经典的表述基本可以代表大陆法系主流立法的立场，即对单方允诺可能产生的"他治"隐患的顾虑，进而用合同构造予以修正，以此坚守意思自治的边界。然而对于这一顾虑，上文已经提到，单方允诺并不会为他人增设负担，只是为他人创设请求权，这是其一；其二，为他人创设请求权并不意味着要强制他人行使该权利，该特定人仍然可以选择行使或不行使，这并不违背意思自治的价值理念。类比在大陆法系普遍得到认可的代理权授予行为，这同样是一个单方法律行为，且该行为旨在为他人创设法律权限（地位），毫无疑问会影响他人的法律利益，但为何代理权授权行为在大陆法系国家不被认为是契约呢？更何况，在理论上有观点认为权限作为一种法律地位，也属于广义上的权利。[6] 这样一来，只承认授权行为的单方性，却不承认单方允诺的效力，如果没有强力的理由论证、支撑，则会导致法体系的不协调和评价矛盾的局面。这样看来，赠与采合同构造的第一大原因——"当事人自治"，在面临权限授予行为的类比分析时，暴露出理论隔阂及局限，不具有充

〔1〕 参见杜景林、卢谌：《德国民法典——全条文注释》（上册），中国政法大学出版社 2015 年版，第 390~391 页。

〔2〕 参见《法国民法典》（上册），罗结珍译，法律出版社 2005 年版，第 715~721 页。

〔3〕 参见《意大利民法典》，费安玲等译，中国政法大学出版社 2004 年版，第 193~194 页。

〔4〕 参见李永军：《"契约+非要式+任意撤销权"：赠与的理论模式与规范分析》，载《中国法学》2018 年第 4 期，第 163 页。

〔5〕 参见［德］迪特尔·梅迪库斯：《德国债法分论》，杜景林、卢谌译，法律出版社 2007 年版，第 142~143 页。

〔6〕 参见耿林：《论除斥期间》，载《中外法学》2016 年第 3 期，第 624 页。

分的说服力。另一方面，基于"分配正义的契约观念"的第二项理由是否具备足够的说服力？本文认为，这一项理由同样不具备充分的说服力，值得检讨。所谓"分配正义"在契约法上与"契约原因"密不可分，在比较法上"契约原因"是一个不容忽视的概念，它体现市民社会对契约效力的认可，是纯意志之外合同成立的"客观正当性"。[1] 罗马法上的债因、法国法上的原因、英美法上的约因等都是"原因"这一概念的不同阐释，可以说"原因"理论是 18 世纪以来对意志论的重要补充，也为合同的效力提供了相当的世俗价值和哲学基础。而赠与合同的"契约原因"或多或少受到亚里士多德之"分配正义"理论的影响，经由托马斯·阿奎德之补充，形成大致的理论框架：在一个人向另一个人转让某物时，他要么是要求取得等价物的有关交换正义的行为，要么是有关慷慨德行的行为。[2] 前者构成买卖合同、互易合同等合同的契约原因，后者则发展为赠与合同之契约原因，最终在分配正义的框架下获得正当性。由此可见，"契约原因"是契约得以发生效力的正当性基础，也就是说如果要在合同解释框架内赋予赠与行为正当效力，就必须为赠与行为创设独特的契约原因，否则将面临合同正当性的质疑。虽然赠与之契约原因的证成是可能的，但毫无疑问整个论证过程是迂回、纠结且略显挣扎的，它需要将赠与从不正当论证为正当，并投入相应的论证成本，导致理论解释的"低效"，这种论证的"不经济"亦在不同侧面证明，合同构造对赠与行为的解释似乎略显牵强。与之相反，单方允诺则可以避免对契约原因的讨论，它通过一方的利他允诺直接产生效力，达到与赠与合同相同的效果，且相较于合同构造而言，单方允诺对于自治的贯彻更彻底，贯彻的过程也很清晰：赠与的允诺方通过允诺实现自治（为受诺方创设请求权），受诺方则通过选择是否行使请求权以实现自治，二者的自治需求都可以"一步到位"地径直实现，无须借助多余的理论包装。经过以上的对比，不难发现，赠与采单方允诺的构造不仅可能，而且相较于合同构造更优，合同构造看似"坚不可摧"实则早已"千疮百孔"。更何况，无论是"当事人自决原则"还是"分配正义"，二者都无法简单否定单方允诺的独立性，反而在一次一次的质

〔1〕　参见李永军：《自然之债论纲——源流、规范体系与效力》，中国政法大学出版社 2019 年版，第三章第五节相关内容。

〔2〕　参见 [美] 詹姆斯·戈德雷：《现代合同理论的哲学起源》，张家勇译，法律出版社 2006 年版，第 580 页。

疑和回应的交手中，强化了单方允诺的独立性价值。

以上是对比较法立法例及其理论的对比反思，是基于实证规定的思想试验，那么这样的试验结果对我国法是否同样适用，需要进一步思考。下文将对我国法上关于赠与合同的立法例进行检讨，并将赠与合同相关规定简要梳理如下：《民法典》第 657 条明确规定赠与采合同框架；《民法典》第 658 条规定赠与人有条件的任意撤销权；《民法典》第 660 条第 1 款经反面解释可得：在通常的赠与情形，受赠人无请求交付赠与物之权利。[1] 简言之，除经公证的赠与、公益赠与和道德义务赠与以外，赠与人在赠与合意产生后、交付赠与物之前可以任意撤销赠与的意思表示，导致赠与合同缺乏意思合致而失效，同时受赠人在此期间亦无给付赠物之请求权。

从合同法之法理层面进行考量，难免出现以下追问：①"合同须得到信守"的基本理念为何在赠与合同中失灵？换句话说，既然赠与人有权任意撤销，受赠人在赠与人不交付时也无权请求，赠与合意的约束力何在？难不成合同框架只是一个摆设？②又为何经公证的赠与、公益赠与和道德义务赠与强调合同约束力？如此区分的法目的何在？对于问题①，学界通常认为赋予赠与人任意撤销权的原因在于，根据"权利义务相一致原则"，由于赠与人承担的义务是单向的，所以要赋予其撤销权以允许其反悔，否则对赠与人未免过分苛刻，并因此有失公平。[2] 相对应的问题②中，对于公益性的、道德义务性的赠与，由于其往往与公共利益、善良风俗挂钩，且涉及多数人的信赖，所以法律要求赠与人兑现承诺，以防止更大利益的损害。[3] 但问题恰恰出在"公证"赠与上，其既不涉及社会公共利益，也不涉及善良风俗，与普通赠与相比仅仅多了"公证"要件，为何此处不贯彻"权利义务相一致"的法理？换言之，"公证"在赠与的场合究竟意味着什么？对此理论界仅仅停留在该规

〔1〕 《民法典》第 657 条："赠与合同是赠与人将自己的财产无偿给予受赠人，受赠人表示接受赠与的合同。"《民法典》第 658 条："赠与人在赠与财产的权利转移之前可以撤销赠与。经过公证的赠与合同或者依法不得撤销的具有救灾、扶贫、助残等公益、道德义务性质的赠与合同，不适用前款规定。"《民法典》第 660 条第 1 款："经过公证的赠与合同或者依法不得撤销的具有救灾、扶贫、助残等公益、道德义务性质的赠与合同，赠与人不交付赠与财产的，受赠人可以请求交付。"

〔2〕 大多数学者都采类似观点，参见崔建远等：《债法》，清华大学出版社 2010 年版，第 440 页；韩世远：《合同法学》，高等教育出版社 2010 年版，第 428、431 页；魏振瀛主编：《民法》，北京大学出版社 2010 年版，第 490 页；王利明等：《民法学》，法律出版社 2008 年版，第 630 页。

〔3〕 参见唐明：《试论赠与合同的立法及司法实践》，载《中国法学》1999 年第 5 期，第 73 页之总结。

范的适用上，但缺乏对该规范的深度法理探究。本文认为，罗马法对于合同效力的规定可以给我们提供某种思路，在罗马法上，契约要产生规范效力：其要么经过特定的形式和程序，此时合意并不重要[1]；要么具备契约原因。然而，在罗马法时代，赠与行为的债因并没有得到认可，此时赠与契约要产生效力就必须经过"要式化"的处理。公证无疑是最严格可信的要式化程序，它可以避免当事人的草率行为，让合意内容的产生经由当事人的深思熟虑，消除当事人反悔的担忧，并为事后的诉讼提供清晰的证据，减少诉讼成本，毕竟利他主义行为往往不是出于自愿与深思熟虑之后而承担的法律义务。[2]因此，经过公证的赠与之所以具备强约束力，是出于对当事人赠与行为谨慎性的法律家父主义的考量，并不是合意本身的强弱所导致的结果，其中法政策性的因素可见一斑。

在对比反思大陆法系的赠与合同制度和我国立法后，我们不妨做以下总结：首先，在赠与行为中，采合同构造的初衷在于维护意思自治，然而单方允诺构造也可以满足意思自治的要求，合同构造并非赠与行为的唯一选择；其次，未经"形式化要件包装"的赠与合同约束极弱，合意的意义遭到质疑，经过形式化的赠与之所以具有效力，并不是"形式化"使得合意增强，而主要是考虑赠与人的慎重行事；至于我国法上道德义务和公益义务的赠与，更与合意的强弱无关，其约束力反倒与单方允诺制度自始以来追求的诚信、道义以及罗马法时代城邦荣耀、城邦利益的价值相吻合。不仅如此，将赠与作为社会事实来观察，可以发现，赠与的产生、赠与的内容以及赠与的实现往往取决于赠与方，受赠方仅仅是被动接受，对赠与是否最终实现起决定性作用的是赠与方而绝非受赠方。再从规范的角度分析，法律之所以要（迂回地）采取合同构造规范赠与问题，其中就存在对单方允诺"他治"的担忧，然而这种担忧实属多余，并且还容易造成对单方允诺制度的误解（上文已经明确分析了单方允诺对自治价值的回应），也正是因为对合同构造的考量不足，导致如今的赠与合同架构内部存在紧张关系：无论是赠与的"形式要件"效力、还是赠与人的任意撤销权等规定，其出发点恰恰是赠与人的利益而非受赠人，这与选择合同构造的初衷——"关注受赠人的自我决定"并不契合，也无法

[1] 参见费安玲主编：《罗马私法学》，中国政法大学出版社2009年版，第316页。
[2] 参见［德］海因·克茨：《欧洲合同法》（上卷），周忠海等译，法律出版社2001年版，第81页。

实现这样的初衷。对此，可以清晰地看到，合同构造不仅不是解决赠与行为的最优法律选择，反而是绕过单方允诺制度形成的"舍近求远"的解释方案，最终赠与采合同构造的迂回性为规范内部的矛盾埋下隐患。

重新对赠与行为进行考量之后，应当认识到，在我国立法例的背景下，单方允诺构造同样是较合同构造更优的选择。首先，单方允诺关注赠与人的真实意思，直接承认赠与人设定义务的意思效力，符合赠与人的行为自治；其次，单方允诺并未强迫他人获利，受赠人对于受赠物或权利有最终决定权，符合受赠人的自治要求；单方允诺清晰、简易的构造更利于权利实现，可以防止赠与人违反诚信，并保护受赠人的信赖利益。只不过，对于有特定相对人的单方允诺，在效力构造上还要辅以特定的要件或要求（下文将予以详细论述），譬如经过公证的单方允诺可以产生效力。无独有偶，在英美法上，赠与允诺的发生只需赠与人一方的意思并加上盖印。[1] 欧洲民法典研究组与欧盟现行私法研究组编著的《欧洲示范民法典草案》亦承认了单方赠与允诺的法律效力，认为赠与不仅可以通过合同的形式作出，也可以通过单方允诺为之。《示范草案》第 IV.H-1：104 条明确规定："在作适当调整后，本编适用于赠与人以使他人受利益为目的、无偿地：（a）单方允诺将标的物的所有权转移给受赠人。"[2] 且该草案第 IV.H-2：101 条进一步规定："赠与人的承诺应以文字形式记载于经赠与人签署的耐久的介质之上。"[3] 总而言之，赠与采合同构造并非民法的"真理"，它不能排斥单方允诺构造在赠与行为领域的适用，更不能成为阻碍单方允诺制度独立性的反面例证。

（三）单方允诺的分类与整合

通过对"合同中心主义"模式之局限的集中反思，本文认为，单方允诺制度应当摆脱合同分析思维定式的影响，成为一项独立的债因。但是，单方允诺究竟包括哪些类型？不同类型的单方允诺所产生的效力有无不同？产生效力的方式有无差别？这些都是在明确单方允诺制度独立性的基础上，需要进一步予以厘清和整理的问题。

---

〔1〕 参见 ［美］E. 艾伦·范斯沃思：《美国合同法》，葛云松、丁春艳译，中国政法大学出版社 2004 年版，第 85 页。

〔2〕 参见 ［德］克里斯蒂安·冯·巴尔、［英］埃里克·克莱夫主编：《欧洲私法的原则、定义与示范规则：欧洲示范民法典草案（全译本）》（第 4 卷），于庆生等译，法律出版社 2014 年版，第 1354 页。

〔3〕 参见 ［德］克里斯蒂安·冯·巴尔、［英］埃里克·克莱夫主编：《欧洲私法的原则、定义与示范规则：欧洲示范民法典草案（全译本）》（第 4 卷），于庆生等译，法律出版社 2014 年版，第 1367 页。

　　单方允诺的分类，在理论上并无统一标准。分类的目的，在于明确单方允诺的效力，从而更好地适用规则，并进行体系化的制度建构。因此，单方允诺的分类标准至少有以下几种：其一，以受诺人是否为特定人为标准，可以将单方允诺分为向特定人的允诺和向公众的允诺；其二，以允诺的实现是否附有相对方作为或不作为的条件为标准，可以将其分为有条件的允诺和无条件的允诺（完全利他、无偿性的允诺）；其三，从允诺的性质来看，可以将其分为道德性、公益性的允诺和普通债务允诺；第四，从允诺的形式来看，可以分为要式的单方允诺和不要式的单方允诺。以上标准之间并非完全孤立，而是相互交融、交叉，共同结合于单方允诺的制度体系之中。在向公众或不特定人允诺的场合，由于允诺对象不特定，因此允诺的效力实现依赖于受诺人的特定化，而这个特定化的过程往往是附条件实现的过程，如悬赏广告是针对公众的允诺，并且允诺实现以完成悬赏内容为前提，同时还有经营者对消费者"假一罚十"的承诺，只要经营者出售假冒伪劣产品，消费者即可向经营者兑现承诺，这两个允诺都以一定条件的实现为生效前提，而条件实现的同时也是对象特定化的过程。在向特定人允诺的场合，需要区分情形：如果允诺的实现需要对方作为或不作为，此时允诺人和受诺人的关系几乎与契约无异，为了避免单方允诺独立性证成对契约领域"矫枉过正"的侵入，此处不宜认定为单方允诺，而应认定为经过要约、承诺成立的契约；如果允诺人纯粹为自身设定义务，相对人纯获法律利益，则此种单方允诺即为前述的"赠与型单方允诺"，在这种场合下由于考虑到纯粹利他行为往往需要原因或者往往需要经过允诺人的深思熟虑，因此在不要式的纯利他允诺中，相对方不可以强制执行此种允诺，否则对允诺人过于苛刻，此时允诺人与相对人的关系类似于自然之债的关系，即允诺人自愿履行之后，相对方受领具有法律上的原因，不会受到不当得利制度的诘难，但如果允诺方是为了允诺履行道德或公益债务，根据单方允诺的历史价值（罗马法历史上，单方允诺往往与城邦荣耀、信誉等诚信价值和公共秩序价值相联系），以及允诺内容本身的价值重要性（道德义务和公益义务往往与社会公共利益相关，如果允诺无法兑现，可能会造成更不利的后果），此种允诺则可以被强制执行。或者，纯利他的单方允诺采取形式化处理后（如以公证的方式），也可以使得相对方获得法律保护的请求权，因为公证作为最严格的形式要件，可以迫使允诺方在允诺获得强制执行力之前得以充分考虑，避免保护不周的情况。可以看到，对单方允诺行为的整理，可以鉴别不同单方允诺行为的生效要求以及效力强度，并相对应地适用于不同的行为场合，以满足自治实现的张力以及规范调整的灵活性需求。

三、单方允诺体系化建构之尝试

前文已在理论上证成单方允诺作为独立债因的必要价值，并对单方允诺行为进行了系统化整理，至此，单方允诺的制度框架雏形已然建成，然而这个制度是否充盈、其能否回应司法实践的需求，还离不开对民法诸多实证规范的解释论回应和印证，这个回应和印证的过程，同时也是单方允诺之作用范围的论证过程。单方允诺体系化的论证之所以采取"从理论构建到规范印证"的路径，根本原因在于民法典不采债法总则的立法大背景，如果从具体规范着手进行论证容易造成合同法规定和债法规定的模糊和误解，但是如果先从债法理论澄清入手再回归规范内容，则可以运用理论工具对规范进行识别，并判断出最优的解释路径。基于这样的考量，本文接下来将以不当得利中的道德义务履行和债务承认规范（《民法典》第985条之但书）、债务加入规范（《民法典》第552条、《民法典》第685条第2项）和悬赏广告规范（《民法典》第499条）为线索，分析上述规范群与单方允诺构造的适应性程度，同时将传统的合同构造代入比较，进而得出单方允诺构造为更优选择的分析结论，以开拓单方允诺的解释论领域，并力求构建符合民法体系的单方允诺制度，同时让"合同中心主义"思维模式得以理性回归，实现多种法律行为的分工合作，以最优化实现意思自治的贯彻。

（一）不当得利中的道德义务履行和债务承认

《民法典》颁布以后，不当得利制度得到了新的发展，其中《民法典》第985条增设的但书条款成为理论界重点关注的对象。《民法典》第985条规定了三种不当得利构成的除外情形：①为履行道德义务进行的给付；②债务到期之前的清偿；③明知无给付义务而进行的债务清偿。对于但书第2项之债务到期之前的清偿不构成不当得利，在理论上不难理解：如果债务人明知未到期而提前清偿，自是放弃期限利益，如果债务人不知或错认期限而提前清偿，由于债权确实存在，因此债权人受领清偿具有法律上的原因，至于债权人获得期限利益是否构成不当得利，在解释论上仍然具有较宽松的解释空间。然而，对于但书第一项之为履行道德义务进行的给付为何构成法律上的原因呢？王泽鉴教授认为，其规范意旨在于调和法律与道德，使法律规定符合一定的道德观念，以道德上的义务作为法律上的义务，给付人不得请求返还。[1] 可是，道德义务毕竟非同于法律义务，纯粹道德领域的义务只有经过实证法的认可才能上升为法律义务，否则将出现法律与道德的混同，从而破坏实证法体系的稳定性。于是，纯道德上的义务恐怕还无法被认定为法律上的原因，不当得利要得到阻却还需要更强有力的理由予以支撑。不仅如此，但书第3项之明知无给付义务而进行的债务清偿不构成不当得利的原因又是什么呢？毕竟，非债清偿，构成不当得利，是自罗马法以来的传统。对此，郑玉波教授曾言，明知无给付义务而作的债之清偿，不得请求返还，盖以咎由自取也。[2] 孙森焱教授亦称，禁止出尔反尔，即明知无给付义务，犹任意给付，再请求返还，前后矛盾，有违诚信原则，无保护必要，因此不得请求返还。[3] 概言之，明知无给付义务的非债清偿，经由诚信原则的解释和调整，其法效果为清偿人无权反悔，不得请求返还，此与英美法上的"禁反言"制度颇为相似。不过，该解释仅停留在清偿人的视角（意在杜绝清偿人的背信行为或游戏行为），而缺失受偿人视角，由此导致另一个重要问题往往容易被忽略：在清偿人无法请求返还的场合下，为何受偿人保有清偿具有正当性？也就是说，清偿人无权请求返还并不意味着受偿人有权保有清偿，即便认为对清偿人的请求权阻却存有正当性，也无法以此证明受偿人具有正当的保有原因，在清偿人的请求权阻却与受偿人的保有清偿之间存在正当性论证的断裂，后者积极行为的正当性无法由前者的消极行为推导得出。因此，受偿人保有非债清偿的法律上的原因也必须得到解释，否则受偿人仍然无法最终保有利益，不当得利的除外规定将因出现理论困境而遭受批判。

面对不当得利制度所提出的问题，我们完全可以将其置于单方允诺的框架下予以解决。首先，基于道德义务的清偿行为，其本质就是为履行道德义务的单方允诺，它强调经过意思表示形成的道德性质之允诺，在法律上具有严肃性，需要法律对道德允诺的失信方进行"失权惩戒"，同时要保证被允诺人的合理信赖，从而综合证成了双方视角下的正当性原因，清晰而不失妥当。其次，在明知的非债清偿场合下，义务人明知无债务而进行的非债清偿，具

---

〔1〕 参见王泽鉴：《不当得利》，北京大学出版社2009年版，第90页。

〔2〕 郑玉波：《民法债编总论》（修订2版），陈荣隆修订，中国政法大学出版社2004年版，第105页。

〔3〕 孙森焱：《民法债编总论》（上册），法律出版社2006年版，第143页。

有浓厚的赠与性质，但由于此处不强调受领人的合意，难以用合同构造进行规范解释，因此该场合下不当得利阻却意义上的"法律原因"无法通过赠与合同提供，这又从另一侧面显示赠与合同架构的局限性。相比之下，作为单方允诺的赠与，可以完整的实现赠与的效果意思，并且形式上不拘泥于合意或合同，赠与允诺本身就是独立的"法律原因"，它兼顾了清偿人和受偿人的双重视角：对于清偿人而言，清偿人的单方允诺与履行是经过意思表示实现的结果（允诺和履行发生的时点无限接近），清偿人的允诺行为应当有效，且无返还请求权的发生（除非其意思存在瑕疵），否则若不肯定允诺的效力发生，则实际上否定了清偿人意思自治的效力，违反自治原则；对于受偿人而言，其保有清偿的"法律原因"来源于清偿人的赠与允诺。由此，单方允诺巧妙地串联清偿人和受偿人的双方视角，解决了双方"一方不能要，一方不用还"的双重正当性问题。在这个意义上，不当得利中的单方允诺制度之运用，并非解释论的强制创设，而是一种巧妙的解释论发现，单方允诺或许正是不当得利但书第1项和第3项的行为原型。

（二）债务加入

债务加入，也称并存的债务承担，它指的是使债务人并不脱离合同关系，而由第三人加入到合同关系当中，与债务人共同承担合同义务的债务承担方式。[1] 在司法实践中，部分法院认为并存的债务承担可以通过单方允诺的方式作出并发生效力，例如在"胡×延诉胡×军、杨×担保追偿权纠纷案"中，法院认为，被告杨×"在其工程款全部到本人账户后，结算时考虑该本息由本人一起偿还"承诺行为，属于单方允诺，自愿加入到债的关系中成为承担债务的并存债务人；[2] 又如在"倪×乐等与东台市××废旧物资回收有限责任公司追偿权纠纷上诉案"中，法院认为当事人单方出具借条的行为构成债务加入。[3] 当然，也有反对的声音，有的判决则认为必须以合同的方式形成并存的债务承担，比如在"云南××商贸有限公司与云南省曲靖××建筑工程有限公司等买卖合同纠纷上诉案"中，法院认为第三人单方向债权人出具的付款计划书不能构成债务加入行为，债务加入的法律关系只能依据第三人与债权人

---

〔1〕 参见王利明：《合同法研究》（第2卷），中国人民大学出版社2003年版，第254页；王洪亮：《债法总论》，北京大学出版社2016年版，第190页。

〔2〕 参见江苏大丰区人民法院（2009）大民二初字第0041号民事判决书。

〔3〕 参见江苏省高级人民法院（2014）苏民终字第0276号民事判决书。

之间的合同而成立。[1]《民法典》第 552 条规定，债务加入需要得到债权人的同意（至少是默示同意）。[2] 实际上，并存的债务承担在性质上与赠与相似，本质上是第三人向债权人的债务允诺，完全可以归为"向特定人允诺"的允诺类型，并搭配生效所需的形式要件，以督促第三人深思熟虑后作出允诺行为，从而充分实现第三人的自治效力，同时更有效地保障债权人权利，且不违背债权人的自主决定（当然债务人亦有权不行使这一债权或放弃这一债权）。更重要的是，从"债权人未在合理期间内拒绝"这一"默示视为同意"要件可以推知，立法之所以不规定"明确表示同意"之积极要件，目的在于倾向性地让债权人尽量获得权利，只不过立法者受"合同中心主义"教条的束缚，为了保留合同构造的框架，故索性以"默示视为同意"作为一种折中的要件选择。那么既然立法者希望债权人有效、确定地获得债务加入所产生的债权，让其直接根据允诺人的允诺而取得债权岂不更加直接？更何况，单方允诺并不强调债权人一方的合意，避免债权人因一方意思瑕疵导致权利获得不能的情况。由此可见，单方允诺构造让第三人的债务加入更直接地发生效力，是债务加入方与债权人的共同利益所归。至于债务加入具体的形式要件为何？本文认为，由于债务加入不同于普通的赠与，通常标的为金钱，且在商业实践中，常为多方交易的一环，因此为了交易效率和节约成本，形式要件不必严格至公证程度，采书面形式即为已足，同时也可以与现行的商业实践直接对接。由此可见，将并存的债务承担纳入到单方允诺构造之中并无理论障碍，且相比合同构造，单方构造更能提高市场流通的效率，节约市场成本甚至诉讼成本，满足当今商业实践的需求。

与之类似，《民法典》第 685 条第 2 款规定第三人单方作出的保证承认，必须采用书面形式并且须经债权人同意（至少是默示同意），前文已述，对于向特定债权人的债务加入允诺，采单方允诺构造完全可行，那么由于保证责任并不会较债务加入责任更重，根据当然解释（举重以明轻）可得，第三人保证可以采与债务加入相同的法律构造加以规范，即采单方允诺构造，这同样比合同构造更利于规范目的之实现。

---

〔1〕 参见云南省高级人民法院（2014）云高民二终字第 245 号民事判决书。

〔2〕《民法典》第 552 条："第三人与债务人约定加入债务并通知债权人，或者第三人向债权人表示愿意加入债务，债权人未在合理期限内明确拒绝的，债权人可以请求第三人在其愿意承担的债务范围内和债务人承担连带债务。"

（三）悬赏广告

悬赏广告作为向社会公众作出的无特定相对人的允诺之典型，一直受到理论界的重点关注。对于悬赏广告的法律性质观点各异，既有学者认为悬赏广告之性质为合同，[1] 也有学者将悬赏广告定性为单方允诺。[2]《民法典》第499条规定："悬赏人以公开方式声明对完成特定行为的人支付报酬的，完成该行为的人可以请求其支付。"该规定虽然未明确界定悬赏广告之法律性质，但其仅以完成悬赏行为这一事实作为相对人取得请求权的条件，至于相对人是否有承诺的意思则在所不问。"契约说"认为悬赏广告放置在合同编当中具备天然的合同性质，该理由并不具备说服力。前文已述，合同编承担了实质债总的功能，因此不能仅仅将悬赏广告规范放置的位置作为其定性之依据。此外，"契约说"还认为将悬赏广告的法律规制纳入契约主义统一的规范框架之内，可以充分贯彻契约自由之理念，可以充分尊重特定人的意思自治；同时，即便法律仅仅只要求特定人完成悬赏行为，但承诺同样可以通过行为的方式作出，因此特定人完成悬赏行为可以被视为"意思实现"，[3] 并且这样的逻辑并非毫无规范依据，实际《民法典》第471条为合同订立提供"要约—承诺"以外的"其他方式"，"其他方式"在学理上通常包括交叉要约、意思实现、强制缔约、事实合同等，[4] 这与"契约说"之"意思实现"的理由存在契合。然而，意思实现是否属于"要约—承诺"模式在理论上存在极大争议，[5] 这表明"意思实现"论证路径本身的不稳定性，再加上即便是"意思实现"也至少存在默示或推定的承诺意思，这仍然需要"契约说"对该承诺意思作进一步的正当化论证，因此"意思实现"很难支撑起"契约

〔1〕 参见崔建远等：《民法原理与案例分析》，法律出版社2010年版，第160页；赵秀梅、夏辰旭：《悬赏广告法律性质问题研究》，载《山东社会科学》2013年第11期；张家骥：《我国民法中悬赏广告的法律性质研究》，载《湖南科技大学学报（社会科学版）》2019年第3期。

〔2〕 参见王利明：《民法疑难案例研究》，中国法制出版社2013年版，第38页；参见杨立新：《债法总论》，法律出版社2011年版，第90页。

〔3〕 参见［德］卡尔·拉伦茨《德国民法通论》（下册），王晓晔等译，法律出版社2013年版，第739页。

〔4〕 参见朱广新、谢鸿飞主编：《民法典评注—合同编通则》，中国法制出版社2020年版，第93页以下；黄薇主编：《中华人民共和国民法典合同编解读》（上册），中国法制出版社2020年版，第46页以下。

〔5〕 不同的理论观点，具体参见韩世远：《合同法总论》（第4版），法律出版社2018年版，第153页；反对的观点可参见崔建远：《合同法》（第3版），北京大学出版社2016年版，第59页。

说"的理论核心。因此，"契约说"极力强调合意存在的重要性，却未见其对此说明正当化的理由，仅仅流于形式，这在本质上仍然是"合同中心主义"惯性思维导致的结果，这种惯性思维产生了不少理论难题：

第一，当行为人是限制行为能力人时，由于其不具有独立的承诺能力，因此无法单独缔结合同，即便其完成特定行为，也不能直接请求悬赏人给付，这与《民法典》第 499 条的文义相差甚远，解释论上的断痕较为明显。不仅如此，"契约说"下限制行为能力人所做出的先行行为——视为"给付"，是获得悬赏报酬请求权的前提，故悬赏广告法律行为虽未引发双方义务，却因客观上以特定行为人先提供给付为必要，而构成有偿行为，对特定行为人来说并非纯获益法律义务，此时限制行为能力人无法直接兑现悬赏广告所承诺的利益。由是观之，"契约说"虽然一定程度上反映了合同自由的价值追求，但未能完整顾及限制行为能力人利益的保护。

第二，当行为人不知悬赏广告内容而完成特定行为时，在"契约说"立场下，行为人不知要约内容则承诺无从发生，此时悬赏广告无法成立，进而阻断了行为人获得报酬请求权的权利基础。然而，《民法典》第 499 条只要求相对人完成行为，并未明确要求其明知悬赏广告内容，然而"契约说"始终绕不开"承诺"这一要素，这从文义上与"相对人完成行为"这一要件相悖，如果"契约说"仍然要坚持立场，则无异于增设要件，突破解释论的范畴而进入立法论之领域。更为重要的是，从法价值的层面考量，"契约说"的构造可能潜藏重大的道德隐患，我们不妨设想这样的场景：同样是完成悬赏行为的人，二者付出的劳动和精力相当，此时为何主观状态的差异（对悬赏广告内容的知晓程度）对二者的权利予以区别对待？"契约说"除了"维护行为人自治"这一流于形式且略显苍白的辩解外，未见更具说服力的论证理由。事实上，对于悬赏人而言，重要的绝非具体行为人的主观状态，而仅仅是其悬赏所欲获得之利益是否得到满足（即悬赏完成行为是否符合允诺之条件）。因此，当悬赏人的利益得到满足后，其理应兑现先前承诺，这是诚实信用原则最基本的要求，也是意思自治的题中之义。反之，若此时过分注重合意的存在，将合意作为悬赏广告生效的基础，则会使得悬赏人失信的机会大大增加，纵容悬赏人的投机心理，不利于社会秩序的稳定和法价值的贯彻。实际上，"契约说"强调相对人"承诺"必要性的初衷，是为了保护相对人的契约自由，而在"特定行为人不知悬赏内容"的场合，行为人既已投入成本实现悬赏人的利益，此时规范结构却无法让行为人获得报酬请求权，这有违公平，更与自治无涉，从而导致悬赏人和行为人双方之间利益的失衡。

第三，关于悬赏广告的撤回问题，在合同构造下，悬赏广告作为以公告的方式作出的意思表示，其在发布时即生效，[1] 此时悬赏人不得撤回。如果悬赏人此时意在撤销要约，则必须赶在相对人承诺之前进行撤销。与此同时，由于悬赏广告所面对的是不特定公众，悬赏人对于何人可能承诺不得而知。因此，悬赏人一旦发布悬赏，悬赏广告的内容便持续引导公众承诺，从而出现悬赏人与公众之间的信息不对称性，进而在事实上大大阻碍了悬赏人有效撤销悬赏广告的可能性，对悬赏人的自治空间要求过严。由此可见，合同构造在悬赏广告这类面对公众的法律行为时，由于双方（特定主体与不特定多数主体）之间的信息不对称性，所导致要约承诺之间缺乏显性、充足的交涉和合意过程，进而从事实上解构了合同构造，其往往导致"非合意"的结果或"形式合意"的结果，造成谬论。虽然新近修正的"契约说"观点认为[2]，完成悬赏行为的特定人只是具有承诺资格，其是否承诺仍然取决于进一步的承诺意思，以此协调承诺人的自治与悬赏人目的实现之间的利益平衡问题。但是，这一"修正说"所不能解决的问题是，为何特定人都已经完成了悬赏内容，却还需要进一步的承诺意思，这对于悬赏人的利益保护是否合理？更何况，如果完成特定行为只被认定为资格的取得，那么此时为悬赏人撤销悬赏广告留下很大的空间，不利于双方的利益平衡。此时，亦无法准用《民法典》第 476 条第 2 项"受要约人有理由认为要约是不可撤销的，并已经为履行合同做了合理准备工作"之情形，其原因在于合同构造下悬赏广告何时被有效承诺是不确定的，而悬赏人也有可能自己完成悬赏内容进而撤销要约。因此，对于不特定多数的受要约人而言，其应当认识到悬赏广告本身存在的不确定性风险，不应当充分信赖悬赏广告不可撤销，若此种信赖落空，法律也很难认为悬赏广告为不可撤销之要约并为之提供救济。职是之故，"修正说"由于本质上没有摆脱合同构造的束缚，故难以从根本上解决"契约说"所遗留的难题。

笔者认为，以单方允诺构造规范悬赏广告可以妥当处理"契约说"所遗留的难题。在单方允诺之视角下，悬赏广告在法律性质上属于附条件的单方

---

〔1〕 《民法典》第 139 条："以公告方式作出的意思表示，公告发布时生效。"
〔2〕 此观点系笔者于南京大学天同法典评注讲座中所记，报告由姚明斌老师于 2020 年 10 月 18 日所作。

允诺类型，即只要特定人完成悬赏行为，悬赏广告即生效，并赋予特定人以报酬请求权，无须特定人承诺或拟制承诺资格。于此之际，限制行为能力人不必具备承诺能力，其只需完成悬赏广告兑现的行为就能获得报酬请求权，此种请求权的赋予属于典型的纯获利益的法律行为，限制行为能力人可根据《民法典》第 19 条和第 22 条以自己的名义直接获得该权利，由此充分实现对限制行为能力人的权利保障。与"契约说"的迂回架构不同，"单方允诺说"的架构更为简单、顺畅，在单方允诺构造之下悬赏广告的效力正是请求权之赋予，在逻辑上属于纯获法律利益的范畴，此时完成悬赏的行为只是效力触发的客观条件，而非悬赏广告效力的主观内容（即无须考虑特定人的承诺等意思表示），更不属于行为人负担的某种对价。因此，同样的，不知悬赏广告而完成特定行为之人，在完成行为之时即确定地获得请求权，而无须在知晓悬赏存在后补予承诺，倘若该特定人无意行使权利，自可放弃行使，同样不会干涉其自治领域。不仅如此，在悬赏广告终局生效后，悬赏人并无撤销之余地（除非存在单方意思表示撤销的法定事由），这就在法律效力上约束悬赏人兑现承诺，维护信用秩序。另外，在悬赏广告生效前，即悬赏内容未被实现之前，悬赏人得以撤回悬赏广告，但撤回的公示时间不得晚于悬赏行为完成的时间。在这样的安排下，虽然悬赏人此时仍然面临着"信息不对称"的风险，但这个风险并未超出悬赏人与承诺对象的利益衡量范畴。换言之，悬赏人单方作出悬赏广告这一法律行为本身就面临信息不对称的风险，此时合意的强调并无必要，而只需实现信息发布（悬赏人）和信息反馈（不特定公众）之间的利益对称即为已足。简言之，与难以被证明的"承诺意思"相比，完成特定行为这一客观事实更具可证明性，并且对于撤回的时间节点而言，单方允诺构造下悬赏人的可撤回期间相对更长[1]，对于悬赏人的利益保护更周圆，无论是完成悬赏行为还是撤回通知公示，其时间节点都客观清晰，提高悬赏广告相关行为的预见性及规范适用的效率。同时，行为人不必为报酬请求权而陷入证明承诺意思的窠臼之中，这就在很大程度上减轻了行为人的证明负担，更符合民法"权利本位"的价值理念。[2] 由此可见，"单方允诺

---

　　[1] "契约说"下，撤回的时间应当不晚于承诺到达的时间，即悬赏广告发布这一时间；而"单方允诺说"下，撤回的时间应当不晚于悬赏内容客观实现的时间，悬赏内容客观实现的时间通常晚于悬赏广告发布的时间，故笔者称其可撤回期间更长，名出于此。

　　[2] 参见王利明：《民法疑难案例研究（增订版）》，中国法制出版社 2013 年版，第 39 页。

说"更符合悬赏广告这一社会事实发生的事理逻辑，因而顺理成章地，以单方允诺为框架建构悬赏广告法律行为，在逻辑、法效果、法价值等诸方面都实现了一体化的融贯，在没有更强大理由支撑的情况下，合同构造不应在此强占一席之地。

综上所述，我们应当意识到，合同构造的适用存在边界，边界之外尚有单方允诺构造独立作用的空间，"合同中心主义"不宜过分扩张而超越边界，否则其解释力在边界之外难以发挥效用，反而会对本体理论造成难以弥合的创伤。但是，与此同时，笔者也意识到，本文对"边界之外"的单方允诺制度的探索和开拓还极为有限，理论上虽然已经勾勒出单方允诺的制度框架，但具体制度的整合与体系化工作，还要依托对债的发生原因的一般条款（《民法典》第118条）以及合同编中涉及实质债法总则内容的相关规定（包括但不限于《民法典》第985条、第552条、第685条、第499条等）的进一步解释论作业。

四、结论

单方允诺独立于合同而被赋予法律效力，不应是为了弥补"合同中心主义"思维模式的局限，而应是作为一项独立的债之发生原因进入意思自治领域，其具备浓厚的历史渊源和深刻的法理基础，并在自身理论发展的同时逐渐体系化、完满化。纵观单方允诺制度体系，其具体规则构成在解释论上至少可分为：第一类，向不特定多数人的附条件单方允诺，如悬赏广告；第二类，向特定人的纯利他单方允诺，其实质上是对赠与型合同模式的修正，除经特定形式、道德义务、社会公益义务的赠与具有强制执行力外，其余的纯利他允诺仅仅具有自然之债的效力，如赠与单方允诺、第三人保证单方允诺、债务承认单方允诺等。虽然，在立法上，以"法律的其他规定"为窗口能够纳入的债因受限，但至少这个窗口可以成为引致债法制度的通道，这些制度经由解释论的作业，可以为单方允诺留下发挥作用力的场域，并以体系化的单方允诺理论对此加以填充和整合，实现单方允诺制度自身的更迭、演进和发展，进而形成充实的制度体系。至于立法论上是否应当调整，则有待进一步的思考和商榷，至少在后民法典时代，立法的热度尚未褪去之际，学者应当在解释论领域趁热打铁，以完善民法典的理论建构，进而实现立法和司法的法秩序统一。无论立法上是否明确将单方允诺列为债因，解释论上都不应当忽视单方允诺的价值和意义，它应当被邀请至法律行为舞台的中央，成为理论界欣赏和点评的对象。

论保单现金价值不可执行

李奕恺 *

　　摘　要：保单现金价值可否被强制执行是长期存在争议的问题，其核心是当事人之间的利益平衡。实务上以现金价值"投保人专属说"为依据，广泛存在执行机关直接扣划现金价值或是代位解除保险合同后强制执行的现象，这是不可取的。首先，现金价值的归属应以保险合同解除为界区分看待。合同解除前为保险人所有，解除后按照合同约定返还，故现金价值不必然是投保人的责任财产。其次，实践中法院采取的强制执行现金价值的方法并不妥当，且维持保险合同效力是公共政策的要求。因此，法院不应强制执行现金价值。最后，保单介入权制度以及保单质押借款制度能更好保护及平衡各方当事人的合法权利，解决实践中强制执行方式不当带来的问题，在现阶段有必要加以完善和推行。

　　关键词：现金价值　强制执行　保单介入权　保单质押借款

---

　　* 李奕恺，上海交通大学凯原法学院民商法学专业 2019 级法学硕士研究生。

一、问题的提出及裁判的理据

(一) 问题的提出

保单现金价值能否被强制执行；如果可以执行又应当以什么方式执行是长期存在争议的问题。最高人民法院在对《中华人民共和国保险法》（以下简称《保险法》）进行司法解释时就尝试作出统一规定，但最后因种种原因没有完成。[1] 几个省的高级人民法院也作出过相关规定，但各自采纳了相反的观点。举例来说，浙江省高级人民法院认为，在发生被执行人下落不明等情况时，保险公司有协助法院执行并划扣保单现金价值的义务；广东省高级人民法院则认为，法院不得为强制执行现金价值而强迫投保人退保。[2]

上级法院没有统一的观点，下级法院的裁判也就难以做到同案同判。这些不同的裁判观点又可以归纳为以下三种：第一，一些法院认为，执行机构有权直接从保险公司的账户上划扣等同于现金价值的金额；[3] 第二，另一些法院认为执行机构可以强制投保人或者保险人解除保险合同，然后再执行相应财产；[4] 第三，还有一些法院认为，执行机构不可以代位或者强制保险合同当事人解除保险合同，只有在当事人自愿解除合同的情形下才能执行现金

---

〔1〕 参见王静：《保单现金价值强制执行若干问题研究》，载《法律适用》2017 年第 14 期，第 51 页。

〔2〕 参见《浙江省高级人民法院关于加强和规范对被执行人拥有的人身保险产品财产利益执行的通知》［浙高法执（2015）8 号］；《广东省高级人民法院关于执行案件法律适用疑难问题的解答意见》（2016 年 3 月 3 日）。

〔3〕 参见邓××、××一号产业投资基金合伙企业财产份额转让纠纷执行审查类执行裁定书，江西省高级人民法院（2019）赣执异 12 号执行裁定；中国××××保险股份有限公司常德中心支公司、娄××借款合同纠纷执行审查类执行裁定书，湖南省常德市中级人民法院（2019）湘 07 执异 106 号执行裁定。

〔4〕 参见中国××保险股份有限公司唐山市丰润支公司、孙×民间借贷纠纷执行审查类执行裁定书，河北省高级人民法院（2019）冀执复 369 号执行裁定；薛××、××银行股份有限公司滨州分行金融借款合同纠纷执行审查类执行裁定书，山东省滨州地区（市）中级人民法院（2019）鲁 16 执复 79 号执行裁定；胡××其他案由执行审查类执行裁定书，甘肃省高级人民法院（2019）甘执异 194 号执行裁定；中国××保险股份有限公司滨州分公司、孙××民间借贷纠纷执行审查类执行裁定书，山东省淄博市中级人民法院（2019）鲁 03 执复 236 号执行裁定；刘××与张××离婚纠纷一案执行裁定书，山西省晋城市中级人民法院（2019）晋 05 执复 8 号执行裁定；中国××保险股份有限公司吉林市分公司与沈××、杨××借款合同纠纷执行一案执行异议执行裁定书，吉林省吉林市中级人民法院（2019）吉 02 执复 181 号执行裁定；中国××保险股份有限公司德州分公司、李××民间借贷纠纷执行审查类执行裁定书，山东省德州市中级人民法院（2019）鲁 14 执异 139 号执行裁定。

价值。[1] 尽管有数种观点，但是在这些案件中，绝大多数法院都认为保单的现金价值应当归属于投保人，并据此认定现金价值属于投保人的责任财产，在保险合同解除的情形下可以被强制执行。这一裁判逻辑基本契合主流学说。

这些裁判反映出了两个问题：第一，保单现金价值的归属问题。现金价值在保险合同解除后是否当然归属于投保人？第二，如果合同解除后现金价值归属于投保人，那么法院应当如何执行现金价值？具体来说，法院是否可以代位解除合同，或者在不解除合同的情况下直接划扣现金价值？

（二）裁判的理据

观察前述判决，多数法院的裁判逻辑是：现金价值在保险合同解除后理应由保险人退回投保人，而非退还被保险人或者是受益人。所以，保险合同解除后现金价值自然就成了投保人（被执行人）的责任财产。既然如此，执行现金价值的方式就是先解除保险合同，而后再执行现金价值。与此相对，理论上对问题的讨论也分为两部分：现金价值的归属和法院执行现金价值的方法。

1. 保单现金价值归属于投保人

优势学说认为，现金价值应当归属于投保人，是投保人对保险人享有的一种附条件的债权。何丽新教授和梁嘉诚认为，这种学说的关键在于将现金价值的返还请求权作为强制执行的标的。通过解除保险合同，可以使这种返还请求权现实存在，进而被强制执行。[2] 李云斌法官、葛忠仁法官认为，现金价值来源于保险费；而投保人是缴交保险费的人，故投保人理应对现金价值享有权利。具体来说，这种权利是一种附条件的债权。[3] 王飞教授、徐文文法官认为，对保单现金价值的返还请求权是一种未约定履行期限的债权，投保人解除合同则代表债务人（保险公司）履行期限届至。所以，保险合同解除后，现金价值请求权成为到期债权，可以作为法院执行的标的。[4] 王静

---

[1] 参见荆××、周××等司法赔偿通知书，山西省高级人民法院赔偿委员会（2019）晋委赔监13号驳回申诉通知。

[2] 参见何丽新、梁嘉诚：《保单现金价值强制执行的反思与重构》，载《保险研究》2019年第1期，第100~101页。

[3] 参见李云滨、葛忠仁：《人寿保险合同现金价值强制执行的理论基础与进路选择》，载胡云腾主编：《法院改革与民商事审判问题研究：全国法院第29届学术讨论会获奖论文集》（上），人民法院出版社2018年版，第678~686页。

[4] 参见王飞、徐文文：《论人寿保险合同解除纠纷中的利益平衡》，载《法律适用》2013年第5期，第95页。

法官认为，现金价值是属于投保人的、具有债权性质的责任财产。从权属上看，现金价值属于缴交保费的投保人；从比较法的角度上看，采纳"三分法"的国家及地区都将现金价值归属于投保人；从我国的具体规定上看，法律上存在投保人运用保单权利的规定。这些都能体现保单现金价值的归属是投保人。[1]

尽管对于投保人对现金价值享有何种权利有不同认识，上述理论的核心都是一致的：透过解除保险合同，投保人享有对现金价值的返还请求权或是债权，而这种权利能够成为法院强制执行的标的。

2. 强制执行的两种方法

在认定现金价值为投保人（被执行人）的责任财产后，要考量的问题就是强制执行现金价值的方法。

第一种方法是执行法院直接从保险人的账户中划扣相等于现金价值的数额。[2] 在这种情况下，执行法院在计算保险单的现金的价值数额后，不经过解除保险合同的程序便直接扣划相应金额。其依据是将现金价值视为银行存款，并以相同程序执行。第二种方法是解除合同后，以现金价值返还请求权或附条件的债权为执行标的。但是，以何种方法解除合同仍存在争议。有学者认为法院在投保人拒绝解除合同的情况下应代位行使解除权，并认为这是"强制"执行的应有之义；有的法院则要求保险公司"协助执行"，即强制保险公司解除保险合同。还有学者认为，法院行使代位解除权应以债权人不行使代位解除权为前提。[3]

本文认为保单现金价值不能被强制执行，且现有强制执行方法存在不当之处。

二、现金价值并不当然归属于投保人

保单现金价值并不当然归属于投保人，应按合同约定确认其归属。何为

---

〔1〕 参见王静：《保单现金价值强制执行若干问题研究》，载《法律适用》2017 年第 14 期，第 52~53 页。

〔2〕 参见邓××、××一号产业投资基金合伙企业财产份额转让纠纷执行审查类执行裁定书，江西省高级人民法院（2019）赣执异 12 号执行裁定；中国××××保险股份有限公司常德中心支公司、娄××借款合同纠纷执行审查类执行裁定书，湖南省常德市中级人民法院（2019）湘 07 执异 106 号执行裁定。

〔3〕 参见岳卫：《人寿保险合同现金价值返还请求权的强制执行》，载《当代法学》2015 年第 1 期，第 90~92 页。

现金价值？现金价值来源于"均衡保费"制度的适用。[1] "均衡保费"制度是指在一段保险期间内，将本应按照阶梯费率缴纳的保费摊平，使得每一期所缴纳的保费数额相同的制度。这一制度通常应用于人身保险，尤其是人寿保险中。就常理而言，为了应对人寿保险中随着年龄增长而日益增加的风险，保险期间后期的保险费通常较前期高出许多。这一现象显示在图表中就是"阶梯"的模样。然而，这并不符合随人们随年龄增长而日益增加的保险需求，以及日益降低的创收能力。因此，保险公司会将保费的总额平均地分摊到整个保险期间，将"阶梯"抹平，这就导致了前期收取的"保险费"实际上是由一部分"自然保费"（风险的对价）和另一部分溢缴的费用组成的。保单的现金价值就来自这一部分溢缴的费用。

（一）"投保人专属说"欠缺法理依据

承前述，现金价值的产生依托于保费的缴纳。可见，现金价值的归属与缴纳保费的人密切相关，因为现金价值直接产生于保费，而缴纳保费的人按理说应当是投保人。围绕这一逻辑，便产生了现金价值"投保人专属说"。现金价值"投保人专属说"是现行理论的通说。[2] 该学说认为，保险合同解除后现金价值应返还投保人，且合同解除前投保人对保险公司占有的现金价值享有附条件的债权。其论据可归纳为以下两点：第一，现金价值产生于保费，投保人作为缴纳保费的义务人理应享有现金价值这一利益；第二，现行制度，如保单转让、保单质押等，需要以投保人享有现金价值的权利为前提。

第一个论据的实质是"谁投资谁受益"这种经济学思想的投射。[3] 然而，并不能因此就认为投保人理应享有现金价值。首先，保险合同具有涉他性，在某种意义上是一种为了他人利益而订立的合同。[4] 也正是从这种意义上来说，保险是一种有利于社会的良善制度。这是保险制度最核心的价值之一。然而，"谁投资谁受益"的思想违背了这种价值。其次，保险的本质决定了它不应是一种投资工具，而是一种保障。从投资的角度看待保险是不合理的，且极可能导致投保人对保险产品有不切实际的期待，不利于整个保险行业的正常建设。最后，如果"一刀切"地认定保单现金价值归属于投保人，

〔1〕 参见李玉泉：《保险法》，法律出版社2019年版，第233页。
〔2〕 参见邹海林：《投保人法律地位的若干问题探讨》，载《法律适用》2016年第9期，第35页。
〔3〕 参见邹海林：《投保人法律地位的若干问题探讨》，载《法律适用》2016年第9期，第35页。
〔4〕 参见邹海林：《保险法》，社会科学文献出版社2017年版，第51页。

可能会不当地刺激投保人行使保险合同任意解除权。这是因为，在一些情况下，投保人实际上不是缴纳保费的人，代为缴纳保费的可能是投保人的子女、父母。在这种情况下认定现金价值归属投保人，很可能导致投保人滥用任意解除权，进而影响保险人承受风险的能力。[1]

第二个论据则存在循环论证的问题。首先，既然保单转让、保单质押以投保人对现金价值享有权利为前提，那么保单转让等制度设计就不能成为论证现金价值归属投保人的论据，否则就落入了无限循环的圈套中。其次，就算现金价值不一定归属于投保人，保单一样可以转让和质押，只不过当事人不再是投保人而已。

（二）现金价值的归属应以合同解除为界区别认定

保单现金价值并不专属于投保人。保险合同解除前，现金价值属于保险人，投保人不享有附条件的债权。保险合同解除后，应按照合同规定返还现金价值，投保人不必然享有现金价值返还请求权。

首先，现金价值在合同解除前属于保险人。第一，现金价值来源于保险费，在会计层面需计提部分保险费作为责任准备金。它在会计层面是保险人对投保人或受益人的负债，也是对现在与未来风险的担保。[2] 正因如此，保险人在提存法律规定的准备金数额后，理应对其剩余部分享有自由的处分权，用以投资增值以承担风险。第二，货币遵循占有即所有的原则。保费以货币的形式缴纳给保险人，对保费的占有也同时转移给保险人。也就是说，尽管在会计报表上显示为负债，但保费仍然是保险人的财产。

其次，保险合同解除后，现金价值不必然退还投保人，而应当严格依照合同约定确定返还对象。换句话说，现金价值在保险合同解除后既有可能退还给投保人，也有可能退还给被保险人、受益人。

第一，尽管《最高人民法院关于适用〈中华人民共和国保险法〉若干问题的解释（三）》（以下简称《保险法司法解释三》）第16条、17条以及《最高人民法院关于当前商事审判工作中的若干具体问题》采纳了投保人专属说的规定，但这些解释有违反上位法的嫌疑。《保险法》第47条规定"投保

---

〔1〕 参见常敏：《保单现金价值归属的法律逻辑解释》，载《环球法律评论》2018年第5期，第45页。

〔2〕 参见潘扬：《中国寿险责任准备金计提及管理研究》，西南财经大学2006年硕士学位论文，第1页。

人解除合同的，保险人应当自收到解除合同通知之日起三十日内，按照合同约定退还保险单的现金价值"。[1] 可见，《保险法》的规定明显是"按合同约定"退还现金价值，而不是"向投保人退还现金价值"。若立法者的意思是直接向投保人退还现金价值，完全可以换一种方式表述，不必加入"按合同约定"一语。

第二，《保险法司法解释三》第 16 条不仅将现金价值归属投保人视为理所当然，还没有严格遵循规范逻辑，限定其解释范围。试想，如果发生《保险法》第 43 条第 1 款规定的"投保人故意造成被保险人死亡、伤残或者疾病"的情形，但保险合同没有约定现金价值归属时，还要将现金价值退还投保人吗？[2]

第三，尽管保险合同是附和合同，但订立保险合同的同时也必须遵守意思自治。私法上秉持"法不禁止即自由"的原则，当事人完全有权约定合同解除时现金价值的归属。对于上位《保险法》未禁止的事项，保险法有关司法解释和《最高人民法院关于当前商事审判工作中的若干具体问题》不应作出不当限制。

三、强制执行模式不合理

（一）法院强制执行现金价值缺少法理基础

承前述，尽管保险合同被解除，现金价值也不一定会成为投保人的责任财产。现金价值如何返还必须遵循合同约定。退一步说，纵使采纳投保人专属说，认为保险合同解除后现金价值归属于投保人，现实中法院采用的执行方式也很难说是完善的。

---

〔1〕 《最高人民法院关于适用〈中华人民共和国保险法〉若干问题的解释（三）》第 16 条："保险合同解除时，投保人与被保险人、受益人为不同主体，被保险人或者受益人要求退还保险单的现金价值的，人民法院不予支持，但保险合同另有约定的除外。投保人故意造成被保险人死亡、伤残或者疾病，保险人依照保险法第四十三条规定退还保险单的现金价值的，其他权利人按照被保险人、被保险人继承人的顺序确定。"第 17 条："投保人解除保险合同，当事人以其解除合同未经被保险人或者受益人同意为由主张解除行为无效的，人民法院不予支持，但被保险人或者受益人已向投保人支付相当于保险单现金价值的款项并通知保险人的除外。"《最高人民法院关于当前商事审判工作中的若干具体问题》："四、关于保险合同纠纷案件的审理问题……理顺法律关系，处理好投保人、被保险人、受益人的关系。人身保险合同中，投保人是保险合同的当事人，被保险人、受益人一般不是保险合同当事人。解除保险合同、返回保险单现金价值等权利属于投保人，而不属于被保险人或者受益人。"

〔2〕 《中华人民共和国保险法》第 43 条第 1 款："投保人故意造成被保险人死亡、伤残或者疾病的，保险人不承担给付保险金的责任。投保人已交足二年以上保险费的，保险人应当按照合同约定向其他权利人退还保险单的现金价值。"

现实中，法院在强制执行现金价值时至少有三种方式。第一，直接从保险人的账户扣划现金价值。[1] 第二，要求保险人协助执行，解除保险合同。第三，在保险人、投保人不解除保险合同的情形下，直接代位解除保险合同。[2]

第一种执行方式忽略了现金价值与存款之间的本质区别。前文已指出其差异，此处不再赘述。此外，根据《中华人民共和国民事诉讼法》第249条第1款的规定，强制执行的对象是"被执行人"的财产；现金价值在保险合同解除前是保险公司的财产，不属于强制执行的对象，法院不得执行之。[3] 第二种执行方式系要求保险公司协助法院强制执行。具体来说，协助的方法是保险人解除保险合同。然而，依据《保险法》的规定，保险人不享有保险合同的任意解除权。所以，在多数情形下，保险人如果以解除保险合同的方式协助法院强制执行，会导致自身违约，应对投保人承担责任，这也是保险人不愿意配合法院的原因。这种执行方式不当损害了保险人的利益，因此并不妥当。如果上述两种方式都行不通，那么执行法院还能采用第三种方法，也就是由法院代投保人之位解除保险合同。然而，《中华人民共和国民法典》（以下简称《民法典》）中规定的合同解除的情形并没有"法院代位解除"一项。《民法典》第535条规定的是债权人的代位权，而非法院的代位权。[4] 不仅如此，承前述，投保人并不享有对保险人的债权。这样一来，连债权人代位权的依据都不存在，法院如何"双重代位"？

（二）保险合同稳定性应予维持

保单现金价值能否执行这一问题的核心是债权人、保险合同当事人、关

[1] 参见邓××、××一号产业投资基金合伙企业财产份额转让纠纷执行审查类执行裁定书，江西省高级人民法院（2019）赣执异12号执行裁定；中国××××保险股份有限公司常德中心支公司、娄××借款合同纠纷执行审查类执行裁定书，湖南省常德市中级人民法院（2019）湘07执异106号执行裁定。
[2] 参见中国××保险股份有限公司唐山市丰润支公司、孙×民间借贷纠纷执行审查类执行裁定书，河北省高级人民法院（2019）冀执复369号执行裁定。
[3] 《中华人民共和国民事诉讼法》第249条第1款："被执行人未按执行通知履行法律文书确定的义务，人民法院有权向有关单位查询被执行人的存款、债券、股票、基金份额等财产情况。人民法院有权根据不同情形查封、冻结、划拨、变价被执行人的财产。人民法院查询、扣押、冻结、划拨、变价的财产不得超出被执行人应当履行义务的范围。"
[4] 《中华人民共和国民法典》第535条："因债务人怠于行使其债权或者与该债权有关的从权利，影响债权人的到期债权实现的，债权人可以向人民法院请求以自己的名义代位行使债务人对相对人的权利，但是该权利专属于债务人自身的除外。""代位权的行使范围以债权人的到期债权为限。债权人行使代位权的必要费用，由债务人负担。""相对人对债务人的抗辩，可以向债权人主张。"

系人之间的利益冲突。在价值取向上，应当维持保险合同的有效性，不应动辄为了执行保单现金价值而解除保险合同。

首先，作为公法主体，法院不应在欠缺法律依据的情况下代位解除保险合同。如果允许法院代位解除合同，不利于维持商事活动的稳定。法院也无权代位解除保险合同，因为该行为并没有法律依据。债权人作为行使代位权的适格主体，连其在依据《民法典》第 535 条的规定行使代位权时要遵循严格的限制，法院更没有理由在缺少依据的情形下行使代位权。若仍坚持以目的论扩张解释的方法赋予法院代位权，执行现金价值这一目的也缺乏法理支撑。更有甚者，如开法院介入合同解除的先河，极有可能破坏商事交易活动的稳定性。商事活动本质上是平等主体间的交易活动，讲求平等交易的原则，法院作为公权力主体介入有违这一原则。[1]

其次，根据维持寿险合同稳定性的公共政策，应尽量维持保险合同的效力。

第一，从公众购买人寿保险的动机来看，其很大一部分是为了财富的传承。[2] 这就是说，既要在身前保障退休、丧失劳动能力后的生活消费水平，也要在身后为遗族留下一笔维持生活的财产。这些功能的实现有赖于保险合同有效性的维持。如果人寿保险合同可能因强制执行而解除，其有效性和稳定性将大打折扣，不利于人寿保险行业的开展。不仅如此，如果允许现金价值被执行，可能加大退保风险。这会使得作为保险人的责任准备金处于不稳定的状态，很可能会影响保险公司的偿付能力，造成比债权人得不到清偿更加严重的后果。[3] 此外，就算强制执行现金价值，其数额也不一定能足额清偿债务，因为保险合同解除时现金价值不可能全额退还。

第二，从人寿保险合同的长期性来看，投保人或者被保险人、受益人很难预料到自己在投保数年后可能会遭遇财产上的重大不幸，使得自己需要遭到法院强制执行。如果在这种时候还允许法院执行现金价值，无异于给被执行人的状况雪上加霜。可能使被执行人（投保人）的亲属陷入极端落魄的境地，增加社会扶助的成本。

---

〔1〕 参见覃有土主编：《商法学》，高等教育出版社 2017 年版，第 28 页。

〔2〕 参见杨舸、闵晓平：《人寿保险需求探析》，载《金融理论与实践》2006 年第 11 期，第 77 页。

〔3〕 参见常敏：《保单现金价值归属的法律解释逻辑》，载《环球法律评论》2018 年第 5 期，第 45 页。

第三，如果投保人（被执行人）有意以预先订立保险合同的方式"逃避债务"（即投保人已经预料到自己可能会债务违约），那么债权人完全可以行使《民法典》第538条规定的撤销权撤销保险合同，恢复债务人（投保人）的责任财产，没有必要解除保险合同。[1] 反之，若订立保险合同的时候投保人的责任财产充足，也很难说其会故意以这种方式逃避债务。

最后，解除保险合同不符合比例原则。公法上的比例原则包含三个子原则，分别是适当性原则、必要性原则与狭义比例原则。适当性原则是指采取的手段必须有利于目的达成；必要性原则是指必须在这些手段中选择伤害最小的手段；狭义比例原则是指这一损害最小的手段对个人造成的损害不能超社会的收益。[2] 尽管比例原则是公法上的原理，但其蕴含的成本收益分析理念也是私法上决策的重要依据；况且法院作为公主体，在其介入私法领域时运用比例原则判断其行为是否妥当也具有正当性。具言之，解除保险合同并执行现金价值的做法不符合比例原则的第二个和第三个要件。就狭义比例原则而言，解除合同虽然满足了债权人的需求，却不利于保险合同当事人、关系人以及整个保险行业。就必要性原则而言，存在其他不需解除保险合同就能满足债权人的方式。综上所述，保险合同的稳定性应予维持，故原则上应禁止法院以解除保险合同的方法强制执行保单现金价值。

四、强制执行乱象的化解方式

承前述，保单现金价值并不专属于投保人，且多数法院在执行现金价值时采用的方式难谓适法。不仅如此，强制执行现金价值有悖于公共政策。但是，在"执行难"的大背景下，禁止强制执行现金价值，并让债权人乃至法院对保单现金价值这一"香饽饽"视而不见并不现实，也难谓公平。然而，解除保险合同以执行现金价值仍是一种有违比例原则的、"杀鸡取卵"的做法。究其原因，乃是在解除保险合同之外，仍有两种损害更小的方法能将现金价值"变现"，它们分别是保险公司介入权制度和保单质押借款制度。这两种制度的适用可以有效代替实践中解除保险合同并提取现金价值的做法，故可以作为禁止保单现金价值强制执行前的良好过渡手段。

---

〔1〕 《中华人民共和国民法典》第538条，债务人以放弃其债权、放弃债权担保、无偿转让财产等方式无偿处分财产权益，或者恶意延长其到期债权的履行期限，影响债权人的债权实现的，债权人可以请求人民法院撤销债务人的行为。

〔2〕 参见胡建淼：《行政法学》，法律出版社2003年版，第65~66页。

（一）保险合同介入权制度

1. 我国的适用情况及争议

保险合同介入权制度起源于奥地利及瑞士，《德国保险合同法》也师从于此。[1] 日本在 2008 年也自德国引入了介入权制度。[2] 介入权制度是一种当"债权人代位解除保险合同时，受益人或被保险人遗属等利害关系人可在向债权人支付相当于因保险合同解除所能受领的保单现金价值后，取得投保人之地位，以避免保险合同被强制解除"的制度。[3] 理论上，介入权制度的功能在于透过受益人或者被保险人等利害关系人的介入，使债权在得到清偿的同时又维持了保险合同的效力。而且，利害关系人因行使介入权成为投保人，如此一来也避免了保单遭到二次执行的风险。[4]

我国在 2015 年通过了《保险法司法解释三》，并在 2020 年对其予以修正。该解释第 17 条规定："投保人解除保险合同，当事人以其解除合同未经被保险人或者受益人同意为由主张解除行为无效的，人民法院不予支持，但被保险人或者受益人已向投保人支付相当于保险单现金价值的款项并通知保险人的除外。"本规定出台后，可以认定"保险合同介入权"这一制度已被建立，并可以运用于实践中。在"邓×与××一号产业投资基金（有限合伙）等合伙企业财产份额转让执行纠纷案"中，最高人民法院就认为，由于江西省高级人民法院执行裁定未明确强制要求保险公司解除保险合同，可以实现保单现金价值，投保人也可以继续与保险公司协商，由符合条件的第三人行使介入权。[5] 根据笔者在裁判文书网的检索结果，这是最高人民法院第一次直接在裁判中使用"保险合同介入权"这一用语。

但是，《保险法司法解释三》第 17 条的规定仍然比较简单，且直接移植

---

〔1〕 参见叶启洲：《债权人与人寿保险受益人之平衡保障——德国保险契约法上受益人介入权之借镜》，载《月旦法学杂志》2016 年第 8 期，第 97 页；孙宏涛：《德国保险合同法》，中国法制出版社 2012 年版，第 98 页。

〔2〕 参见王静：《保单现金价值强制执行若干问题研究》，载《法律适用》2017 年第 14 期，第 55 页。

〔3〕 参见武亦文：《保单现金价值强制执行的利益衡平路径》，载《法学》2018 年第 9 期，第 107 页。

〔4〕 参见叶启洲：《债权人与人寿保险受益人之平衡保障——德国保险契约法上受益人介入权之借镜》，载《月旦法学杂志》2016 年第 8 期，第 105 页。

〔5〕 邓×与××一号产业投资基金（有限合伙）等合伙企业财产份额转让执行纠纷案执行裁定书，最高人民法院（2020）最高法执复 71 号执行裁定。

自域外法例，容易导致适用过程中出现问题。第一，规定本身的构造存在漏洞。在但书条款之前，该规定确认了投保人享有保险合同的任意解除权，且此种权利的行使不以经过被保险人或受益人同意为前提。然而，但书条款规定，被保险人或者受益人支付相当于现金价值的款项，则可以维持保险合同的效力。这就带来了一个疑问，即投保人解除保险合同时，是否负有通知被保险人、受益人的义务？如果投保人不负有对被保险人、受益人的通知义务，那么此二者要如何得知投保人行使了任意解除权，并支付相当于现金价值的款项以维持合同效力？[1] 第二，在保单介入权的行使方面，介入权人可能"心有余而力不足"。由于投保人已经遭到强制执行，其利害关系人的经济情况可能也不容乐观，很有可能不具备行使保单介入权的能力。而且，如果投保人的利害关系人为未成年人，"即使他们主观上有意愿行使介入权，在客观层面也无法有效行使该项法律权利"。[2]

2. 保险合同介入权制度的意义和作用

纵使保单介入权制度存在上述问题，这一制度的建立仍然值得肯定。这是因为，介入权制度的运用能有效缓和实务中直接解除保险合同这一做法带来的问题，代替目前广泛存在的以保险合同解除为代价的强制执行模式。承前述，实践中强制执行保单现金价值时，有要求保险人解除保险合同，或者代位解除保险合同等做法。前文已经论述了解除保险合同这一方式的不合理之处以及其所造成的严重问题。正是由于保单介入权制度的建立，才使得保险合同的效力有维持的可能。换句话说，在保单介入权制度建立前，只要是被执行人持有存在现金价值的保单，那么其有极大概率会因为强制执行而无法存续。所以，保单介入权制度的建立带来了除合同解除外的另一种可能，其意义不可谓不重大。

不仅如此，从比较法的角度看，意欲在强制执行过程中缓和债权人、保险合同当事人、保险合同关系人之间利益冲突的国家和地区基本都认同了保单介入权制度的有效性。德国在1940年便效法奥地利和瑞士的法例建立保单

---

〔1〕 参见邻俊辉：《利他保险合同解除中的介入权研究——检讨〈保险法司法解释三〉第17条之但书条款》，载《法大研究生》2019年第2辑，第309~310页。

〔2〕 武亦文：《保单现金价值强制执行的利益衡平路径》，载《法学》2018年第9期，第108页。

介入权制度；[1] 日本则是在 2008 年建立起该制度。[2] 尽管两国的立法目的不同于我国，其主要目的在于保障"遗族"的利益，[3] 但这并不阻碍保单介入权制度有助于缓和强制执行下债权人与保险合同当事人、关系人的矛盾的论断成立。可见，尽管各个国家和地区的文化背景、法律体系不尽相同，但都基本肯定了保单介入权制度在缓解强制执行所生问题上的有效性。需要注意的是，由于各个国家和地区在文化背景、法律体系等方面的差异，保单介入权制度在实践中要想发挥其功能，必须在具体制度的设计上对这些问题有所应对。

总之，保单介入权是一种化解强制执行下当事人和关系人利益冲突的有效方法，具体体现在它使得维持保险合同效力成为可能，并能够缓和法院频频解除保险合同的做法。在这个意义上，此制度的建立本身就是从零到一、从无到有的进步，值得肯定。

（二）保单质押借款制度

1. 立法和实践情况

《保险法》第 34 条第 2 款规定："按照以死亡为给付保险金条件的合同所签发的保险单，未经被保险人书面同意，不得转让或者质押。父母为其未成年子女投保的人身保险，不受本条第一款规定限制。"在此之外，我国在法律层级没有关于保单质押借款的直接规定。在部门规章层级，银保监会制定的《人身保险公司保单质押贷款管理办法（征求意见稿）》已在 2020 年公布，但尚未正式出台生效。可以说，保单质押借款这一业务的开展，主要的依据是当事人意思自治。这充分体现了民法上"法无禁止即许可"的原则。也因为如此，难以精确界定保单质押借款这一业务的范畴。但是，仍可将其笼统地定义为："要保人（笔者注——即投保人）在一定条件下，可以保单为质，

〔1〕　参见叶启洲：《债权人与人寿保险受益人之平衡保障——德国保险契约法上受益人介入权之借镜》，载《月旦法学杂志》2016 年第 8 期，第 97 页。

〔2〕　参见王静：《保单现金价值强制执行若干问题研究》，载《法律适用》2017 年第 14 期，第 55 页。

〔3〕　参见叶启洲：《债权人与人寿保险受益人之平衡保障——德国保险契约法上受益人介入权之借镜》，载《月旦法学杂志》2016 年第 8 期，第 97 页；郜俊辉：《利他保险合同解除中的介入权研究——检讨〈保险法司法解释三〉第 17 条之但书条款》，载《法大研究生》2019 年第 2 辑，第 313 页。

向保险人或者其他金融机构贷款的一种金融业务。"〔1〕 需要注意的是，实际上，保单的出质人不一定只能是投保人，还可以是其他享有保单权利的人，如被保险人、受益人，毕竟现金价值并非专属于投保人。〔2〕 如此认定还可以增加借款人获得融资的可能性。

保单质押借款业务在我国蓬勃发展。2018 年，保单质押借款的规模已经达到 4346.73 亿元。在这之中，多半以保险公司作为贷款人，由保险公司直接向投保人借出资金。〔3〕 可见，保单质押贷款在我国已经是一项较为成熟的业务形式，保单的持有人能较容易地以保单为质向保险公司、银行等金融机构融资借款。不过，保单质押借款在法律上仍面临一些难题。举例来说，学界在保单质押的性质、法律关系的结构、成立方式等问题上仍然存在争议。〔4〕 但是，这不能否认保单质押借款在实践中是一种有效的融资方式。

2. 保单质押借款的意义和作用

保单质押借款可以有效化解现金价值强制执行产生的乱象。这是因为，该制度能维持保险合同的效力，并缓解债权人及保险合同当事人、关系人之间的利益冲突。

首先，保单质押借款能维持保险合同效力。在强制执行现金价值的过程中，法院解除保险合同的目的是使现金价值归入债务人的责任财产。然而，这一目的同样可以通过保单质押借款达到。债务人可以有现金价值的保单为质，向保险公司、银行等金融机构借款。其结果是债务人（借款人）得到一定数额的款项，而这一款项即可归入债务人的责任财产以供执行。不仅如此，保单质押借款的权利还可以由债权人代位行使。〔5〕 此时，债务人的责任财产得到扩充，保险合同也未遭到解除，效力得以维持。

---

〔1〕 参见欧阳海泉、廖焕国：《保单质押贷款的法律分析》，载《财经理论与实践》2004 年第 6 期，第 119 页。

〔2〕 参见饶世全：《论人身保险单的质押》，载《保险研究》2011 年第 5 期，第 112 页。

〔3〕 《千亿保单质押贷款 稳稳的现金流？》，载新华网，http：//www.xinhuanet.com/fortune/2019-06/05/c_1210151770.htm。

〔4〕 参见岳卫：《保单贷款制度的意义及其法律性质》，载《南开学报（哲学社会科学版）》2021 年第 1 期，第 174~182 页；谢林辉、葛中旺：《保单贷款法律问题的厘清与评析》，载《法治论坛》2020 年第 3 期，第 164~174 页；黄昱斌：《民法典背景下保单质押的规则进路——基于保单质押公示规则的视角》，载《商业研究》2020 年第 12 期，第 145~152 页。

〔5〕 武亦文：《保单现金价值强制执行的利益衡平路径》，载《法学》2018 年第 9 期，第 108~110 页。

其次，债权人及保险合同当事人、关系人之间的利益冲突得到缓解。第一，当债权人的债权得到清偿后，其与保险合同当事人、关系人的利益冲突便不复存在。第二，既然债权人的诉求已经得到满足，余下的便是保险人、投保人、被保险人以及受益人之间的利益冲突。假设以投保人为借款人，保险人为贷款人，此时，虽然投保人因为保单质押借款成为保险公司的债务人，但被保险人、受益人的法律地位不发生变化。由于保险合同效力得到维持，他们依然对保险金享有期待权。申言之，投保人和被保险人、受益人之间的利益冲突得到了化解，因为只要保险合同不以偿还投保人的债务为目的被解除，被保险人、受益人的法律地位就不会发生变化。相反，若是保险合同被解除，他们甚至连期待权都无法享有。

随着时间推进，若投保人能按约定还款，那么合同当事人、关系人之间的关系便不会发生变化。不过，若保险人（贷款人）的债权没有得到满足，当保险人行使质权时，保险合同的效力就会受到影响。这时，被保险人、受益人可以行使保单介入权，为投保人清偿债权，如此一来被保险人、受益人的期待权便不会落空。若是被保险人、受益人无法或者没有意愿行使介入权，那么保单质押借款仍然是损害最小的方式，因为法律已经给予保险合同当事人和关系人足够的保护——保险合同当事人、关系人得到了两次维持保险合同效力的机会。

总之，保单质押借款制度能最大限度地保障债权人、保险合同当事人、保险合同关系人的利益。首先，债务人的责任财产得以充实，债权人的债权得到清偿。其次，保险合同得以维持。这使得保险人的责任准备金处于稳定的状态，且被保险人、受益人的期待权得到保护。此外，保单质押借款制度也赋予投保人、被保险人和受益人以选择权。当债务人面临第一次强制执行时，保单质押借款使得保险合同得以存续。当还款期限届至时，或者投保人无法履行债务时，被保险人、受益人可以行使介入权，保险合同又得以存续。当然，他们也可以作出相反的选择。这些保障是实践中直接解除保险合同以执行现金价值的做法所无法给予的。

结　论

有关保单现金价值强制执行的争议由来已久。其争议之大，从涉及它的司法解释难产、观点相左的裁判层出不穷的现象中便能窥见端倪。正因如此，这一问题持续被学界和实务界探讨，对几种观点的分析论证也越来越深入。然而，时至今日，支持保单现金价值可以强制执行的观点仍占有优势。

应注意到的是，从法理上看，保单现金机制可以执行这一观点存在缺陷。具体来说，问题在于这一观点忽略了保险合同解除后，现金价值并不一定能成为被执行人的责任财产这一事实。这也导致法院采用的执行现金价值的方法基础不牢，因为这些方法基本都是建立在保险合同解除后，现金价值归属于投保人这一基础上的。

不仅如此，保单现金价值可供执行这一学说及依托其所构建的强制执行方法可能产生不利于社会经济的稳定和发展的效果。第一，法院介入代为解除保险合同这一行为缺乏法律根据。此例一开，可能成为公权力在缺乏法律依据情况下介入私权领域的滥觞，直接动摇商事交易乃至私法领域的根基。第二，动辄以执行现金价值为理由解除人寿保险合同的行为过度偏袒债权人，不当地损害了保险合同当事人、相关人的利益。这样一来，不仅保险合同当事人的生存权、信赖利益得不到保护，保险人的责任财产也将处于不稳定的状态中，人寿保险也难以发挥其制度功能。如此一来，极可能阻碍整个保险行业的发展。

上述法理问题需要依托于保险法理论的更新和社会价值观念的进一步发展来解决；实践中不当的强制执行方式所带来的问题则需要依靠保单介入权制度、保单质押借款制度的进一步革新来缓解。总的来说，从法理和社会成本两方面看，保单现金价值不可执行才是长远之道。

国际著作权法琐细保留原则之适用

应正宇*

摘　要：我国已经批准《马拉喀什条约》，在 2020 年《著作权法》修改中充分使用了《马拉喀什条约》发展条款。然而，对于发展条款与《伯尔尼公约》及 TRIPS 协议的关系，国内缺乏充分的论证。其中，《伯尔尼公约》中的琐细保留原则是正确运用发展条款的重要前提。琐细保留原则常被视为包含于 TRIPS 协议三步测试法，但事实上二者存在叠加适用的关系，表现为琐细保留原则与三步测试法的第一步叠加适用。在内涵上，琐细保留原则在对例外行为的性质和侵扰作者的"量"上，均体现为相较三步测试法更为严格的要求。最后，琐细保留原则不适用于个案判断。

关键词：琐细保留　合理使用　《伯尔尼公约》 TRIPS 协议

引　言

琐细保留原则在《伯尔尼公约》语境下是指，权利例外涉及的使用行为（以下简称"例外行为"）对作者

---

*　应正宇，上海政法学院 2019 级硕士研究生。

而言没有影响，或影响极小（be concerned with uses of minimal, or no, significance to the author[1]）时，各国可以自由设立，无需国际条约的明确规定。琐细保留原则诞生于《伯尔尼公约》的修订过程中，其正当性基础是"法律不过问琐事"的基本共识[2]。作为权利例外（国内称为"合理使用"）体系的重要组成部分，琐细保留原则的适用范围直接影响着著作权的权利空间。同时，琐细保留原则也是表演权等权利自《伯尔尼公约》以来唯一的设置权利例外的正当性来源。《马拉喀什条约》第4条对各国设置表演权权利例外作出了概括性授权，该条约第12条为各国将权利例外延伸至其他类型作品提供了便利。我国基于此修改了原有《著作权法》关于盲文的合理使用制度，使其范围覆盖影视作品的表演权（即"解说版"电影）。然而，不论《著作权法》条文如何修改，嗣后的国际条约如何规定，基于《伯尔尼公约》第20条的规定，琐细保留原则永远是表演权权利例外的唯一正当性来源。因此，研究琐细保留原则的适用逻辑与具体内涵，对我国准确适用《马拉喀什条约》《伯尔尼公约》具有重大意义。同时，这也是我国完整构建在国际著作权法上具有正当性的权利例外体系的必要步骤。

一、琐细保留原则的起源

《伯尔尼公约》经过五个版本的变迁，最终形成了《伯尔尼公约》巴黎文本。《伯尔尼公约》的基本立场是保护作者的著作权，但同时也重视利益之间的平衡，因此，权利例外也是《伯尔尼公约》的重点内容。

《伯尔尼公约》中的权利限制与例外包括明示（informatory）、默示（implied）、附属（ancillary）三种。明示的权利限制与例外是指，明确规定于《伯尔尼公约》正文中的权利限制与例外；默示是指，在《伯尔尼公约》正文中没有规定，而是在后续的修订大会中被确认的权利限制与例外；附属则是指，在《伯尔尼公约》正文中仅有模糊的雏形，在后续讨论中经释明属于权利限制或例外的情形。三者的关系可以被梳理如下：

---

〔1〕　See WIPO Study on Limitations and Exceptions of Copyright and Related Rights in the Digital Environment, 2003, p. 36.

〔2〕　［澳］山姆·里基森、［美］简·金斯伯格：《国际版权与邻接权——伯尔尼公约及公约以外的新发展》（第2版·下卷），郭寿康等译，中国人民大学出版社2016年版，第740页。

	位于《伯尔尼公约》正文	位于其他官方文件
明确规定	明示	默示
释明后适用	附属	默示

在默示的权利限制和例外中，默示权利例外广义上包括两类：第一种是关于表演权、朗诵权、广播权、录音录像权以及摄制权的默示例外；第二种是关于翻译权的默示例外[1]。这两类默示权利例外都曾以"琐细保留原则"提出。但是，最终仅有第一种真正地被冠以这一名号。

（一）琐细保留原则的加入

表演权在 1948 年《布鲁塞尔公约》中首次被加入。在这之前，各国都对表演权（或曰表演权控制的范围）作出了规定。这些规定对表演权的保护参差不齐，大量不同的权利例外在世界范围内同时存在。《伯尔尼公约》国际办公室（WIPO 的前身）认为，想要在《伯尔尼公约》的文本中列举全部的、合理的权利例外，几乎是不可能的。并且由于相当一部分权利例外已经在本国存在了相当长的时间，因此，这些国家是否愿意接受修改本国法律，也是一个大问题。在这个背景下，《伯尔尼公约》国际办公室只有一种选择，那就是对表演权设置一个概括性的权利例外条款（类似于现行《伯尔尼公约》文本中的"三步检验法"）。但是，《伯尔尼公约》国际办公室担忧，在公约中明确规定这样一种概括性的授权，会是对各国独自设立更多权利例外的激励（positively incite）[2]，这只会使当前的局面进一步复杂化。因此，在最终的布鲁塞尔文本中（现行文本也是如此），没有任何关于表演权的权利例外被规定。各国非常默契地将这些权利例外称为"琐细保留"（minor reservation），即法律不应规定琐碎之事[3]。

在文本中不加以规定，不代表放弃解决表演权的权利例外问题。修订大会委员会认为，对表演权的权利例外应由大会报告作出说明。经大会的授权，当时的大会主席宣布，在各国立法中确定针对表演权的权利例外，在琐细保

---

〔1〕 See WIPO Study on Limitations and Exceptions of Copyright and Related Rights in the Digital Environment, 2003, p. 33.

〔2〕 Ibid., p. 34.

〔3〕 在下文中将详细论述。

留的限度内，没有违反《伯尔尼公约》的规定[1]。朗诵权、广播权、录音录像权以及摄制权因为存在同样的问题，因而被大会报告一并处理。由此，琐细保留原则成为《伯尔尼公约》针对表演权等权利的概括性权利例外。

(二) 琐细保留原则的法律地位

琐细保留原则基于《维也纳条约法公约》成为《伯尔尼公约》的一部分。对于这一问题，WTO 在针对《美国版权法》第 110 条的裁决中作出了详细的论证，在此仅作简单的梳理。《维也纳条约法公约》第 32 条第 2 款规定，条约的"文本"包括条约缔约方共同达成的关于条约的总结性意见的合议[2]。虽然未在《伯尔尼条约》正文中规定，但在 1948 年布鲁塞尔外交会议的大会报告中，琐细保留原则被明确规定在其中[3]。WTO 裁决认为，大会报告中的观点属于各缔约方共同达成的关于条约的总结性意见的合议，因此琐细保留原则属于《伯尔尼公约》的公约内容[4]。

二、琐细保留原则与 TRIPS 三步测试法的关系

琐细保留原则与 TRIPS 三步测试法均是概括性的权利例外，存在着叠加适用的逻辑关系。

TRIPS 三步测试法是指 TRIPS 协议第 13 条所规定的，国内法设立著作权权利例外必须通过的一套检验方法。其由三步要求组成：例外情形必须是确定的、特殊的 (certain special cases)；例外行为不能与对作品的正常使用相冲突 (not conflict with normal exploitation of the work)；例外情形的设立不得不正当地损害著作权人的合法利益 (not unreasonably prejudice the legitimate interests of the right holder)。

琐细保留原则则被规定在《伯尔尼公约》中，并不具备如同 TRIPS 三步测试法般分步走的检验流程，而是直接聚焦于权利例外对作者的影响，并要求这个影响必须极小，或者说微乎其微。

琐细保留原则与 TRIPS 三步测试法出自不同的国际条约，逻辑上应当有

---

[1] The Berne Convention for the Protection of Literary and Artistic Works from 1886 to 1986 (1986), p. 181.

[2] "The context for the purpose of the interpretation of a treaty shall comprise, in addition to the text, including its preamble and annexes: (a) any agreement relating to the treaty which was made between all the parties in connection with the conclusion of the treaty; …"

[3] WT/DS160/5 of 16 April 1999.

[4] WTO Panel on United States-Section 110 (5) of the US Copyright Act, June 15, 2000, p. 20.

别。但在涉及美国著作权法审查的一个案件中，WTO 深入分析了二者的适用关系，并得出了相反的结论。这一结论无疑步入了国际著作权法的误区，也受到了 WIPO 的反对。

（一）对 TRIPS 三步测试法替代琐细保留原则观点之否定

在 WTO 对《美国著作权法》第 110 条第 5 款是否违反 TRIPS 协议的裁决中，WTO 通过对《伯尔尼公约》第 11 条与 TRIPS 第 9 条第 1 款的解释，将 TRIPS 三步测试法适用于琐细保留原则[1]，使得琐细保留原则与 TRIPS 三步测试法在实际效果上合二为一[2]。

WTO 认为，TRIPS 协议第 9 条第 1 款对《伯尔尼公约》条款的适用作出了说明，规定各 TRIPS 成员必须遵守《伯尔尼公约》中除人身权条款外的其他条款。这意味着各成员在《伯尔尼公约》和 TRIPS 协议均作出规定的区域内，要同时承担《伯尔尼公约》和 TRIPS 协议所要求的义务。这就说明，TRIPS 协议与《伯尔尼公约》在某些问题上存在着叠加适用的关系。但 WTO 随后却认为，琐细保留原则并未被排除在 TRIPS 三步测试法的适用范围之外，因此琐细保留原则本身可以适用 TRIPS 三步测试法。琐细保留原则是关于表演权及其他权利的一种权利例外，因此应当受到 TRIPS 三步测试法的检验。WTO 于是直接适用 TRIPS 三步测试法的内容裁决涉案法条，裁决美国著作权法部分条款违反了 TRIPS 协议的要求。

根据 WTO 的观点，TRIPS 三步测试法可以适用于一切著作权财产权的权利例外。针对《伯尔尼公约》已经规定的情形，TRIPS 三步测试法是对情形的限制；而对于《伯尔尼公约》没有规定的情形，则可以直接适用 TRIPS 三步测试法来判断权利例外的正当性。

但是需要强调，正如 WTO 所言，针对《伯尔尼公约》已经规定的情形，TRIPS 三步测试法仅仅是叠加适用，这意味着权利例外还必须满足《伯尔尼公约》的要求——表演权等权利的琐细保留原则。这个逻辑在国内也同样被严重地简化，变成了只要满足 TRIPS 三步测试法，权利例外就合法。

在学术界，这一问题体现在，谈及著作权合理使用时，仅仅讨论特定使

---

[1] WTO Panel on United States-Section 110 (5) of the US Copyright Act, June 15, 2000, pp. 18-21, 29-31.

[2] 在裁决中，WTO 基于《美国著作权法》第 110 条第 5 款 a 项满足三步测试法而认定符合琐细保留原则，b 项不满足三步测试法而认定不符合琐细保留原则，三步测试法和琐细保留原则的判断标准在本案中合二为一。

用是否符合 TRIPS 三步测试法，而忽略《伯尔尼公约》中的其他要求[1]；在制定法上，这一问题体现在，仅以 TRIPS 三步测试法作为《著作权法》合理使用条款的总体性限制[2]；在裁判中，这一问题体现在，我国法院几乎从未以琐细保留原则的思路审理案件。这样的简化是对 WTO 裁决的错误延伸，误将 WTO 论证过程中的琐细保留原则"适用"TRIPS 三步测试法，理解为了 TRIPS 三步测试法"替代"琐细保留原则，进入了著作权国际条约的误区[3]。

首先，将琐细保留原则等同于三步测试法，是对布鲁塞尔和斯德哥尔摩大会决定的否定。布鲁塞尔大会报告中指出，各国在琐细保留限度内的权利例外，没有违反《伯尔尼公约》的原则。虽然采取这种方式[4]的原因多样，但导致的结论却是清晰的：琐细保留原则不应写入《伯尔尼公约》中。三步测试法于 1967 年斯德哥尔摩文本中首次被加入[5]，并在现有的《伯尔尼公约》中得以保留。如果将琐细保留原则等同于三步测试法，则是认为，琐细保留原则也应进入《伯尔尼公约》正文中。这一判断是对布鲁塞尔大会决定的否定，也是对斯德哥尔摩大会决定的否定。因为在斯德哥尔摩大会上，一位来自瑞典的代表提出了关于扩大琐细保留原则适用范围的提议，而大会最终仅对这一提议作出了不具有法律效力的评论[6]，既没有支持代表的提议，也没有反驳，更没有认定琐细保留原则与三步测试法属于同一概念，进而应与复制权的权利例外一道进入《伯尔尼公约》正文。通过上述两次大会的处理方式可以确切得知，琐细保留原则绝非等同于三步测试法。

其次，将三步测试法等同于琐细保留原则，是对《伯尔尼公约》正文内容的挑战。三步测试法在进入《伯尔尼公约》正文后，旋即成为后续著作权

---

〔1〕　姚叶：《数字技术背景下合理使用制度立法失范问题探究——兼评我国〈著作权法〉第二十四条》，载《科技与出版》2021 年第 3 期；曾琳：《著作权法第三次修正下的"限制与例外"制度应用研究》，中国政法大学出版社 2016 年版，第 13~14 页。

〔2〕　《著作权法》第 24 条。

〔3〕　虽然严格来说，《伯尔尼公约》三步测试法与 TRIPS 三步测试法存在差异，尤其体现在《伯尔尼公约》保护作者精神权利，但这并非本文的重点，因此下文并未加以区分。

〔4〕　没有将这一结论写入《伯尔尼公约》，而仅仅在布鲁塞尔大会报告中陈述。

〔5〕　Article 9（2），1967 Stockholm Act.

〔6〕　See WIPO Study on Limitations and Exceptions of Copyright and Related Rights in the Digital Environment, 2003, p. 38.

国际条约中设立概括性的权利例外的模板〔1〕。三步测试法的作用体现在，将立法机构从穷举繁杂的权利例外中解脱出来，转而寻求更为抽象、稳定的一般性权利例外。因此，三步测试法对《伯尔尼公约》及此后的著作权国际条约，都有着举足轻重的作用。如果将三步测试法等同于琐细保留原则，即认为三步测试法也不应出现在《伯尔尼公约》的正文中。这将使著作权国际条约立法机构重新回到 19 世纪的穷举式立法活动中〔2〕，并且也难以适应层出不穷的新技术对著作权法的挑战〔3〕。因此，将三步测试法等同于琐细保留原则，是对《伯尔尼公约》第 9 条第 2 款的挑战，也是对 20 世纪以来著作权国际条约立法成果的否认。

综上，琐细保留原则与三步测试法绝非相同的判断标准，直接将三步测试法等同于琐细保留是对著作权国际条约逻辑的破坏。

（二）三步测试法与琐细保留原则之叠加适用关系

三步测试法与琐细保留原则应当存在叠加适用关系，但关于这一点，WTO 只是进行了表面上的论述，过于简单〔4〕。事实上，二者叠加适用的根本问题，涉及这两项原则的范围，即究竟是三步测试法的例外范围更小，还是琐细保留原则的例外范围更小。根据二者的规范逻辑和国际著作权法的一般适用规则，三步测试法总体上是更宽泛的权利例外规则；同时，分析三步测试法与琐细保留原则的各项要件，结合《伯尔尼公约》第 20 条的规定，三步测试法的第一步要求（即 certain special cases）应当被叠加适用于琐细保留原则。

首先，从二者自身逻辑来看，琐细保留原则涵盖的权利例外应是三步测试法的子集。琐细保留原则所包括的权利例外，是那些无需由法律处理的权利例外，这些权利例外对权利人的影响太小，或几乎没有影响，以至于法律不应讨论这些内容。而三步测试法所包括的权利例外，则包括两个部分：一是需要由法律处理的权利例外（通过三步测试法获得正当性），二是无需由法律处理的权利例外。这是因为，三步测试法是一项通过性的测试，在所有能

---

〔1〕 例如 TRIPS 协议第 13 条、WPPT 第 16 条第 2 款、WCT 第 10 条。

〔2〕 如前所述，在 19 世纪的《伯尔尼公约》制定中，仅仅应对表演权在以欧洲为主的各国的权利例外，穷举法就已经显得不可能实现了。

〔3〕 如机器学习、大数据计算等。

〔4〕 Jo Oliver, "Copyright in the WTO: The Panel Decision on the Three-Step Test", *Columbia Journal of Law & the Arts* 25, 2001, pp. 119-170.

够通过三步测试的权利例外中，自然既包括对作者影响较大，经过论证后勉强通过的权利例外，也包括对作者几乎没有影响而轻松通过的权利例外。因此，琐细保留原则所涵盖的权利例外应当是三步测试法的子集。换言之，琐细保留应当适用一套比三步测试法更为严格的判断标准。

其次，根据国际法上特别法优于一般法适用（lex specialis derogat legi generali）的原则，在多项法律规范竞合时，应当确定法律规范的位置，并按顺序适用。三步测试法是 TRIPS 协议中的内容，根据 WTO 的主张，三步测试法适用于协议未声明排除的所有条款。即任何权利例外，基于 WTO 的主张，都需要受到三步测试法的检验。这使得三步测试法在权利例外的法律规范中处于一般法的地位。而琐细保留原则，正包含于三步测试法检验的范围中。正如 WTO 所论述的，琐细保留原则基于《维也纳条约法公约》成为《伯尔尼公约》的内容[1]。TRIPS 协议在第 9 条"与《伯尔尼公约》的关系"中，明确将《伯尔尼公约》"第 6 条之二授予或派生的权利"排除出 TRIPS 协议规范的范围，却没有一并排除琐细保留原则。这就意味着，琐细保留原则属于 TRIPS 协议规范的范围，因而受到三步测试法的约束。WTO 还强调，这样的解释方式是避免国际条约发生冲突的一般原则[2]。在三步测试法覆盖的全部权利例外类型中，琐细保留原则仅是其中的一种，属于特殊法的地位。因此从这个意义上，对于适用琐细保留原则设立的权利例外，不得用三步测试法代替，除非琐细保留原则本身不具备三步测试法检验的全部内容。

因此，整体而言，琐细保留原则应当是相较三步测试法更精细的一项权利例外规则。针对二者具体的叠加适用方式，分析如下：

首先，琐细保留原则在《伯尔尼公约》语境下是指，例外行为对作者而言没有影响，或影响极小（be concerned with uses of minimal, or no, significance to the author[3]）时，各国可以自由设立，无需国际条约的明确规定。三步测试法中的三步要求，依次体现为：权利例外法定且限定、例外行为不与权利人的正常使用相冲突、权利例外没有不合理地损害权利人的合法利益。对于三步测试法的第二步、第三步要求而言，琐细保留原则是否全部覆盖需

---

〔1〕 WTO Panel on United States-Section 110 (5) of the US Copyright Act, June 15, 2000, pp. 17-21.

〔2〕 WTO Panel on United States-Section 110 (5) of the US Copyright Act, June 15, 2000, p. 24.

〔3〕 See WIPO Study on Limitations and Exceptions of Copyright and Related Rights in the Digital Environment, 2003, p. 36.

要进一步分析，这一点将在下文中详细展开；对于三步测试法第一步要求而言，琐细保留原则在文义解释上并不包含对"权利例外法定且限定"的要求。

《伯尔尼公约》第 20 条规定，"本同盟各成员方政府保留在它们之间签订给予作者比本公约所规定的更多的权利，或者包括不违反本公约的其他条款的特别协议的权利。凡符合上述条件的现有协议的条款仍然适用。"这也就是说，订立在《伯尔尼公约》之后的 TRIPS 协议只能对《伯尔尼公约》确定的权利例外提出更严格或相等的限制。同时，TRIPS 协议第 2 条第 2 款也规定，"本协定第一部分至第四部分的任何规定不得背离各成员可能在《巴黎公约》《伯尔尼公约》《罗马公约》和《关于集成电路的知识产权条约》项下相互承担的现有义务。"结合上文提及的 TRIPS 协议第 9 条第 1 款，这意味着 TRIPS 协议成员必须满足《伯尔尼公约》和 TRIPS 协议对权利例外的双重限制[1]。因此，TRIPS 三步测试法的第一步应当叠加于琐细保留原则适用。

三、琐细保留原则自身的适用逻辑

在布鲁塞尔大会上，一些代表提到了在宗教仪式、军乐队表演和教育科普方面所允许的例外[2]，且这些例外情形最后在大会报告中被采纳。然而，这些情形并不当然地构成琐细保留原则适用的"祖父条款"，因为在每个例子中，都存在着可能实质性损害作者权利的情形。例如：军乐队在任何公开场合表演音乐作品都予以免责显然会实质性地损害作者的权利[3]。这也成为细致研究琐细保留原则的难题之一：即使是出现在大会总报告中的权利例外，都可能在后续研究中被否定。基于上文中提及的，琐细保留原则与三步测试法对比研究的必要性，文章将基于琐细保留原则的内涵逐步展开，并将这些要求与三步测试法第二、三步的要求加以对照，并总结琐细保留原则在哪些层面严格于三步测试法，又在哪些层面需要额外适用三步测试法的步骤。琐细保留原则表述为"例外行为对作者而言没有影响，或影响极小"，因此对该原则的研究，应当从影响如何判断与影响大小如何判断两部分展开。

---

〔1〕 See WIPO Study on Limitations and Exceptions of Copyright and Related Rights in the Digital Environment, 2003, pp. 48-49.

〔2〕 The Berne Convention for the Protection of Literary and Artistic Works from 1886 to 1986 (1986), p. 1166.

〔3〕 ［澳］山姆·里基森、［美］简·金斯伯格：《国际版权与邻接权——伯尔尼公约及公约以外的新发展》（第 2 版·下卷），郭寿康等译，中国人民大学出版社 2016 年版，第 741 页；See WIPO Study on Limitations and Exceptions of Copyright and Related Rights in the Digital Environment, 2003, p. 37.

（一）"影响"的客体——著作权权利空间的判断

设置权利例外会影响作者的权利空间，这一点并没有争议。问题在于，对于作为背景的"权利空间"，到底有多么广阔的范围？

1. 权利空间的时空背景

首先需要考虑的问题是：权利空间的大小仅限于现有的空间，还是亦包括根据合理的推测可以看到的未来的空间。这个问题对于知识产权领域意义重大，因为知识产权的架构时常受到新技术的冲击而不得不作出调整，有时需要在技术被广泛应用之前就对其进行讨论（这一点在学术界尤为明显）。因此，确认讨论的背景就至关重要。

基于新技术的诞生、观念的进步，作者原本的权利空间会发生变化。例如，在电脑、打印机尚未出现的时代，复制权的权利空间并不包括"打印文字资料"。对于已有的权利例外，也会因时空变化而导致需要重新审视。"个人为学习目的，将作品复制"，这一情形在数字世纪到来以前，对作者的收益几乎不会产生影响，被认为是标准的"法律不理会琐事"的例证[1]。然而在数字时代之后，复制成本和传播成本全面降低，欧洲各国产生了对这一权利例外的争议，迫使《伯尔尼公约》在正文中加以明确。在《欧盟信息社会版权指令》中，对这一例外又作出了"满足三步测试法"的要求[2]（当然如前所述，这正是 WIPO 的本意[3]）。那么，对于这些已经变化，或即将发生变化的权利空间，"影响"的判断是否也应当随之变化？在此，分为实然判断和应然判断两种方式。

在实然判断中，时空背景就是立法者所处的当下，结论的得出依赖于过往的经验。在此处，"没有影响"是指权利例外的设置不会影响到作者现有的权利空间。仍用前述例证，在计算机、互联网出现之前，作者的权利空间中并不包含"信息网络传播权"，也不包含"打印文字资料"的"复制行为"。基于实然的角度，对这些行为设置权利例外便不会影响到作者的权利空间。对于这种论调，美国在 WTO 裁决中将此理论展现得非常清晰[4]，可以认为

---

〔1〕 ［澳］山姆·里基森、［美］简·金斯伯格：《国际版权与邻接权——伯尔尼公约及公约以外的新发展》（第 2 版·下卷），郭寿康等译，中国人民大学出版社 2016 年版，第 691~692 页。

〔2〕 Directive 2001/29/EC of the European Parliament and of the Council of 22 May 2001 on the harmonisation of certain aspects of copyright and related rights in the information society.

〔3〕 Guide to the Berne Convention, p. 56.

〔4〕 WTO Panel on United States-Section 110 (5) of the US Copyright Act, June 15, 2000, pp. 50-51.

这种认识的基础，在于作者对自己权利空间的"期待"。没有期待，则没有损害。

然而，这样的判断偏移了著作权法的本意。首先，实然认知是一种经验主义的判断，本质上是一种循环论证。作者对权利空间的期待来源于法律，没有现行法律的保护，作者不可能凭空幻想自己"权利空间"的范围。此时若法律在认定时又以作者对权利空间的期待为参照，那么可以说，以 20 世纪为起点研究，我国永远不会制定《著作权法》；以当下为起点观察，意味着权利空间的大小也永远不会变化。更进一步，由于放弃对新变化的积极回应，经验主义的判断会导致与现实需求的脱节。经验主义的判断源于过往的事实，无法应对新技术、新观念的出现带来的消费习惯、交易习惯的变化。例如在电脑出现伊始，尚无信息网络传播权的存在，如果依过往经验为参照，这种传播便不会对作者产生影响。但实际情况却是，电子书产业日渐发达，甚至威胁到了实体书店的生存，拒绝将作者权利扩展到网络空间中的做法等同于对作者经济利益的摧毁。

相比之下，应然的判断更具有合理性。应然层面判断的基本立场是，适应法律超前构建宏观架构的需求，回馈新技术、新理念的需求。应然层面的判断立足于事实条件，结合科技发展、交易成本等因素，综合判断何种使用应当被认为"影响"。这一判断模式是一种减法，先将所有可能的范畴都纳入著作权人权利空间中，再依次去除由于现实条件而无法行使的情形，和基于现实条件不愿意行使的情形。由于现实条件无法行使既包括技术、理论无法支撑（已经具有适用前景的不在此列）的情形，也包括交易成本过高，导致权利人无法行使权利的情形。后者便是学者所提及的"市场失灵"的情形。从市场失灵理论出发，权利例外制度的功能之一是当著作权市场中的交易无法实现时，让使用者利用作品成为可能[1]（例如，设置权利例外，鼓励制作作品的无障碍版本）。作者不愿意行使权利的情形，往往是指对于作者来说经济上弊大于利的情形。通过应然层面的判断，确定作者的权利空间。因此，应然层面的判断超越于过往的经验，适应新技术的出现、新理念的诞生，这样的判断模式很好地解决了实然层面的弊端，更契合法律的基本要求。

当然，应然层面的判断虽超越当下，却也应限缩于临近的未来。例如，在电脑技术初现端倪时思考电脑将对著作权造成的冲击；结合人工智能发展

---

[1] 熊琦：《论著作权合理使用制度的适用范围》，载《法学家》2011 年第 1 期。

的实际情况，思考人工智能的影响。忽视客观存在的限制，将落入对权利的空想。

2. 权利空间的判断不涉及法益平衡

上述权利空间的判断是否以法益平衡为前提？即法益平衡是否会改变权利空间的范围，随后琐细保留原则用于检验例外行为是否影响被改变后的权利空间？

"影响"的判断以作者的权利空间为基础，而根据著作权法的基本法理，作者的权利空间并非独自生成的，而是各个利益相互碰撞平衡的结果。所有的著作权权利例外，无一不是一种利益平衡。例如，关于在新闻不可避免地呈现作品的权利例外中，是将公众获取信息的自由置于作者的著作权之上。在这一点上，琐细保留原则也不例外。需要讨论的问题是，法益平衡在权利空间的判断中究竟发挥着怎样的作用。

各国欲设立权利例外时，会列举一个或多个与著作权对抗的法益，作为限缩著作权权利空间的根据，这一过程是法益平衡的过程。随后，各国需要明确例外行为，并将例外行为置于《伯尔尼公约》或其他国际条约框架下考察，涉及何种权利、采用何种规范。此后，由特定的权利例外规范（如琐细保留原则）检验这些例外行为是否通过规范，确定是否可以设立权利例外。由此，著作权人的权利空间被确定性地更改了。

在三步测试法的判断中，"不与权利人的正常使用相冲突"中的"正常"带有规范性的色彩。在里基森教授的研究中，也认为关于"正常"的判断最终会进入对法益平衡本身的考察[1]。然而，琐细保留原则的解释中并没有这样的语词，琐细保留原则所涉及的全部问题是实践上的法解释问题，而不涉及价值判断。且正如 WIPO 所主张的，将利益平衡引入琐细保留原则，会使各国正大光明地设置更多权利例外，突破《伯尔尼公约》给作者提供的最低保护的界线[2]。

具体而言，在权利空间的判断中引入利益平衡的判断，将导致权利例外整体的无意义。琐细保留原则的判断逻辑是，确认权利人的权利空间，继而

---

〔1〕 ［澳］山姆·里基森、［美］简·金斯伯格：《国际版权与邻接权——伯尔尼公约及公约以外的新发展》（第 2 版·下卷），郭寿康等译，中国人民大学出版社 2016 年版，第 684 页。

〔2〕 See WIPO Study on Limitations and Exceptions of Copyright and Related Rights in the Digital Environment, 2003, p. 37.

判断权利例外是否产生影响。各国欲设立权利例外，那么法益平衡的结果是缩小权利人的权利空间。若是基于被缩小的空间，得出"没有影响"的结论，那么《伯尔尼公约》赋予作者的权利空间便会被不断缩小。这等于是在向世界宣告，表演权等权利的权利例外在国际著作权法层面的限制，在实质意义上消失了。这些权利现有的权利例外，只是一种画蛇添足。

（二）有无"影响"——判断标准的厘清

在上一部分中，已经可以确定表演权及其他权利的权利空间大小，但只是明确这一点并不足以知晓"影响"具体如何判断，下文中将列举欧陆国家、WIPO 对判断方式的分歧。

欧陆国家曾一度主张，没有盈利目的的使用就是对作者而言没有影响的使用[1]。瑞典在起草国内法时就曾向布鲁塞尔大会总委员会提交一份提案，希望确认免费的表演或广播属于琐细保留的情形[2]。没有盈利目的的使用就意味着没有报酬的使用。由于根本没有报酬，作者获取报酬的权利并没有受到损害。因此，这一主张实质是在不改变权利空间的前提下，提出仅将"获酬权"作为是否存在影响的判断标准。

这一观点背离了《伯尔尼公约》的基本立场。《伯尔尼公约》的基本立场是保护作者权利，让作者成为自己作品的"主人"。不同于 TRIPS 协议对于贸易秩序的维护，《伯尔尼公约》重视的恰恰是作者本人。保证作者对于自己权利的行使，排除他人对自己权利空间的干涉，是《伯尔尼公约》的初衷。即使没有盈利目的，但免费的使用行为已然干扰了作者对权利的行使，使作者不能自由地决定许可或拒绝某项特定行为，已经在实质上架空了"权利"的属性，应当认为属于对作者的影响。WIPO 在对权利限制与例外的指导意见中也指出，"不以盈利为目的"并不当然地导致琐细保留原则的适用，因为这仍可能导致对作者权利的干扰[3]。

如果盈利目的不是满足琐细保留原则的充分条件，那么是否属于必要条件？从体系解释的角度，可以得出否定的结论。在 WTO 裁决中，WTO 指出，

---

〔1〕 The Berne Convention for the Protection of Literary and Artistic Works from 1886 to 1986（1986），pp. 263-264.

〔2〕 ［澳］山姆·里基森、［美］简·金斯伯格：《国际版权与邻接权——伯尔尼公约及公约以外的新发展》（第 2 版·下卷），郭寿康等译，中国人民大学出版社 2016 年版，第 739 页。

〔3〕 See WIPO Study on Limitations and Exceptions of Copyright and Related Rights in the Digital Environment，2003，p. 35.

在基于琐细保留原则设立的权利例外中，一些明确体现为"不以盈利为目的"，例如在宗教庆典中公开表演音乐作品；但在另一些例外中，这一特征并不清晰，例如以教育为目的使用作品[1]（教育机构并非完全不盈利）。基于这一解释，"不以盈利为目的"也并非适用琐细保留原则的必要条件。

综合以上，是否损害作者获酬权以及损害的大小，的确是琐细保留原则考虑的重点问题之一，但这些考虑无法单独得出是否适用琐细保留原则的结论，而必须与对作者行使权利的侵扰结合起来判断。

琐细保留原则在此处的态度便体现为一种超越三步测试法的要求。因为在 WTO 裁决中，三步测试法第二步 "not conflict with normal exploitation" 中的 "conflict" 被定义为 "economic competition"。这是由 TRIPS 协议维持贸易秩序的基本立场决定的，在裁决中，WTO 多次引出 GATT 等协议，意在说明案件的审理以健康的贸易秩序为着眼点。然而，《伯尔尼公约》并没有这样的基本立场，而是强调对作者权利的保护。在这个意义上，即使没有造成一定比例的经济损失，但一定程度上剥夺了权利人行使权利的机会，也属于对权利人的影响。

（三）"没有或极小"影响——影响大小的判断方式

分析了讨论的背景（权利空间）和判断影响的标尺（兼顾行权自由与获酬权）之后，需要一个更具体的操作方式，得出关于影响大小的结论。

1. 行权自由和实际损害的比例式判断

关于"极小影响"中"极小"的判断，是一种量的判断。但这并非纯粹的量的判断，而是一种比例，因为各国基于经济发展、人口基数等原因，不存在统一的、数字上的标准。一些欧陆国家全国人口基数不足印度十分之一，在这个背景下，以纯粹的数字刻画琐细保留原则的标准是荒诞的。比例的概念在此处就是指，例外行为占同一权利控制的全部行为的比例。例如，某国家设置一种权利例外，内容是为改编的目的，以信息传播权控制的行为获取视听作品，不属于侵犯著作权。此处需要计算的比例即为，以改编为目的的获取行为，占全部信息传播权控制的行为的百分比。同时，也需估算在设置权利例外后，为了避免支付著作权许可、转让费用而从其他使用行为转为权利例外的使用行为（即使用方式的转移）的数量。这两个数值能够确认对于权利人行使权利而言，是否造成了过量的侵扰。

---

[1] WTO Panel on United States-Section 110 (5) of the US Copyright Act, June 15, 2000, p. 22.

另一个需要计算的比例，是对权利人造成实际损害的比例。这是三步测试法第三步重点关注的情形，而在琐细保留原则中，实际损害也同样构成判断"影响"大小的重要指标。在 WTO 裁决中，WTO 通过美国和欧洲国家提供的材料，认定美国涉案的第一类权利例外，将导致 44% 以内的许可费用的损失。这一数字难言是"不与权利人的正常使用相冲突"，同时，存在使用方式转移的情形，因此 WTO 最终认定第一类权利例外违反了 TRIPS 协议的要求[1]。

对权利侵扰本身和实际损害大小的双重限制，可以清楚地表明，琐细保留原则能够体现为是比三步测试法更为严格的权利例外设置规则。

2. 侵扰作者的量的要求

三步测试法的第三步"not unreasonably prejudice the legitimate interests of the right holder"是指，虽然一些特定行为满足了第二步的要求（即"not conflict with normal exploitation of the work"），但在某些情形下，可能会对作者造成不合理的重大损害，因此必须进一步限制。在 WIPO 对《伯尔尼公约》的指导意见中便举出了一个对比式的例子：一位演讲者为了支撑他的观点，从一份期刊上复印了一篇文章，在现场向观众朗读；作为对比的是，这位演讲者将这篇文章复制并发放给了所有过路的人群。显然，为了说明问题而适当引用作品，属于公认的非作者正常使用作品，因而通过了第二步测试。但第二种情形却将显著地损害期刊的销量[2]。因此，三步测试法的第三步是对于特定使用行为的进一步限缩。也可以认为，第二步是对性质的要求，第三步是对量的要求[3]。"minimal, or no"描述的对象为特定行为对作者造成的影响，从文义解释的角度，三步测试法的第三步也在琐细保留原则的检验范围内。

对于琐细保留原则而言，"minimal"既指在性质上属于几乎没有侵扰作者的权利空间，也指在数量上几乎没有实际的侵扰效果，琐细保留原则在这个意义上与三步测试法的第三步是等同的。根据 WIPO 对《伯尔尼公约》适用的指导，任何一项权利例外都必然会导致对作者利益的损害，但这样的侵扰不能是不合理的。WTO 在裁决中认为，这样的措辞使得第三步要求的范围相较于"合理的侵扰"更为宽松。这是因为，合理意味着肯定评价，不合理

---

〔1〕 WTO Panel on United States-Section 110（5）of the US Copyright Act, June 15, 2000, p. 55.

〔2〕 Guide to the Berne Convention, p. 56.

〔3〕 WTO Panel on United States-Section 110（5）of the US Copyright Act, June 15, 2000, p. 33.

意味着否定评价，合理与不合理并非占据了全部的空间，二者之间还留有灰色地带。"合理的"意味着权利例外所允许的行为必须与其目的保持正确的比例[1]，例如，在上述演讲的案例中，这意味着复印内容的比例必须与"说明问题"的目的完全协调、听到文章内容的人群数量必须与聆听观点的人数基本一致。否则，便无法证明复制、朗诵行为与"说明问题"合比例。而"不合理的"则意味着另一种极端，即二者比例明显不协调。在 WTO 的理解中，"没有不合理"的措辞意味着，排除二者比例明显不协调的，均可通过第三步测试。

这与琐细保留原则所使用的语词"minimal"在文义解释上并不一致。WTO 对"合理的"等于"合比例的"的理解，是将"行为目的"的判断引入了"量"的判断中。某些行为，虽然对作者产生了超过"minimal"的损害，却因为其与行为目的"合比例"而得以豁免[2]。这导致第三步测试是比琐细保留原则更容易通过的测试。

综合以上，关于三步测试法中的第二步、第三步与琐细保留原则的关系，能够得出这样的结论：琐细保留原则在这两项要求中都体现为比三步测试法更为严格的要求。因此，对于琐细保留原则的适用，仅需考虑琐细保留原则与三步测试法第一步的叠加适用。

（四）琐细保留原则不允许个案判断

经历了上述的分析，仍会遗留一个关于琐细保留原则适用的问题。琐细保留原则的理论依据是"法律不理会琐事"，如果国际著作权法体系基于此不对各国设置的权利例外作出考察，那么各国对于同样满足"法律不理会琐事"而在个案中设置的权利例外，是否也无需作出考察？换言之，个案设置的权利例外是否也可以因琐细保留原则获得正当性？

这个问题的答案是否定的。首先，琐细保留原则引入《伯尔尼公约》仅仅是为了避免为表演权设置权利例外时的困难，琐细保留原则在《伯尔尼公约》中的适用是受到严格的限制。如果琐细保留原则可以畅通无阻地适用在《伯尔尼公约》中，那么大会一开始便不需要特别提及表演权，因为任何权利在国内法中的权利例外都应该可以依据琐细保留原则而直接设立。各国也不需要在斯德哥尔摩大会上激烈地讨论是否应将琐细保留的适用范围延伸

---

〔1〕 WTO Panel on United States-Section 110（5）of the US Copyright Act, June 15, 2000, p. 58.

〔2〕 当然，这样的损害也不会是巨大的，因为三步测试法对于这些例外会要求其成为法定许可，从而在报酬上补偿作者。See Guide to the Berne Convention, p. 56.

到翻译权上。国内立法对于不同权利的对待尚且如此谨慎，从国内立法到法官自由造法的跨越就更需要 WIPO 作出清晰的授权。基于《伯尔尼公约》中的权利例外模式各不相同[1]且存在交叉，琐细保留原则的适用范围必然只能限缩在相当狭窄的范围内。同时，上文中提及的琐细保留原则与三步测试法的叠加适用逻辑从另一路径得到了相同的结论：琐细保留原则适用的结果只能法定，不得基于法官造法。

结　论

琐细保留原则经由《维也纳条约法公约》第 31 条而成为《伯尔尼公约》的一部分，与 TRIPS 协议中的三步测试法同属概括性权利例外条款。与三步测试法相比，琐细保留原则适用于对作者著作权权利空间侵扰更小的情形，二者并非内涵相同的原则。同时，基于《伯尔尼公约》第 20 条和 TRIPS 协议第 2 条的规定，三步测试法不能替代琐细保留原则，二者应当属于叠加适用关系。三步测试法的第一步在琐细保留原则中并没有体现，适用时应当注意叠加适用。在例外行为的定性上，琐细保留原则既考虑作者的经济利益，也考虑作者本身的行权自由；作为基础的权利空间的时空背景并不局限于现实，也延伸至较近的未来；权利空间的判断不涉及法益平衡；"琐细"体现为一种更严格的比例要求。因此，琐细保留原则在例外行为的定性上体现为比三步测试法的第二步更严格的要求。在侵扰作者权利的"量"上，琐细保留原则不采取"合比例的"判断方式，直接对"量"本身提出要求，体现为比三步测试法的第三步更严格的要求。最后，琐细保留原则不允许在个案中创造权利例外。因此可以得出结论，琐细保留原则只适用于对表演权等五项权利在国内立法时设置权利例外，适用时应当体现为三步测试法第一步与琐细保留原则自身的叠加适用。

琐细保留原则作为国际著作权法重要的中层原则，自诞生至今，始终缺乏应有的关注，其判断模式并没有得到细化。囿于文章的篇幅和水平，本文仅仅是遵循着既有文献的引导，稍稍对这一原则做出了解释，无法进行更为系统的理论创新。至于"琐细"所可能涉及的法经济学与法哲学内容，则是完全没有涉及。

---

〔1〕　涉新闻报道等清晰列举的权利例外、复制权的一般性权利例外、琐细保留原则。

经营者集中反垄断审查中创新标准的建构

张雨桐*

摘　要： 我国反垄断执法机关对经营者集中的审查主要关注静态价格竞争，忽视了对动态创新竞争的分析。数字经济时代下，该审查体系无法评估创新驱动型、数据驱动型、技术驱动型并购的创新影响及创新损害。美国和欧盟判例法重视动态创新竞争，提出了创新空间理论，平衡创新规模效应与创新替代效应，体现了动态性思维和结构主义逻辑。但是，创新实体审查标准的界定仍具有一定模糊性并缺乏体系性。结合域外比较研究、立足我国产业实际，在《经营者集中审查暂行规定》第27条的基础上建构由对技术创新动力的影响、对技术研发投入和利用的影响、在研项目的重叠度、对其他相关创新者的影响、技术资源整合、对创新空间挤压等指标构成的创新审查标准体系，具有理论和应用价值。

关键词： 经营者集中　并购审查　创新竞争　技术研发　创新空间

---

　　* 张雨桐，中国政法大学法学院 2021 级硕士研究生（100088）。本文作者特别鸣谢中国政法大学民商经济法学院孙瑜晨老师给予的悉心指导与鼎力支持。

一、问题的引出

传统工业经济时代的经营者集中往往以短时期内扩大规模、提高静态竞争能力为目标；但在以创新竞争和技术竞争为核心的数字经济时代，相当比例的经营者集中却是为了限制动态竞争、封锁创新通道。尤其在知识和技术密集型行业中，重要创新者间的合并很可能会减损其他竞争对手的创新激励，从而影响行业整体的技术进步，这意味着经营者集中对创新的影响应当是反垄断事前审查的重要考量因素。

遗憾的是，我国反垄断执法机关对企业并购的审查主要关注"价格竞争"，忽视了对"创新竞争"的分析。尽管我国《反垄断法》第 33 条规定审查经营者集中，应考虑经营者集中对技术进步的影响等因素，并不是完全创新评价无涉。但是"技术进步"这一标准过于抽象宽泛，缺乏可操作性，需要进一步细化其内涵，方能取得较好的法律实施效果。正是由于具体审查标准缺失、对创新理解匮乏，在实践中我国执法者往往只是在评估经营者集中对价格竞争的影响时，附随性、象征性、粉饰性地分析经营者集中对技术进步的影响。陈一宏通过对我国 45 起附条件批准及禁止的集中案件的实证分析发现，只有 17% 的案件附带性地涉及创新评估，分析内容多为臆断性推断或模糊性描述。[1] 凡此种种都说明现行并购审查标准中对创新影响的关切尤为不足。

郭玉新的研究呼吁我国反垄断执法应关注企业合并的创新损害问题，但其并未进一步探讨对合并产生的创新影响或创新损害的评估标准设计问题。[2] 叶明等指出互联网行业经营者集中呈现出数据集中、注意力集中、专利和技术标准集中等异质性，需要将质量、选择、创新等指标融入实质审查标准。[3] 但该研究没有进一步探究创新指标的具体建构，理论指导功能有限。对比而言，域外对经营者集中创新审查问题的研究更为细致精微，一些

---

〔1〕 陈一宏：《论经营者集中控制制度中的创新考量》，载《上海法学研究（集刊）》2020 年第15 卷。

〔2〕 郭玉新：《欧盟合并控制竞争执法中创新损害问题研究》，载《科技进步与对策》2021 年第 4期。

〔3〕 叶明、梁静：《我国互联网领域经营者集中反垄断审查的不足与改进》，载《西南政法大学学报》2021 年第 1 期。

学者试图建构创新审查标准体系，其中朱利安（Jullien）等的研究具有代表性。[1] 他们设计了创新转移效应、利润和需求扩张效应、技术溢出内部化效应、资源整合效应等观察指标，以期综合衡量并购的创新影响。但是不同国家的产业结构和创新环境存在差异性，这些指标生搬硬套于中国，可能会"水土不服"；另外，这些分析都停留于模型化的推演，缺少来自真实产业证据的支撑。

鉴于此，本研究将立足中国自身产业特色和创新实践，聚焦经营者集中审查中的创新影响评估问题，试图在现行法教义学框架下建构具有可操作性的创新审查标准体系，为涉及创新问题的经营者集中审查作业提供分析和操作指引。

二、中国经营者集中反垄断审查标准的局限

经营者集中审查是事前审查，要求执法机构具备较强的经济预测能力。因为在审查时并购对市场竞争格局的影响尚未显露，而根据量化后的竞争格局得出的对未来市场状态和企业行为的预测如果不够准确，将直接导致假阳性错误或假阴性错误。[2] 传统的企业并购反垄断审查标准建立在"价格竞争"分析框架之上，但是在"创新竞争"成为市场竞争另一个关键维度的背景下，这套标准需要因时而动、因势而变，否则面对以限制，甚至是扼杀创新为目的的经营者集中问题时，会不敷使用。

（一）经营者集中反垄断审查标准的自身建构局限

1. 忽视"创新竞争"

《经营者集中审查暂行规定》第24条规定，我国经营者集中审查应当考虑下列因素：①参与集中的经营者在相关市场的市场份额及其对市场的控制力；②相关市场的市场集中度；③经营者集中对市场进入、技术进步的影响；④经营者集中对消费者和其他有关经营者的影响；⑤经营者集中对国民经济发展的影响；⑥应当考虑的影响市场竞争的其他因素。上述审查标准建立于工商业经济时代，并未充分考虑数字经济时代的特殊性。

我国目前的反垄断审查标准存在一定问题，其主要评估营业额或市场份

---

〔1〕 Bruno Jullien, Yassine Lefouili, "Horizontal Mergers and Innovation", *Journal of Competition Law and Economics* 14, 2018, pp. 364-392.

〔2〕 孙晋：《数字平台垄断与数字竞争规则的建构》，载《法律科学（西北政法大学学报）》2021年第4期。

额等"价格竞争"指标，忽视了非财务因素对企业竞争能力的影响，欠缺灵活性和科学性，且动态性与前瞻性不足，难以反映特定行业特征以及发展趋势。[1] 要全面评估一个并购行为对市场竞争的影响，必须检测这个交易改变市场参与者的投资研发激励和能力的影响程度。[2]

2. 创新标准较为粗略

我国《反垄断法》已经逐渐注意到创新问题的重要性，但是相关规定较为笼统和粗略。2021 年，《〈反垄断法〉修正草案》明确将"鼓励创新"写入了第 1 条立法宗旨条款中，力图营造促进创新的产业环境和市场结构。《反垄断法》第 23 条规定了"经营者的财力和技术条件"这一审查因素，[3] 在立法技术层面将财力和技术置于并列位置，但是并没有将"技术条件"单独列出。实践中，执法机关也没有把"技术条件"作为独立的审查因素，只是作为一个附加考虑的因素。对此，《电子商务法》第 22 条略有改善，将"技术优势"作为一个单独的具有市场支配地位的认定因素。然而，即使《反垄断法》吸收《电子商务法》的立法精神，把"技术优势"独立成项，在如今数字经济体量、规模占有市场总额半壁江山的中国也不敷使用。

概言之，我国反垄断审查的创新标准暂且停留在原则层面，尚未确立体系化的创新审查标准，欠缺具体细化的指标，审查程序的可操作性较差。

（二）经营者集中反垄断审查标准的外在应用困境

1. 难以评估互联网经营者集中对创新的损害

当前，互联网行业是我国产业创新最为活跃的领域，但在赢者全赢的网络效应、边际效用递增的马太效应的推动下，互联网行业也是企业并购交易最为猖獗的领域。以阿里巴巴、腾讯等大型互联网企业为主体的并购行为遍布社交软件、文化传媒、互联网金融、生活服务等各大领域。互联网行业具有动态性，奉行零边际成本下倾斜式价格竞争，数据集中和技术竞争成为互

---

[1]　仲春：《我国数字经济领域经营者集中审查制度的检视与完善》，载《法学评论》2021 年第 4 期。

[2]　Howard A. Shelanski and Michael L. Katz，"Mergers and Innovation"，*Antitrust Law Journal* 74，2007，pp. 1-85.

[3]　《反垄断法》第 18 条规定，认定经营者具有市场支配地位，应当依据下列因素：①该经营者在相关市场的市场份额，以及相关市场的竞争状况；②该经营者控制销售市场或者原材料采购市场的能力；③该经营者的财力和技术条件；④其他经营者对该经营者在交易上的依赖程度；⑤其他经营者进入相关市场的难易程度；⑥与认定该经营者市场支配地位有关的其他因素。

联网并购最重要的动力学基础，这意味着对创新影响的评估理应是经营者集中反垄断审查的重要一环。

互联网市场发展迅速，我国反垄断执法机构未能及时作出反应。《反垄断法》立基于传统经济，对互联网领域经营者集中审查的规定具有滞后性，致使反垄断执法机构介入此类经营者集中事件的执法依据不足。[1]

2. 无法有效遏制扼杀式并购

当前市场上出现了大型在位企业专门针对小型初始创新者的扼杀式收购，"始于创新、终于并购"成为初创企业的固定轨迹。在健康良性的竞争生态系统中，初始创新企业应当有成长空间和上升通道。"无论技术多么动态，只要允许垄断者收购动态进入者以分享垄断利润，进入者就不会取代垄断者。双方都从此交易中获利，而公众则输了。"[2] 大数据技术能够让企业快速识别并"猎杀"任何可能构成潜在威胁的创新趋势或潜能，这将严重影响剩余竞争者的研发投资，阻碍未来重要创新势力的成长与发展。执法机构在现行审查标准下无法准确评估经营者集中对创新的损害，也无法有效遏制扼杀式收购的发生。

3. 难以破除创新累积型产业的垄断结构

在半导体、人工智能、生物制药、材料工业等技术密集型和创新累积型产业中，反垄断执法机构在对经营者知识产权的审查方面也面临着挑战。知识产权通常被认为是关键性资产，高科技公司更是将知识产权视为其所拥有资产中的"皇冠明珠"（crown jewels）。[3] 反垄断法充分尊重合法行使知识产权的行为，规制滥用知识产权排除、限制竞争的行为。2019 年发布的《国务院反垄断委员会关于知识产权领域的反垄断指南》第 21 条规定，如果涉及知识产权的安排是集中交易的实质性组成部分或者对交易目的的实现具有重要意义，在经营者集中审查过程中，考虑《反垄断法》第 33 条规定的因素，同时考虑知识产权的特点。但是该指南并未明确应当考虑知识产权的何种特

---

〔1〕　叶明、梁静：《我国互联网领域经营者集中反垄断审查的不足与改进》，载《西南政法大学学报》2021 年第 1 期。

〔2〕　Stigler Center, "Stigler Committee on Digital Platforms：Final Report", accessed December 12, 2021, available at https：//www. chicagobooth. edu/research/stigler/news-and-media/committee-on-digital-platforms-final-report.

〔3〕　Carl Shapiro, "Antitrust Limits to Patent Settlements", *The Rand Journal of Economics* 34, 2003, pp. 391-411.

点，留下了广阔的空白领域。

技术密集型产业的过度集中化可能带来延迟研发进度、减少创新投资、排除新产品等后果，这就需要经营者集中反垄断审查制度能准确识别企业并购对创新的损伤，进行早期干预，避免在技术密集型产业中形成垄断结构。实践中，执法者主要评估知识产权资产的合并对静态竞争的结构、既存产品市场的进入壁垒、相关技术市场的竞争等产生的影响。实际上，技术密集型产业围绕核心业务或产品进行持续性的技术或产品创新，创新的成本极高，产品更新迭代迅速，市场结构相对不稳定。鉴于知识产权本身就具有排斥一定范围内竞争的法定效果，单纯的知识产权积攒和集中就能产生限制竞争和创新的寒蝉效应。因此，经营者集中附带的知识产权聚集还会对未来的创新市场、尚未成熟的早期研发市场等产生影响。现行的经营者集中审查仅考量静态化指标，难以适应技术密集型产业日新月异的市场结构与企业发展，对执法者的指导功能有限。

总而言之，数字经济时代下创新驱动型、数据驱动型、技术驱动型经营者集中方兴未艾，对我国现行忽视创新影响的经营者集中反垄断审查标准提出了一系列挑战，加之研发创新效应还会削弱经营者集中前市场和集中后市场之间关系的预测准确性，这意味着亟需在经营者集中事前评估中设置独立的创新审查标准，助力执法机构评估经营者集中案件附随或可预期的竞争负面影响，从而改变当前的审查困境。

三、域外经营者集中反垄断创新审查的思路

肯尼思·阿罗（Kenneth Arrow）的理论警示我们，当垄断企业对在位技术进行大量投资后，其往往怠于继续从事风险更大、收益更小、可能导致沉没投资失去价值的后续创新，而是更热衷于维持原始技术的垄断边界，继续攫取超竞争性租金。[1] 当前，越来越多的学者也认为提高竞争、进行反垄断能够培育创新。张杰等通过对微观企业的数据观察，指出在中国语境下提高竞争对企业研发创新活动具有显著且稳健的正向激励性。[2]

欧盟和美国竞争法也日益注重分析经营者集中对创新的影响。美国《横

---

〔1〕 Kenneth J. Arrow, *Economic Welfare and the Allocation of Resources for Invention*, *The Rate and Direction of Inventive Activity: Economic and Social Factors*, New Jersey, Princeton University Press, 1962, pp. 609-626.

〔2〕 张杰、郑文平、翟福昕：《竞争如何影响创新：中国情景的新检验》，载《中国工业经济》2014 年第 11 期。

向并购指南》（2010）增加了第 6.4 节 "创新和产品多样性"，将创新标准作为经营者集中审查中一项独立因素。不同于对静态价格竞争的分析，创新竞争具有动态性和周期性。欧盟与美国执法机关在进行创新标准审查时重点关注的内容可以类型化为：重视动态的 "创新竞争"，同时关注 "创新竞争"与 "价格竞争" 两个维度；"创新的规模效应" 与 "创新的替代效应" 之间的平衡；评估经营者集中对创新空间的影响。

（一）重视经营者的动态创新竞争

1. 创新差异化

如果说推出一种与现有产品相异、不具有需求替代性的全新产品属于 "横向差异化创新"，那么成熟产品市场[1]上的创新就属于 "纵向差异化创新"，聚焦在售产品的改进、生产替代性产品。这意味着成熟产品市场上同时存在价格和创新竞争，对应的经营者集中审查分析需要同时关注传统的价格竞争和动态的创新竞争两个维度。

在美敦力公司（Medtronic）与柯惠医疗公司（Covidien）并购案（2014）中，柯惠医疗公司拥有一项成熟产品 Stellarex，这是一种已经完成临床 III 期试验、达到投放市场标准的药品。欧盟竞争执法机构认为美敦力公司在并购柯惠医疗公司后停止针对该药品进行深度开发的行为将对相关市场消费者的利益与行业创新造成减损，阻滞成熟产品再创新，降低了技术革新的概率。该案中，执法者从创新竞争的角度关注经营者集中导致的创新者数量的变化，创新者数量的减少会削弱竞争约束，企业进行纵向差异化创新的动力由此下降。在涉及创新问题的案件审查中，执法者大多会关注企业的创新差异化。

2. 创新转移效应

美国和欧盟的相关判例法都格外关注经营者集中是否产生 "创新转移效应"。创新者通过推出具有替代性的改进产品，可以转移现有产品的部分销售；但是通过并购行为，在位企业可以抑制这种改进型创新投入，避免现有产品的销售分流，从而将 "销售外部性内部化"。在美国史密斯集团（Smiths Group）与莫弗探测公司（Morpho Detection）并购案（2017）中，参与方是台

---

[1] 以产品市场的发展周期为线索，可以划分出三个不同的创新阶段：一是尚未形成的未来产品市场，相关产品处在研发预备、计划开发、确定研究主题、设计研究路线或更为早期的阶段，研发成功率以及产品进入市场的可能性还遥不可知；二是在研产品市场，相关产品已经处在具象的、可识别的后期研发过程中，只是尚未成熟，距离进入市场未达一年（如还有两年就能入市销售）；三是成熟产品市场，该市场中相关的创新都是针对成熟在位产品的改进和优化。

式爆炸物痕迹探测（ETD）设备的主要供应商，而并购交易不仅会消除史密斯集团和莫弗探测公司对于 ETD 设备的价格竞争，还会将被收购方的销售份额转移至合并后的企业。广泛地将"销售外部性内部化"，会造成市场垄断结构的负面后果，因此创新转移效应理应被纳入考量因素之中。

（二）平衡创新规模效应与创新替代效应

欧盟《横向并购指南》第 38 条指出：一方面，在创新是重要竞争性力量的市场中，合并可能会增加公司将一项新创新推向市场的能力和动力，从而产生促使该市场的竞争者进行创新的竞争约束；但另一方面，两个重要创新者之间的合并可能会严重阻碍有效竞争，例如两家拥有与特定产品相关的在研产品的公司之间的合并。《横向并购指南》充分揭示了经营者集中创新审查的复杂性，既要考虑到"创新的规模效应"，创新资源和能力的整合能够推进在研产品尽快进入市场，又要考虑到"创新的替代效应"，如果竞争者的研发路线和技术路径比较接近，可能同时存在复数个具有替代性的研究项目，并购行为可能会导致竞争性研发项目被推迟或终止。

在 T-Mobile 和斯普林特公司（Sprint）合并案（2019）中，参与方的合并将产生规模效应，合并后的企业可以与美国通信市场份额居于第一和第二位的企业抗衡。但是监管者认为并购将导致 5G 技术的创新竞争受到抑制，并不能如被告所承诺的对 5G 技术起到推动作用。可以看出，美国执法和司法者都奉行了一种关于规模效应和替代效应的平衡测试方法，即有时为了行业整体创新利益，可以牺牲竞争环境或消费者利益，只要这种牺牲的程度小于预期所得的创新成果。

（三）评估经营者集中对创新空间的影响

对未来产品而言，创新是一种偶然性和颠覆性创新。反垄断法对未来产品市场的早期介入是为了保护一种重要创新的潜力或可能性，维持尽可能多的创新尝试，这也注定未来产品市场的并购审查将面临重重争议。2017 年的陶氏化学公司（Dow）与杜邦公司（DuPont）合并案是欧盟竞争执法的一个突破点，该案提出了"尚未形成市场"和"创新空间"概念，使人们的目光聚焦到研发早期的产品雏形。[1]

陶氏化学公司与杜邦公司在农用化学品、材料等业务上存在竞争性。欧

---

〔1〕 郭玉新：《欧盟合并控制竞争执法中创新损害问题研究》，载《科技进步与对策》2021 年第 4 期。

盟委员会综合考量了创新空间层面、农作物保护整体产业层面的创新竞争，指出该交易中任何一家企业的终止运营都会显著降低创新竞争的整体水平，削减整个行业的产品创新。欧盟的并购审查不再局限于已进入研发阶段的产品，而是试图对创新可能性、创新的尝试，甚至是创新的构思进行保护。但是，欧盟委员会在并购审查中对创新空间和整体创新情况进行一般性判断，也存在模糊不稳定、主观臆断等风险。

在美国判例法中，健赞公司（Genzyme）与诺唯赞公司（Novazyme）合并案（2004）值得关注。诺唯赞公司正在对一种罕见病庞贝氏症的治疗药物进行前期实验室研发，与健赞公司的合并能够使其集中更多的资源以开发新药。这起并购的审查引发了巨大分歧，时任联邦贸易委员会（FTC）主席的蒂莫西·缪里斯（Timothy J. Muris）认为进行创新市场分析时必须持谨慎态度，因为经济理论和实证调查并未在创新与竞争之间建立普遍的因果联系，相关调查未发现并购行为减少了健赞公司或诺唯赞公司的研发预算支出或者阻碍研发路径。[1]一位 FTC 委员则发表了反对声明，指出这起高达 1.3 亿美元的、在创新市场中两个最重要创新者之间的合并无论如何都应当受到挑战，因为这起并购消除了唯一的竞争对手。另一位 FTC 委员认为对于药品行业，创新竞争至关重要。如果一家公司已掌握其竞争对手的所有研发痕迹且不会受到市场进入的威胁，那么推定具有反竞争效应可能是合适的。[2]概言之，对于未来产品的创新评估，欧盟判例法提出了创新空间理论，对行业的创新空间和创新状况进行整体性评估，但是这种评估也存在臆断和模糊的风险。

（四）小结

统观欧盟和美国的执法和司法，两大法域都格外关注经营者集中对创新的影响，并逐渐将创新因素作为经营者集中审查实体标准中的一个独立部分。不同于静态竞争的分析，创新竞争的分析具有动态性和时间性，执法机构应当在"价格竞争"的基础上额外考量经营者集中对企业自身创新动力、对相关市场内其他经营者以及创新空间的影响。美欧判例法都较为关注可识别的

---

〔1〕 Federal Trade Commission, "FTC Closes its Investigation of Genzyme Corporation's 2001 Acquisition of Novazyme Pharmaceuticals, Inc.", accessed December 12, 2021, available at https://www.ftc.gov/news-events/press-releases/2004/01/ftc-closes-its-investigation-genzyme-corporations-2001.

〔2〕 Federal Trade Commission, "FTC Closes its Investigation of Genzyme Corporation's 2001 Acquisition of Novazyme Pharmaceuticals, Inc.", accessed December 12, 2021, available at https://www.ftc.gov/news-events/press-releases/2004/01/ftc-closes-its-investigation-genzyme-corporations-2001.

研发单元的替代性、产业的创新密集程度、重要创新者的数量、剩余创新者的潜力等，同时也兼顾经营者集中产生的规模效应对于创新的贡献，在个案中寻求规模效应与替代效应的平衡点，旨在避免形成一个损害创新激励的市场结构。实际上，现代产业组织学理论也提供了大量对创新进行结构干预的论据。例如，日本著名技术史学家富田彻男就指出在日本存在"同时开发"的现象，若干技术水平大体相当的企业同时制造相似的产品，形成了"克劳斯特"型（Cluster）产业结构。在这种产业结构中，竞争带来创新。[1] 近年来，美欧反垄断执法机构对经营者集中行为的规制思路格外注重市场结构的矫正，这种思路转变具有"全球共时性"。在我国以技术和创新为核心的产业中，经营者集中行为具有隐蔽性、灵活性，参与集中的企业往往未达到经营者集中申报标准从而成为漏网之鱼。因此，在构建经营者集中反垄断审查创新标准时应当注意结构化指标的设计，形成一套检验经营者集中对创新影响的流程体系。

需要注意的是，欧盟和美国的创新审查标准仍然存在模糊泛化的问题，创新标准缺乏体系性、审查说理性不足、适用标准不明、执法自由裁量权过大，都影响了反垄断法的安定性。欧盟执法机构大多奉行不稳定的逐案分析，以被审查企业所处行业竞争情况为依托，参考不同数据提供方的意见（包括收购方、被收购方、行业其他竞争者），对合并方业务内容进行审查，并没有对创新实体审查标准进行体系化提炼。鉴于此，本研究试图汲取欧美判例法的经验和教训，建构适用于我国产业实际的创新审查标准体系。

四、中国经营者集中反垄断审查中创新标准的建构

实际上，国家市场监管总局发布的《经营者集中审查暂行规定》第27条已经体现了监管者对创新审查标准的建构努力，其规定：评估经营者集中对技术进步的影响，可以考虑经营者集中对技术创新动力、技术研发投入和利用、技术资源整合等方面的影响。尽管这为我们搭建了一个进一步分析和思考的平台，不过对技术创新动力的影响、对技术研发投入和利用的影响等标准仍旧比较粗略，缺少可操作性且涵摄不够全面，需要进一步予以充实和细化。本研究将在第27条的基础上，结合域外经验，拟初步建构包含六项评估指标的经营者集中审查创新标准体系。

---

〔1〕 ［日］富田彻男：《市场竞争中的知识产权》，廖正衡等译，商务印书馆2000年版，第224～230页。

（一）对技术创新动力的影响

对于趋利避害的市场主体而言，其从事或然性技术创新的动力之强弱取决于其对创新后市场的利润预期。如果市场上的重要创新者合并，那么可以预见创新后市场可能是一个高度垄断的市场，后来者将无利可图，创新动力必然受损；如果相关市场是一个技术高度密集型市场，那么发生并购交易将导致市场进入门槛被抬高，预计进入不能或进入成本过高的其他竞争者很容易丧失进行创新的激励。

1. 合并方是否为重要创新者

无论欧盟抑或美国判例法中，执法者都格外重视对"重要创新者"的识别。这是因为对于成熟或在研产品市场而言，重要创新者之间的合并会延迟或直接排除更优秀的改进型产品或新产品的市场进入，损害现有市场的创新竞争以及现有市场的潜在竞争；对于尚未形成的未来市场而言，合并方"重要创新者"的身份能够为其未来的研发能力背书，并购交易可能会扼杀所有潜在的创新竞争。假设某新兴领域内仅有两个重要创新者在同时研发一款产品，如果彼此合并，那么不仅会抬高潜在产品的价格、损害消费者利益，还会严重毁损相关市场的后续创新激励。在诺华公司（Novartis）与葛兰素史克（GSK）合并案（2015）中，诺华公司和葛兰素史克公司是目前市场上正在开发 BRAF、MEK 抑制剂的公司，也是仅有的三家开发 BRAF/MEK 联合治疗黑色素瘤产品的公司中的两家，是显而易见的重要创新者。合并后，诺华公司可能会推迟或终止其 BRAF、MEK 抑制剂产品或联合产品的开发。监管机构认为并购很大程度上会减损产品创新性，因此要求合并方剥离相关业务。在经营者集中审查中，重要创新者的判定主要通过市场份额标准来认定。反垄断法出于其谦抑理念，不会对所有创新者进行蛛网密布的管制，而是聚焦于少数具有一定市场支配力量的主体。一般情况下，企业的创新能力与企业规模呈正相关性，拥有更大的市场份额意味着企业可以将更多资源分配给研发项目。但少数情况下，个别市场主体虽不具备市场力量，但其掌握了关键性技术、核心知识产权或关键人力资源，也有可能成为重要创新者，这需要执法者具体场景具体分析。

2. 相关市场是否属于技术密集型市场

有别于劳动密集型市场，技术密集型市场中技术创新能力是最为核心的竞争性力量。电子计算机、医药行业、信息技术、生物技术、材料工业等产业对创新能力的要求非常高，相关创新多为由重要创新者实施的累积性创新而非由中小经营者实施的离散性创新。对于发生在此种技术密集型市场的并购行为，要格外关注其对创新动力的影响。市场中主要竞争者的合并会导致技术更为密集，形成壁垒森严的"技术丛林"；对于后来者而言，这意味着极为高昂的进入成本，必然会严重挫伤创新投资的激励。有经验研究指出，对于半导体市场的新进入者而言，如果不掌握任何专利技术，他们需要支付 1 亿至 2 亿美元的许可费用才能进入市场。[1] 因此，相关市场是否为技术密集型市场能够在一定程度上决定整个行业的创新动力，不过不同行业对于创新性的要求不同，执法者应当结合不同行业特征进行个性化评估。例如，软件与医药市场上同等规模的并购交易对创新动力的影响可能会截然不同。

3. 技术外溢与创新独占效应

在创新成熟、知识密集的产业环境中任何技术都存在外溢效应，即某一企业的技术创新可能会改善竞争者的技术工艺。短期来看技术外溢是有利于整个社会技术进步的，但长期来看技术外溢效应与技术创新动力之间存在尖锐的冲突。当技术外溢效应较为显著，以致创新企业无法专有大部分创新的收益时，会极大损伤创新的动力。经济合作与发展组织（OECD）竞争委员会指出专有效应是经营者集中可能对创新产生的影响之一，当主体对创新收益的独占性越高，对创新产生的激励就越显著。[2] 如果相关主体通过并购能够使得技术外溢效应内部化，或者提高创新收益的独占性，那么该经营者集中对创新存在积极影响。此外，企业通过知识产权制度也能够解决技术外溢问题，知识产权能够排除模仿竞争，防止知识外溢。因此，在考虑技术外溢与创新独占效应时，还须考虑知识产权因素，才能构成完整的逻辑分析链条。在较为依靠知识产权保护的产业（如医药、化学行业），当企业持有强知识产权，那么再实施并购解决技术外溢的正当性就会变得薄弱；而知识产权存在失灵的产业（如软件、通信行业），即使企业持有一定的知识产权，其仍有巨大动机通过并购提高独占性，解决技术外溢问题。

（二）对技术研发投入与利用的影响

1. 研发投入的增减

研发投入指标反映了企业在创新项目上的费用支出情况，能够直观反映

---

[1] [美]丹·L. 伯克、[美]马克·A. 莱姆利：《专利危机与应对之道》，马宁、余俊译，中国政法大学出版社 2013 年版，第 143～144 页。

[2] 韩伟：《迈向智能时代的反垄断法演化》，法律出版社 2019 年版，第 202～210 页。

经营者集中行为对合并方创新投资情况的影响。该指标的数值精度和数据可及性较高，因此可以成为评估经营者集中创新影响的一个重要标准。

本研究选取国家市场监管总局公布的国内外经营者集中案例，根据其在证券交易市场上披露的年度审计报告，收集、分析目标企业在经营者集中前后研发费用支出的变化情况。数据选择和计算标准为：①进行集中的经营者为上市企业（上市企业信息公开程度高）；②审计报告母公司利润表中须有研发支出科目；③统计口径为研发投入的环比增长率；④企业研发绩效。

通过相关研究[1]可以发现，参与集中的相关企业在研发投入方面的表现较为突出，并且多数企业的研发创新投入在合并前后均能保持相对稳定或增长的趋势（环比增长率≥0），这说明经营者集中交易并未对创新造成负面影响。但是，也有少数一些企业的研发投入出现减少趋势，不利于创新的持续性。如果研发投资出现不合理缩减且无正当化解释，那么这可能是限制创新的信号，存在"创新转移效应"，需要执法者予以关注。

2. 专利持有数量及转化率

很多行业的竞争者会主动为自己的创新技术或成果申请专利保护，而且在创新较为复杂的行业中（如医药行业），竞争者除了申请基础专利，还会对改进技术申请次级或衍生专利。一个专利只覆盖一种产品的简单创新场景已经不复存在，更为常见的是竞争者在其控制的重要创新成果上积聚成百上千个专利。专利数量的多寡与企业对研发投入的高低往往呈现显著的正相关性，因而专利数量可以作为企业创新能力的一种重要表征。例如，截至2020年底，华为公司是我国发明专利持有数最多的公司，中兴通讯公司的专利持有规模位列第三，这两家公司也是通信行业的重要创新者，它们持有专利的数量与其研发投入之间呈现明显的正比例关系。除了专利持有数量之外，专利转化率也是一个重要指标，其体现了相关创新技术或产品的商业化程度。我国存在专利申请爆炸现象，专利泡沫问题较为严重，企业普遍存在专利数量多但转化率偏低的问题，沉睡专利和防御专利过多，因此执法者应当同时关注专利的数量之维和质量之维。申言之，执法者可以观察行业整体的专利数量分布情况和商业转化率，分析经营者集中前后的专利数量变化以及经营者集中前后的专利申请、许可、交易情况变化等，从而对经营者集中对技术研

---

[1] 相关研究数据请参见各上市公司在上海证券交易所、深圳证券交易所官网披露的2017年至2020年公司审计报告利润表中研发费用项目情况。

发投入和利用的影响形成更全面和客观的把握。

3. 科研人员占比的变化

对于技术和知识密集型企业而言，科研人员在企业职工中所占比重较大，在职科研人员数量可以非常直观地反映企业对创新研究的投入和利用情况，且这部分数据比较容易检索和统计。量变引起质变，一般情况下科研人员数量越多表明相关企业的研发创新能力越强，相关企业对研发的投入越高。实践中，很多头部企业强大的技术更新能力就是来自其所拥有的技术性人力资源，能够助力企业赓续不断地从事研发创新，维持竞争性。图1[1]展示了我国参与并购的上市企业在2018年至2019年间科研人员占职工总人数比例的变化，说明经营者集中并没有影响绝大多数企业的技术研发投入和利用，国家市场监管总局对这些经营者集中的批准决定具有正当性。但是，也有个别企业的科研人员占比出现大幅下滑，如深圳市英唐智能控制股份有限公司的科研人员占比从23.2%下降到12.9%，这反映企业对创新投入的减弱。当然，科研人员变动有多种动因，不能仅依靠该单一指标得出结论，还需要结合其他指标进行综合判断。

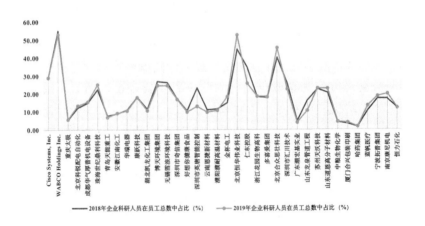

图1　2018—2019年参与经营者集中企业的科研人员在员工总数中占比

---

〔1〕　图中数据来源于图表中所涉上市公司在上海证券交易所、深圳证券交易所官网披露的2018年、2019年年度报告中公司在职研发人员在员工总数中占比情况。

（三） 在研产品或研发单元的重叠度

本研究观察了欧盟委员会在2004—2018年间公布的十余份经营者集中案决定书，发现欧盟委员会比较注重审查在研产品或研发项目的重叠情况，大多数决定书都涉及并购参与方之间业务领域的重合以及在研产品的重复研发问题。在拜耳（Bayer）与孟山都（Monsanto）合并案（2018）中，拜耳与孟山都是世界上规模最大的两家杀虫剂公司，且彼此的业务领域多有重合。欧盟委员会认为发生经营者集中后两家公司重合的研发项目极可能会被取消或推迟，合并方未来的创新动机将受到影响。竞争性研发项目被抑制，将弱化对该行业竞争者从事创新的竞争压力。这说明在研产品或研发单元的重叠度应当是经营者集中审查的重要标准之一。戴尼卡罗（Denicolò）等认为该标准体现了一种经营者集中对创新的积极影响，[1] 因为如果并购方的研发项目存在重叠，那么并购后相关企业大概率会关闭重叠的研发单元，尽管创新总体投资和项目数将减少，但是消除重复研发可以节约研发开支、提高效率、避免重复开发导致的资源浪费，同时合并后企业会在剩余项目上进行更多的投资，投资或研发努力增加反过来又提高了剩余创新项目的成功概率。但是戴尼卡罗等的观点存在明显的逻辑瑕疵，并购后企业关闭重叠的研发项目，并不能自动推定该企业一定会对剩余项目追加投资，二者之间并不存在任何因果关系。更为常见的情况是，通过并购消除重复的竞争性研发后，相关企业可以逃避潜在的竞争压力，相比继续追加风险性的创新投资而言，该企业有更大动力去攫取现有市场上的垄断利润。现代社会绝大部分创新都是一种建立在前人基础上的"发展"过程，而非从零到一、无中生有的"发现"过程。[2] 产业实践中，竞争者之间往往在研发路径、研发方法、研发过程等方面有一定的相似度。如果彼此竞争的研发单位都能创新成功并向市场推出具有替代性的新产品，那么会提高创新后市场的竞争强度，这是有利于消费者福利的。因此，在研产品或研发单元的重叠度越高恰恰越能反映在研产品市场上存在激烈的"创新竞争"，并购行为对重叠研发单位的消除可能降低总体的创新投资水平和减少在研产品的多样性。此外，当在位垄断者收购那些研

---

〔1〕　Vincenzo D., Michele Polo, "Duplicative Research: Mergers and Innovation", *Economics Letters* 166, 2018, pp. 56-59.

〔2〕　［英］A. 鲁伯特·霍尔、［英］诺尔曼·A. F. 史密斯：《发明》，载邹珊刚主编：《技术与技术哲学》，知识出版社1987年版，第317~349页。

发路径、模式或范围与自己相似的初创企业时，这种猎杀并购将封锁任何潜在的创新竞争。在 Facebook 发起的并购中，部分并购将竞争者独立的应用程序等转化为 Facebook 独有的功能，而其他竞争性技术产品在并购后的几天或几个月内就被关闭。[1] 此种类型的并购对互联网技术创新的损害可想而知。

（四）对其他有关创新者的影响

我国《反垄断法》第 33 条规定，审查经营者集中，应当考虑经营者集中对其他有关经营者的影响。对于创新影响的审查，尤其需要注意对其他有关创新者的影响。在我国一些技术密集型行业中，市场上的创新者除了存在竞争关系的企业，还包括高校、研究机构等公共研究者和一些私人研究者。因此，对企业经营者集中行为的审查，还需要考虑对其他第三方创新者的影响。

1. 剩余创新者的数量变化

萨赫（Sah）和斯蒂格利茨（Stiglitz）的研究指出，市场上的创新者越多，企业的期望利润越低，消费者利益和社会总收益越高。[2] 剩余创新者数量能够直接反映现有市场面临的竞争压力或未来市场的竞争格局，如果经营者集中行为将导致剩余创新者数量减少，以致于不足以维持在研产品市场的竞争或者创新市场的潜在竞争，那么执法者应当不予批准相关经营者集中，否则将对行业的整体创新发展产生结构性损害。

2. 剩余创新者的活跃度

剩余创新者数量体现了对量的考察，而创新活跃度体现了对质的要求。可以从技术布局、研发投资的增加、研发分支机构的设立、实验测试进展、专利申请情况等方面判断活跃度。通用电气（GE）与阿尔斯通（Alstom）合并案（2015）中的执法者认为合并后阿尔斯通停止 GT26 和 GT36 燃气轮机研发进程的举措将减轻其他竞争者（西门子）的竞争压力，导致行业中关于竞争性燃气轮机的创新活跃度大幅降低。

3. 是否对其他创新通道形成封锁

当经营者通过经营者集中能够控制下游研发环节必不可少的投入品、原材料、研究工具等关键设施时（如基因片段），这种经营者集中很可能对其他

---

〔1〕 Mark Glick, Catherine Ruetschlin, "Big Tech Acquisitions and the Potential Competition Doctrine: The Case of Facebook", accessed December 12, 2021, available at https://papers.ssrn.com/sol3/papers.cfm? abstract_id=3482213.

〔2〕 Raaj Kumar Sah, Joseph E. Stiglitz, "The Invariance of Market Innovation to the Number of Firms", *The RAND Journal of Economics* 18, 1987, pp.98-108.

创新者的研发通道造成封锁。欧盟委员会亦提出，在审查制药、信息技术等领域的一些合并案时，需要考察合并后企业是否成为某一创新领域中重要创新资源的唯一所有者。[1] 在斗鱼与虎牙合并案中，二者若成功合并将使腾讯单独控制合并后实体，进一步强化腾讯在游戏直播市场的支配地位，同时使腾讯有能力和动机在上下游市场实施闭环管理和双向纵向封锁，具有或者可能具有排除、限制竞争效果，不利于市场公平竞争、可能减损消费者利益，也不利于网络游戏和游戏直播市场规范、健康和持续发展。

（五）技术资源的整合情况

当前创新日趋复杂、成本高昂，一些领域的创新突破需要相关企业整合技术资源，发挥协同创新作用。夏皮罗（Shapiro）指出除了创新收益专有性之外，创新资源的协同性有利于提升企业创新能力。[2] 因此，技术资源整合与创新协同性应当成为经营者集中反垄断审查创新标准的重要组成部分。《经营者集中审查暂行规定》第27条规定评估经营者集中对技术进步的影响，可以考虑经营者集中对技术资源整合的影响。技术资源整合可以分为技术资源的有效整合、低效整合和无效整合。技术资源的有效整合能够短时期提升企业的创新能力，特别是具有互补性技术资源的整合能够避免"反公地悲剧"，[3] 让相关技术得到最大化利用，形成"研发聚集效应"。尽管技术资源的有效整合是并购对创新的积极影响之一，但其难以量化。优质的技术资源整合可能涉及横向或纵向、跨地域或行业的对不同技术板块、产品流程、生产能力、知识产权、商业模式等资源的整合，竞争主管机关应当根据不同行业进行个案分析。另外，如果存在技术资源的低效整合、不充分整合，甚至是对技术资源进行拆解、闲置、碎片化等无效整合行为，则是抑制创新的证据。有研究统计了 FAMGA（Facebook、Apple、Microsoft、Google、Amazon）在 2015 年至 2017 年间的 175 起经营者集中案，相关目标企业的品牌在收购

---

〔1〕 郭玉新：《欧盟合并控制竞争执法中创新损害问题研究》，载《科技进步与对策》2021 年第 4 期。

〔2〕 Carl Shapiro, "Competition and Innovation: Did Arrow Hit the Bull's Eye?", in Lerner Josh and Stern Scott eds., *The Rate and Direction of Inventive Activity Revisited*, Chicago, University of Chicago Press, 2012, pp. 361–404.

〔3〕 Michael A. Heller, "The Tragedy of the Anticommons: Property in the Transition from Marx to Markets", *Harvard Law Review* 111, 1998, pp. 631, 641–688.

后的一年内即被终止的共有 105 起。[1] 很多并购案件中，这些平台"守门人"完全关闭或终止了被收购企业的研发单元，浪费了有效的技术资源，磨灭了创新萌芽期成果。

（六）对创新空间的挤压

对于一些前沿、新兴的创新领域，保护创新潜能和创新尝试具有重要意义。一些能够带来巨大福利增进的颠覆性创新往往就是来源于一次次创新尝试。但是，一些经营者集中行为旨在争夺前沿领域的创新潜能或空间、封锁其他创新者的尝试机会及成功的可能性，这就需要监管者进行更为早期性的干预。由于前沿领域的创新往往处在比较早期的阶段，相关产品尚处于研发的初始阶段，通常难以准确测度，因此相关标准的建构往往分歧不断。我国反垄断法也并未涉及此种面向未来市场经营者集中的审查，但是执法者对未知市场进行错误干预造成的损失与通过不当并购剥夺创新潜能、封锁创新尝试造成的损失相比，后者要更大。现代经济学的大量研究揭示出创新损害损失掉的消费者福利要远远大于竞争损害，[2] 因此两害相权取其轻，支持对未来市场的早期干预具有正当性。

欧盟在陶氏化学公司与杜邦公司合并案中提出的"创新空间"理论为我们提供了一个评估未来市场的思路。尚未形成市场的研发活动有较大的不确定性，执法者可以对该市场或行业的整体创新情况进行一般性评估，考察并购交易对相关行业创新空间的影响。如果相关并购交易会导致该行业的创新尝试减少、创新产出目标降低、潜在的创新者减少、行业的创新潜力不足等，那么可以认为并购交易挤压了未来市场的创新空间。执法者需要对行业整体的创新水平、前沿技术发展情况、行业发展趋势、商业前景等专业知识有一定了解，才能对一些前沿研发领域的创新空间进行理性化的评估，避免主观臆断。对此，执法者可以征求相关部门、专业协会、专家的意见，必要时可以组织专家进行论证。我国《经营者集中审查暂行规定》第 23 条规定，市场监管总局可以根据审查需要，征求有关政府部门、行业协会、经营者、消费者等单位或者个人的意见。此外，大量的产业创新证据表明，很多未来市场

---

[1]　Axel Gautier and Joe Lamesch, "Mergers in the Digital Economy", *Information Economics and Policy* 54, 2020, pp. 4–15.

[2]　[美] 克里斯蒂娜·博翰楠、[美] 赫伯特·霍温坎普：《创造无羁限：促进创新中的自由与竞争》，兰磊译，法律出版社 2016 年版，第 267~288 页。

上的重要创新来自中小型企业。受到沉没成本和规模效应的制约，大企业更关注常规创新和增量创新，而小企业往往能够产生一些与自身实力不匹配的颠覆式创造。[1] 一些在位垄断企业实施毫无征兆的、与自身业务领域毫无关系的、针对初创企业的扼杀式并购，其意图就在于"猎杀"重要的潜在创新者，争夺行业的创新空间或创新潜能。因此，在评估创新空间时，要格外关注对初创企业的收购行为。

结　语

随着知识经济和数字经济的迅速发展，创新因素逐渐成为经营者集中反垄断审查标准体系中的重要构成。但是，我国《反垄断法》《经营者集中审查暂行规定》等规范建构的创新审查体系存在标准模糊泛化、可操作性不足、内容不全面等问题。本研究在《经营者集中审查暂行规定》提出的对技术创新动力、技术研发投入和利用、技术资源整合的影响等指标的基础上，进一步细化和拓展了创新标准的内涵和外延，形成了更加全面和体系化的标准体系，以期执法者、司法者对经营者集中的创新影响形成更加科学合理的判断。

总之，建构经营者集中反垄断审查创新标准具有较大的应用价值，特别在数字经济时代尤为如此。不过本研究仍然存在一些不足之处，没有回答以下问题：这些指标是否涵盖周全、能否对不同的技术行业实现一体化适用等。未来的研究可以进一步梳理我国及欧美的并购案件（特别是互联网领域的并购），细化乃至提炼一些具有通约性的标准，从而完善或矫正本研究的指标设计。

---

〔1〕　Richard J. Rosen, "Research and Development with Asymmetric Firm Sizes", *The RAND Journal of Economics* 22, 1991, pp. 411, 420-429.

《民法典》背景下高空坠物案件的公安介入机制研究

张雅杰 *

　　摘　要：在高空坠物侵权案件中，我国《民法典》首次明确引入公安机关介入调查，这是贯彻落实"职权法定"原则的要求，也是实现当事人利益再平衡的需要。原《侵权责任法》第87条已在我国实践逾十年，其衍生的裁判文书中有大量公安机关介入高空坠物案件的书面记载，可视为目前我国公安介入机制理论研究的初步实践基础。本文通过分析整理2018年至2020年百余件高空坠物相关案件数据，总结归纳出我国近三年来高空坠物案件的整体特征及发展趋势。公安机关介入不同的高空坠物案件后又采取不同的措施，在实践层面形成了多种公安介入的既成模式。根据介入程度由浅入深，大致可分为"初步介入""深入介入""理想介入"三种模式。目前，我国迫切需要一套完整的程序设计，实现公安机关的尽职尽责和力所能及间的平衡。该机制的细化完善应从理念革新和规则设计两方面展开，将其在我国司法实务中的具体运行情况作为基点，立足职权法定原则，协调平衡被侵权人权益、可能加害人利益以及公安机

---

　　* 张雅杰，中国政法大学法学院宪法学与行政法学2021级硕士研究生。

关权责。

关键词：民法典　高空坠物　公安介入　实证研究

引　言

2021 年 1 月 1 日，《中华人民共和国民法典》（以下简称《民法典》）正式施行，宣告我国"民法典时代"正式到来。作为社会生活的百科全书，《民法典》符合最广大人民利益，顺应了时代发展，对我国现阶段民生方面存在的部分问题作出了新的回应，其中就包括对公安机关介入高空坠物[1]案件的明确规定。加之《中华人民共和国刑法修正案（十一）》于 2021 年 3 月 1 日起正式施行，将"从建筑物或者其他高空抛掷物品，情节严重"[2]的行为明确入刑。一时间，高空坠物相关问题再一次引发我国社会各界广泛关注。

《民法典》第 1254 条[3]作为对原《中华人民共和国侵权责任法》（以下简称《侵权责任法》）第 87 条的继承和发展，总体上依旧沿袭了原《侵权责任法》中有关高空坠物案件的规定。在此基础上，《民法典》将拒绝高空坠物行为从一种法律层面上的倡议正式转变成法律中作为行为规范的禁止性规定。此外，《民法典》该条款补充完善了可能加害人在补偿后向侵权责任人追偿的权利，明确了物业等建筑物管理者的安全保障责任，同时直接要求公安机关应当依法及时调查，查清侵权责任人，对高空坠物坠物治理规则作了进一步完善，对责任的承担有了更明确的划分。

但如习近平总书记所言："民法典颁布实施，并不意味着一劳永逸解决了民事法治建设的所有问题，仍然有许多问题需要在实践中检验、探索，还需

---

〔1〕　为便于表达，本文对高空坠物和高空抛物不做区分。无特殊注明时，文中所称"高空坠物"包括高空坠物与高空抛物。

〔2〕　《中华人民共和国刑法修正案（十一）》第 33 条规定，在《刑法》第 291 条之一后增加一条，作为第 291 条之二：从建筑物或者其他高空抛掷物品，情节严重的，处一年以下有期徒刑、拘役或者管制，并处或者单处罚金。

〔3〕　《中华人民共和国民法典》第 1254 条规定，禁止从建筑物中抛掷物品。从建筑物中抛掷物品或者从建筑物上坠落的物品造成他人损害的，由侵权人依法承担侵权责任；经调查难以确定具体侵权人的，除能够证明自己不是侵权人的外，由可能加害的建筑物使用人给予补偿。可能加害的建筑物使用人补偿后，有权向侵权人追偿。物业服务企业等建筑物管理人应当采取必要的安全保障措施防止前款规定情形的发生；未采取必要的安全保障措施的，应当依法承担未履行安全保障义务的侵权责任。发生本条第一款规定的情形的，公安等机关应当依法及时调查，查清责任人。尽管《民法典》第 1254 条第 3 款采用了"公安等机关"之表述，但公安机关无疑是主要机关，本文以"公安机关"代之。

要不断配套、补充、细化。"[1]《民法典》在高空坠物案件新增的公安介入机制方面仅规定了寥寥数语。一方面，公安介入高空坠物案件的必要性未得到充分论证；另一方面，未曾提及公安机关的角色定位和具体介入机制，为司法实践和学界研究留下了空缺。这些问题都亟需探索、研究并提出可行方案。

作为《民法典》第 1254 条的前身，原《侵权责任法》第 87 条已在我国各地法院司法裁判中实践逾十年，留下了许多珍贵的裁判文书。其中，不少高空坠物案件当事人在侵权事实发生后第一时间选择报警，依靠公安机关进行调查取证，而公安机关也不负所望，在案件审判过程中发挥了一定的作用，相应的就有大量文书中留下了公安机关介入高空坠物案件的书面记录，其背后折射出的实践内容即完善高空坠物相关法律机制所需的"生命养料"。由此，本文拟以我国司法实务中的具体实践情况为基点，探索完善高空坠物案件的公安介入机制。

一、高空坠物案件公安介入理论基础

（一）职权法定原则的应有之义

公安机关介入高空坠物案件是贯彻落实"职权法定"原则的要求。根据《中华人民共和国人民警察法》的相关规定，公安机关的人民警察按照职责分工，依法履行预防、制止和侦查违法犯罪活动，维护社会治安秩序，制止危害社会治安秩序行为的职责以及法律、法规规定的其他职责。[2] 同时，为履行上述职责，公安机关的人民警察有权力依法实施行政强制措施、行政处罚，符合法律规定的情况下还可以对相关人员采取强行带离现场、依法予以拘留、当场盘问、检查等措施。此外，为侦查犯罪活动的需要，公安机关的人民警察可以依法执行拘留、搜查、逮捕等，也可以根据情况实行现场管制。[3]

高空坠物行为危害公众人身财产安全，严重者涉嫌犯罪。公安机关兼具行政机关与司法机关属性，是武装性质的国家治安行政力量和刑事司法力

---

[1]　习近平：《充分认识颁布实施民法典重大意义 依法更好保障人民合法权益》，载《北京人大》2020 年第 6 期。

[2]　《中华人民共和国人民警察法》第 6 条。

[3]　参见《中华人民共和国人民警察法》第 7 条、第 8 条、第 9 条、第 12 条、第 17 条。

量[1]，是拥有合法暴力工具的垄断性权威机构[2]。根据我国法律规定，对高空坠物案件进行调查以查清侵权责任人当然属于公安机关的职责范围，符合我国行政机关"法定职责必须为"的原则。2003 年，我国香港地区房屋署甚至聘请了 3 名警察，专门成立了"侦查高空抛物特别任务队"负责巡逻监视，搜集证据。[3]

然而，由于原《侵权责任法》第 87 条过于侧重可能加害人对被侵权人进行补偿，使得部分机关忽视了其应当承担的法定调查职责，出现了在伤亡惨重的案件中，公安机关消极应对的情形，不利于促进对受害者的保护以及对社会秩序的稳定和维护。[4]

（二）当事人利益再平衡的迫切需要

在高空坠物案件中落实公安机关介入机制有利于实现当事人利益再平衡，更好地维护社会公平治安。目前，实务中处理高空坠物案件的过程中始终存在着两大痼疾。其一，侵权责任人难以确定。遭遇高空坠物一直被视为平民百姓日常生活中的飞来横祸，被称为"城市上空的痛"。物品抛掷的动作只是一瞬间，就连坠落也仅仅持续数秒，带来的后果却是无法计量的——轻则车毁财失，重则伤重人亡。整个违法犯罪过程都是极难捕捉的，更何谈及时找到并固定证据来确定侵权人、有效证明该侵权事实？其侵权责任人具有极大隐蔽性，很多案件因无法确定具体责任人而成为"无头公案"，被侵权人被损害的权益无法得到有效救济，侵权责任人实施加害行为没有承担相应的责任，严重影响社会的公平正义。其二，被侵权人救济难。无论是刑事处罚、行政处罚还是民事追偿，证据认定都是受害人得到救济的前提和基础。在侵权责任认定中，包括物证、当事人陈述、视听资料、证人证言等在内的各类证据都需要相互印证以达到民事诉讼中的证明标准，而高空坠物案件中仅仅依靠当事人，要想搜集固定各项证据使其形成完整的证据链极其不易。

具体而言，除了受害人陈述这一证据之外，如上所述，大部分高空坠物

---

〔1〕　参见《公安机关组织管理条例》第 2 条规定，公安机关是人民民主专政的重要工具，人民警察是武装性质的国家治安行政力量和刑事司法力量，承担依法预防、制止和惩治违法犯罪活动，保护人民，服务经济社会发展，维护国家安全，维护社会治安秩序的职责。

〔2〕　徐靖：《论法律视域下社会公权力的内涵、构成及价值》，载《中国法学》2014 年第 1 期。

〔3〕　参见本刊编辑部：《国内外高空抛物治理借鉴》，载《城市开发》2019 年第 23 期。

〔4〕　参见张新宝、张馨天：《从〈侵权责任法〉第 87 条到〈民法典〉第 1254 条："高空抛（坠）物"致人损害责任规则的进步》，载《比较法研究》2020 年第 6 期。

案件是由建筑物所有人或使用人从建筑物内实施，且是在受害人疏于防范时发生，具有明显的随机性、隐蔽性，在高空坠物行为发生之时受害人自身一般难以发现加害人。目击证人出于同样原因一般也极少，即使零星存在也极有可能只是偶然路过，难以查明和追踪，且不一定愿意出庭为受害者作证。另外，高空坠物行为事发现场往往处于高楼林立之处，面对数量巨大的嫌疑人群体，逐一排查需要耗费大量的时间和精力。事发现场的人群流动性大，物证容易被破坏，进一步加剧了证据收集的难度。

普通民众遭受飞来横祸，生命安全受到严重威胁时，让其及时寻找、锁定高空坠物的侵权责任人，并掌握、保存相关证据以达到民事诉讼的证明标准，无疑给人以强"民"所难之感。况且民众及其诉讼代理人并没有强制调阅周边监控录像、查询住户户籍身份信息等权利，不管是现实层面还是法律层面上，被侵权人的查证、举证能力都是受限的。与之相对，公安机关作为国家治安行政和刑事侦查的专门机关，具有及时调取现场周边监控录像等公共资源、排查嫌疑人的权力，在调查、侦查方面的专业性和权威性都是毋庸置疑的，在查清高空坠物案件侵权责任人的能力方面显然高于普通民众。如果没有国家公权力机关的有效介入，侵权责任人难以查实是高空坠物案件可以预见的普遍后果。

自原《侵权责任法》第 87 条实行后，我国法律实质上始终未对高空坠物案件中被侵权人举证能力不足、侵权责任人难以确定这一现实问题作出正面回应，一直推定可能加害的建筑物使用人"连坐"承担，而后者作为民法上的和被侵权人平等的主体被苛以不同的义务，正义性备受争议。这样的规则设计主要出于保护弱者、损失分担和风险防范三个层次的考量，是诸多价值权衡与博弈的结果。但是，原《侵权责任法》第 87 条的规定没有考虑有关机关依法调查的职责，没有规定物业服务企业的安全保障义务，甚至不对侵权人的侵权责任作出直接规定，而过分强调可能加害人给予补偿，采取和稀泥的办法处理侵权案件，没有分清是非曲直，所做的"补偿"缺乏正义性基础，有挑战社会正义之嫌。[1]

与原《侵权责任法》第 87 条规定的侧重于对受害人一方的保护相比，《民法典》第 1254 条实现了各方利益的调整与平衡，以查清事实为基础，兼

---

〔1〕 参见张新宝、张馨天：《从〈侵权责任法〉第 87 条到〈民法典〉第 1254 条："高空抛（坠）物"致人损害责任规则的进步》，载《比较法研究》2020 年第 6 期。

顾各方利益，追求个案的公平正义，使这一规定更加体现出法律的规范价值及对民众教育、警示、引导的作用。在考虑到受害人困境的基础上，修改后的法律规范将利益保护的天平进行再平衡，突出了条款作为特殊规定的地位，增加了司法机关在选择适用由可能加害人承担补偿责任的先前步骤。并特别明确公安机关的调查职责，借助其调查权力、调查能力等优势迅速准确地锁定具体侵权责任人，便于受害人寻求救济，也降低了他人无辜担责的风险，使难以确定加害人的情况成为极少数，严格了该条规定的适用条件，更加符合民法公平正义的精神，也为公安机关介入高空坠物案件提供了理论基础。

（三）高空坠物案件中公安介入的方式和路径

近些年来高空坠物案件频发，对公共秩序造成的不利影响是有目共睹的。出于对公安机关法定职责的认定，并结合高空坠物案件侵权责任人难以确定、被侵权人维权困难以及举证责任倒置正当性存疑等现存问题，进行当事人利益再平衡，引入公安介入是重要且必要的。

在域外实践中，各国在高空坠物相关案件的救济上仍主要限于民事手段，基本依靠当事人自证，而未特别单独强调国家公权力机关的介入，但在其适用于高空坠物案件的各种制度中也存在着部分国家公权力的影子，可供参考。例如，新加坡法律规定，只要是对公民的生命和财产安全构成潜在威胁的高空坠物行为都会被严厉处罚。处罚措施主要有两个方面：一是财产罚，即罚款；二是自由罚——强制劳动改造，这一层面无疑就体现了国家公权力介入的影子。新加坡政府还十分重视高空坠物的社会治理机制建设，开通了专门投诉热线，鼓励居民提供案件线索。另外，新加坡环境部门通过安装超高清摄像机对高空坠物行为进行监控，为案件调查提供便利。其实从另一层面来说也是主要依靠国家公权力机关提供证据，减轻了高空坠物案件当事人自身的举证压力。日本对于高空坠物案件的处理则主要依赖教育体系，对禁止高空坠物的教育尤为重视。日本教育部门要求各地学校严格落实对学生的道德素质教育，其中就特别包括要求学生意识到高空坠物的危害，坚决禁止高空坠物行为。同时，日本特别重视从房屋建筑技术层面预防高空坠物事件发生，如横滨市的有关法律就规定高层建筑必须在阳台下方设置高空坠物预防措施，且必须通过有关部门的竣工验收。[1]这就将国家公权力集中发力在高空坠物

---

[1] 参见侯学峰：《高空抛物行为治理研究》，载《公安学刊（浙江警察学院学报）》2020年第1期。

案件的预防阶段，与新加坡相比各有侧重。

在我国实践中，由于原《侵权责任法》相关条文仅对被侵权人和可能加害人的民事法律关系作出了规定，过分强调可能加害人的补偿责任，未考虑公安机关依法调查的职责。遭遇高空坠物时，现场人员一般情况下会选择第一时间拨打 110，要求公安机关立案调查，公安机关一时难以辨别究竟是治安案件、刑事案件，还是意外事件或民事侵权案件，相关法律依据不足、职责边界不清，左右为难，又怕被卷入民事纠纷，案件处理方式多样不一，常引发公众不满。一边是被侵权人认为"公安机关不作为"，另一边是可能加害人觉得"公安民警公权私用、侵犯公民隐私权"，公安机关左右为难，当事人愤而投诉，甚至诉讼，进一步激化社会矛盾。[1] 这也导致出现了公安机关推诿懒政、部分法院审理相关案件以"和稀泥"为主的情形。[2] 对此，《民法典》第 1254 条已经作出了回应，改变了现有高空坠物相关法律构架，对公安机关受理侦办高空坠物案件提出了新的要求。

明确了高空坠物案件中公安机关介入的必要性，其具体介入机制又该如何细化是理论层面和实践层面面临的共同问题。由此，厘清公安角色定位、细化公安介入机制实乃大势所趋，且迫在眉睫。

二、高空坠物案件公安介入的研究样本和方法

（一）研究思路及方法

如前所述，原《侵权责任法》第 87 条作为《民法典》第 1254 条的前身，已在我国司法裁判中实践逾十年，并在司法审判系统中拥有一个独立的案由："高空抛物、坠物损害责任纠纷"，留下了许多珍贵的裁判文书材料，反映了高空坠物案件在司法实务中的处理流程及结果。就日常经验而言，即使是在明确规定公安机关介入义务的民法典未出台的"侵权责任法时代"，民众在遇到高空坠物事件造成人员财产伤亡损失的第一时间下意识的反应无疑都是报警，寻求公力救济，这就使得公安机关留下了一系列接警、出警及调查信息。其前期调查的数据留存在后续的司法程序乃至最终的审判结果中就会不可避免地得到一部分体现，故而从相关裁判文书的描述中可以寻得蛛丝马迹，大致窥得公安机关在其中扮演的角色和发挥的作用。

---

[1] 参见杨月明等：《公安等介入，完善权利保护和救济规则》，载《天津日报》2020 年 7 月 30 日，第 11 版。

[2] 参见张新宝：《侵权责任编：在承继中完善和创新》，载《中国法学》2020 年第 4 期。

加之我国在 2010 年、2013 年、2016 年发布并修订了《最高人民法院关于人民法院在互联网公布裁判文书的规定》，裁判文书公开工作由粗到精、由浅及深步步推进，形成了以公开为常态的原则。裁判文书发布量的突飞猛进，为法律大数据技术开发建立了良好的基础。由此，本文拟以网上公开的近三年来我国司法实务中裁判文书所记载的具体实践情况为出发点，探索完善高空坠物案件的公安介入机制。但是，尽管我国裁判文书上网工作已经取得了显著成效，但必须指出的是，我国裁判文书公开的全面性、及时性以及规范化程度依然有待提高，裁判文书公开工作未来的提升空间还相当大，文书公开量仍然有待提升，而且文书公开的地区差异有待进一步消除，西部地区文书上网，不仅数量少，而且及时性差。[1] 一定程度上，这些因素都对研究结果造成了不可避免的影响。

在研究方法上，本文拟采用定量分析与定性分析相结合的方法。一方面，定量研究能够大致反映各地各法院在高空坠物方面的案件量及其中公安介入情况的现有水平和发展趋势。另一方面，尽管我们身处数据时代，但数据并非万能，它既受限于当前的技术水平，也受限于复杂的现实环境。出于本文研究的并不仅是结构化数据，还包含裁判说理等大量非结构化数据，故主要采用定性分析作为基本研究手段，需要通过人工分析判断，主观总结归纳出公安机关近三年在高空坠物案件中的不同角色定位。对这种既强调定性又强调定量的研究方法而言，对数据的收集、统计分析与理论阐释就成了研究的关键。[2]

（二）样本获取途径及方法

本文以"高空抛物、坠物损害责任纠纷"案由下涉及公安机关的民事裁判文书为研究对象，主要关注从中体现的公安机关介入高空坠物的具体情况，拟通过具体分析公安机关在裁判文书的相关记载侧面了解并印证该公安机关对审判结果产生的影响，从而研究公安机关在高空坠物案件中的具体介入情况，并以此为基础探索有效可行的公安介入机制。

关于具体样本，本文拟通过以"公安"为关键字进行裁判文书检索获取。

---

〔1〕 参见马超等：《大数据分析：中国司法裁判文书上网公开报告》，载《中国法律评论》2016 年第 4 期。

〔2〕 参见左卫民：《一场新的范式革命？——解读中国法律实证研究》，载《清华法学》2017 年第 3 期。

具体检索获取步骤如下：第一步，在聚法案例数据库就案由"高空抛物、坠物损害责任纠纷"在类案智能推送系统中进行类案检索，可获取自 2018 年至 2020 年以来有关高空坠物案件的裁判文书。通过对上述裁判文书的整理归纳，可简单得知 2018 年以来三年间高空坠物案件的基本概况及发展趋势。第二步，加入检索关键词"公安"，可筛选出体现了公安机关在高空坠物案件中发挥过一定作用的相关裁判文书。

依据上述抽样方案，最终获得以"高空抛物、坠物损害责任纠纷"为案由的 242 篇裁判文书，其中涉及公安机关的裁判文书 60 篇。考虑到样本数量有限，实际案件数量可能远远超过公开案例数量，因而上述裁判文书数据可能无法全面体现我国 2018 年至 2020 年间高空坠物裁判案件的总体情况，但这 242 篇裁判文书能够在很大程度上体现高空坠物案件的现状和问题。

数据处理分为两个阶段。第一阶段针对裁判时间、地域分布、审理程序、法院层级等结构化数据对 242 篇高空坠物相关案件的总体情况做了归纳与分析，并形成了直观便捷的可视化图表。该阶段主要依靠定量分析方法，期待能够研究得出高空坠物相关案件的地域及时间等分布情况及其发展趋势，并尝试对依据数据呈现出的结果进行合理的解说，探求其背后的背景与成因，以期能够更全面深入地了解对高空坠物案件造成影响的现实因素，为公安机关更好更合理地介入相关案件提供理论铺垫。第二阶段在对 60 篇体现公安机关的裁判文书进行上述结构化数据处理归纳、定量分析的基础上，逐个人工删选，截取归纳出裁判文书中有关公安机关的描述，形成 Excel 文字表格，对公安机关在各个案件中的角色定位进行定性分析，总结归纳出已有的公安机关介入模型，结合现实情况分析利弊，为更好地构建高空坠物案件公安介入机制服务。

（三）样本情况

通过对 242 件案例的各项结构化数据进行可视化处理分析，所有样本总体情况如下：

1. 高空坠物案件数量发展趋势

从数量上看，近年来我国高空坠物案件整体呈下降趋势。其中，2018 年的案件数量最多，达到 93 件，2020 年的案件数量最少，达到 66 件。究其原因，自近年"山东菜案板案""深圳高空玻璃砸死小学生案"等多起高空坠物酿成的惨案进入公众视野、引发舆论哗然以来，各地政府机关、舆论媒体及社区物业都对高空坠物行为的违法性、有害性进行了大力宣传。随着相关安全知识及法律知识的普及，高空坠物案件数量的减少是可预见的，但考虑到其危害性与可避免性，目前案件整体数量仍保持在较高的水平。

2. 高空坠物案件地域分布情况

从地域分布来看，高空坠物民事案件的分布主要集中在四川省、湖南省和安徽省，分别为46件、18件及17件。其中案件量最多的省份是四川省，占比19.01%。

通过上述内容可发现，高空坠物案件的分布范围集中在我国人口较为稠密的东部地区，分界线大致与我国人口稠密区与稀疏区分界线重合。经济发达、人口稠密的地区土地资源较为紧张，因此高楼林立，具备高空坠物案件的初步现实基础。而我国西部地区地广人稀，对于高楼的需求较低，故而高空坠物案件较少发生。其中，四川省以两倍于第二省份的数量高居高空坠物案件发生地域分布数量榜首，这可能与四川盆地复杂的地势地理环境有关，也与当地民众相关意识较薄弱、舆论宣传不到位等因素密切相关。当然，另一方面，出于本文样本的局限性，该结果的呈现也同样受裁判文书公开状况、撰写习惯、民众遇到相关事件的报警率等因素影响。

3. 高空坠物案件裁判文书性质情况

就文书性质而言，当前高空坠物相关案件的文书性质主要是裁定，占比为57.44%，其次是判决，占比33.47%。针对高空坠物案件，各地法院作出的多是驳回起诉、准许撤诉、驳回再审申请等裁定。这在一定程度上也反映了高空坠物案件中当事人起诉难、上诉难、维权难的现实局面，司法审判在处理解决高空坠物案件中存在一定程度的局限性。

4. 高空坠物案件裁判文书审理程序情况

当前高空坠物案件裁判文书的审理程序分布状况显示一审案件占比68.18%，二审案件占比14.88%，执行案件占比11.98%，再审审查与审判监督案件占比3.72%，再审案件占比0.83%，案件多集中在一审阶段审结。这可能是由于高空坠物案件的复杂性和困难点在于需要当事人，特别是原告查明侵权责任人、查找固定证据以完成证明责任，一旦进入司法程序，在审判阶段中一般无太多争议点，法律适用较为明确。并且，出于前述高空坠物案件的特殊性，当事人搜集证据的黄金期在事件发生时及其后较短的时间内，一旦进入诉讼程序，当事人掌握新证据的可能性不大。故而，不管当事人事前调查查证到怎样的程度，在相同的证据基础上，上诉对审判结果的影响在一般情况下并不显著。

5. 高空坠物案件审理法院层级情况

从法院层级的统计来看，此类高空坠物案件大多由基层法院审理，占比 81.40%，其次是由中级法院审理，占比 16.12%，高级法院仅占比 2.07%。这显示出高空坠物案件引发的民事诉讼法律关系较为简单，案涉标的一般不大。

三、高空坠物案件公安介入总体情况

（一）总体分析

在上述 242 篇高空坠物案件的裁判文书中，有 60 篇反映出了案件中存在公安介入的情况。以该 60 篇裁判文书的各项结构化数据为样本进行梳理分析，发现其总体有如下主要特征：

第一，就绝对数量来说，2019 年公安介入高空坠物案件数量最多，达到了 24 件。2020 年其次，达到 20 件，但仍高于 2018 年的 16 件。

第二，就地域而言，公安介入高空坠物的案件主要集中在安徽省、四川省、天津市区域，分别占总量的 11.67%、10.00%、8.33%。其中案件量最多的省份是安徽省，数量达到 7 件。

第三，在公安介入的高空坠物案件中，判决文书性质主要是判决，占比为 96.67%，保持着绝对优势，这与高空坠物案件判决文书性质特征整体差异较大，一方面，裁判文书中体现公安介入本身就意味着公安机关在该案中发挥了一定作用，案件审理脉络较为清晰，多以实体判决解决当事人争端。另一方面，也必须承认由于研究方法的局限性，在驳回起诉等裁定书中，法院一般不会详细描述案情事实，自然难以体现公安介入，这些裁定也因此被排除了在样本之外。

第四，体现公安介入的高空坠物案件多为一审案件，占比 78.33%，二审案件占比 20%，而再审审查与审判监督案件最少，仅占比 1.67%。在法院层级方面，此类案件大多由基层法院审理，占比 78.33%，其次是中级法院，占比 20%，没有由高级法院审理的案件。这与高空坠物民事案件自身的特性紧密相关，虽然高空坠物对民众生命财产安全造成了严重威胁，但在民事法律关系层面，选择通过民事诉讼解决的高空坠物案件涉及的金额有限，故而多集中在基层法院的一审程序中审理。

（二）区域对比

至于具体体现公安介入的高空坠物案件数量，详细而言，安徽省公安介入高空坠物案件的数量最多，为 7 件。四川省次之，为 6 件，其后分别是天

津市、湖北省及广东省。这与各省（市）高空坠物案件整体数量是密切相关的，没有较大的基数，自然也不可能有较多的公安介入案件。故而需要结合前文所述各省高空坠物案件的整体数量，进行进一步分析。

首先，根据前述两组数据可整体计算出各省（市）高空坠物案件中的公安介入率，由高到低依次为青海省、广东省、天津市（如表 1 所示）。但考虑到部分省（市）本身高空坠物整体案件数量较少，例如排名第一的青海省高空坠物案件总共就 2 件，且该 2 件案件的裁判文书均对公安机关有所体现，样本数量过小，故此排名意义可能有限。

表 1　各省（市）高空坠物案件公安介入率

省　份	青海	广东	天津	贵州	安徽	福建	湖北	陕西
公安介入案件数量	2	4	5	4	7	2	5	3
整体数量	2	7	9	9	17	5	13	9
公安介入案件占比	100.0%	57.1%	55.6%	44.4%	41.2%	40.0%	38.5%	33.3%
省　份	山东	辽宁	黑龙江	吉林	重庆	河南	浙江	湖南
公安介入案件数量	3	4	2	1	3	1	3	3
整体数量	10	14	8	4	13	5	16	18
公安介入案件占比	30.0%	28.6%	25.0%	25.0%	23.1%	20.0%	18.8%	16.7%
省　份	北京	四川	江苏	河北	山西	云南	上海	江西
公安介入案件数量	1	6	0	0	0	0	0	0
整体数量	7	46	13	6	4	3	2	1
公安介入案件占比	14.3%	13.0%	0.0%	0.0%	0.0%	0.0%	0.0%	0.0%

由此，本文对前述两组数据做进一步筛选处理，在案件总量达到一定数量级以上的省（市）间重新进行排名，在此主要以各省（市）高空坠物案件整体数量为筛选条件，仅选取案件数量在 10 件以上的省（市）数据做进一步对比分析（如表 2 所示）。在此基础上，我们可以看到，安徽省以 7/17、41.18%的公安介入率位居九个省（市）第一，其次是湖北省和山东省分别以

5/13、38.46%和3/10、30.00%的公安介入率分别位居第二、第三。数据表现最差的是江苏省，以0/13、0%的数据垫底。

表2　部分省（市）高空坠物案件公安介入率

省　份	安徽	湖北	山东	辽宁	重庆
公安介入案件数量	7	5	3	4	3
整体数量	17	13	10	14	13
公安介入案件占比	41.18%	38.46%	30.00%	28.57%	23.08%

省　份	浙江	湖南	四川	江苏
公安介入案件数量	3	3	6	0
整体数量	16	18	46	13
公安介入案件占比	18.75%	16.67%	13.04%	0.00%

在此之前，相关学者一般认为，"政府所有的功能都需要财政支撑，政府的所有行为都会反映到财政上……在实际工作中，公安财政经费中间最主要的人员经费、基本建设投资以及地方公安业务经费均由地方同级财政负担"[1]公安机关的案件处理效率、结案率等业务水平相关的数据经常被认为是与当地经济发展水平密切相关的。毕竟更高的经济发展水平意味着更高的税收，进一步象征着更高的经费水平。这样一来，发达地区的公安机关一般被认为人力、物力、财力都相对充足，为人民服务的能力也就更高。

此次数据结果中，虽然从地图显示出的数量分布上还是能够看出来公安介入相关案件的数量和经济发展还是有一定关系的，主要集中在中东部地区，但经济发展程度较高的北京、上海、江苏等地高空坠物案件公安介入率反而并没有想象中高。就结果而言，此介入率可能与公安经费相关，但影响并不是决定性的。误差的因素固然存在，但其背后亦大有可供研究之处。

究其原因，其有可能受法院水平、监控覆盖面等因素影响。一方面，高空坠物案件发生后，当事人可能会认为当地法院处理争议的专业能力不行而

---

〔1〕　樊鹏、易君健：《地方分权、社会犯罪与国家强制能力增长——基于改革时期中国公安财政经费发展的实证分析》，载《世界经济文汇》2009年第2期。

更倾向公安介入来寻求救济。而北京、上海、江苏等地司法能力相对更强，司法途径更发达，当事人也就不会拘泥于抓住公安介入这一条道路。这在全国各地涉及的裁判文书样本中都有所体现，例如在深圳市宝安区李某友、梁某琼等与叶某轩不明抛掷物、坠落物损害责任纠纷一案一审民事判决书中就有相关描述："本院对损害现场进行了勘验，并调取了事发时的监控录像。"[1] 又如武汉市江岸区任某敏、胡某等诉江岸区球场街道阳春阁社区居民委员会一案判决文书显示："根据上述规定，任某敏、胡某在起诉时将所涉楼栋共 281 户居民列为被告。经本院释明，任某敏、胡某将可能加害的建筑物使用人的范围缩小为 13 层至 16 层。本院根据任某敏、胡某提供的信息多次上门入户送达，同时积极向社区居委会及公安部门协调沟通，但由于该楼栋人员近年来流动性较强，存在房屋转售、出租等情况，在穷尽所有方式后仍有部分住户的身份信息无从获悉。故本院所列'可能加害的建筑物使用人'为已核实身份的李某某等 13 人。"[2] 在上述案例中法院都在确定侵权责任人、划清侵权责任界限中发挥了积极作用。另一方面，北京、上海、江苏等地的小区物业水平可能相对较高，住宅区附近监控覆盖面广，调查取证较监控覆盖率低的欠发达地区容易得多，也就不是那么需要公安机关一定介入。

（三）时间对比

就数量而言，体现公安介入的高空坠物案件裁判文书 2019 年最多，2020年次之，2018 年最少。进一步计算各年份介入率可得 2018 年至 2019 年高空坠物案件公安介入率由 17.2% 逐渐升高至 30.30%，呈逐年递增之势（如表 3 所示）。这一定程度上反映了随着社会发展以及宣传普及，我国各地公安机关在这方面的介入意识整体上逐渐加强，更好地保障了人民利益，维护了社会稳定。

表 3　各年份高空坠物案件公安介入率

年　份	公安介入案件数量	整体数量	介入百分比
2018 年	16	93	17.20%
2019 年	24	83	28.92%
2020 年	20	66	30.30%

---

〔1〕　深圳市宝安区人民法院民事判决书，(2018) 粤 0306 民初 5212 号。
〔2〕　武汉市江岸区人民法院民事判决书，(2019) 鄂 0102 民初 12419 号。

四、司法实践中高空坠物案件公安介入模式

司法实务中，高空坠物案件呈现出各种各样的情形，公安机关介入后又采取不同的措施，由此在实践层面形成了多种公安介入的既成模式。根据公安介入程度由浅入深，可大致分为三种情形，即初步介入模式、深入介入模式和理想介入模式。本章将对三种模式展开具体的实证分析。

（一）初步介入模式

第一种行为模式即在裁判文书中仅体现了被侵权人的报警行为和公安机关的出警行为。这种模式下，公安介入基本没有发挥有效作用，在司法裁判中多作为案件案由的划分依据。

例如在深圳市徐某理等与李某友、梁某琼等不明抛掷物、坠落物损害责任纠纷一案的民事判决书中显示："李某朋行经蚌岗 11 巷 1 号与蚌岗村 7 巷 99 号中间道路时被高空坠下的不规则块状石头砸倒，经送医院抢救无效死亡。该案公安机关至今未侦破。……公安机关侦查近两年，未查明具体的侵权人，也未查明案涉石块究竟是人为抛掷，还是建筑物附属物脱落、坠落，故本案属于侵权人不明的抛掷物、坠落物损害责任纠纷。"[1] 滨州市上诉人万某等与被上诉人吴某华、吴某、原审被告刘某遥等 120 人不明抛掷物、坠落物损害责任纠纷一案裁判文书记载："2014 年 1 月 15 日事故发生，公安机关于 2014 年 1 月 16 日以过失致人死亡立案。2017 年 5 月 23 日，滨州市公安局滨城分局刑事侦查大队出具情况说明告知该案无法侦破。"[2] 又如牡丹江市贾某栋与被上诉人牡丹江市福盛物业有限公司不明抛掷物、坠落物损害责任纠纷一案民事判决书显示："110 接到原告的爱人许女士的报警电话……牡丹江市公安局先锋分局出警，认定为特殊事件……原告应对其存在损害以及该损害是由从建筑物中抛掷的物品或坠落的物品所造成等事实负举证责任。原告未提供充分的证据证明上述事实，其应承担举证不能的后果。"[3] 在成都市成华区周某民与四川大金源天鼎物业管理有限公司不明抛掷物、坠落物损害责任纠纷一案一审民事判决书中记载："本院认为，原告举出的《接（报）处警登记表》仅载明原告报警的内容，未载明车辆受损的原因，且原告举出其他证据亦不能证明其车辆后挡风玻璃系被告经营的招待所楼上的抛掷物

---

〔1〕 深圳市中级人民法院民事判决书，（2019）粤 03 民终 24574 号。
〔2〕 滨州市中级人民法院民事判决书，（2020）鲁 16 民终 3119 号。
〔3〕 牡丹江市中级人民法院民事判决书，（2019）黑 10 民终 141 号。

或坠落物砸损，故被告大金源公司不应承担侵权赔偿责任。"[1]

一方面，若公安局派出所出警后未查明、无法认定当事人生命财产遭受的损害是由于高空抛掷物、坠落物所致，法院可能在一开始就无法认定该案件为高空坠物案件，自然也无法适用高空坠物案件相关法律规定，当事人依据高空坠物相关法律法规进行救济也就无从谈起。另一方面，若公安局报警回执单显示公安机关认定财物由高空坠落物所致，无责任认定内容或者载明无法查明具体责任人，法院则可将其作为划分为"高空抛物、坠物损害责任纠纷"案由的依据，根据案情具体情况判决可能加害人承担赔偿责任。

（二）深入介入模式

第二种行为模式即在前述模式一的基础上，公安机关进一步发挥国家公权力，采取多种调查侦查措施，更有效地介入高空坠物案件。具体表现为：公安局基层机构公安派出所出警后，在认定高空坠物致损事实的基础上，进一步通过调取监控、入户走访、现场勘查等一系列手段排除部分当事人的加害可能性。由此法院可以将公安调查部门的调查鉴定结果作为审判依据，进一步缩小可能加害人的范围。通过公安机关的上述调查手段，同一建筑物上的部分可能加害人实际上已转变为"不能加害人"，并由公安调查部门的调查鉴定结果背书证实，大大减轻了这部分可能加害人"自证清白"的举证难度。

例如在天津市上诉人王某丽与被上诉人李某、冯某云、陈某云不明抛掷物、坠落物损害责任纠纷一案的判决文书中相应记载："……经民警及物业公司的及时排查……确定致害纱窗最有可能来源于与游乐场相邻的 13 号楼及 16 号楼，并确定上述两栋建筑中只有三被告的房屋存在纱窗缺失的情形……依据民警入户查勘录像等证据，证实被告陈某云、冯某云房屋窗户处缺失的纱窗均存放在其房屋内，可排除致害纱窗系从被告陈某云、冯某云房屋坠落的可能性。"[2] 又如天津市上诉人赵某、沈某凯等与被上诉人张某、原审被告金某等不明抛掷物、坠落物损害责任纠纷一案的裁判文书认定："天津市公安局西青分局中北派出所提供的视听资料显示，被告刘某春、项某军、耿某薇、金某、沈某凯、李某涛、陈某、王某、秦某泽、冯某晴、周某然在 2017 年 7 月 30 日发生损害前离开各自居住的房屋，至发生损害时尚未返回。视听资料

[1] 成都市成华区人民法院民事判决书，（2018）川 0108 民初 4724 号。
[2] 天津市第一中级人民法院民事判决书，（2019）津 01 民终 3246 号。

可证明发生损害时，上述被告并不在建筑物中。"[1]

此外，公安派出所人民警察在案件证据固定、财产损失认定上也发挥着不可小觑的作用，在多起高空坠物案件中，正是由于致害坠落物不明，性质来源皆一片空白，致使被侵权人处于极为不利的境地，甚至需承受败诉的不利后果。例如在前述贾某栋案民事判决书中，上诉人"贾某栋主张是被祥和大厦楼上落下的碳素笔扎伤头部，对此其应提供相关证据证实……关于导致贾某栋受伤的抛掷物、坠落物是否是其所称的碳素笔，贾某栋并未提供证据证实，该事实无法认定……因贾某栋无法证实其受伤的地点及抛掷物、坠落物是否存在，故其主张福盛物业、信大公司承担本案的侵权赔偿责任，缺乏事实和法律依据。"[2]

相反，若公安派出所出警后第一时间固定抛掷物、坠落物并记录在案，该疏漏大可避免。同时，公安派出所也可以有效认定现场财产损失情况，避免在诉讼过程中双方当事人就财产损失数额进行不必要的争论。例如在遵义市上诉人桐梓县楠淼物流货运部与上诉人孙某荣……桐梓县金镇物业管理有限公司及被上诉人邓某华等不明抛掷物、坠落物损害责任纠纷一案判决文书中记载："桐梓县公安局作出桐公（刑）撤案字（2019）9005 号撤销案件决定书，因未发现犯罪事实，撤销'桐梓县海校街道代雄俊货车被故意毁坏'案……原告主张的车上货物损失 132 085.4 元，因原告所举证据不足以证明系货车烧毁所产生的损失，故原审法院不予认定。"[3] 若桐梓县公安局在案发当时就能够明确认定货物损失情况，就能有效发挥定分止争的作用。

（三）理想介入模式

第三种模式无疑是最为理想的情况，即在高空坠物案件发生后，当事人报警，公安机关出警，警察现场勘查，固定证据并及时通过调查锁定具体责任人。在公安机关接到报案到确定具体责任人之间所产生的一系列证据皆可作为司法裁判的证据，由派出所到法院"一条龙"服务，理想地发挥在当事人间定分止争的作用，维护社会公平正义。

例如沈阳市上诉人关某金与被上诉人张某芬、张某辉、于某臣、产某涛不明抛掷物、坠落物损害责任纠纷一案的裁判文书显示："2018 年 9 月 30 日

---

[1] 天津市第一中级人民法院民事判决书，（2019）津 01 民终 1460 号。

[2] 牡丹江市中级人民法院民事判决书，（2019）黑 10 民终 141 号。

[3] 遵义市中级人民法院民事判决书，（2020）黔 03 民终 3072 号。

14时左右，张某芬在铁西区小区公益健身场地锻炼时，对面住宅四楼坠落一块废弃泡沫板，张某芬受惊吓后摔倒受伤。现场人员报警后，沈阳市公安局铁西分局凌空派出所民警出警，查明泡沫板系从关某金家正在装修的房屋中掉落，装修现场的工人即本案张某辉和于某臣。"〔1〕

然不如意事常八九，由于侦查手段的局限性和高空坠物案件的隐蔽性、复杂性等自身特性，对于公安机关介入达到该种情形只可期待，难以苛求。

（四）既有模式分析

前文所述初步、深入、理想三种介入模式皆是实践中有迹可循且已有一定实践基础的公安机关介入模式。

第一种模式下，公安机关在高空坠物案件中担当了一个可有可无的门槛角色——有，案情更清晰，适用高空坠物相关法律规则与否争议较小；没有，也不会对案件造成决定性影响，无公安介入的高空坠物案件也并非当然得不到法院的救济。这与《民法典》立法所期待的公安机关依法及时调查、查清责任人的情形显然是不相符合的，长此以往，公安机关难免存在"走过场""敷衍了事"的嫌疑，也为日后当事人与公安机关可能存在的矛盾冲突埋下了伏笔。

第二种模式与第三种模式区别主要在结果的不同，公安机关在依法出警并尽职尽责地进行现场勘查、调取监控、入户走访等一系列侦查措施后，不得不承认，破案存在概率问题。从情感上，第三种模式当然是众望所归，然而从理智上，高空坠物案件公安介入机制的最优解应当较为切合第二种模式。在穷尽一切调查手段后仍不能准确锁定某一侵权责任人的，不应对公安机关求全责备。美国高空坠物相关法律制度中显现的思路也大致如此，在美国，高空坠物行为本身就被视为是一种危害公共安全的犯罪行为，并不要求造成人身危害结果。美国治理高空坠物行为始终贯彻先刑事后民事的原则，首先要求穷尽刑事侦查措施，力求追究刑事责任。这就明确要求国家公共安全机关第一时间切实履行刑事侦查职责，对事实清楚、证据充分的，实行重罚重赔；但对责任人不明的，公安机关则淡出审判视线，采用"事实自证"原则推定被告的过失责任。〔2〕由此，也正体现了我国目前迫切需要一套完整的程

---

〔1〕　沈阳市中级人民法院民事判决书，（2020）辽01民终4902号。

〔2〕　参见侯学峰：《高空抛物行为治理研究》，载《公安学刊（浙江警察学院学报）》2020年第1期。

序设计，来确保公安机关尽职尽责和力所能及间的平衡。

五、高空坠物案件公安介入机制的完善

（一）公安介入机制理念革新

在此背景下，完善高空坠物案件公安介入机制离不开理念上的革新。首先，要使公安机关的人民警察在思想上高度重视此类案件，充分意识到"民法典时代"到来以后，只要是涉及高空坠物的警情，公安机关都有责任及时调查，查清责任人，以往可能存在的推诿就能了事的办案态度早应成为过去式。其次，公安机关要充分开展《民法典》新内容的学习宣传工作。高空坠物行为在日常生活中屡禁不止，学法知法是守法的前提。一方面，人民警察要充分领略自己的职责所在，意识到失责就要担责；另一方面，通过各方面宣传，民众心中也要提高警惕，拉响警钟，从以防成为被侵权人和坚决不做侵权责任人两个角度双管齐下，既保证坚决不触碰高空坠物的行为红线，也要提高安全防范意识。这不仅要行动，更要成效——反映到数据层面，要争取使得日后"高空坠物案件数量"和"高空坠物案件公安介入率"两项数据能够在上述两项措施的影响下"此消彼长"。

进一步而言，面对高空坠物案件，公安机关介入过程中的第一责任主体一般都是基层派出所。为了更好地落实公安介入机制，基层派出所无疑是第一道防线。在这方面，以往实践中暴露出的问题不容小觑。大量裁判文书中记载的公安机关都欠缺有效作为，例如在前述深圳市徐某理等与李某友、梁某琼等不明抛掷物、坠落物损害责任纠纷一案中，被侵权人李某朋行经蚌岗11 巷 1 号与蚌岗村 7 巷 99 号中间道路时被高空坠下的石头砸倒身亡。如此严重的致害结果下，公安机关侦查近两年竟也一无所获，查明具体的侵权人也许无法苛求，但连案涉石块究竟是人为抛掷还是建筑物附属物脱落、坠落也未查明实在具有失职之嫌。[1] 原则上，基层公安派出所接到报警后必须规范处置警情，积极履行法定职责，力求在第一时间查清具体高空坠物行为的性质，查明责任人，视情况按法律各项规定启动不同程序分别处理，以切实确保高空坠物案件公安介入机制有效运行。

这就对行政立法的完善提出了新的要求。例如，高空坠物行为威胁的是不特定人的人身、财产权益，即公共利益。即使特定行为侥幸未造成较大的实际损害，也应当予以治安管理处罚，以更好地确保最广大人民群众的根本

---

〔1〕 参见深圳市中级人民法院民事判决书，（2019）粤 03 民终 24574 号。

利益。由此可以考虑在《中华人民共和国治安管理处罚法》中设定惩处高空坠物行为的具体条文，单独规定高空坠物的处罚条款，明确罚则。这也为公安机关在高空坠物案件中切实履行职责提供了具体的法律指引，使得公安机关在执法过程中有法可依。

（二）公安介入机制程序规则完善

公安机关作为行政主体，在进行包括高空坠物案件调查等各项活动中都应当始终坚持程序正当原则。鉴于我国目前仍未有专门的行政程序法，且如前所述，现行法律并未对公安机关介入高空坠物案件作出明确细致的规定，故而下文主要落脚于高空坠物案件公安介入机制的具体规则设计。

首先通过对《民法典》第1254条第3款的详细解读，在高空坠物案件公安介入机制方面不难得出以下结论：公安机关是及时调查、查清责任人的义务机关；公安机关介入某一高空坠物案件调查，不受被侵权人的人身或财产损伤具体程度的限制，即只要有相关事实的发生，只要被侵权人有查清责任人的需求，公安机关都应当及时受理、启动调查；公安机关拒不或怠于履行该职责，或履职中严重失职的，依法应当承担相应的法律责任。[1] 在此基础上，方为高空坠物案件公安介入机制创造进一步细化完善的空间。

需要明确的是，与单纯的治安调查和刑事侦查相比，公安机关针对高空坠物相关案件启动调查的规则是具有特殊性的。治安调查和刑事侦查的启动条件只是"涉嫌"治安违法和刑事犯罪，其目的在于确定是否构成治安违法和刑事犯罪。[2] 而根据《民法典》的规定，对高空坠物相关案件的调查仅仅以高空坠物行为的存在为前提和条件。这样一来，所有的高空坠物案件公安机关都必须启动调查，从而有效避免了实践中关于高空抛坠物案件中公安机关究竟何时启动调查的这一认识的不统一问题。

该调查不同于治安调查和刑事侦查的特殊性还在于：后者的调查结论具有唯一性，指向特定的治安违法行为人或犯罪嫌疑人，而不能以可能的一个或多个作为调查结论；对于前者，彻底查清案件事实，找到具体侵权人自然是最为理想的结果，如果查不到具体侵权人，也可以将查明的可能加害人作

---

〔1〕 参见杨月明等：《公安等介入，完善权利保护和救济规则》，载《天津日报》2020年7月30日，第11版。

〔2〕 参见张莹莹：《论高空抛坠物侵权案件中公安机关的调查权》，载《政治与法律》2021年第4期。

为调查结论，调查过程即告终结。需要特别强调的是，在无法查清具体侵权人的情况下，确定可能加害人的范围也是公安机关的法定义务。

除涉及民事法律关系的处理以外，高空坠物案件并不排除涉嫌刑事犯罪或者行政违法的可能。公安机关接警人员在到达案发现场后，应当具体案件具体分析，及时根据现场人员伤亡、财产损害情况初步判断案件属性：涉嫌刑事犯罪或者治安违法案件的，公安机关应严格按照法律规定程序办理，立即立案，积极追究侵权人的治安违法责任和刑事责任，根据情况采取强制措施。在调查职责之外，公安机关还要承担及时作出调查结论和追究侵权人的治安违法责任乃至刑事责任的后续处理决定的职责。前者主要起证据作用，作为"侵权人"或"难以确定侵权人"的证明，从而帮助受害人正确选择追责主体，尽快得到救济。[1]

明确了上述几点，以此为前提进一步需要规范公安机关对高空坠物侵权行为的调查职责。鉴于高空坠物行为隐蔽性、瞬时性等特征明显，受害人自行举证困难，故而接到报警的公安机关应该切实积极履行调查取证职能，充分运用自然规律、日常生活经验法则和专业技术等，最大限度地查清具体的侵权责任人。

首先，公安机关接到报警后应当第一时间赶赴现场，维持现场秩序，迅速收集案发现场的可疑物品，特别是直接导致损害结果的物品，及时固定物证，防止侵权责任人销毁、转移或者路人无意间移动、丢弃。同时，了解掌握案发时在现场及周边的人员，及时收集固定证人证言。其次，公安机关应根据排查的情况，在现有证据线索无法查明事实时第一时间入户调查抛物行为嫌疑人，对于没有正当原因不愿接受调查乃至阻挠公安机关正常履行调查职责的，经教育引导无效要果断采取强制措施，争取案件调查的黄金时间，防止给侵权人以串供、销毁证据的可乘之机。另外，监控等音像资料对于查明高空坠物案件事实意义非凡，公安机关应尽快联系事发现场周边物业、店铺及单位等有可能设置监控的主体，及时调取监控数据，全方位掌握案件线索，防止涉案监控数据因超过存储时间等原因被清理或覆盖甚至人为

---

[1] 参见张莹莹：《论高空抛坠物侵权案件中公安机关的调查权》，载《政治与法律》2021 年第 4 期。

损坏。[1]

(三) 公安调查和司法程序的衔接

国家公权力机关在原则上不应当主动干涉民事主体的私人事务，应由当事人自己解决，这也是充分尊重当事人处分原则的要求。从这点出发，高空坠物侵权案件中，若不涉及刑法犯罪，在追究高空坠物行为人治安违法责任之外，公安机关只需厘清侵权人、受害人与可能加害人三者之间的民事法律关系，弥补当事人自行解决民事纠纷的不足，便利受害人的权利救济，并最终服务于受害人的自力救济。至于当事人选择是否寻求救济，怎样寻求救济，公安机关无权干涉。

在这个意义上，公安机关的调查性质具有明显的协助性。主要体现在两个方面：一是事实上的协助。对于高空坠物民事侵权案件而言，调查取证原本是属于受害人的举证义务。公安机关接手了原属于当事人的查找责任人的任务，减轻了受害人的调查取证压力。二是法律上的协助。公安机关的调查结论同时是高空坠物侵权案件中受害人所提侵权诉讼的直接证据和主要依据。在高空坠物侵权案件中，公安机关并非侵权法律关系的主体，其行使侵权调查权对受害人来说纯属"帮忙"，呈现协助性。[2] 而需要强调的是，高空坠物案件当事人的举证责任不因公安机关的介入而当然免除，被侵权人和可能加害人有全面积极配合公安机关调查的义务与责任。我国民事诉讼中一以贯之的举证责任分配规则是"谁主张，谁举证"，高空坠物案件中仍应以之为大原则，即原则上仍应由作为原告的受害人负责举证，其中侵权责任主体是举证的内容之一。只不过由于《民法典》第1254条的特殊规定，查找侵权责任人正式成为公安机关的一项法定义务。在这个层面，公安机关与高空坠物案件受害人乃至可能加害人之间可以视为"盟友"，而绝非替代关系。

结 语

高空坠物不仅侵犯公民生命财产安全，严重威胁社会公共安全，更是构建平安社会、促进社会和谐的一大顽疾。高空坠物案件案情的隐蔽性、复杂性决定了单靠被侵权人或可能加害人等平等民事主体的力量难以平衡各方利

---

〔1〕 参见侯学峰：《高空抛物行为治理研究》，载《公安学刊（浙江警察学院学报）》2020年第1期。

〔2〕 参见张莹莹：《论高空抛坠物侵权案件中公安机关的调查权》，载《政治与法律》2021年第4期。

益，进行有效救济。故而，新实行的《民法典》特别指出高空坠物发生后，公安机关应当依法及时调查，查清责任人，确立了公安机关介入高空坠物案件的法律依据。在此基础上，公安机关特别是基层派出所应积极履行自身的法定职责，自觉承担调查取证的义务，帮助被侵权人有效救济自身被损害的权益，使得实施加害行为的侵权责任人承担相应的责任，维护社会的公平正义，从而减少乃至彻底消除高空坠物现象，保障人民群众安居乐业。

刑事法专题

论滥用信任地位型性侵中的"信任地位"

——从负有照护职责人员性侵罪切入

杨兆伦*

　　摘　要：《刑法修正案（十一）》新增了"负有照护职责人员性侵罪"，但"照护职责"范围有限，无法将那些没有照护职责却对未成年女性具有实际支配地位的人涵盖其中，这导致本罪的打击范围并不周延，违背了立法者对处于支配下的未成年女性施加特殊保护的初衷。故有必要引入"信任地位"这一概念，对现有的条文进行扩张解释。同时，要明确扩张解释的范围，必须首先确定本罪保护的法益。由于传统的法益理论在解释本罪时均具有一定瑕疵，因此，有必要以"信任地位"为基础，并以家长主义为指导，将本罪的法益定义为"信任关系的纯洁性"。在此基础上，本罪的行为主体可以从"信任地位"出发对五种"特殊职责"进行扩张解释，并对兜底条款进行同类解释，从而充分本罪的构成要件，贯彻本罪的立法目的。

　　关键词：信任地位　特殊职责　未成年女性　家长主义　扩张解释

---

　　* 杨兆伦，中国政法大学刑事司法学院刑法学专业 2020 级硕士研究生。

一、问题的缘起

一直以来，"熟人性侵"的案件都会引发社会广泛的关注和讨论，尤其是对未成年人实施性侵的案件。由于他们在日常生活、学习、医疗和教育培训等方面对监护人、教师、医生等负有特殊职责的人员往往存在一定的服从、依赖，发生性关系是否自愿难以判断，有时即使是轻微的言语胁迫，也恐导致未成年人不敢、不会、不能反抗，但在事实认定中却难有证据予以证明。更有甚者引诱未成年女性发生性关系的，不存在暴力或者胁迫行为，更难以认定为强奸罪，因此有必要通过刑事立法单独予以规定，方可实现对此类行为的有效惩治。[1] 为进一步保障未成年女性的身心健康，特别是避免因过早发生性行为而引起对未成年女性的身体伤害，《刑法修正案（十一）》在第236条后增加一条，作为第236条之一，[2] 最高人民法院、最高人民检察院《关于执行〈中华人民共和国刑法〉确定罪名的补充规定（七）》将这一罪名确定为"负有照护职责人员性侵罪"。

本罪从文义上对行为主体的范围进行了限制，将行为主体限定为负有"特殊职责"的人员，但是并不包含那些没有特殊职责却对未成年女性具有实际支配地位的人。例如，在打拐过程中，负有解救被拐卖妇女职责的国家工作人员，在解救被拐卖的未成年女性（15周岁）的过程中，利用解救、照料机会，在获得该未成年女性同意的情况下与其生性关系的，其属于负有解救职责的人员，应以本罪追究行为人的刑事责任。[3] 然而，"解救职责"与法条中所列明的"特殊职责"有着严格的界限，若将其按本罪处理，则务必要探究隐藏于法条背后的同质性信息并进行适度的扩张解释。如果局限于法条文义，则有可能导致本罪的适用范围受到一定的限制，无法应对复杂多变的现实生活。但是，如何对法条本身进行适当的扩张解释，并以此来明确本罪行为主体的范围，是一个亟待解决的问题。而在对法条进行扩张解释的时候，又必须从立法目的出发。此时，传统的法益理论又无法为本罪的立法目的提

---

〔1〕 杨万明主编：《〈刑法修正案（十一）〉条文及配套〈罪名补充规定（七）〉理解与适用》，人民法院出版社2021年版，第242页。

〔2〕 《刑法》第236条之一：对已满14周岁不满16周岁的未成年女性负有监护、收养、看护、教育、医疗等特殊职责的人员，与该未成年女性发生性关系的，处3年以下有期徒刑；情节恶劣的，处3年以上10年以下有期徒刑。有前款行为，同时又构成《刑法》第236条规定之罪的，依照处罚较重的规定定罪处罚。

〔3〕 参见李立众：《负有照护职责人员性侵罪的教义学研究》，载《政法论坛》2021年第4期。

供合理的解释，这是理解本罪的另一个难题。

笔者认为，"负有照护职责性侵"的本质在于"滥用信任地位实施性侵行为"，所谓"信任地位"指的是那些由于职责和身份上的特殊原因而对未成年女性处于优势地位，并因此对未成年女性的行为具有支配力的人，这些人并不限于负有"特殊职责"之人。因此，在理解和适用"特殊职责"及其兜底条款时，有必要引入"信任地位"这一概念。首先，"信任地位"这一概念的引入能够体现缓和的家长主义对传统法益理论的修正，可以在一定程度上弥补传统法益理论的不足；在此基础之上，通过对"信任地位"进行实质解释，还能够明确本罪的内涵与外延，对行为主体进行适当的扩张解释，为相关法律和司法解释的出台提供借鉴，更好地保护那些处于"信任关系"之下的未成年女性，本文将围绕这一思路展开论述。

二、"信任地位"存在的前提

笔者认为，"照护职责"只是一种形式上的认定，以是否负有"照护职责"作为本罪行为主体的认定标准过于狭窄，可能会导致适用范围被不当限缩。因此，在理解本罪的时候，实质合理性应当大于形式合理性，只有采取适度扩张解释的态度，才能从规范保护目的出发，更好地探究法条的实质内涵，这是引入"信任地位"这一概念的前提和基础。然而，部分学者认为，对本罪的解释应当采取尽可能克制和限缩的态度。其理由大致有：第一，由于本罪是基于典型案件而产生的立法产物，对其应当采取谨慎的态度；第二，在刑法已经有针对幼女性权利作出特别保障的前提下，本罪的出台容易被质疑为"混淆法律与道德的界限"；第三，本罪如果不当适用，蕴含着侵犯低龄未成年女性本身权利（如恋爱及其周边权利）以及将行为人不当入罪（如行为人完全被动的场合）的危险性。[1]针对这种观点，本文提出以下几方面思考：

首先，对本罪的适用应当采取积极扩张的态度。积极主义刑法观认为：在刑法规范的供给出现明显不足时，法律适用者应该在罪刑法定原则所能够允许的最大限度内尽可能地扩充刑法规范的供给，以尽量弥补成文法典自身可能具有的滞后性缺陷，回应现实社会的需要，使刑法在社会保护中发挥更

---

〔1〕 参见付立庆：《负有照护职责人员性侵罪的保护法益与犯罪类型》，载《清华法学》2021年第4期。

重要的作用。[1] 所以，虽然刑法谦抑性是总原则，但也并不排斥在适当条件下的、适度的、理性的犯罪化。现阶段我国刑法仍处于"小而重"的状态之下，即犯罪圈狭小、刑罚过重。扩大犯罪圈、使刑罚宽缓化是我国刑法发展的必然趋势，犯罪圈的扩大并不必然违背谦抑性原则，而且适应当前我国法治发展现实的客观要求，[2]《刑法修正案（十一）》增设第 236 条之一正是出于这种考量。不可否认的是，典型案件对本罪的立法具有一定的推动作用，但与此同时，仍有很多类似案件无法得到有效规制。所以，对本罪进行适度的扩张解释并丰富构成要件的实质内涵，不仅符合我国刑事政策的总体思路，同时也不会违背刑法谦抑性的整体要求。

其次，道德主义只会对刑法进行有限的干预，并不会过度干涉公民的行为自由。道德主义对刑法的干预主要表现在，国家必须按照法律监管原则保障无助者不受来自他人及其他外部危险的威胁和侵害，但是这里的"无助者"仅包括两类：第一类是那些已经无法按照自己的真实意愿作出任何选择的人，这些人处于绝对弱势地位，他们已经完全丧失了自主决定权，因此国家以法律的形式代替他们做出选择，以此来保全他们的利益；另一类是那些仍然具备一定选择能力的人，但是由于他们处在相对弱势地位，国家出于利益衡量和政策因素，否定他们选择权的效力。对于这一类人，法律所关心的并非他们的选择是否符合真实意愿，而是这种选择是否明智、谨慎、无害。[3] 本罪的保护对象主要包括这一类人，因此，需要借助"信任地位"这一概念来明确本罪的边界。具体来说，本罪所保护的是那些真正处于"信任地位"支配下的未成年女性，她们在信任关系中处于相对明显的弱势地位，因而刑法对她们的性自主权采取了严格的限制措施，这种干预在一定程度上是为了替她们做出最优选择。而对于那些并未处于明显劣势地位并且具有成熟判断能力的未成年女性，则没有必要动用刑法干预她们对身体的自决权。

最后，适度的扩张并不违背罪刑法定原则，也不会对已有权利造成损害。本文所强调的"信任地位"具有严格的认定标准和范围，虽然需要对法律条文所表述的"特殊职责"进行扩张解释，但是在对文本进行扩张的同时，也

---

[1] 付立庆：《积极主义刑法观及其展开》，中国人民大学出版社 2020 年版，第 20~21 页。

[2] 卢建平、刘传稿：《法治语境下犯罪化的未来趋势》，载《政治与法律》2017 年第 4 期。

[3] [美] 乔尔·范伯格：《刑法的道德界限》（第 3 卷），方泉译，商务印书馆 2015 年版，第 11 页。

不能超出形式上的合理性，否则将会违背罪刑法定原则。根据前述，本罪的立法目的在于保护那些处于"信任地位"支配之下的未成年女性的性利益，这决定了扩张解释之后的"信任关系人"也必须对未成年女性具有支配作用，那些不具备强制力的特定关系人就不再会被纳入"信任地位"的范畴。只有在双方的身份或地位存在明显的不平等时，才有可能成立这种信任并受支配的关系。如果面对的只是处于平等地位之人（例如与未成年女性年龄和认识相当的恋人），对方尚未对未成年女性形成心理上的强制与束缚，故而这种性关系也不存在剥削性质，此时应当肯定未成年女性的性自主权，而不应再将这种情形归为"信任地位"之列。简言之，这种扩张解释只是在"照护职责"之外、"信任地位"之内所进行的有限扩张，并没有超越国民的预测可能性，也没有违反总体法秩序。

三、"信任地位"标准的确立

基于前述原因，《刑法修正案（十一）》中增加"负有照护职责人员性侵罪"的原因在于，已满 14 周岁不满 16 周岁的未成年女性，与对其负有监护、收养等特殊职责的人员不存在平等关系，这种年龄之差形成的经验碾压，地位之差形成的权威支配，特定身份形成的信任关系，种种不对等关系的作用叠加起来所形成的隐性强制，使得负有特殊职责的人员对未成年女性不必使用显性强制手段，就足以造成程度相当的强制效果，从而压制未成年女性真实意愿的表达。[1] 可以看出，判断本罪成立与否的关键并不在于"特殊职责"的有无，而是行为人是否利用了这种特殊职责所形成的"信任关系"并以此为基础与未成年女性发生了性关系，例如前文中的解救未成年女性案。概言之，相比于"负有照护职责人员性侵罪"，将本罪认定为利用"信任地位"所进行的性侵行为更具合理性。但是，要实现这种体系建构，还需要破除理论上的诸多困境，具体分述如下：

（一）传统的法益理论无法解释本罪

刑法的目的是保护法益，它规定的各种犯罪，都是侵犯法益的行为。[2] 要明确本罪构成要件的解释外延，就必须充分发挥法益的解释论机能。所谓法益的解释论机能，是指法益具有作为犯罪构成要件解释目标的机能。即对

〔1〕 周详、孟竹：《隐性强制与伦理禁忌："负有照护职责人员性侵罪"的理据》，载《南通大学学报（社会科学版）》2021 年第 2 期。

〔2〕 张明楷：《刑法学》（第 5 版），法律出版社 2016 年版，第 23 页。

犯罪构成要件的解释结论，必须使符合这种犯罪构成要件的行为确实侵犯了刑法规定该罪所要保护的法益，从而使刑法规定该犯罪、设立该条文的目的得以实现。[1] 只有首先找准本罪所要保护的对象，才能明确本罪的立法目的，从而在解释构成要件时有的放矢。理论界对本罪法益的定性主要包括："性自主权说"[2]"身心健康权利说"以及"未成年人不受干扰的发展权说"[3]，笔者认为，上述观点均无法准确概括本罪所保护的法益，分述如下：

首先，本罪所保护的法益并非已满14周岁不满16周岁的未成年女性的性自主权。性自主权说认为，负有监护、收养等特殊职责的人员很容易针对未成年女性实施欺骗、利诱等行为，未成年女性虽非自愿，但也可能考虑到这种关系而忍气吞声、难以反抗或抵制，因此行为人的犯罪很容易得手，立法上推定处在特定关系中的未成年女性在面对负有特殊职责的人员时，其对性关系也无法真正独立地作出判断，因而本罪的保护法益是未成年女性的性自主权。但是，笔者赞同"性同意年龄有限提高说"，从具体来看，面对其他人员，未成年女性的性同意年龄仍为14周岁，但是面对处于"信任地位"之人，未成年女性的性同意年龄则提高到16周岁。因此，可以认为处于"信任关系"支配之下的14~16周岁未成年女性和14周岁以下的幼女一样没有性自主权。在此前提下，本罪的保护法益就不可能是未成年女性的性自主权，因为刑法不可能保护一个完全不存在的法益。

反对"有限提高说"的学者则指出，幼女也有性自主权，理由在于幼女有权拒绝他人与自己发生性关系，既然如此，已满14周岁未满16周岁的未成年女性更有性自主权，因此性同意年龄并没有被部分提高。[4] 也有学者提出，如果认为"性同意年龄提高到16周岁"，那么特殊职责者与低龄未成年女性发生性关系理应像针对幼女一样"以强奸论"，而不应另设新罪，否则就既和此前关于幼女情形的一贯理解无法保持一致，又和本罪的法定轻刑难相

〔1〕 张明楷：《法益初论》，中国政法大学出版社2003年版，第216页。
〔2〕 周光权：《刑事立法进展与司法展望——〈刑法修正案（十一）〉总置评》，载《法学》2021年第1期。
〔3〕 张梓弦：《积极预防性刑法观于性犯罪中的体现——我国〈刑法〉第236条之一的法教义学解读》，载《政治与法律》2021年第7期。
〔4〕 参见张勇：《负有照护职责人员性侵罪的司法适用》，载《青少年犯罪问题》2021年第4期。

适应。[1] 笔者认为，一方面，是否具有"性自主权"的判断标准并非"不同意"是否有效，而是"同意"的效力是否真实。只能认为具备"性自主权"之人有拒绝的权利，而不能认为不具备拒绝能力之人一律都不具有"性自主权"，二者并不是完全等同的，而是一种包含关系。例如，有些精神病人难以对发生性行为表示拒绝，按照上述观点，就会认为精神病人没有性自主权，这显然有悖常理。另一方面，本罪也区别于对未满 14 周岁幼女所实施的性侵，后者所保护的法益是幼女的身心健康权利，即幼女的身体和精神正常发育和健康成长的权利。[2] 即使本罪也对未成年女性的身心健康权利造成了一定的损害，但是 14 周岁以下的幼女和已满 14 周岁未满 16 周岁的未成年女性在身心发展的程度、所处的环境、对性的认知等方面均有较为明显的差异。所以，立法者在综合考量后为二者设定了不同的罪名和法定刑，这并不违反罪刑法定原则和罪刑均衡原则。综上所述，无论是在外观上，还是在保护对象上，"有限提高说"都符合现实与立法，也能够充分证明本罪的保护法益并非 14~16 周岁未成年女性的性自主权。

其次，本罪保护的法益也并非未成年女性的身心健康权利。从字面含义上看，本罪的保护法益在身心健康权的涵摄范围以内，能够实现法条文义的闭合。但是，"身心健康"这一概念过于宽泛，无论行为主体为何，都可以认为未成年女性的身心健康权利在一定程度上受到了损害，这对于解释本罪的构成要件没有实际意义。同时，根据前述，如果认为本罪侵犯的是 14~16 周岁未成年女性的身心健康权利，那么本罪与性侵 14 岁以下未成年女性的保护法益则完全相同，年龄的界分也就变得毫无意义，这显然违背了立法者分设两罪的初衷。

最后，还有观点认为，本罪的保护法益应当界定为"青少年免受侵扰的性健全发展权"，理由是青少年在具有优势地位的加害方的内部支配关系下是被不平等剥削的一方，立法者基于强家长主义为保护青少年而限制了其积极的性自由。根据这种观点，本罪应当被理解为抽象危险犯，只要存在对青少年"性健全发展权"的客观危险时，刑法便应当以家长的姿态强势介入，限

---

〔1〕 参见付立庆：《负有照护职责人员性侵罪的保护法益与犯罪类型》，载《清华法学》2021 年第 4 期。

〔2〕 高铭暄、马克昌主编：《刑法学》（第 9 版），北京大学出版社、高等教育出版社 2019 年版，第 461 页。

制其积极的性自由，而不考察这种行为在具体案件中是否对未成年女性的性权利及其发展权造成了实际损害。然而，抽象危险犯一般应是侵犯超个人法益的犯罪。由于侵害个人生命、健康、财产具体法益的犯罪的实际损害直接、可见，而侵犯超个人的公共法益的犯罪则一般难以认定实际损害。[1] 通说认为，本罪是侵犯人身法益的犯罪，[2] 不宜被界定为抽象危险犯。同时，"性健全发展权"的范围十分广泛，当性权利的周边权利受损时，很难证明是否存在对其造成损害的客观危险，这种认定模式可能会造成打击范围的不当扩大，违反了刑法的谦抑性原则。因此，笔者认为，本罪保护的也并非"性健全发展权"这一抽象的法益。

（二）家长主义与法益理论的结合

笔者认为，在明确本罪的保护对象时，要采取二元论，只有将家长主义和法益理论相结合，才能准确判断本罪所要保护的法益，从而解决本罪在理论上的困境。

首先，根据前述，立法者认为处在"信任地位"支配下的14~16周岁未成年女性受到了强势群体的剥削，因此否定了她们同意权的效力。即使该未成年女性在表面上同意发生性行为，这种同意也不是出于自主选择，而是受制于自身不利条件、被动接受的结果。这背后的理由就是法律家长主义。家长主义又称"父爱主义"，是指像父亲那样行为，或对待他人像对待孩子一样。当有一方处于明显的弱势地位时，刑法有必要像关爱自己孩子一样，保护其免受外界的伤害。由于被保护的对象往往处于年幼、疾病、贫穷等境地，他们无法基于自己的判断作出对自身最有利的决定。因此，法律就必须对这些弱势群体或特殊人群进行一定的干预，这种干预不是对弱势群体的控制与压迫，而是出于对他们的关心和爱。[3] 在此意义上，法律家长主义就是作为一种法律干预模式的家长主义，它是基于个人的利益考虑而限制个人的自主，是个人自我决定、自我管理、自我判断的对立面。[4] 处于"信任关系"支配下的未成年女性的性自主权被否认正是基于家长主义的立场，由于这部分未成年女性的心智尚未完全成熟，被支配之下的她们往往更容易受到外界的干

〔1〕 苏彩霞：《"风险社会"下抽象危险犯的扩张与限缩》，载《法商研究》2011年第4期。
〔2〕 刘艳红：《积极预防性刑法观的中国实践发展——以〈刑法修正案（十一）〉为视角的分析》，载《比较法研究》2021年第1期。
〔3〕 参见汪润、罗翔：《性侵儿童犯罪的司法认定》，载《人民司法》2020年第17期。
〔4〕 车浩：《自我决定权与刑法家长主义》，载《中国法学》2012年第1期。

扰和影响。即使作出了自认为合理的选择，这种自我选择也是受到削弱的，因为她们并不能察觉到这种意志决定中所隐藏的风险。如果允许"信任地位"支配下的未成年女性享有不受限制的性自由，必然会导致强者利用弱者的自由对弱者进行残酷的剥削。因此，刑法应当以一种家长的形象挺身而出，通过否定她们性同意权的方式以约束信任地位人的行为，从而更好地保护其性权利。

在此基础之上，笔者认为，本罪保护的是"信任关系的纯洁性"，即信任地位人与未成年女性之间的关系不应具有性动机和性意图，一旦双方发生了性关系，这种纯洁性就会受到侵害，无论被害未成年女性是否同意，也不考察其性权利及周边权利是否受损，行为人均构成本罪。将"信任关系的纯洁性"作为本罪的保护法益具有以下几方面的优势：第一，将判断的重点放在了对"信任关系的纯洁性"的考察上，不再将未成年女性的权利是否受损作为判断本罪成立与否的唯一标准，有效回避了本罪是否对14~16周岁未成年女性的各项人身权和发展权造成损害的争议问题。更重要的是，根据前述，本罪旨在通过否认未成年女性的性同意权以约束信任地位人的行为，而信任地位人行为的合规范性就必然要求"信任关系的纯洁性"。这使得本罪的保护对象与立法目的贴合更加紧密，能够实现对犯罪的精准打击，防止刑事法网的不当扩大或缩小。第二，这种"纯洁性"的判断并不是一种抽象的社会法益，而是能够还原到"信任关系"双方的具体法益。为了保持这种关系的纯洁性，行为人不仅要规范自己的行为，还不得不以此作为标准来约束处于"信任关系"之下的未成年女性，无形之中为未成年女性施加了更为强有力的保护。这便实现了法益保护与家长主义的有机结合，充分体现了家长主义对本罪的指导作用。第三，这种法益定性与本罪在《刑法》分则中的体系定位相契合。具体而言，将"信任关系的纯洁性"作为本罪的保护法益只是一种手段，最终目的仍然是保护未成年女性的性权利及其他周边权利的不可侵犯性。换言之，"纯洁性"法益与未成年女性的人身权利是一种包容关系，未成年女性的性权利可以被包含在"纯洁性"法益之中并被完整保护。这不仅避免了身心健康权利范围过宽所带来的难以实现法益精准保护的问题，同时也不违背本罪位于我国《刑法》分则第四章"侵犯公民人身权利、民主权利罪"的体系定位，不会造成体系上的龃龉。此外，这种法益确定模式不仅在我国刑法中有所参照，而且在域外法上也有迹可循。例如，在我国刑法中，关于受贿罪的保护法益,通说认为是国家工作人员职务行为的廉洁性。[1] 只要国家工作人员以直接或者间接索取或者收受他人财物,作为其执行职务时作为或者不作为的条件的,即构成对职务行为廉洁性的侵害,以犯罪论处。[2] 由此可见,"廉洁性"可以作为法益进行保护,且这种廉洁性的判断可以通过行为人为或不为一定行为来实现。因此,将"信任关系"的"纯洁性"作为本罪的保护法益,并通过"信任关系"双方是否发生性行为来对这种纯洁性加以判断并无不当。同时,在比较法上,以德国刑法为例,德国刑法在性犯罪中规定了保护人对被保护人的性滥用罪。当该保证人与其保护对象发生性关系时,就已经偏离了正常的社会行为轨道。[3] 德国判例也认为,本罪旨在使依赖关系"不存在性动机和性关系,因为这种关系有可能破坏教育者、培训者和监护人的权威,动摇未成年人对他或她的信任〔BGHSt 7,191(194)〕"。[4] 可见,"信任关系的纯洁性"在德国的司法实务中同样可以作为保护的对象,这也为本罪法益的确定提供了论据。

因此,在家长主义的指导下,将本罪的保护对象定位为"信任关系的纯洁性"可以有效弥补传统法益理论的弊端,充分体现本罪的立法目的。同时也能够以此为基础对"信任地位"进行扩张解释,为后文观点的铺陈奠定基础。

(三) 比较法视域:"特定关系人"与"信任地位人"联系紧密

国际公约、法学理论和域外国家的法律法规虽然没有直接将"滥用信任地位"作为性侵害未成年人的一种行为类型,但是域外国家刑法大多给对于未成年人具有优势地位的"特定关系人"实施的性犯罪设置了特别条款,这些条款对我国相关立法和司法实践具有一定的研究价值。

欧洲理事会《保护儿童免受性剥削与性虐待公约》第 18 条明文规定:应将利用信任、权威或对儿童的影响力与儿童发生性行为罪刑化。《日本改正刑法草案》中也明确规定了奸淫被保护者罪,将法律直接规定的以及基于契约、事务管理等事由对社会中的弱势地位的年老者、年幼者和身体碍害者或者患

---

〔1〕 高铭暄、马克昌主编:《刑法学》(第 7 版),北京大学出版社、高等教育出版社 2016 年版,第 629 页;齐文远主编:《刑法学》(第 3 版),北京大学出版社 2016 年版,第 568 页。

〔2〕 黎宏:《受贿犯罪保护法益与刑法第 388 条的解释》,载《法学研究》2017 年第 1 期。

〔3〕 [德] 汉斯·海因里希·耶赛克、[德] 托马斯·魏根特:《德国刑法教科书》,徐久生译,中国法制出版社 2001 年版,第 746 页。

〔4〕 MüKoStGB/Renzikowski, 4. Aufl. 2021, StGB § 174 Rn. 1-3.

有疾病者的身体、生命安全承担保护义务的人界定为保护人。[1] 德国的性犯罪立法中则专门规定了对被保护人的性滥用罪,将基于从属关系、自然的联系、密切的共同体关系、自愿接受、公法上的义务等而具有保护义务的人界定为保证人。[2] 美国《模范刑法典》第 213 条第 3 款也规定:在腐蚀未成年人的性犯罪中,如果女方不满 21 岁,监护人或对其福利负有其他监管义务之人,与之发生性行为,就构成犯罪。[3]

各国刑法理论对此类犯罪的规定有所不同,但是不约而同地将犯罪主体限定为"特定关系人",即与未成年社会生活、情感发展有重大影响,并且被未成年人视作权威,在心理上、经济上都具有极强依附性的亲密群体。这些"特定关系人"因为法律规定、职业要求或者先行行为而对未成年人负有一定的保护责任。同时,外国刑法对于"特定关系人"范围的具体认定与我国《刑法》第 236 条之一的规定相比更为广泛,不仅包括对未成年人具有教育、监护等职责及具有从属关系的人,不少国家还将近亲属也纳入"特定关系人"范围。与此同时,域外有的国家也将对未成年人负有监管义务的未成年人教育机构、教养机构或者其他机构的工作人员纳入"特定关系人"范围,规定这类犯罪人针对未成年人实施的性侵害从重处罚。[4]

从国外立法对"特定关系人"范围的界定中可以看出,这些人都扮演着未成年人的"保护者"的角色,未成年人在这种"特定关系"中,由于其弱势地位而天然地处于"被保护者"的地位。保护者的意义就在于,其所做的一切都是为了被保护者利益的最大化,这使得双方之间形成了一种"信任关系":被保护者信任保护者的行动,并默认保护者不会伤害自己。例如,当一个陌生人持刀向未成年人走来,未成年人必然会不由自主地担心对方是否会对自己造成伤害,而看到父母持刀走来时,则基本不会有这种担心。这说明,即使场景相同,在面对"特定关系人"的时候,未成年人也会基于长久以来的相处模式形成的默契而信任对方。

[1] [日]大塚仁:《刑法概说(各论)》(第 3 版),冯军译,中国人民大学出版社 2003 年版,第 128 页。

[2] 徐久生、庄敬华译:《德国刑法典》(修订版),中国方正出版社 2004 年版,第 98 页。

[3] 罗翔:《从风俗到法益——性刑法的惩罚边界》,载《暨南学报(哲学社会科学版)》2012 年第 1 期。

[4] 龙正凤:《域外国家特定关系人性侵害未成年人的刑法规制——兼论我国未成年人性权利的刑法立法保护》,载《凯里学院学报》2019 年第 5 期。

不难发现，域外国家刑法关于对未成年人实施的性犯罪与我国《刑法》第 236 条之一相比，无论是在立法模式，还是在对性侵害未成年人的"特定关系人"的规制范围上，都体现了加重处罚此类犯罪、最大化保护未成年人免受不法侵害的理念。这与本文所强调的"信任地位"不谋而合，是划定本罪行为主体的重要参考依据。

四、"信任地位"标准的展开

与西方社会相比，我国社会存在人与人之间关系交叉重叠的特征，在这种熟人社会关系的特点下，必然会产生社会关系的交杂与个体之间的相互利用，这赋予了"信任地位"更广泛的内涵。然而，由于"特殊职责"具有一定的局限性，解释的效果并不理想，这也使得本罪并没有很好地发挥相应的规制犯罪行为、保护未成年女性的功能。一方面，"特殊职责"较为抽象，需要借助"信任地位"这一概念对法条中所列明的五种职责进行实质化扩展；另一方面，"特殊职责"范围有限，还应当以此为依据对兜底条款进行同类解释，适当地拓宽其外延，以适应社会生活的实际需要。下文将针对这两方面内容展开论述。

（一）对"特殊职责"的扩张：以"信任地位"为基础

根据《刑法》第 236 条之一，负有照护职责人员性侵罪的主体是特定的，即负有监护、收养、看护、教育、医疗等特殊职责的人员。

具体而言，监护和收养职责源自《民法典》的规定。具有监护职责的人是指，对无民事行为能力人和限制民事行为能力人负有监护职责，代理被监护人实施民事法律行为，保护被监护人的人身权利、财产权利以及其他合法权益的人；[1] 具有收养职责的人所承担的责任类似于监护职责。[2] 而看护、教育、医疗职责既可以来源于职业需要，也可源自法律行为，只要基于人身关系或身份关系对未成年女性产生了照护的义务，就应当履行相应的职责。同时，这五种职责类型的划分也并非泾渭分明，例如，具有收养人身份的人员对被收养人必然同时负有监护职责。由于职责类型之间不存在排斥性，司法机关可能对一种身份关系中的职责类型作出多重性质认定，或者只认定为

---

〔1〕　参照《中华人民共和国民法典》第 34 条。

〔2〕　《中华人民共和国民法典》第 1111 条规定：自收养关系成立之日起，养父母与养子女间的权利义务关系，适用本法关于父母子女关系的规定。

其中一种职责类型。[1]

　　具备这些职责的人员通常都具备接触未成年女性的便利性，被害未成年女性对其在经济、物质、心理、情感等方面往往具有一定的依附性和信任感，因此行为人更容易对她们进行性侵害。然而，如果单纯对这五种职责进行字面上的理解，则很有可能会造成本罪的处罚范围被不当限缩。例如，根据《民法典》的规定，在通常情形下，对未成年女性负有监护职责的只有她的父母，其他近亲属则不在此列。如果这些近亲属同时不具备看护等职责，而只是利用其作为未成年女性家庭长辈的身份优势对她们实施了性侵犯，按照严格的文义解释，就不属于本罪的涵摄范围。所以，如果认为监护职责仅仅来源于《民法典》的规定，很有可能会造成法律规范与现实情况的错位。相比之下，如果不以民事法律规定的监护人范畴为限，而是以"信任地位"作为出发点，将监护职责理解为"具有信任地位之人的照管和保护义务"，就能够将不具有法定监护职责的其他近亲属也涵盖在其中，进而实现对法益的全面保护。因此，是否具备"特殊职责"最核心的判断标准应当是"信任关系"的有无，即双方是否形成了依附与信赖关系，正是这种关系使得被害未成年女性的性权利处于被侵害的危险之下。在满足这一标准的前提下，可适当放宽五种"特殊职责"的认定范围，以扩大本罪的涵盖面。

　　同时，也应当明确"特殊职责"的解释边界，不应将主体范围放得过于宽泛，否则将有可能不当地扩大打击面，有违设定这一主体范围的初衷。例如教育机构中的清洁工或临时工，他们并不具备直接接触未成年人的条件，也不具备对其进行教育和医疗的主体资格，更不可能处于支配未成年人的"信任地位"，因此，不必运用扩张解释的方法将此类人员纳入"特殊职责人员"的概念之中。综上，行为人与未成年女性之间是否形成了"信任关系"并基于这种关系而负有"特殊职责"，需要结合双方人身关系的紧密性、相互交往的频繁性以及共同生活的长期性等多方面因素进行综合判断，避免本罪的行为主体过于泛化。

　　（二）对兜底条款的扩张：遵循同类解释规则

　　最后，对于法条中未列明的"等特殊职责"，也应当依照"信任地位"进行同类解释。按照对刑法条文进行兜底解释的"实质相同说"，以某罪之兜

---

　　〔1〕　于阳、周玲玲：《特殊职责人员性侵罪司法适用研究》，载《湖北警官学院学报》2021年第2期。

底条款进行归责的犯罪行为，应当与该罪明示列举的部分具有"同质性信息"，这种"同质性信息"理应从该罪的犯罪实质中予以探析。[1] 例如，以危险方法危害公共安全罪中的"其他危险方法"就应限于与放火、决水、爆炸、投放危险物质"相当的方法"，而不可泛指，不包括此外的"具有危害公共安全性质的方法"。兜底条款既然存在于相关罪刑条款之中，也就必须与前面所列举的行为相当。[2]

同理，在对本罪中的"等特殊职责"进行解释时，也要与例示的五项职责具有一致性和相当性，而判断依据正是行为人与被害人之间存在的"信任关系"。结合法条中所列职责与本罪的规范保护目的，可以得出推论：这里的"等特殊职责"指的是行为人与未成年女性之间虽然不存在依据法律法规或法律行为所建立的特殊身份关系，但却使得未成年女性基于生活、学习、物质条件等方面对其产生了依赖和服从关系。在这一前提下，可以将这五种特殊主体之外的其他具备"信任地位"的主体也涵括在本罪的兜底条款之中。例如，根据《上海市未成年人保护条例》第 5 条的规定，市和区县、乡镇人民政府以及街道办事处应当设立配备必要工作人员的未成年人保护委员会，其职责在于根据法律、法规的规定以及上级人民政府的要求和部署，做好未成年人保护工作。[3] 显然，该委员会及其工作人员对未成年人所履行的实际上是一种保护职责，将这种保护职责归入到上述五类情形中的任何一类似乎均有所不妥，但却又有必要将其纳入到特殊职责范畴之列，因为作为一个公权力机关，未成年人保护委员会很有可能取得对未成年女性的"信任地位"并使得她们处于被支配的地位之下。在这种极不平等的支配关系下，未成年女性很容易在不自愿的情况下与对方发生性关系。因此，应当将其列入本罪兜底条款的范畴之中。

综上所述，将"信任地位"确立为对本罪进行扩张解释的标准，不仅对"特殊职责"的内涵进行了实质性扩展，而且也使得兜底条款的适用范围得到了一定程度的扩大，从而更好地适应了社会生活的现实状况。

〔1〕 刘宪权：《操纵证券、期货市场罪"兜底条款"解释规则的建构与应用 抢帽子交易刑法属性辨正》，载《中外法学》2013 年第 6 期。
〔2〕 张明楷：《注重体系解释 实现刑法正义》，载《法律适用》2005 年第 2 期。
〔3〕 康相鹏、孙建保：《性侵未成年人犯罪中"负有特殊职责的人员"之界定》，载《青少年犯罪问题》2014 年第 1 期。

结　语

对于《刑法》第 236 条之一，如果恪守严格的罪刑法定原则，则会导致刑事法网的不合理限缩。因此，需要以"滥用信任地位性侵犯罪"对本罪加以实质解释，将新情况、新现象涵摄于既有的法律条文之内。但是本罪究竟扩张解释到什么程度、与刑法分则其他性犯罪如何协调，目前学术界还没有形成通说。所以，虽然应当对本罪持扩张解释的态度，但在广义的标准形成之前，立法者和司法机关工作人员仍需秉承罪刑法定原则，以家长主义和法益保护原则为指引，对"信任地位"持谨慎的解释态度，从不同维度出发，对本罪的主体进行适当的扩张，并且在个案的应用中具体问题具体分析，避免多重标准带来的同案不同判的情况。

刑事追诉时效条款的理论解读与适用

——以"南医大杀人案"为切入点

余鹏文 *

摘　要：2020 年 2 月 23 日，持续追踪 28 年的"南医大杀人案"随着犯罪嫌疑人被逮捕而落下帷幕，却在法学界掀起了有关刑事追诉时效条款理论解读与司法适用的激烈争议。在司法实践中，由于对追诉时效条款的理解存在分歧，导致司法机关掌握尺度不一、适用情况较为混乱。基于此，通过对追诉时效条款的体系解释与历史解释，可以形成逻辑自洽的追诉时效理论，以统一追诉时效法律适用的口径。具体而言，"南医大杀人案"中追诉时效问题应当适用 1979 年《刑法》第 77 条的规定，犯罪嫌疑人不构成"逃避侦查或者审判"，并且在已超过追诉期限时，不应当报请最高人民检察核准追诉。

关键词：追诉时效　刑法溯及力　时效延长　核准追诉

---

　　* 余鹏文，中国政法大学刑事司法学院诉讼法学专业 2021 级博士研究生。

一、问题的提出：技术时代下刑事追诉时效制度的新问题

随着科技侦查手段的不断进步，尤其是 DNA 技术的日益普及，刑事追诉犯罪的能力在不断增强。由此，一批积案旧案逐渐得以侦破，尤其是 20 世纪八九十年代苦于侦查技术有限而无力侦破的案件得以解决。随着这些积案的侦破，原本沉寂的刑事追诉时效条款成为聚讼纷纭的关键问题，并在实质意义上决定着案件的走向与最终结果。

2020 年 2 月 24 日南京市公安局发出通报，1992 年 3 月 24 日在原南京医学院发生的一起杀害女学生林某案，历经 28 年，于当日抓获犯罪嫌疑人麻某某。[1] 由于此案犯罪嫌疑人从实施犯罪行为到被抓获归案历经 28 年，中间跨越了 1979 年和 1997 年两部刑法典，涉及刑事追诉时效适用新旧法问题，因此，在"南医大杀人案"侦破后，刑事追诉时效条款的法律适用问题再度引起法学界的激烈争论。一种观点认为，该案件已经超过诉讼时效，根据《刑事诉讼法》第 16 条的规定，应当终止侦查，即便要追究犯罪也应报最高人民检察院批准；另一种观点则认为，本案没有超过诉讼时效，国家有权继续追诉与审判。由于如何解读并适用刑法有关追诉时效条款的规定，将直接决定着该案件的最终走向和结果，因此，"南医大杀人案"让刑事追诉时效问题再度成为一个鲜活的焦点话题。然而，在科技时代背景下，关于刑事追诉时效制度的讨论，绝非只具有个案意义。在现代社会，随着侦破积案旧案能力的提高，"南医大杀人案"之后，还可能会有类似的跨越新旧法的新案件出现。

而在司法实践中，各地法院和检察院在处理此类案件时，对追诉时效条款的解读存在一些分歧，导致同类型案件的法律适用情况截然不同。通过裁判文书网、北大法宝、无讼案例网等检索工具，按"追诉时效""1979 年《刑法》第 77 条""1997 年《刑法》第 88 条"等关键词交叉检索，本文选取出 12 起与"南医大杀人案"相类似的跨越新旧刑法的具有代表性的犯罪案件，具体情况如下：

---

〔1〕 参见中国新闻周刊：《南医大杀人案告破背后：神秘"族谱"屡立奇功》，载 https://baijia-hao. baidu. com/s？ id=1659740871370504818&wfr=spider&for=pc，最后访问日期：2021 年 7 月 4 日。

表1 与"南医大杀人案"类似的跨越新旧刑法的犯罪案件处理情况

案件类型	基本案情	历时	处理情况
蒋某某故意伤害案〔（2013）星刑初字第281号〕	被告人于1996年4月4日故意伤害他人导致重伤后逃匿，当日即立案侦查，随后发布通缉令，2013年3月8日被告人被抓获归案。	17年	不区分适用新旧法，不受追诉期限限制
曾某抢劫案〔（2016）鲁14刑初31号〕	被告人于1995年10月13日实施抢劫致人死亡后潜逃，1995年10月14日立案侦查，2001年12月1日签发刑事拘留证，2016年1月27日被抓获归案。	21年	不区分适用新旧法，不受追诉期限限制
袁某某故意伤害案〔（2014）昆刑一初字第15号〕	被告人于1993年4月2日故意伤害他人导致死亡后逃匿，当日立案侦查，2013年1月19日公安局决定采取刑事拘留，2013年4月15日被告人被抓获归案。	20年	适用旧法，不受追诉期限限制
张某某故意杀人案〔（2018）宁02刑初2号〕	被告人于1992年3月28日故意杀害他人后逃匿，1992年3月29日立案侦查，2000年4月24日决定采取拘留措施，2017年10月10日被告人被抓获归案。	25年	适用旧法，不受追诉期限限制
严某某抢劫案〔（2017）闽0206刑初379号〕	被告人于1994年1月3日实施抢劫，1994年1月7日立案，1999年3月8日签发拘留证，2016年8月29日被告人被抓获归案。	22年	适用旧法，不受追诉期限限制
李某某交通肇事案〔（2018）豫1381刑初448号〕	被告人于1997年2月26日发生交通事故致人死亡后逃逸，1997年2月27日立案侦查，2000年12月21日决定刑事拘留措施，2018年2月1日被抓获归案。	21年	适用旧法，不受追诉期限限制

案件类型	基本案情	历时	处理情况
石某某妨害公务案[（2017）陕0632刑初63号]	被告人于1993年5月24日妨害公务后逃匿，1993年5月25日立案侦查，1999年10月13日批准逮捕，2016年5月25日被抓获。	23年	适用旧法，不受追诉期限限制
陈某某盗窃案[（2019）苏0682刑初707号]	被告人于1993年10月22日实施盗窃后逃匿，2001年12月21日批准逮捕，2019年8月6日被抓获归案。	26年	适用旧法，不受追诉期限限制
余某某抢劫案[（2014）沪二中刑终字第1001号]	被告人于1993年11月30日实施抢劫，1993年12月3日又实施盗窃，缺少采取强制措施的证据，也无法证明其逃避侦查，2013年10月15日被告人被抓获归案。	20年	适用旧法，受追诉期限限制
卓某某交通肇事案[（2017）闽0128刑初51号]	被告人于1993年5月27日发生交通事故致人死亡后逃逸，2014年10月10日决定对本案刑事立案侦查，10月24日决定采取刑事拘留，2016年8月24日被抓获归案。	23年	适用旧法，受追诉期限限制
董某某故意伤害案[（2014）陕刑三终字第00181号]	被告人于1992年8月21日故意伤害他人导致死亡，于2014年5月27日被抓获归案。	22年	适用新法，不受追诉期限限制
李某某交通肇事案[（2019）川0129刑初52号]	被告人于1996年9月29日发生交通事故致人死亡，随后逃离，当日立案侦查，1998年4月13日决定采取刑事拘留，2018年7月30日被抓获归案。	22年	适用新法，不受追诉期限限制

通过分析上述案件判决书的说理部分，关于追诉时效条款的法律适用问题，大体分为以下三种基本情形：

第一种做法是，回避究竟是适用新法还是旧法的问题。对于已经立案侦查且在追诉期限内采取强制措施的案件，有关法院认为，不论根据 1979 年《刑法》还是 1997 年《刑法》，案件均不受追诉期限的限制，因此，对于适用新法还是旧法的问题，不予讨论。

第二种做法是，适用 1979 年《刑法》。持此种观点的法院认为，根据《最高人民法院关于适用刑法时间效力规定若干问题的解释》（以下简称《时间效力解释》）第 1 条的规定和"从旧兼从轻"的溯及力原则，对 1997 年 9 月 30 日之前实施的犯罪行为，是否追究行为人刑事责任，应当适用 1979 年《刑法》第 77 条的规定。即，对于追诉期限内已经采取强制措施且犯罪嫌疑人逃匿的，不受追诉期限限制。没有采取强制措施的，则应当根据 1979 年《刑法》的相关规定，认定为追诉时效届满。

第三种做法是，应当适用 1997 年《刑法》。持此种观点的法院认为，根据《刑法》第 12 条的规定，对追诉时效应当适用从新原则，即在确定是否追诉时，应当适用 1997 年《刑法》总则第四章第八节的规定。因此，只要具有立案材料且犯罪嫌疑人逃匿的，均不受追诉期限限制。至于《时间效力解释》第 1 条规定，应当理解为 1997 年 9 月 30 日以前实施的犯罪行为，在新刑法生效之时已经超过追诉时效的，才可适用 1979 年《刑法》第 77 条。

很显然，各地法院在追诉时效条款的理解与适用上主要着眼于个案的裁决，在我国司法实践中，涉及时效制度的案件屡有发生。鉴于此，本文将以我国刑事追诉制度的相关规定为基础，围绕刑事追诉时效条款适用中的争议问题，从学理层面予以审视和讨论，以期将相关讨论引向深入。

二、我国刑事追诉时效制度的基本框架

（一）条文变革：从 1979 年《刑法》到 1997 年《刑法》

我国 1979 年《刑法》第四章第八节已经对刑事追诉时效制度作了较为详细规定。而我国现行刑法典，即 1997 年《刑法》，基本继承和保留了 1979 年《刑法》的相关规定和基本原则，仅基于司法实践变化和未来犯罪发展趋势对 1979 年《刑法》第 77 条作了若干修改。具体而言，1997 年《刑法》相比于 1979 年《刑法》而言，对追诉时效制度作了以下三点修改：

一是根据 1979 年《刑法》第 77 条的规定："在人民法院、人民检察院、公安机关采取强制措施以后，逃避侦查或者审判的，不受追诉期限的限制"，1997 年《刑法》第 88 条第 1 款在原有的公检法的基础上，增加了国家安全机关，也可以采取强制措施。这是因为罪名的改变，使得国家安全机关专门负责侦查危害国家安全的刑事案件。二是增加了一种新的"不受追诉期限限制"

的例外情况，即第88条第2款规定："被害人在追诉期限内提出控告，人民法院、人民检察院、公安机关应当立案而不予立案的，不受追诉期限的限制。"三是将犯罪嫌疑人逃避侦查或者审判的时间界限由原来"采取强制措施以后"改为"立案侦查"或者审判机关的"受理案件以后"。按照刑事案件一般侦查程序来言，即立案—侦查—采取强制措施，相当于提前了两个阶段。[1] 尽管就1997年《刑法》第88条而言，追诉时效延长机制的核心要素——"逃避侦查或者审判"依旧没有变化，但由于犯罪嫌疑人被认定逃避侦查或者审判的起点从采取强制措施之日提前到立案侦查或法院受理之日，意味着刑法对犯罪嫌疑人的对抗司法行为的打击范围相对扩大，体现了对国家追诉犯罪和被害人权益保障的侧重，对被告人超过追诉时效免受刑事追究的权利保障则相对减弱。[2]

正因上述1997年《刑法》对追诉时效制度的条文进行变革，引发了追诉时效条款的适用难题，即1997年9月30日以前实施的犯罪案件在1997年《刑法》生效时尚未超过追诉时效，究竟应当适用哪部《刑法》？并且，由于在法律层面尚未明确规定跨越新旧法时追诉时效的适用标准，导致最高人民法院和最高人民检察院对相关条文的解读产生了分歧。

（二）相关案例：最高人民法院、最高人民检察院对司法解释的不同解读

最高人民法院就1997年10月1日以后审理的刑事案件的新旧刑法适用问题，正式颁布了《时间效力解释》。其中第1条明确规定：对于行为人1997年9月30日以前实施的犯罪行为，在人民检察院、公安机关、国家安全机关立案侦查或者在人民法院受理案件以后，行为人逃避侦查或者审判，超过追诉期限或者被害人在追诉期限内提出控告，人民法院、人民检察院、公安机关应当立案而不予立案，超过追诉期限的，是否追究行为人的刑事责任，适用修订前的1979年《刑法》第77条的规定。但是该条文对"超过追诉期限"并没有作出明确解释，导致最高人民法院、最高人民检察院对《时间效力解释》第1条有不同意见的解读。

最高人民法院在《刑事审判参考》（总第96集）中，在对林某波故意伤

---

[1]　参见侯国云、白岫云：《新刑法有关追诉时效的几个问题》，载《中央检察官管理学院学报》1998年第2期。

[2]　参见李和仁等：《未被列为立案对象是否受追诉时效期限的限制》，载《人民检察》2008年第23期。

害案进行分析的同时，明确了刑法中追诉时效的规定具有溯及力。对于 1997 年《刑法》第 12 条规定[1]，最高人民法院认为该条规定定罪量刑应当适用有利于被告人的从旧兼从轻原则，但对追诉时效则适用的是从新原则。因此，对于跨越新旧法的案件是否需要追诉，应当适用 1997 年《刑法》总则第四章第八节第 88 条的规定。而对于《时间效力解释》第 1 条规定的解读，最高人民法院认为 "超过追诉期限" 应当理解为仅包括在 1997 年《刑法》颁布前已经超过追诉时效的情形，才适用 1979 年《刑法》第 77 条的规定。在 1997 年《刑法》生效实施时尚未超过追诉时效，则案件不适用该司法解释，而应适用 1997 年《刑法》的规定。[2]

但是仅在一年之后，最高人民检察院于 2015 年 7 月 9 日发布第六批指导性案例，就在蔡某星、陈某辉等（抢劫）不核准追诉案中提到："1997 年 9 月 30 日以前实施的共同犯罪，已被司法机关采取强制措施的犯罪嫌疑人逃避侦查或者审判的，不受追诉期限限制。司法机关在追诉期限内未发现或者未采取强制措施的犯罪嫌疑人，应当受追诉期限限制。"[3] 上述表达与 1979 年《刑法》第 77 条的规定完全一致，反映了最高人民检察院认为《时间效力解释》第 1 条应当解释为 1997 年 9 月 30 日之前实施的犯罪案件在 1979 年《刑法》生效之时已经超过追诉期限，还是尚未超过追诉时效（但至今已经超过追诉时效的），对犯罪行为人是否追究刑事责任，应依据 1979 年《刑法》第 77 条追诉时效延长的规定。

正是由于最高人民法院、最高人民检察院对《刑法》第 12 条以及《时间效力解释》第 1 条的解读和理解存在分歧，才导致司法实践中 1997 年 9 月 30 日之前、诉讼延续到 1997 年《刑法》生效以后的案件，在如何确定新旧刑法的适用方面缺乏统一的适用标准。具体情况可以参见表 1，在跨越新旧法的三个故意伤害案中，各地法院有三种不同的适用情况。对此，笔者认为应当不拘泥于相关法律法规的教义分析，而从追诉时效制度的立法目的和本源价值

---

〔1〕《刑法》第 12 条规定：中华人民共和国成立以后本法施行以前的行为，如果当时的法律不认为是犯罪的，适用当时的法律；如果当时的法律认为是犯罪的，依照本法总则第四章第八节的规定应当追诉的，按照当时的法律追究刑事责任，但是如果本法不认为是犯罪或者处刑较轻的，适用本法。

〔2〕中华人民共和国最高人民法院刑事审判第一、二、三、四、五庭主办：《刑事审判参考》（总第 96 集），法律出版社 2014 年版，第 50 页。

〔3〕《最高检发布第六批指导性案例》，载最高人民检察院网上发布厅，https://www.spp.gov.cn/xwfbh/wsfbt/201507/t20150708_100967.shtml#6，最后访问日期：2021 年 7 月 5 日。

出发，以典型的"南医大杀人案"为切入点，来明晰追诉时效与刑法溯及力的关系，探究"逃避侦查或者审判"的内在含义，并对经过 20 年仍需追诉的陈年旧案的报请核准手续进行严格限制，以期进一步完善我国追诉时效制度。

三、"南医大杀人案"是否适用"从旧兼从轻"原则？

"南医大杀人案"的追诉时效问题之所以成为现在理论界和实务界热议的话题，是由于以下三个要点：一是本案发生于 1992 年 3 月 24 日，处于 1979 年《刑法》实施期间，但是由于当时的侦查技术水平有限，犯罪嫌疑人无法明确，所以侦查延续到 1997 年《刑法》生效实施，也就涉及《刑法》第 12 条规定的刑法溯及力的解释。二是本案从案发到抓获犯罪嫌疑人历时 28 年，已过《刑法》第 87 条规定的 20 年法定最长追诉时效。结合第一个要点，该案要考虑追诉时效延长的问题，即到底是适用从旧兼从轻原则还是从新原则。三是本案系以事立案，在追诉期限内未明确犯罪嫌疑人，也未对犯罪嫌疑人采取强制措施。而新旧刑法的争议在于：追诉时效的延长应以采取强制措施为前提，还是立案侦查或法院受理案件即可？若是适用新刑法，则本案可能依据 1997 年《刑法》第 88 条规定不受追诉期限限制，则无需报请最高人民检察院核准；若是适用旧刑法，则本案至今已过追诉时效，依据 1979 年《刑法》第 76 条规定，对于 20 年以后认为必须追诉的，须报请最高人民检察院核准。本案追诉时效的新旧法适用之争，究其根本是追诉时效制度的法律性质争议，即追诉时效究竟是由实体法规制，还是由程序法规制？

（一）追诉时效是实体问题还是程序问题？

"实体从旧，程序从新"原则是各国诉讼法理论界与实务界的共识。对于"南医大杀人案"中追诉时效规定是否具有溯及力，取决于其究竟属于实体还是程序性规定。目前主要有三种观点：

第一种观点认为时效规定属于程序性规定，支持从新原则。在追诉时效属于程序性规定的情况下，当新法对追诉时效条款作出修改后，新法的相关规定将适用于新开启的诉讼程序，即所谓程序从新。[1] "对溯及既往刑法的禁止仅仅适用于实质性法律，新的程序性条文从生效时起就也适用于尚未完

〔1〕 参见《从南医大奸杀案看追诉时效的性质》，载 https://www.163.com/dy/article/F734FNI30530W1MT.html，最后访问日期：2021 年 11 月 5 日。

结的程序，这是不言而喻的事。"[1] 根据《刑法》第 12 条的规定，从旧兼从轻原则针对的是刑事罪责实体问题，主要是在新旧刑法中原有犯罪属性发生变化以及刑罚轻重不同时，做有利于被告人的适用。这是罪刑法定原则的逻辑延伸，旨在限制事后法的意外打击，符合国民预测可能性与责任主义的客观要求，也是实质性保障人权的体现。而追诉时效条款的本质是限制国家刑罚权的滥用，只影响司法机关在怎样的时间范围内追究行为人的刑事责任，不属于犯罪构成要件和刑罚效果内容，不受从旧兼从轻原则的限制。[2] 超过追诉时效是国家刑罚权合法发动的程序障碍，因而追诉时效是一项刑事程序法制度。[3] 从《刑事诉讼法》第 16 条的规定来看，"犯罪已过追诉时效期限的"，不追究刑事责任，也说明追诉时效应属于程序性规定。由此可见，追诉时效是否延长也应当遵循程序从新原则。而"南医大杀人案"在新刑法生效之时，尚未超过追诉期限，则其追诉时效问题应当以追诉时法律规定为准，即适用新刑法规定。

第二种观点则是支持追诉时效条款适用从旧兼从轻原则。首先，有的学者认为追诉时效不能仅凭其具有阻碍程序进行的法律效果，就视为程序性规定。追诉时效条款的本质在于刑罚权主张与认定，虽然需要通过一定的程序发挥作用，但处理程序取决于实体本质，即实体法主认定、程序法主处理。对于追诉时效的适用问题，必须回归到刑法法定原则之下。[4] 从我国刑法的规定来看，《刑法》第 12 条"从旧兼从轻"原则作为刑法的基本原则之一，应当规范、指导和制约《刑法》第四章第八节规定的追诉时效制度。[5] 其次，从罪刑法定原则出发，无论是刑法适用还是刑事立法的溯及既往都会损害国民的预测可能性、侵犯国民自由。犯罪案件适用行为时的法律是禁止溯及既往原则的体现，不可简单推定新法就能适应以往时代的需要。因此，有的学者认为，与旧刑法相比，1997 年《刑法》第 88 条关于不受追诉期限限制的情形不利于行为人，除《刑法》第 87 条外，对行为不利的时效规定，也

---

[1]　[德] 克劳斯·罗克辛：《德国刑法学总论》（第 1 卷），王世洲译，法律出版社 2005 年版，第 96 页。

[2]　参见曲新久：《论从旧兼从轻原则》，载《人民检察》2012 年第 1 期。

[3]　参见袁国何：《论追诉时效的溯及力及其限制》，载《清华法学》2020 年第 2 期。

[4]　参见柯耀程：《刑法总论释义——修正法篇》（下），元照出版社 2006 年版，第 627 页。

[5]　参见许佳：《论我国追诉时效终止制度的溯及力》，载《法律适用》2016 年第 11 期。

应当采取从旧兼从轻的原则。[1] 1997 年《刑法》第 12 条规定，对于新法实施之前的犯罪案件，虽然追诉时效从字面上看似乎适用从新原则，但实质上仍应当适用从旧兼从轻原则。而《时间效力解释》第 1 条规定则是对从旧兼从轻原则的再次确认。

第三种观点则认为追诉时效具有程序法和实体法交叉混合的制度特征。[2] 追诉时效制度就实体法而言，是一种解除个人刑罚的事由；就程序法而言，则是一种终止诉讼程序的障碍。[3] 也有学者认为对于追诉时效的性质，争议的重点不在于其规定于刑法或者刑事诉讼法这种形式说法，而在于结合时效制度的学理依据。倾向于实体法性质说的，认为追诉时效乃个人解除刑罚事由，一旦超过追诉期限，则对犯罪施以刑罚的需求不存在，实体刑罚权消灭。而主张诉讼障碍说的，则认为基于证据法理由以及诉讼上法安定性的考虑，超过追诉时效的犯罪在实体法上成立犯罪，只是由于诉讼障碍事由，才不追诉而已。也有混合以上两者主张的双重性质的时效理论。[4] 混合学说对追诉时效的认识不局限于追诉时效产生消灭刑罚的结果，也考虑到产生此结果的方式，较为符合追诉时效的特殊性，但对于实践中解决新旧法适用问题并无益处。

（二）"南医大杀人案"追诉时效适用新旧法之审思

1. 一律适用新法可能导致追诉时效延长条款滥用

上述第一种观点的支持者认为，在"南医大杀人案"中，行为人在 1997 年 9 月 30 日之前实施的行为，尽管在当时没有锁定犯罪嫌疑人，但由于其犯罪行为的追诉延续到 1997 年《刑法》实施以后，在该案追诉时效届满之前，只要司法机关已经立案且行为人逃避侦查或者审判的，可依据《刑法》第 88 条的规定，不受追诉期限的限制。但是该解读存在三个问题：其一，法律对如何理解"逃避侦查或者审判"并未明确规定，司法实践中也缺乏相关指导

---

〔1〕 参见张明楷：《刑法学》（第 5 版），法律出版社 2016 年版，第 51~77 页。

〔2〕 参见王志祥：《"南医大女生被害案"的追诉时效问题研究》，载《法商研究》2020 年第 4 期。

〔3〕 参见林山田：《刑法通论》（下），北京大学出版社 2012 年版，第 404 页。

〔4〕 追诉时效的学理依据包括但不限于以下：①痛苦代刑说（经年累月的逃亡隐匿，痛苦也够了）；②改过迁善说（那么久都没有再犯罪，毋庸再予追诉了）；③证据消灭说（搜证困难，干脆放弃追诉）；④秩序回复说（事过境迁，犯罪所破坏的秩序已经恢复）；⑤怠于行使说（国家因懈怠而应放弃追诉权力）。参见林钰雄：《新刑法总则》，中国人民大学出版社 2009 年版，第 522~523 页。

案例。有的观点认为，只要犯罪行为人没有主动投案自首的，就可以认定为逃避侦查。而伴随着大数据、人脸识别等科技不断运用到侦查程序中，未来大量的 20 世纪八九十年代的陈年积案均可侦破，则此类案件适用新法将都不受追诉期限限制。这使得《刑法》第 87 条规定的追诉期限限制被《刑法》第 88 条所否定和架空。其二，适用新法将规避《刑法》第 87 条规定的最高人民检察院核准追诉程序。[1] 对于超过追诉期限的案件，立法本意应该是以不追诉为原则，以追诉为例外。这是因为一般情况下在经过足够长的时间后，犯罪行为所导致的社会秩序紊乱状态会随着时间的流逝恢复正常，此时便已经缺乏对犯罪行为适用刑罚的必要。只有犯罪行为的危害性极为严重，导致追诉期限内社会秩序无法恢复，才有必要延长期限。[2] 而是否追诉，需要平衡国家利益、社会发展稳定和犯罪嫌疑人免受过期追诉的权利，由最高人民检察院严格把握、慎重处理。而由于对新法第 88 条规定的要件未严格限制解释，适用新法将导致犯罪不受追诉期限限制成为常态，则最高人民检察院的核准程序事实上也将丧失存在之意义。其三，对于新法生效之前的犯罪一律适用新法，违背了现代刑法禁止事后法的根本精神。在 1997 年 10 月 1 日之前，行为人在"采取强制措施前"实施的"逃避侦查或审判"行为，以及被害人提出的控告行为，依据新法将导致原有犯罪追诉时效延长。这意味着新法生效之前的犯罪本应依行为时的刑法超过追诉时效不受追究，但因为法律的修改而使得司法机关重新具有刑罚权。

2. 一律适用旧法要考虑核准追诉机制和被害人合法权益

依据上述第二种观点，"南医大杀人案"中追诉时效问题适用 1979 年《刑法》第 77 条，由于当时侦查机关未采取强制措施，则该案仍要受追诉期限限制。而无论依据新旧刑法，对于可能判处无期、死刑的故意杀人罪的法定追诉期限为 20 年，至今已经超过，是否追诉须报请最高人民检察院核准。若此类陈年旧案在遇到追诉问题时，均报请最高人民检察院批准，则是否会导致核准程序较易启动，浪费司法资源。并且，根据 2012 年《最高人民检察院关于办理核准追诉案件若干问题的规定》第 5 条第 3 款规定，报请核准追诉的案件的犯罪性质、情节和后果必须特别严重，且经过 20 年追诉期限，社

---

〔1〕 参见《关于南医大命案追诉时效的几点补充意见》，载 https://mp.weixin.qq.com/s/k3pfA7x73usch_J3g-04XQ，最后访问日期：2021 年 5 月 9 日。

〔2〕 参加贾凌等：《论追诉时效超期适用制度》，载《现代法学》2000 年第 6 期。

会危害性和影响依旧存在，不追诉会严重影响社会稳定或者产生其他严重后果。但是旧案积案的证据保全情况较差，难以查证犯罪事实，如何判断是否符合核准条件存在一定的困难。若核准人员对追诉必要性的理解存在差异，是否会导致放纵犯罪，忽视对被害人合法权益的保障？

对于犯罪行为发生在新法生效之前，而法定例外情形出现在新法生效之后的案件，一律适用旧法则有违人民群众对法律的普遍共识，将导致产生不公正的结果。比如被害人在新法生效后，对新法生效之前发生，但仍处于追诉期限内的犯罪提出多次控告，追诉机关仍然置之不理，此时依据旧法第77条规定不延长追诉时效，则无疑与时效制度的设立目的背道而驰。追诉时效制度的设立，既要体现功利的犯罪预防，也要体现民众的报应情感。"报应主义是刑罚最基本的正当化依据，在公正的基础上，反而是文明的体现。"[1]

（三）立法解释缺位状态下应严格遵守司法解释

通过对上述观点的审思，可以明确是否适用从旧兼从轻原则，将直接关系国家刑罚权的大小和时间边界。从国家的角度来看，追诉时效制度是对国家刑事司法权的约束和限制。即国家追究犯罪行为人刑事责任，必须在法定追诉期限内，若超过追诉期限（除有例外情况），则国家刑罚权自动消灭。这样一方面可以促使司法机关提升工作效率，及时追诉；另一方面可以优化司法资源配置，集中精力重点打击当前发生的犯罪，以防新案变旧案。从犯罪嫌疑人的角度来看，追诉时效制度的设立，是为尚未被司法机关所发现和打击的犯罪行为人提供一次自我悔改的机会，使其随着时间的流逝不断削弱自身犯罪的主观恶性及人身危险性，重新回归社会。这也意味着任何公民都享有一项基本的法律权利，即不因已过追诉时效的行为被定罪处罚的权利。[2]

在一定程度上，与追诉时效制度相冲突的无期限追诉机制，其正当性主要体现为刑罚必定性与一般预防理论。即当犯罪行为侵害法益、抵触规范，司法机关就应当予以打击和惩罚。犯罪与刑罚这两个概念的联系越紧密和持续，人们自然越将犯罪看作因，将刑罚看作不可缺少的必然结果。依据刑罚确定性的理念，才能让一般人从具有诱惑性和利益性的犯罪图景中醒悟过来，

---

〔1〕 参见陆青：《"追诉时效"与司法正义》，载《检察日报》2020年3月3日，第3版。
〔2〕 参见张武举：《如何理解我国刑事追诉时效中的几个问题》，载《河北法学》2004年第4期。

才能真正阻止犯罪的发生。[1] 因此，当司法机关已经启动追诉程序，从刑罚震慑的效果来说，就不应轻易终止。然而，无期限追诉意味着国家追诉权永久性存在，侦查程序可以无限反复开展，背离了时效制度本意，也违背了刑事诉讼中犯罪嫌疑人、被告人权利保障的价值要求，损害了刑法中的人权保障机能。一方面，无期限追诉的滥用，将导致诉讼程序不当拖延，消除侦查人员不及时办案而无法追究犯罪人刑事责任的后顾之忧；另一方面，无穷无尽的追诉活动，将破坏诉讼程序的稳定性和可预期性，使犯罪人难以享有追诉时效制度赋予的应有权利，时刻受求刑权之威胁。[2]

根据《立法法》第8条的规定，涉及国家刑罚权界限以及限制人身自由的强制措施和处罚，只能制定法律。故此，笔者建议由立法机关对刑事追诉时效适用新旧法作出立法解释，而不是由司法机关对此问题进行解释，因此导致司法实践中对法律条文的理解产生分歧。

在立法解释缺位的情况下，笔者认为对"南医大杀人案"中追诉条款的适用，要严格遵守相关司法解释。即，对于新法生效前实施的犯罪行为，如果新法第88条规定的两种法定情形之一发生在新法生效之前，那么，在新法生效后进行追诉时，尚未超过追诉时效的，可以依法追诉；"超过追诉期限的，是否追究行为人的刑事责任，适用修订前的《刑法》第77条的规定"。本案发生于1992年3月24日，依据新法第88条规定的"立案侦查后逃避侦查或者审判"的行为发生在新法生效之前，至今历时28年，已经超过追诉时效。根据《时间效力解释》第1条规定，是否延长追诉应当适用旧法来判断。

四、"逃避侦查或者审判"的概念解读

在"南医大杀人案"的讨论中，假设追诉时效适用新法则要考虑"逃避侦查或者审判"的含义。有的学者认为逃避侦查或者审判是指易名改姓、远走他乡、伪造现场、销毁证据、串通人证等积极主动行为，对于此案中麻某某未采取任何积极抵抗司法的行为，应当不认为构成"逃避侦查或者审判"，仍受追诉期限的限制。有的观点则认为逃避侦查不等于妨碍侦查，只要消极不主动投案自首，必然包含有逃避法律制裁的意图，可以被认定"逃避侦查

---

〔1〕 参见［意］切萨雷·贝卡里亚：《论犯罪与刑罚》，黄风译，中国法制出版社2002年版，第66页。

〔2〕 参见塔娜、贺毓：《论追诉时效的程序法作用》，载《内蒙古社会科学（汉文版）》2014年第1期。

或者审判"。由上可知，对"逃避侦查或者审判"的理解将决定1997年《刑法》第88条第1款的适用范围，也将影响追诉时效制度的实践运用效果。

（一）"立案侦查"后不在案≠"逃避侦查或者审判"

依据《刑事诉讼法》第109条规定，"公安机关或者人民检察院发现犯罪事实或者犯罪嫌疑人，应当按照管辖范围，立案侦查。"从字面含义来看，立案侦查以后，是指人民检察院、公安机关、国家安全机关依照刑事诉讼法的规定，按照自己的管辖范围，对发现犯罪事实或者犯罪嫌疑人的案件予以立案，进行侦查，收集、调取犯罪嫌疑人有罪或无罪、罪轻或罪重的证据材料之日起。对于"立案侦查"的理解，理论界和实务界中存在观点分歧。有论者认为，"立案侦查"应当理解为立案并且侦查，即只是立案但没有着手侦查的，犯罪嫌疑人逃避侦查的，仍应当受追诉时效的限制。[1] 也有学者认为，《刑法》第88条第1款规定的"立案侦查以后"是指立案以后。[2] 另外，立案可以区分为两大类：第一类是"知道事但不知道人"，即侦查机关发现犯罪事实，但未明确犯罪嫌疑人；第二类是"知道事也知道人"。由此，则产生《刑法》第88条中"立案"是"对事"还是"对人"的问题。[3]

笔者认为，《刑法》第88条所称的"立案侦查"，重点不在于"立案"二字，而在于如何理解"侦查"。对此，全国人大常委会法工委刑法室也进行了细致阐述："在实践中应当注意，不能简单地理解为只要人民检察院、公安机关、国家安全机关对案件进行立案，或者人民法院对案件予以受理后，就可不受追诉时效的限制。……有的司法机关立案或受理后，因某些原因又未继续采取侦查或追究措施，以致超过追诉期限的，不应适用本条规定。"[4] 无论是对事立案或者对人立案，司法机关在立案之后未采取有效侦查措施，不可认定为《刑法》第88条所规定的"立案侦查"，进行无期限追诉。

对于《刑法》第88条第1款中"侦查"的含义，笔者认为，是指公安司法机关已经将犯罪行为人列为犯罪嫌疑人后，开展限制人身自由的强制性措施。其中，不仅包括五项法定强制措施，也涵盖了具有强制性的其他侦查措施，如人身检查、传唤、通缉、追缉堵截等。主要理由如下：

---

〔1〕　参见陈兴良：《刑法疏议》，中国人民公安大学出版社1997年版，第194页。

〔2〕　参见张明楷：《刑法学》（上），法律出版社1997年版，第505页。

〔3〕　参见王钢：《刑事追诉时效制度的体系性诠释》，载《法学家》2021年第4期。

〔4〕　全国人大常委会法制工作委员会刑法室：《中华人民共和国刑法条文说明、立法理由及相关规定》，北京大学出版社2009年版，第112页。

首先，《刑法》第88条第1款将"立案侦查"与"逃避侦查"两个条件并列规定，明显意味着两次重复出现的"侦查"属于同一含义。即，在立案后司法机关采取的侦查措施，正是犯罪嫌疑人所逃避的对象。侦查机关与犯罪嫌疑人之间的行为是对向关系，一方面，表明立案时或者立案后侦查机关已经锁定犯罪嫌疑人，并对其采取必要之侦查措施；另一方面，犯罪嫌疑人在明知或应当明知以上侦查措施时，采取逃避和藏匿的方式，以逃脱法律制裁。如果在立案后，追诉机关并不知晓何许人是犯罪嫌疑人，所采取的侦查措施没有人身针对性，则无所谓逃避侦查。如对于流窜作案的犯罪，犯罪行为人在作案后逃离犯罪所在地，致使案件成为"无头案"的，由于国家追诉活动没有明确指向行为人，也没有采取针对性的强制性措施，不可认定行为人逃匿构成"逃避侦查"。

其次，《刑法》第88条第1款将"立案侦查"与"法院受理"相并列，并对"逃避侦查或者审判"的行为，予以无期限追诉，正体现了刑事诉讼对席审判的要求。依据《刑事诉讼法》第211条及相关司法解释，人民法院受理自诉案件的要求是：犯罪事实清楚，有足够的证据。换而言之，对于被害人向法院提出自诉的案件，有明确的犯罪人、犯罪的时间、地点以及整个犯罪事件的经过，则法院应当开庭审判。此时，"审判"意味着犯罪嫌疑人已经成为被告人，除非满足缺席审判的要求，否则必须出庭接受审判。相应地，法院必要时应当对被告人依法采取强制措施，防止其逃避审判。在侦查阶段，追诉机关已经列明犯罪嫌疑人，此时，也应当通过限制相对人自由的强制性措施，确保犯罪嫌疑人到案，以接受司法审查，如此才能顺利开展刑事诉讼程序。此外，从条文的变革来看，无期限追诉制度旨在解决在决定强制措施之前犯罪嫌疑人已经在逃的追诉难题。因此，"立案侦查"的认定，应当以国家追诉活动列明追诉对象为前提条件，并已经采取一定的强制性措施。

最后，对于"立案侦查"的解释，必须与刑事追诉时效制度的宗旨相一致。根据《刑法》第87条规定，依据犯罪的法定最高刑不同，我国设立了5年、10年、15年和20年四档追诉期限，对于超过追诉期限的案件一般不再追诉。我国刑事追诉时效制度存在的理论基础，在于人的改造性和社会性。换言之，在犯罪人伴随时间流逝长期约束自身不再犯罪，在法律上可以推定其自我改造和回归社会成功，则国家施以刑罚的必要性丧失。[1] 因此，我国的刑事追诉时效制度是以经过法定追诉期限后不再追诉为原则，以无期限追诉或者追诉中断为例外。对于《刑法》第 88 条规定的"立案侦查"，不可随意扩大内涵，曲解为逃避一般的调查取证工作。如在以事立案后，侦查机关仅是进行现场勘查，不可认定构成"立案侦查"。一方面，对物采取的侦查措施，是不可能成为犯罪嫌疑人逃避的对象；另一方面，假设上述情形均可适用无期限追诉，那么在司法实践中，多数刑事案件将不受《刑法》第 87 条的限制，追诉时效制度基本上就沦为空文。[2] 这将使侦查机关不堪重负，严重影响对现案的办理工作，也使得追诉时效的应有作用大打折扣。[3]

（二）"逃避侦查或者审判"的合理界定

对于"逃避侦查或者审判"的定义，目前理论界和实务界有较大的争议。有的学者认为"逃避侦查与审判"应限于积极的、明显的致使侦查和审判工作无法进行的逃避行为，主要是指在司法机关已经告知其不得逃跑、藏匿甚至采取强制措施后而逃跑或者藏匿；对于行为人实施毁灭证据、串供等行为的，不宜认定为逃避侦查与审判。[4] 有的学者则认为逃避侦查在本质上是一种对抗司法的活动，因此，犯罪嫌疑人应当在其已经被确定为犯罪嫌疑人，而不是其所实施的犯罪已经被立案后逃匿，才可被认定为逃避侦查。[5] 有的学者则认为要以主客观相统一的标准来认定逃避侦查，即在客观方面犯罪嫌疑人的行为逃避侦查，在主观方面犯罪嫌疑人具有逃避侦查的故意和目的。[6] 更有学者认为，除自首、当场被抓获或者扭送司法机关后立案且未再逃避的以外，其他情形均可被认定为"逃避侦查或者审判"，无论犯罪行为人

---

〔1〕 参见李和仁等：《未被列为立案对象是否受追诉时效期限的限制》，载《人民检察》2008 年第 23 期。

〔2〕 参见曲新久：《追诉时效制度若干问题研究》，载《人民检察》2014 年第 17 期。

〔3〕 参见高翼飞：《追诉时效争议问题研究——以刑法和刑事诉讼法的协调为视角》，载《中国刑事法杂志》2020 年第 4 期。

〔4〕 参见张明楷：《刑法学》（上），法律出版社 1997 年版，第 651 页。

〔5〕 参见李和仁等：《未被列为立案对象是否受追诉时效期限的限制》，载《人民检察》2008 年第 23 期。

〔6〕 参见李和仁等：《未被列为立案对象是否受追诉时效期限的限制》，载《人民检察》2008 年第 23 期。

是否知道已经立案或被列为犯罪嫌疑人或已采取强制措施。[1] 总结上述观点，"逃避侦查或者审判"的概念界定需要明确以下几个问题：一是"逃避"一词应当理解为积极行为还是消极行为？二是"逃避侦查或者审判"是否需要查明犯罪嫌疑人的主观故意？三是"逃避侦查或审判"是否包括犯罪嫌疑人隐匿、伪造、销毁证据以及串供等行为？

首先，笔者认为"逃避侦查或者审判"应当是积极对抗行为，即通过逃匿方式，致使侦查或审判工作无法进行。对于《刑法》第 88 条中"逃避"一词，要结合刑事法出现的类似词语来理解。如在《刑事诉讼法》第 81 条、第 82 条、第 84 条中，适用逮捕、拘留、扭送的情形时，使用了"逃跑"一词。结合词义本意和法条内容，"逃跑"侧重于犯罪事实发生后，未被施加任何强制措施的犯罪嫌疑人，为躲避刑事处罚而离开某地的行为。又比如，《刑事诉讼法》在违法所得没收程序一章中，使用类似的词语"逃匿"，是指犯罪嫌疑人、被告人在犯罪后，为逃避法律制裁而逃跑、隐匿或者躲藏。还有《刑事诉讼法》第 206 条规定，在审判过程中，被告人脱逃的，可以中止审理。"脱逃"一词，既适用于在押犯罪嫌疑人从监管场所逃跑的情形，也包括在刑事诉讼进程中，在案但未在押的犯罪嫌疑人逃跑的情形，与"逃避"一词较为接近。根据上述分析，与"逃跑""逃匿""脱逃"等词一样，"逃避"也属于支配性动词，表明的是行为人对侦查或者审判所持的一种积极对抗行为。

积极逃避行为本身也反映出犯罪行为人的价值理念和行为方式并未随时间而改变，其社会危害性以及可罚性程度并未削弱，则此时延长刑事追诉时效予以惩戒具有一定的必要性。若是犯罪行为人在立案侦查后，采取消极逃避行为，如在当地正常生活工作，则不应当认定为逃避侦查。一方面犯罪嫌疑人通过自我悔改，已经降低人身危险性，丧失延长时效予以处罚的必要；另一方面，在司法实践中，通过侦查机关自行发现，被害人及其亲属主动控告以及知情人或者群众报案，绝大多数刑事案件都是会被立案的。如果采用消极逃避理论，则犯罪嫌疑人或被告人在立案或法院受理后不在案，则均可认定为逃避侦查或者审判，延长追诉时效，导致司法机关将大量人力、物力投入到陈年旧案的侦查中，则追诉时效限制规定将陷入沉睡。

其次，对于犯罪嫌疑人的主观故意，只要求有逃避追诉的意图，并不要

---

[1] 参见王登辉：《追诉时效延长抑或终止——〈刑法〉第 88 条之教义学解释及其展开》，载《当代法学》2016 年第 2 期。

求犯罪人知晓侦查机关是否立案侦查或者人民法院是否受理案件。有的案件中犯罪行为在实施犯罪后，立刻逃往外地，对当地侦查机关是否立案并不知悉，但不影响其逃避侦查事实的成立。但是，对于司法机关而言，基于刑事诉讼对席审判的要求，刑事追诉活动必须以犯罪嫌疑人或被告人在案为前提条件。因此，"逃避侦查或者审判"的认定应当以国家追诉活动将其明确列为追诉对象为前提条件。1997 年《刑法》将"采取强制措施"修改为"立案侦查或者法院受理"，正是由于原条文规定追诉时效延长的条件不符合司法实践，难以解决侦查机关采取强制措施前犯罪嫌疑人已经逃匿的难题。对此，该条文针对的是司法机关已经锁定，但在采取强制措施前已经逃匿的犯罪嫌疑人。对于流窜作案的犯罪，犯罪行为人在作案后逃离犯罪所在地，致使案件成为"无头案"的，由于国家追诉活动没有明确指向行为人，不可认定行为人逃匿构成"逃避侦查"。并且，当时的刑事诉讼法并未规定缺席审判程序，在侦查阶段防止犯罪嫌疑人逃避侦查，才能确保被告人出庭，便于查明案件真相，维护司法秩序，顺利开展刑事诉讼程序，以及防止诉讼拖延淡化刑罚的威慑功能。[1]

最后，依据不得强迫自证其罪的原则，犯罪嫌疑人不负有积极配合国家追诉的责任。不得强迫自证其罪原则的内涵，并不仅限于禁止国家机关强制取得供述证据，也包含了禁止国家机关要求被告主动、积极地提出非供述证据或配合侦查机关的取证行为，且不论是在刑事追诉后还是在刑事追诉前。[2] 不得强迫自证其罪原则一方面可以反证消极逃避不构成逃避侦查，另一方面也可以说明犯罪嫌疑人为逃避侦查而隐匿证据、伪造证据等行为本身，不可被认定为《刑法》第 88 条第 1 款规定的"逃避侦查或者审判"。

综上所述，笔者认为《刑法》第 88 条第 1 款中的"逃避侦查或者审判"针对的是在追诉时效期间内被列为犯罪嫌疑人并予以追捕的情况。"南医大杀人案"中，侦查机关在法律规定的 20 年内未确定犯罪嫌疑人，则不能认定麻某某构成"逃避侦查或者审判"。

五、"南医大杀人案"是否应当报请核准追诉？

根据旧法第 77 条的规定，追诉时效延长必须满足"采取强制措施以后"

---

〔1〕 参见［意］切萨雷·贝卡里亚：《论犯罪与刑罚》，黄风译，中国法制出版社 2002 年版，第 66 页。

〔2〕 参见林钰雄：《刑事诉讼法》（上），元照出版有限公司 2015 年版，第 162~163 页。

和"逃避侦查或者审判"的双重要件。由于本案司法机关在追诉期限内未明确犯罪嫌疑人，无法采取强制措施，所以该案仍受追诉时效限制且已经超过追诉期限。因此，对于犯罪嫌疑人是否追诉，有的观点认为可以根据《刑法》第87条的规定，报请最高人民检察核准追诉。

我国核准追诉机制作为刑事追诉时效制度的补充，应当严格把控程序和标准，对已过追诉期限的犯罪再进行追诉要慎重处理，确保核准追诉程序和结果合法合理。根据新法第87条规定，我国依据犯罪的法定最高刑不同，设立了5年、10年、15年和20年四档追诉期限，对于超过追诉期限的案件一般不再追诉。除了社会危害性极其严重、犯罪人的人身危险性极大、所造成的社会影响极其恶劣的法定最高刑为无期徒刑、死刑的案件，历经20年后其社会危害性和影响依然存在，不追诉会严重影响社会稳定或者产生其他严重后果的，才可以报请最高人民检察院核准追诉。核准追诉制度体现了国家追诉权在特殊重大案件中的适度扩张，考虑了社会公众对个案实质正义的期待，同时也兼顾了追诉时效制度的规则正义。

（一）报请核准追诉的时间应当是在立案前

由于我国刑法只规定了核准追诉条件和机关，对于何时报请核准追诉并无明确规定。结合《刑事诉讼法》第16条的规定，犯罪已过追诉时效期限的，不追究刑事责任，已经追究的，应当撤销案件，或者不起诉，或者终止审理，或者宣告无罪。而我国追诉时效一般是指追究刑事责任的期限，在此期限内司法机关才可以开展刑事诉讼程序，即包括立案、侦查、起诉、审判全过程。国家追诉活动始于立案程序，因此，对于特殊的重大犯罪案件，经过最高人民检察院核准追诉，才意味着可以重新启动立案程序，依此进入侦查、起诉和审判程序。[1] 对此，笔者认为已经追诉时效的案件报请最高人民检察院核准追诉的时间应当是在立案前，否则国家不享有追诉的权力。

在"南医大杀人案"中，侦查机关尽管在案发后立案侦查，但是由于未锁定犯罪嫌疑人，不适用《刑法》第88条第1款的规定延长追诉时效期限。因此，从1992年3月24日起开始计算追诉时效，作为法定最高刑为无期徒刑、死刑的故意杀人罪，只有20年的追诉期限，已于2012年3月25日起超过追诉时效期限。而依据《刑事诉讼法》第16条的规定，此时侦查机关应当撤销案件，之后若要继续开展侦查程序，则要报请最高人民检察院核准追诉，

---

[1] 参见朱孝清：《"核准追诉"若干问题之我见》，载《人民检察》2011年第12期。

重新立案。而在司法实践中，侦查机关在长达 28 年内，对已经超过追诉时效的案件持续进行侦查，未及时撤销案件。笔者认为此案侦查机关已经超过报请核准追诉的法定期限，最高人民检察院应当不予受理。在司法实践中，为避免频繁偏离立法推定从而架空追诉时效制度，对核准追诉的适用应当严格进行把握，以不核准为原则，以核准为例外。[1]

（二）报请核准追诉的必要性条件

根据《刑法》第 87 条规定，只有认为必须追诉的案件，才可以报请核准追诉。而 2012 年《最高人民检察院关于办理核准追诉案件若干问题的规定》第 5 条规定，报请核准追诉的案件应当同时符合下列条件：①有证据证明存在犯罪事实，且犯罪事实是犯罪嫌疑人实施的；②涉嫌犯罪的行为应当适用的法定量刑幅度的最高刑为无期徒刑或者死刑的；③涉嫌犯罪的性质、情节和后果特别严重，虽然已过 20 年追诉期限，但社会危害性和影响依然存在，不追诉会严重影响社会稳定或者产生其他严重后果，而必须追诉的；④犯罪嫌疑人能够及时到案接受追诉的。由上可知，最高人民检察院核准既要核准犯罪事实和犯罪行为人，也要核准该罪的恶劣影响程度和社会正常秩序恢复情况。并且最高人民检察院核准追诉针对的是侦查机关在追诉期限内查明犯罪嫌疑人但其逃匿未被抓获的情形。对于经过 20 年后仅发现犯罪事实，仍未明确犯罪嫌疑人的案件，不应当报请最高人民检察院核准追诉。在"南医大杀人案"中，侦查机关应当在 20 年追诉期限内查明以上情况，才可以报请最高人民检察院核准追诉，显然目前不适用《刑法》第 87 条规定的核准追诉程序。

---

[1] 参见史卫忠等：《核准追诉中的若干实务问题考察》，载《人民检察》2016 年第 10 期。

跨越事实与规范

——危险现实化评价之重塑

葛大彬[*]

　　摘　要：危险现实化理论只有突破相当因果关系理论"内卷化"的特质才能跨越从事实到规范的鸿沟。若要做到这点，首先就要重塑其魂，将规范判断的特质注入其模型判断当中；然后再重塑其形，通过该理论的"第一原理"——危险——来重构其类型构造，进而将其划分为"单发型""并发型""诱发型"三种归责判断类型。在单发型危险现实化中，其判断模型为 A→B＝C←D，即案件结果实现的危险完全等价于实行行为创设的危险，实务中多数不含介入因素的案件皆属此类；在并发型危险现实化中，其判断模型为 A→B＜C←D，即实现案件结果的危险能够涵盖实行行为创设的危险；在诱发型危险现实化中，其判断模型为 A→B→C←D，即案件结果实现的危险同实行行为创设的危险不一致，且案件结果 D 实现的危险 C 处于实行行为 A 创设的禁止危险 B 的射程内。

　　关键词：危险现实化　相当因果关系　实行行为　规范保护目的　禁止危险

---

　　* 葛大彬，中国政法大学刑法学 2018 级硕士研究生。

一、危险现实化评价困局

危险现实化理论肇端于日本司法实务所导致的"相当因果关系理论危机",并经由相关判例推动不断发展,[1] 可以说该理论的发展不是由"理论到理论",而是由"实务到理论",或者说是通过不断修正理论的观点来解释实务问题。由于其本身是对传统相当因果关系理论中预见可能性的教义学规则的突破,因此,传统相当因果关系理论的法理基础其无法继受。目前危险现实化理论只是揭示了基本判断规则及有关评价要素,并未揭示这些规则和要素运用何种法理基础。这就导致运用该理论评价要素(实行行为的危险性、介入因素的异常性以及介入因素对结果的贡献)[2] 进行结果归责时,存在一系列的问题。

第一,危险性、异常性以及贡献度在主客观不一致的情况下,究竟是指主观的还是客观的呢?例如,在"雷劈案"[3] 中,"下雨的时候不要躲在树下"这是生活常识,甲故意要求乙为之,体现了甲主观危险很高,且结果已经实现了这种危险,那么乙的死亡就要归责于甲;但从客观危险角度看,雷劈死人实属罕见,那甲行为的危险性就很小,乙的死亡不能归责于甲。此时危险现实化理论就会陷入一种两难的境地。实际上,国民对危险的感知和对危险的实证研究总会出现一些不一致的地方,就如同人们总感觉坐飞机的危险性要高于坐汽车的危险性一样,有学者将之称为,风险的科学理性与社会理性之间的分裂。[4]

第二,危险现实化理论是通过对实行行为的危险性、介入因素的异常性以及介入因素对结果贡献度的综合分析判断,作为结果归责的基本依据。而

---

〔1〕 对日本因果关系理论转向起到关键作用的是这样一起日本判例。在大阪南港处,一人因内因性高血压性颅内出血死亡,后经查,该人被不同人员殴打致死,最初行凶者将被害人移到案发处,被害人又受到其他人的二次打击,并导致死亡时间提前(以下简称"大阪南港案")。对于该案,日本最高裁判所认为,虽然第三者对被害人施加了暴力,而提前了死亡时间,但最初行凶者仍要为该后果负责。在日本刑法学界,将该判例所带来的影响称为"相当因果关系说危机"。之后在"日航飞机危险接近事件"判例中,日本最高裁判所认为,正是由于错误的下降指令导致了飞机接近的危险发生,也可以说该行为的危险性已经被实现,因此两者之间存在因果关系。这就在司法层面明确了"危险现实化"的价值。参见〔日〕桥爪隆:《刑法总论之困惑(一)》,王昭武译,载《苏州大学学报(法学版)》2015 年第 1 期。

〔2〕 参见张明楷:《刑法学》(第 5 版),法律出版社 2016 年版,第 190 页。

〔3〕 在雷雨交加的天气,甲派乙去森林执行任务,希望乙被雷劈死,果不其然,乙死于此。

〔4〕 参见〔德〕乌尔里希·贝克:《风险社会》,何博闻译,译林出版社 2004 年,第 28~31 页。

这三个要素实际可以概括为行为的危险和介入因素的危险，其实质就是通过对危险程度的检验来确定相关要素的性质，但危险程度是事实层面的问题，而要素性质是规范层面的问题，两者之间无法逾越，这无疑又走上了传统相当因果关系的老路，靠事实直接推导出规范内容，这可能也是不少学者称危险现实化为修正的相当因果关系理论的原因。在社会生活中，完全存在某人的行为具有很高的危险性却不为刑法所禁止的情形。比如甲与乙素来不和，且知乙嗜酒如命、粗心大意，为置乙于死地，就帮乙安排了一份高空作业的工作，一周后，乙醉酒干活，未系牢安全绳，高空坠落而亡。在本案中，无论是客观危险还是主观危险，都要认为甲的行为具有极高的危险性，而结果又实现了这种危险，那么乙的死亡就要归责于甲。然而，无论甲的意图是什么，给人安排工作的行为都不能被评价为实行行为，更不属于刑法所规制的行为。换言之，结果归责的关键不在于行为而在于规范，而规范也并非禁止所有危险，即使该危险程度很高。

第三，实行行为的危险性、介入因素的异常性以及介入因素对结果的贡献度，这三个要素如果发生背离，该如何判断呢？如果介入第三人故意行为，但并非行为人行为所引发，若按照异常性较高的标准，就必然会否定因果关系；[1] 若按照实行行为危险性较高的标准，则会肯定因果关系，这样的矛盾该如何解决？有学者认为，如果介入因素无法超过实行行为本身的影响，哪怕是该行为无法决定危害后果的发生，也应当肯定因果关系。[2] 但这就涉及如何评判实行行为和介入因素影响的问题。概言之，危险现实化理论若出现这样的内部矛盾冲突，即使针对同一案件事实，也有可能会得出截然相反的答案。如以上文提到的"大阪南港案"为例，从实行行为危险性的角度看，其导致被害人内因性高血压桥脑出血表明其行为危险性高，要肯定归责；从介入因素的角度看，之后介入的第三人的暴力行为导致桥脑出血扩大，表明其异常性较高，要否定归责；从介入因素对结果的贡献度来看，最终被害人因桥脑出血死亡，表明实行行为人造成了"死因"，而第三人加速了"死因"，实行行为贡献更大一些，则要肯定因果关系。之所以出现如此矛盾，就

---

〔1〕 参见 [日] 前田雅英：《刑法总论讲义》（第 6 版），曾文科译，北京大学出版社 2017 年版，第 198~199 页。

〔2〕 参见 [日] 前田雅英：《刑法总论讲义》（第 6 版），曾文科译，北京大学出版社 2017 年版，第 198 页。

在于刑法因果关系的实质在于其具备进行结果归责的客观相当性，而不只是在于事实因果关系本身。[1]

虽然危险现实化理论的综合要素分析会造成上述问题，但作为一种从"实务"走向"理论"的思维方法还是具有一定的理论先进性，若能进一步改良，可以更好适应司法现实。要想使整个逻辑链条顺畅推演，就必须限定参与判断的诸多要素，并且设计出各个要素在整个判断系统中的权重比例，[2]但这种要素权重的设计显然是无法靠科学的理论推导来实现。因此，通过什么样的逻辑架构来对这些要素进行组合就成了无解的问题，进而也就无法充分说明，在运用该理论时，要以怎样的思维方法来考量这些要素。[3]从理论沿革的角度看，危险现实化理论是对传统相当因果关系以经验法则为标准的"相当性"判断思路的补遗，试图弥补该思路在特定情况下无法有效评价现实发生的因果流程漏洞。换言之，该理论依然是相当因果关系理论沿着将"相当性"标准进一步精细化或者复杂化的逻辑所做的努力，这种理论上的"内卷化"[4]注定不会成功，因为其始终无法打破事实通向规范的这堵墙。实际上，在危险现实化理论评价模型中，最为核心的元素就在于"危险"，此可谓其"第一原理"[5]，以此为注脚才能达成该理论评价模型及类型构造的重构，展现其刑法因果关系理论的真颜。

二、危险现实化评价模型之重塑

当今刑法学界对于因果关系理论的拆解，已不再满足于归因和归责，[6]而是将之作为服务于刑事追责的手段，并且以此诉求来搭建因果关系理论的

〔1〕 参见苏俊雄：《从刑法因果关系学说到新客观归责理论之巡历》，载《法学家》1997年第3期。

〔2〕 参见解亘、班天可：《被误解和被高估的动态体系论》，载《法学研究》2017年第2期。

〔3〕 参见车浩：《阶层犯罪论的构造》，法律出版社2017年版，第79页。

〔4〕 内卷化是指一个系统由于某种束缚，而不断向内精细化和复杂化的现象。参见张岳：《农民工的社会交往内卷化了吗？——基于对"内卷化"概念比较性的理解》，载《天府新论》2020年第1期。

〔5〕 赖因霍尔德认为，哲学的第一原理应具备一种自我明证性，即它的有效性不需以任何其他命题的有效性为前提，反倒是构成体系的所有命题的有效性须得以它的有效性为前提，作为第一原理，它的有效性应当是直截了当和无可辩驳的，正是这一原理的自我明证与无可辩驳确保了基于其上的整个哲学体系的科学性与可靠性。陈一鸣：《"绝对自我"：寻求哲学的拱顶石——赖因霍尔德哲学与费希特知识学第一原理》，载《世界哲学》2009年第2期。

〔6〕 参见陈兴良：《从归因到归责：客观归责理论研究》，载《法学研究》2006年第2期。

框架。[1] 刑法规范作为防止危害结果发生的有效措施，其效力的存在是通过将某种结果归属于构成要件行为予以展现。[2] 在目的论的犯罪体系下，因果关系论隶属于构成要件论，其目的性思考可自然转化为构成要件该当性的目的性问题，也即刑法行为规范的目的，而这正是刑法因果关系理论建模的关键所在。众所周知，关于刑法目的一般有三种见解。[3] 笔者认同折中说，因为刑法一方面禁止危害法益的行为，另一方面规定保障法益的行为，前者是目的，后者是手段。[4] 换言之，刑法规范得以有效维系是实现法益保护目的的前提，如果规范效力无法得到保障，那么法益保护也必将成为空中楼阁，但刑法的最终目的是保护法益。就刑法因果关系理论而言，基于不同的立场也有不同的侧重。从法益保护说的立场出发，重视造成法益侵害后果相关的客观事实，以此为基础将所有与结果发生有关的外在条件作为判断材料，更为重视报应的道义责任，往往采用事后视角；如果站在规范维护的角度来思考问题，则视角将会转向具体的行为，而以此为基础行为人对行为性质的认识可能性则成为判断材料，更为重视犯罪预防的社会责任，往往采用事前视角。[5] 实际上，这两种因果关系判断视角并不必然导致分离，那些诸如生命、财产、自由等被法律所保护的基本利益，同确立不得害人、不得伤财、不得侵权等规范的内容在本质上是共融的，既然如此，那么即使站在法益保护的立场，也不必然一叶障目只见客观事实。因此，从折中说的立场出发，刑法因果关系评价模型应当兼具事前与事后视角，既重视行为评价也重视结果反馈，前者是规范判断后者是事实判断。危险现实化理论评价模型正是以此法理基础进行重构，实行行为及其所创设的禁止危险属规范判断，而危险

---

〔1〕 参见劳东燕：《风险社会中的刑法》，北京大学出版社2012年版，第95页。

〔2〕 参见周光权：《客观归责理论的方法论意义 兼与刘艳红教授商榷》，载《中外法学》2012年第2期。

〔3〕 法益保护说认为，刑法的目的在于保护法益，一个人的行为之所以要受到刑罚处罚是因为该行为侵犯了法益；规范维护说认为，刑法目的在于维护社会规范，保护社会秩序，对于行为人适用刑罚是为了确认社会规范，唤醒公民的规范意识；折中说则认为，刑法目的兼具法益保护和规范维护。参见［日］西田典之：《日本刑法总论》，刘明祥、王昭武译，中国人民大学出版社2007年版，第22页。［德］乌尔斯·金德霍伊泽尔：《刑法总论教科书》（第6版），蔡桂生译，北京大学出版社2015年版，第23~24页。

〔4〕 参见［德］乌尔斯·金德霍伊泽尔：《刑法总论教科书》（第6版），蔡桂生译，北京大学出版社2015年版，第23~24页。

〔5〕 参见李波：《规范保护目的：概念解构与具体适用》，载《法学》2018年第2期。

的实现则属事实判断。

（一）实行行为之解析

危险现实化理论的适用首先就是对行为主体的行为进行评价，判断其是否可以被评价为实行行为，若肯定，则可进入下一步判断；若否定，则可以直接否定结果归责。换言之，因果关系的起点问题就是实行行为的判断。[1]比如在"雷劈案"中，甲虽然有杀人之心，亦有杀人之行，也有杀人之果，但不能对其结果归责。原因就在于甲派乙去执行任务的行为不能被评价为实行行为。学界对于实行行为的认识存在从形式说到实质说再到折中说的过程。[2]笔者认为，无论是"构成要件的行为"还是"具有法益侵害危险性的行为"都具有规范评价的特征，均是实行行为不同的侧面。

行为规范与决定规范和评价规范是包含与被包含的关系，也即决定规范和评价规范是行为规范的下位概念。[3]决定规范[4]的正当性仰赖于所要保护法益的基本内容和实质表现，从而告诉人们什么是好行为，什么是坏行为；而评价规范[5]的正当性依据就不在于继续拷问法益是什么，而是完成一种解决问题的思路构建，这个问题就是如何能够通过更好地实施刑法动作来保护法益。[6]换言之，评价规范是决定规范的证明，决定规范是评价规范的目的。如此，"实质说"对"形式说"的攻讦也就毫无意义，二者只是不同视角下的实行行为判断标准。将实行行为转换为构成要件行为也并非不具有解

---

〔1〕 参见［日］山口厚：《刑法总论》（第3版），付立庆译，中国人民大学出版社2018年版，第49~50页。

〔2〕 形式说，主张通过刑法分则规定的构成要件行为来理解实行行为，具有一定的定型性。实质说则对此观点嗤之以鼻，认为其不具有解释论上的意义，只是以构成要件行为这样一个词代替了实行行为这个词，所谓实行行为的实质特征在于创造了对侵害法益的危险。折中说，认为遵从罪刑法定的基本原则，就要按照刑法分则对实行行为概念进行定性，同时要发挥实质说在认识上的深刻性。那么实行行为就必须体现两方面的内容，一方面是刑法的规范性，从而符合刑法分则的规定；另一方面是刑法的保障性，从而具有法益侵害性。日本刑法学界将实行行为定义为"在形式上符合构成要件，并且在实质上具有结果发生的类型的、现实危险的行为"体现了这种学说。参见聂立泽、孙海龙：《论刑法中的实行行为》，载《法商研究》2004年第4期。［日］大谷实：《刑法讲义总论》（新版第2版），黎宏译，中国人民大学出版社2008年版，第125页。

〔3〕 参见劳东燕：《刑法中的学派之争与问题研究》，法律出版社2015年版，第93页。

〔4〕 决定规范是指那些给予人以规范指引，使人的行为按照刑法所倡导的方式开展的规范。参见陈家林：《外国刑法通论》，中国人民公安大学出版社2009年版，第13页。

〔5〕 评价规范是指对于一个人的某种行为作出刑法评价的规范。参见陈家林：《外国刑法通论》，中国人民公安大学出版社2009年版，第13页。

〔6〕 参见蔡圣伟：《刑法问题研究（一）》，元照图书出版公司2008年版，第78页。

释论意义，因为这样的转换亦赋予了实行行为判断的规范抓手，若然将其推进为对法益的侵害性，不仅脱离了实行行为的主要机能，而且也难以达到应用的要求。刑法中构成要件规范即评价规范，而注意规范即决定规范。在因果关系理论体系下，实行行为作为评价起点，其主要机能在于判断行为主体是否按照法律的指引要求行事，也即判断行为主体是否按照注意规范或者决定规范行事，判断的关键则在于评价规范。因此，在危险现实化体系下实行行为评价应采"形式说"，这一点同我国通说将实行行为定义为"刑法分则规定的具体犯罪的犯罪客观方面要件中的行为"[1]相同。

（二）危险判断之演绎

前文已述，刑法结果归责的关键不在于危险程度而在于规范所确定的禁止危险。试以如下两个案例对禁止危险作进一步剖析：

案例一：一家纺织厂没有按照规定对羊毛进行消毒，就让工人进行加工，其中数名工人因感染病毒而死亡，后经调查发现即使纺织厂按照规定进行消毒，以当时的技术也无法杀灭这部分病毒（以下简称"毒羊毛案"）。

案例二：某日，一名孩子爬过牧场的围栏去玩，结果被牲畜咬成了重伤。经查，按照规定牧场为防止牲畜外逃伤害百姓应当架设 1.5 米高的围栏，但牧场主为了省钱只架设了 1 米高的围栏（以下简称"牲畜咬伤案"）。

依据危险现实化理论，在案例一中，纺织厂没有按规定对羊毛消毒的行为可评价为实行行为，其所包含的危险是工人被病毒感染的危险；工人之所以死亡正是由于感染了羊毛病毒也即该危险实现了案件结果，应予结果归责。但由于纺织厂即使按规定消毒，也无法消灭导致工人死亡的病毒，对这类缺乏结果回避可能的行为进行结果归责难言妥当，这说明即使行为主体的行为被评价为实行行为，实现案件结果的危险可能也不是该实行行为所导致的。在本案中，工人所面临的危险实际有两种，一种是可以被消毒杀死的病毒感染危险，另一种是不可以被消毒杀死的病毒感染危险。纺织厂实行行为本身所导致的是前一种危险，而实现案件结果的是后一种危险，也即实行行为所含危险并没有实现案件结果，不应结果归责。在案例二中，牧场主违规架设只有 1 米围栏的行为可以评价为实行行为，其所包含的危险是牲畜外逃伤人或者外人翻越进入牧场被牲畜所伤的危险；孩子之所以重伤正是由于翻越围

---

[1] 高铭暄、马克昌主编：《刑法学》（第 7 版），北京大学出版社、高等教育出版社 2016 年版，第 72 页。

栏进入牧场被牲畜所伤也即该危险实现了案件结果，应予结果归责。但从规范保护目的来说，围栏的目的是防止牲畜外逃，而不是防止孩子擅自闯入，即孩子擅自闯入属于法律允许的危险，应当否定归责。[1] 这说明即使案件结果实现了实行行为所引发危险，也可能由于该危险处于规范保护范围之外，而否定结果归责。任何思想要想解释得明白透彻，其具体概念就得精确无疑；任何理论实践要想通畅运行，其具体环节概念亦得明白齐整。如若不然，无论是理论还是实践均会存在隐患或者漏洞。而危险现实化评价模型恰恰就存在危险概念指代不明的问题，正是这样的问题导致上述两个案例的归责可能出现一定的偏差。从规范本身来说，规范并不是防止所有侵害法益的危险，而只是针对那些越界的危险。这样的思考方式可以使我们的判断行为更能契合当下的法律价值，也有利于解决不同的事实关系和问题。[2] 上文所举案例一、二即表明刑法只对那些它所禁止的危险予以归责。

通常理解，所谓禁止的危险，就是指被刑法禁止的危险。该理论最早是由德国学者穆勒提出，他认为，禁止的危险取决于行为是否违反了行为规范背后的目的。[3] 后来，有学者对禁止危险的内涵进行了重新解读，认为人们无视客观注意义务才导致了禁止危险的产生。[4] 但这实际上缩小了禁止危险的范围。虽然说禁止危险可以理解为违反了行为规范中的注意规范，但注意规范并不等价于注意义务。刑法确立行为规范的意义不仅在于告诫人们要审慎行事，遵守客观注意义务，还有禁止行为人去做某事，前者对应的是过失犯和不作为犯，后者对应的是故意的作为犯，如果仅仅把禁止危险理解为违反客观注意义务，那只是针对过失犯和不作为犯而言，并没有囊括故意的作为犯。法律概念本身不只是一个事实问题，其中还包含着立法目的的意图。[5] 因此，对于禁止危险的判断，其追索的路径要从刑法规范保护目的开始，然后以此确定禁止危险的范围。正如有学者指出，禁止危险与刑法构成

〔1〕 参见黎宏：《日本刑法精义》（第2版），法律出版社2008年版，第115页。
〔2〕 参见［德］沃尔福冈·弗里希：《法教义学对刑法发展的意义》，赵书鸿译，载《比较法研究》2012年第1期。
〔3〕 参见吴玉梅：《德国刑法中的客观归责研究》，中国人民公安大学出版社2007年版，第25页。
〔4〕 Karl Engisch, Die Kausalität als Merkmal der strafrechtlichen Tatbestände, 1931, S. 53.
〔5〕 参见［德］伯恩·魏德士：《法理学》，丁晓春、吴越译，法律出版社2005年版，第90页。

要件行为无必然联系，而是与规范的保护目的有关。[1] 超出规范保护目的危险也就不在禁止危险的范围之内，也即无须再对其进行危险实现的判断，就可以否定结果归责。在危险现实化体系下，禁止危险与规范保护目的之间具有一定的等价性。

首先，刑法的规范保护目的是可求、可行的。通过立法产生了法律规范，自然立法意图也就成了该法律规范内涵的表达，换言之，法律规范是立法意图的实现方式，同时也是该规范所要表达的目的。规范与目的之间尚需要沟通的工具，这就形成了法律概念。正如有学者说，对于刑法总则，大多数学术研究都需要探明该规范的目的，否则由于缺乏必要的"衡"，终将归于无效。也正是因此，哪怕找出这个目的会碰到诸多问题，我们也必须积极寻求，更不能否认该目的的存在。[2] 任何法律都代表并试图诠释一种价值观，刑法也不例外，其正是通过规范语言的表达向社会传递一种价值、一种目的，若是无此效果，那么该规范本身也是空洞无味的；另外，如果只有目的而无规范语言那么其也将变得随意不可控。[3] 因此，对于该规范语言的解读就成了破译规范保护目的的一种路径。一般情况下，从一个规范的表达以及对整个规范系统的理解，就可以洞悉该规范颁布时究竟是基于何种目的。[4] 即使一些规范保护目的理论的批评者也认为，在多数情况下，法院或者司法工作者能够洞察相关法则背后所呈现的有限目的。[5] 比如某人开车逆向行驶，车轮轧飞石子，致路人眼睛失明。显然交通规则之所以禁止逆向行驶，是为了防止与正向行驶的车或人相撞，而不是为了防止路面不平所致伤害，那么该结果实现的就并不是禁止危险。还有经常被讨论的"三个骑士"[6]案例，后车

---

〔1〕 参见［德］克劳斯·罗克辛：《德国刑法学总论》（第1卷），王世洲译，法律出版社2005年版，第256页。

〔2〕 参见［美］道格拉斯·胡萨克：《过罪化及刑法的限制》，姜敏译，中国法制出版社2015年版，第208页。

〔3〕 参见姜涛：《规范保护目的：学理诠释与解释实践》，载《法学评论》2015年第5期。

〔4〕 参见［德］英格博格·普珀：《法学思维小学堂》，蔡圣伟译，北京大学出版社2011年版，第67页。

〔5〕 参见［美］H. L. A.哈特、［美］托尼·奥诺尔：《法律中的因果关系》（第2版），张绍谦、孙战国译，中国政法大学出版社2005年版，第16页。

〔6〕 "三个骑士"的案例：两个脚踏车骑士前后依次闭灯骑车而行，行至路口时，前车骑士与另一闭灯骑行的骑士发生相撞事故。参见［德］克劳斯·罗克辛：《德国刑法学总论》（第1卷），王世洲译，法律出版社2005年版，第256页。

骑行的骑士虽然打开车灯就可能避免事故的发生，但打开车灯的规范要求在于保护自身被撞，而非他人被撞，因此，该危险也就超过了规范保护目的的范畴，也即并非禁止危险，否定归责。由此可知，司法实务判断规范保护目的进而确定禁止危险的路径在于找到实行行为所违反具体规则的目的或者指向，而该点在多数情况下通过日常的司法经验即可明确洞悉。

其次，刑法规范保护目的的追寻应采主观说。刑法分则所规定的犯罪类型林林总总，去逐一探寻各罪背后的目的并不实际，更好的方式是找到一条可以破解万法目的之法。这就要回到如何确定立法目的的问题上，通常来说有主观说和客观说之争。前者认为应当严格遵循立法者在制定法律时的"立法原意"，法律的解析者应当先通过查明该法基于何而产生，这是最能再现当时该法语义的方法，[1] 并由此来圈定司法者的自由裁量权范围，并进一步实现法的安定性；后者认为法是死的，而社会是变化，墨守成规不利于解决现实问题，要想发挥法的效果，就要因时而异地开展对法的解析，对于司法者运用自由裁量所作出的法律解释，也应当给予充分的尊重。根据适用对象的不同，刑法规范可以分为行为规范和裁判规范。前者适用于普罗大众，指引人们为或不为某种行为，以保护法益免受侵害；后者旨在授予法官权力来评价行为人的行为，同时限制法官的自由裁量。若然，按照客观说的主张，刑法规范目的可以进行灵活解释，那么不仅司法权无法限制，而且规范对于一般人的指导作用也将丧失，同时背离了罪刑法定的基本原则，因此，通过主观说探求规范保护目的更合适。至于存在的一些质疑，实际上也不足为虑。①认为主观说探究的并非法律的精神，而是立法者的精神。实际上，要想干成任何事情都要围绕目的或者所要解决的问题来开展，这正是问题意识、目标导向的体现。立法工作也一样，必须得首先明晰立法意图，还要遵从指导思想、基本原则，才能够使所立法案顺利颁布实施。[2] 之所以如此，在于立法意图不会凭空实现，而要通过法律工具来实现，那么对于立法者的意思即立法意图的追寻也正是规范保护目的本身。②认为主观说无法解决法的滞后性问题。这可能是主观说受到诟病最大的问题。可是对于刑法来说，这真的是个问题吗？既然刑法没有规制某种行为，那么就不该随意扩大处罚范围，这不正是罪刑法定的基本要求吗？如此也契合了刑法本身谦抑性的要求。若

---

〔1〕 参见［德］伯恩·魏德士：《法理学》，丁晓春、吴越译，法律出版社 2013 年版，第 315 页。

〔2〕 参见周旺生：《论法案起草的过程和十大步骤》，载《中国法学》1994 年第 6 期。

然像主张客观说的学者所言，通过灵活解释来弥补处罚漏洞，实质上已经掉入类推解释的窠臼。通过立法活动不断弥补法律漏洞，适应社会发展，恰恰说明对于规范保护目的的探究要通过立法意图来实现。

最后，刑法规范保护目的具有一定的抽象性。有学者批评，规范保护目的不易识别，而且本身范围也不明确、不具体，司法者在对其探究的过程中往往产生见仁见智的看法，[1] 进而认为通过规范保护目的来对实行行为所包含的禁止危险界定时，发挥主要作用的往往不是该规范背后的意图，而是其自身的法律素养或者规范意识。[2] 诚然，如果一个抽象概念能够演绎为明确、具体、可行的方法，自然是极好的，但绝对明确的概念实际上是不存在的，如果强行转化，往往挂一漏万，也就是说模糊的正确往往比精确的错误更有价值。另外，在刑法学中，价值判断本就无处不在，概念具有一定模糊性也就不足为怪，而且正是由于这样的模糊性才给了法条弹性，使法律的平等适用有了充足的空间，也充分赋予了法律人自身的价值。在人文社会科学中，像自然科学那样的确定性往往是不存在的，法律问题亦是如此，其中展示的不是"量"的问题，而是"性"的问题，这就同适用者本人的立场有极大关系，加之其所涉之人的利益及命运，就更无法得出普世的精准。[3]

（三）禁止危险实现之统合

运用危险现实化理论进行结果归责，当判明了实行行为及其所包含的禁止危险后，最后一步就是判断该禁止危险是否实现于案件结果。为此，可进一步将其拆分为两个更加具体的问题：①案件结果是由什么危险予以实现？②该危险同禁止危险是什么关系？之所以做如此拆分而不是直接予以判断，从根本上说，就是要完成从规范视角向事实视角的转换，以实现刑法因果关系评价模型的基本要求，亦防止出现路径依赖，出现判断错误。

就第一个问题而言，在查清事实的基础上，可以获得明确的答案，要么是单一危险实现，即"一因一果"；要么是复合危险实现，即"多因一果"。第二个问题而言，该危险要么等价于禁止危险，要么该危险不等价于禁止危险。如果是"一因一果"的情况，且该危险等价于禁止危险，毫无疑问，要

---

〔1〕　参见周光权：《结果回避义务研究 兼论过失犯的客观归责问题》，载《中外法学》2010 年第 6 期。

〔2〕　参见邹兵建：《论相当因果关系说的三种形态》，载《清华法学》2019 年第 4 期。

〔3〕　参见 ［德］卡尔·拉伦茨：《论作为科学的法学的不可或缺性——1966 年 4 月 20 日在柏林法学会的演讲》，赵阳译，载《比较法研究》2005 年第 3 期。

肯定结果归责。但如果不同，是否一概否定结果归责？比如在行为人不知晓被害人特殊体质的情况下，对其施以暴力，引发特殊体质致亡的案件中，是否要对行为人结果归责？如果是"多因一果"的情况下，就要判断该众多危险是否包含禁止危险，如果否定，毫无疑问，要否定结果归责。但如果肯定，是否要进行结果归责？例如甲将乙打成重伤，医生在对乙进行急救过程中，措施不当，乙最终死亡，是否要对甲结果归责？

由上可以看出，对于禁止危险实现的判断，要确保稳定的结果归责，有必要将相关事实予以类型化，并将具体判断标准予以明确化。科学上的方法不只是可以导向对某一理论或者实践上的认识，而且应当能够被反复验证，并有效掌控。[1] 类型化就是这样一种方法，其能够在一个广域的基础上开展对规范意义界限的认定，[2] 并能够成为限定司法恣意的工具。

三、危险现实化评价类型之重塑

目前危险现实化评价类型都是根据因果流程划分为直接实现型和间接实现型。这实际上是该理论沿用传统相当因果关系理论的法理基础以及有关结果归责评价要素所带来的"后遗症"。如前所言，那些评价要素都无法满足结果归责需要，自然依此所做的类型化更无法满足禁止危险实现的判断需要，也无法反映危险现实化理论的思想精髓。此外，如果能够判断出禁止危险对危害结果起决定性影响或者经由介入因素得以实现，那么直接归责就可以了，也就没有必要再进行类型化了。换言之，直接实现型和间接实现型的判断是"倒果为因"，无法起到类型化的作用。所谓类型化的基本要求是对诸多案件按照其实质分门别类，区别对待，通过权衡比较，做到同者同待、异者异待。[3] 要做到这点，就必须采用客观化的标准对案件所呈现出的不同色彩进行比对，[4] 并回归到该法律的基本目的和思想上。[5]

危险现实化的基本原理可表述为实行行为所引起的禁止危险现实化的过程，其中"实行行为"和"禁止危险"均为规范性评价要素，只有"现实化"属于事实性评价要素，体现为一系列具体危险对整个因果流程环节的支

---

〔1〕 参见〔德〕齐佩利乌斯：《法学方法论》，金振豹译，法律出版社 2009 年版，第 1 页。

〔2〕 参见杜宇：《刑法解释的另一种路径：以"合类型性"为中心》，载《中国法学》2010 年第 5 期。

〔3〕 参见〔德〕齐佩利乌斯：《法学方法论》，金振豹译，法律出版社 2009 年版，第 105 页。

〔4〕 参见〔美〕本杰明·卡多佐：《司法过程的性质》，苏力译，商务印书馆 2010 年版，第 8 页。

〔5〕 参见〔德〕卡尔·拉伦茨：《法学方法论》，陈爱娥译，商务印书馆 2003 年版，第 258 页。

配或者利用，此即该理论的第一原理。那么，"危险"则是该理论的"第一要素"。从对禁止危险实现判断的类型分析，也可以很好地体现该点，最终呈现的是危险间的关系，这也正是对其类型化的破局点。从思维模型上看，其呈现出先规范判断后事实判断的特点，也即通过先规范判断实行行为和其创设的禁止危险，再事实判断结果实现的具体危险，然后两相比较，看此二者的危险究竟是相同，还是不同；如果相同，则可结果归责；如果不同，则判断是否存在诱发关系，如果存在，则归责，如果不存在，则否定归责。以下对危险现实化具体的评价类型分别进行剖析。

（一）"单发型"危险现实化类型

案例：杨某与吴某发生争吵，为阻止杨某驾车离开，吴某手抓副驾驶车门，但杨某依然驾车行使，导致吴某跌倒并被碾压，后经抢救无效死亡。[1]

在本案中，杨某驾驶汽车拖倒吴某的实行行为创设了被害人因车辆受伤乃至死亡的禁止危险，被害人死亡结果实现了车辆所造伤害的危险，此二者危险等同，因此，杨某的行为可以被评价为危险现实化，要承担结果归责。通过分析该案例，可以根据危险流的样态将其归纳为 A→B→C 型的危险现实化模式，实行行为 A 创造了禁止危险 B 并且导致了结果 C。其判断模型为 A→B＝C←D，即案件结果实现的危险完全等价于实行行为创设的危险，实务中多数不含介入因素的案件皆属此类。笔者将其称为"单发型"危险现实化，这也是上文提到的禁止危险实现判断中"一因一果"的类型。其特征可以总结为案件结果实现的危险同实行行为所创设的危险完全一致。换言之，案件结果是对该危险的全面反映，而不含其他危险因素，用公式表达则为：结果实现的危险＝禁止危险。这在该类型的判断中，至关重要。详述如下：

1. 实现结果之危险属单源危险

任何因果关系的判断都离不开事实因果关系这只"锚"，可以说它的指向奠定了刑法因果关系论的基本方向。[2] 通过科学理性的角度去分析案件结果究竟是由什么危险所引发，这是进行结果归责的基本前提。如果不以此为锚定，那么结果归责就成了空中楼阁，可望而不可即。当然，并不是说该锚定

---

〔1〕 参见中华人民共和国最高人民法院刑事审判第一、二、三、四、五庭主办：《中国刑事审判指导案例》（第 2 卷），法律出版社 2017 年版，第 526 页。

〔2〕 Michael S. Moore, "Causation and Responsibility: An Essay in Law, Morals and Metaphysics", *Law and Philosophy* 31, 2012, p. 601.

的指向，就一定是我们追寻的正确结果，其还需要刑法意义上的规范判断。[1] 案件实现的危险无外乎两种情况：一种是单一源头引发的单源危险；另一种是多源头引发的多源危险。前者则意味着案件既可能属于"单发型"也可能属于"诱发型"；后者则可能属于"并发型"抑或"诱发型"。当然这里所指的危险源仅指微观层面的，而不包括宏观层面的危险。从科学的角度看，任何案件结果均是宏观和微观危险的产物。二者之间的区别就在于，宏观危险一般不具备回避可能性，而微观危险则恰恰相反。这也正是刑法因果关系的判断要摒除宏观危险的原因，哪怕其也影响案件结果。比如同样的伤害，如果生活在发达地区，医疗水平较高，则可能无生命之忧，但如果生活在落后地区，医疗水平较差，则可能导致死亡后果。根据罪责自负的原则，只有该危险可以被视为行为人行为作品时才可归责。因此，能够导致结果归责的危险只能够是导致案件结果的微观危险。从这个角度来看，上文提到的"毒羊毛案"中导致案件结果的不可以被消毒杀死的病毒即属于宏观危险，自然不能进行结果归责。当然，宏观危险本身也不可能属于禁止危险，因为其不具有指向性，而这样的指向性是成立刑法因果关系的前提，与之相对的微观危险才具备这样的特质。比较来看，"单发型"相较于"并发型"危险现实化的类型构造所呈现出的不同，就在于实现案件结果的危险属单源而非多源危险。

2. 实现结果之危险＝禁止危险

在司法实践中，"单发型"危险现实化类型的结果归责较易判断，容易产生困扰的就是在非共同犯罪场合下的归责问题。从责任的追究上来看，非共同犯罪的情况下，每个人所能负责的只是自己的行为，此责任不能由他人承担，也不能为他人承担。[2] 换言之，该危险只有在能够确定同实行行为人所创设的禁止危险一致时，才能结果归责。比如在能见度较低的环境下，甲驾车将乙撞至车顶，但未觉察，继续行驶。在副驾驶上的丙惊觉有只手从窗垂下，遂将其从车顶拽下，后乙经抢救无效死亡。判例认为，由于无法确定被害人乙究竟是被撞受伤导致死亡还是被拽跌下受伤导致死亡，依据"存疑有

[1] Erik Witjens, "Considering Causation in Criminal Law", *The Journal of Criminal Law* 78, 2014, pp. 164-183.
[2] 参见车浩：《假定因果关系、结果避免可能性与客观归责》，载《法学研究》2010年第5期。

利于被告"原则，只能根据丙的行为来判断甲的责任。[1] 如此的话，除非是在丙的行为是甲行为"诱发"所致的情况下，甲的行为与乙的死亡才具备刑法上的因果关系。但本案中，甲的肇事行为显然无法诱发丙的拽人行为，因此，难予结果归责。由此，也可以看出，"单发型"和"诱发型"危险现实化类型构造的差异就在于该结果实现的危险是否同禁止危险一致。

（二）"并发型"危险现实化类型

案例：陈某因琐事记恨陆某，遂于某日晚，将农药注射入陆某家菜园中的丝瓜内。次日，陆某同其外孙女采摘该丝瓜，食后发生中毒。经抢救，陆某的外孙女得救，但陆某因医院误诊，抢救无效死亡（以下简称"投毒案"）。[2]

在本案中，陈某下毒的实行行为造成了陆某中毒死亡的禁止危险，被害人死亡的结果共同实现了该禁止危险和医院误诊的危险，亦即案件结果实现的危险从危险源上来说，要大于等于禁止危险。此种形态亦属于陈某行为所创造禁止危险的现实化，应予结果归责。法院的判决结果[3]虽然没什么问题，但说理貌似使用了条件说，作为结果归责的依据就略显牵强。在本案中，依据危险现实化理论需要关注的是下毒的实行行为是否会导致中毒死亡的禁止危险？答案显然是肯定的，并且被害人也确实死于这种危险。那是否要关注医生误诊所创造的禁止危险呢？虽然案件结果实现的是两种危险源，但只要是能够覆盖实行行为所创设的禁止危险，那么就该归责。本案中，被害人死于中毒和误诊的共同危险，恰恰可以覆盖下毒行为所创设的毒杀危险，因此，应当归责。对于另一种危险源的实现，此时要判断该危险是否属于刑法规制的禁止危险。就该案而言，依据刑法规范只有在医护人员产生重大过失的情况下，才可能被归责，因此其并未创造禁止危险，也即医院一般误诊行为是刑法规范所允许的，自然不能归责，而只能对被告人的行为予以结果归责。如果是重大过失的情况，则亦会被归责。实际上，在非共同犯罪场合，若无超出规范保护目的行为，亦会归责，下文详述。通过分析该案例，根据

---

〔1〕 参见［日］山口厚：《刑法总论》（第3版），付立庆译，中国人民大学出版社2018年版，第64页。

〔2〕 参见中华人民共和国最高人民法院刑事审判第一庭、第二庭编：《刑事审判参考》（总第36集），法律出版社2004年版，第1~10页。

〔3〕 一审法院认为，中毒及医院误诊，共同导致被害人死亡，若无陆某投毒行为，被害人便不会死亡。因此，投毒不必然导致被害人死亡的观点不成立，陈某应予结果归责。二审法院亦核准了一审判决。

危险流的样态可以将其归纳为 A→B（C……）→D 型的危险现实化模式，实行行为 A 创造了禁止危险 B，又产生了并发危险 C 等，共同导致了结果 D，其判断的关键在于案件结果 D 实现的危险 C 是否能够涵盖实行行为所创设的禁止危险 B。如果是，则可肯定危险现实化；如果否，则否定危险现实化。所谓 C 能够覆盖 B，就是指 C 中存在的危险与 B 一致，但该危险未必能够单独导致结果 D 发生。由此，刑法因果关系判断的核心并非"作用力大小"，[1] 而在于禁止危险的规范判断以及结果实现危险的事实判断。否则，又将回到传统相当因果关系理论关于"相当性"判断的错路上去。

笔者称上述模式为"并发型"危险现实化。该模式的判断模型为 A→B<C←D，即实现案件结果的危险大于实行行为创设的危险。这也是上文提到的禁止危险实现判断中"多因一果"的情况。其典型特征是，案件结果实现的危险是多源而非单源危险，这正是"并发型"危险现实化区别于"单发型"危险现实化的基本标志。在"单发型"危险现实化中，案件结果实现的危险等价于禁止危险本身。而在"并发型"危险现实化的评价中，案件结果实现的危险则大于禁止危险。

1. 实现案件结果之危险属多源危险

学界有这样一种声音，刑法因果关系的判断对象是指具体状况下发生的结果，而非构成要件的抽象结果。[2] 但是也不否认在某种特殊情况，可以对结果进行抽象化。[3] 比如在前文提到的"大阪南港案"，介入的第三人客观上提前了被害人的死亡时间，改变了行为人实行行为所直接造成的结果，那么无论是传统相当因果关系还是后期迭代出现的危险现实化，都应当否认相当性或者危险现实化，但是如果以死因的同一性为限定，将死亡的结果予以抽象化，则不会对归因产生影响。[4] 这实际上也是将实行行为对结果的影响力作为危险现实化标准的原因。但是能否将案件具体结果予以抽象化理解呢？

笔者认为，不可以。结果抽象化违反了以事实为依据的法治原则。我国民事诉讼法、刑事诉讼法以及行政诉讼法都规定了以事实为依据的基本原则，

---

〔1〕 有学者称，刑法因果关系理论核心关键在于"作用力大小"。参见张召怀：《介入因素的判断与因果关系的本质——从考察因果关系理论的流变切入》，载《时代法学》2017 年第 5 期。

〔2〕 参见张绍谦：《刑法因果关系研究》，中国检察出版社 2004 年版，第 85 页。

〔3〕 参见［日］松原芳博：《刑法总论重要问题》，王昭武译，中国政法大学出版社 2014 年版，第 63 页。

〔4〕 参见张绍谦：《刑法因果关系研究》，中国检察出版社 2004 年版，第 92 页。

这里的事实并不是指抽象化的事实，而是指具体化的事实。否则，刑法就不需要分则具体罪名，只需要总则就可以了。虽然结果抽象化是以原因的同一性，甚至仅以死因同一性为前提，但是这仍然不足以解释，为何在这种情况下，结果可以抽象化理解？在上述案件中，就如同做了一个思想实验，故意排除了异常性的介入因素，这就不免又回到了主观归责的牢笼，从而使归责理论更像是根据结论的妥当性而反向推导出的结论。比如提前杀死即将执行死刑罪犯的情况，若是可以将结果抽象化，那么必然会得出结果不具有回避可能性的结论，因而否定结果归责的判断，但这显然不具有妥当性。正如有德国学者将之评价为，任何缺乏正当化依据的杀害行为，都应当受到法律的制裁。[1] 此外，在出现多重危险或者侵害结果较多时，结果抽象化的程度就较难把握了，很多案件难以给出具有说服力的理由。这也是笔者否定危险现实化理论中以实行行为对结果的影响力作为标准的原因之一。因此，在判断案件结果实现的危险，要以当时发生的客观情景为准。就"并发型"危险现实化而言，该结果实现的危险是多源危险，而非单源。比如上述"大阪南港案"的结果实现的就是两次暴力行为的多源危险；"投毒案"的结果实现的是投毒行为和医疗误诊行为的多源危险。

2. 结果实现之多源危险>禁止危险

结果实现的多源危险中，至少有一个同禁止危险一致，如果没有，则否定结果归责。对危险源作进一步划分，可以分为自然事实和人为事实。有学者认为，由于自然事实并不受人主观意志影响，对这种情况的考量仍然是看行为人或者一般人能否预见，若是不能，也就不能将结果归责于行为人的行为。[2] 在多数情况下该观点没什么问题，但以"相当性"来作为归责判断的依据本身存在很大的问题，即使把存在"诱发"关系危险的情况给剔除，在某些时候该观点也有问题。比如在上述"大阪南港案"中，二次危险并非来自第三人，而是来自野狗、毒蛇等动物行为，那是否就不用归责于行为人了呢？显然对于归责不会产生什么变化。这里的关键不在于介入因素本身是什么，而在于禁止危险是否能够对引发结果的因果流程起决定或者支配作用，也就是说即使排除介入因素的影响，仅靠禁止危险的影响也足以推动结果产

---

〔1〕 参见［德］克劳斯·罗克辛：《德国刑法学总论》（第 1 卷），王世洲译，法律出版社 2005 年版，第 251 页。
〔2〕 参见蒋太柯：《危险现实化评价的类型构造》，载《中外法学》2020 年第 2 期。

生，也即案件结果实现的危险可以概括禁止危险。针对危险源来自人为事实的情况亦是如此。在宋某故意杀人案中，被告人宋某将吴某撞伤，在送吴某去医院途中，将被害人及其丈夫抛弃，驾车逃逸。派出所民警接警后及时赶到，但被害人已濒临死亡，加之被害人丈夫回家取钱耽误了救治时间，最终被害人吴某因创伤失血性休克合并颅脑损伤死亡，一、二审法院均认为，宋某的行为构成故意杀人罪。[1] 虽有学者对此提出异议，认为在被害人丈夫如果不耽搁时间就能获得救治的情况下，该危害结果就不能归责于实行行为，这也正是被害人自我答责原理的体现。[2] 然而，在本案中，案件结果不只是实现了被害人的丈夫耽误时间的危险，也实现了宋某交通肇事后逃逸的危险，故宋某应予结果归责。

"并发型"危险现实化并不要求实行行为所创设的禁止危险达到独立导致案件结果的程度，只要该案件结果实现的危险涵盖此禁止危险即可。比如甲和乙均同丙有仇，二人在没有共谋的情况下，均以投毒的方式欲杀丙，丙遂被此二人毒杀，经法医鉴定，二人所下毒药剂量均不足以杀丙，丙之死亡系二人共同投毒所致。在本案中，甲和乙的实行行为所创设的禁止危险均不足以单独导致案件结果发生，且两危险之间彼此独立，但案件结果实现的危险却涵盖了二人分别所创设的禁止危险，因此，每个人均需为该结果负责。此外，在共同过失情况下亦是如此。比如在某重大责任事故案中，数名被告人均发生失职行为，共同促成了重大事故的发生。虽然数名被告人的行为相互之间很难预料，且并不能单独导致案件结果发生，但这并不妨碍对他们的结果归责。[3] 在此案中，案件结果实现的危险均可涵盖数名被告人所创设的禁止危险，因此，结果归责无疑。

（三）"诱发型"危险现实化类型之解构

案例：赵某与马某因琐事结怨，遂于某日晚，召集李某等6人追砍马某，为躲避追杀，马某跳入河中逃跑。赵某见状，因担心遇上警察，便离开。次日，马某被发现溺亡。[4]

---

〔1〕 参见北京市高级人民法院［2003］高刑终字第 361 号判决书。

〔2〕 参见蒋太柯：《危险现实化评价的类型构造》，载《中外法学》2020 年第 2 期。

〔3〕 参见中国高级法官培训中心、中国人民大学法学院编：《中国审判案例要览》（1992 年综合本），中国人民公安大学出版社 1992 年版，第 32~36 页。

〔4〕 参见陈兴良等：《人民法院刑事指导案例裁判要旨通纂》（上卷），北京大学出版社 2013 年版，第 426 页。

在本案中，赵某等人持刀追砍马某的实行行为造成了其因为逃跑发生危险的禁止危险，该危险诱发了马某逃到河水中溺亡的危险，案件结果实现了该衍生危险。由于该衍生危险是由禁止危险所诱发，也相当于间接实现了该禁止危险，应予结果归责。从危险流样态来看，可以将其归纳为 A→B→C……→D 型危险现实化模式，实行行为 A 创造了禁止危险 B，进而诱发了危险 C 等，最后实现了结果 D，笔者将其称为"诱发型"危险现实化。其判断模型为 A→B≠C←D，即案件结果实现的危险同实行行为创设的危险不一致，此时判断的关键在于案件结果 D 实现的危险 C 是否处于实行行为 A 创设的禁止危险 B 的射程，而该射程则在于规范保护目的。诱发的危险可以进一步分为自然事实和人为事实，如果该事实处于实行行为创设的禁止危险范围内，则可以肯定危险现实化，上文提到的"特殊体质"案即属此类。该类型同"单发型"和"并发型"危险现实化的不同点在于案件结果实现的危险与禁止危险不一致，禁止危险与结果实现的危险呈现一定的诱发关系。该类型的危险现实化最显著的特点就是禁止危险间接实现于案件结果，结果实现的危险不等于禁止危险。

1. 自然事实之诱发

此类最典型的莫过于特殊体质类案件。虽然也有观点指出，如果对被害人的特殊体质欠缺预见可能性，就应当否定因果关系。比如，在一起过失致人死亡无罪案件中，法院认为，被告人既非故意也非过失，并且无法预料到被害人的特殊体质，因此，不予归责。[1] 但这明显会造成较大的法益保护漏洞，对于那些创设禁止危险并实现于结果的行为人是否惩处完全凭"运气"，有违公平正义。因此，此类案件多数还是要予以归责。[2]

---

〔1〕 参见北京市宣武区人民法院（2005）刑字第 244 号刑事附带民事判决书。

〔2〕 在日本判例中，被告人用脚踢中被害人面部，引发脑中毒瘤，最终脑组织遭到破坏而亡；被告人对被害人使用暴力，导致被害人肺部结核性病灶复发而亡……我国判例中亦多为此类，如被告人马某故意殴打年老体弱被害人，致被害人身体受伤、情绪激动，最终死亡；被告人王某殴打被害人，引发被害人心脏病并最终死亡；被告人洪某宁故意殴打被害人，诱发被害人冠心病并导致死亡……对此类案件的处理关键就是看致害因素是否是由实行行为人创设的禁止危险所诱发。参见 ［日］桥爪隆：《刑法总论之困惑（一）》，王昭武译，载《苏州大学学报（法学版）》2015 年第 1 期；山东省海阳市人民法院（2013）海刑初字第 190 号刑事判决书；魏颖、杨妮：《违反注意义务的判断标准》，载《人民司法（案例）》2017 年第 32 期；中华人民共和国最高人民法院刑事审判第一、二、三、四、五庭主办：《中国刑事审判指导案例 3：侵犯公民人身权利、民主权利罪》，法律出版社 2012 年版，第 333 页。

有学者认为，对于诱发因素是自然事实的危险现实化需要结合具体情境予以判断。比如甲将乙打晕在地，期间乙被野狗咬死。若此事发生在都市公园，则应当否定因果关系；若发生在森林或者偏僻郊外，则应肯定因果关系。[1] 当然，这是采用传统相当因果关系作为归责判断依据得出的结论。如果从危险现实化的立场来看这两则案例均应归责。实际上，无论是荒郊野外还是闹市区行为甲所创设的禁止危险均包含乙因天气或者动物等不确定因素（暂且不考虑人为因素）死亡的危险，只是危险程度高低不同而已，换言之，这些都可以成为禁止危险支配或者利用因果流程导致结果的因素，也即可以评价为诱发，因此，情境只是决定了危险高低，但不能决定是否归责，也即对此类案件的判断关键是看禁止危险是否包含了导致结果发生的危险，是否可以被评价为诱发。

2. 人为事实之诱发

从科学的角度来看，自然事实作用于因果流程更多的符合因果律；而如果是人为事实作用于因果流程更多的符合自由律，因为期间涉及人的自由意志问题。介入的人为事实可以进一步划分为第三人的行为、被害人的行为和行为人的行为。

（1）第三人之行为。

在学界有这样一种认识，如果前后两个危害行为共同导致被害人死亡，但又无法查清究竟是哪个危害行为导致了结果发生，那么，应当根据疑罪从无的原则，否定前危害行为与结果之间的因果关系。[2] 但实际上并非一概如此，第三人的行为能否影响对实行行为人的结果归责，关键就是看该人的行为所创设的危险是否具有回避可能性。当然，实行行为人所创设的禁止危险也必须包含该危险。若不具有，则肯定归责；若具有，则否定归责。相关司法判例多数也支持这种看法。比如，在汤某交通肇事案中，汤某违章超车将之前被其他车辆撞倒的被害人碾压致死后驾车逃逸。法院认为，虽非被告人汤某撞倒被害人，但汤某违章超车致被害人受到碾压死亡，存在因果关系，应予归责。[3] 在该案中，被告人汤某主观上存在明显过失，客观上具有结果

〔1〕　参见［日］西田典之：《日本刑法总论》，刘明祥、王昭武译，中国人民大学出版社 2007 年版，第 80 页。

〔2〕　参见黎宏：《刑法学》，法律出版社 2012 年版，第 106 页。

〔3〕　参见江苏省丹阳市人民法院（2017）苏 1181 刑初 67 号刑事判决书。

回避可能，因而阻断了前肇事司机所创设禁止危险的现实化。与之相对，如果后行为不具备结果回避可能，则能够否定结果归责。比如在李某交通肇事案中，被害人被李某驾车撞倒后，紧随李某车后的陈某驾车躲闪不及二次碾压被害人致死。法院认为，陈某虽驾车碾压被害人致死，但该结果不具备回避可能，始作俑者李某应承担罪责。[1] 在邱某交通肇事案中，被害人因遭被告人邱某驾车撞击而摔倒，紧随其后的洪某、詹某驾车虽采取制动措施，但无法回避碾压被害人的结果，导致被害人死亡，法院最终认定，被告人邱某应予归责。[2] 在上述两个案例中，后行为人不具有结果回避可能，实际上是前实行行为人所创设危险的延伸或者诱发，也即该结果间接实现了禁止危险，因此，案件结果只能归责于前实行行为人。

当然，司法实务中还有一些案件并非如此判决，笔者认为是有一定问题的。比如在日本的案例中，被告人把被害人塞到普通轿车的后备厢里，在停车的时候，被第三人由于疏忽驾车从正后方追尾，导致被害人死亡。日本最高裁判所认为，被害人的死亡虽由第三人引起，但依然能够认为实行行为与该结果存在因果关系。[3] 在本案中，首先很难说明非法拘禁行为创设的禁止危险包含交通事故的危险，即使考虑本案的拘禁地点是车辆后备厢，但这种危险并非拘禁行为所创设的禁止危险，而是驾车行为所创设的允许危险，那么该案件结果实现的危险就不同于禁止危险，因而该案也就不属于单发型或者并发型危险现实化。那是否属于诱发型危险现实化呢？也不属于。介入的第三人行为存在严重过失，换言之，该结果具备回避可能，因此也就不成立实行行为的诱发，亦即不能将案件结果归责于被告人。这就如同我国判例，被告人张某等人将被害人绑架，在乘坐出租车转移被害人途中，发生了交通事故，最终被害人死亡。法院认为，被害人之死既可能因被告人伤害行为所致，也可能因为交通肇事所致，因此，被告人行为只能成立绑架罪，而不能认定被告人的行为属于绑架致人死亡。[4] 从本案可以看出，法院归责于实行行为人的实质理由，就是实行行为创设的禁止危险必须包含引发结果的危险，

---

[1] 参见安徽省泗县人民法院（2017）皖 1324 刑初 230 号刑事判决书。

[2] 参见福建省漳州市中级人民法院（2017）闽 06 刑终 336 号刑事判决书。

[3] 参见［日］桥爪隆：《刑法总论之困惑（一）》，王昭武译，载《苏州大学学报（法学版）》2015 年第 1 期。

[4] 参见中华人民共和国最高人民法院刑事审判第一、二、三、四、五庭主办：《刑事审判参考》（总第 87 集），法律出版社 2013 年版，第 36 页。

如果不包含则要否定结果归责，这实际上是从并发型危险现实化的角度来考量这个问题。如果从诱发型危险现实化的角度来看，则是交通肇事本身具备结果回避可能，也就阻断了绑架的实行行为禁止危险的实现。

（2）被害人之行为。

当介入的人为事实是被害人自身的行为时，关键是看实行行为人所创设的禁止危险是否包括被害人自身行为的危险，而同被害人行为是否理性无关。如果是，则属于诱发，肯定归责；如果否，则不属诱发，否定归责。

在上述马某溺亡一案中，法院将结果归责于赵某等人的原因在于，一方面被害人下水前未做任何准备，同时对河水情况不了解；另一方面被害人在恐慌下不能发挥正常人的身体及精神机能。[1] 从中可以看出，被害人自身行为的危险均在被告人赵某等人持刀追杀的实行行为所创设的禁止危险范围内，也即被害人溺水死亡实际上间接实现了被告人创设的禁止危险。日本亦有类似的案例，如被告人对被害人实施非法拘禁期间伴有严重的暴力行为，被害人逃脱后，为躲避被告人的追捕，慌不择路误入高速公路而被汽车撞死。法院认为，被害人之所以做出如此失去理智的行为，正是由于被告人对其实施长时间的暴力所致，因此肯定结果归责。[2] 在本案中，被害人的行为危险正处于被告人的暴力及之后的追捕所创设的禁止危险范围内，属于诱发，应予归责。

（3）行为人之行为。

在传统因果关系理论中，还存在因果关系错误的情况，即那些因果关系实际发展的进程同行为人预想的不一致的情况。比如甲欲杀乙，勒其颈部，乙陷入假死，甲为毁尸，将乙投入河中，致乙溺水而亡。本案通常在犯罪的主观方面故意中探讨，学术将之称为概括的故意。[3] 但笔者认为，这实际上仍然是个因果关系或者结果归责问题。在本案中，案件结果实现的危险是溺水，实行行为创设危险是窒息，明显不同，则可以排除单发型或者并发型危险现实化的可能。那是否属于诱发型呢？甲之所以毁尸是因为乙陷入昏迷，也即实行行为创设的禁止危险诱发了"毁尸"将乙投河的行为从而实现了案

---

〔1〕 参见中华人民共和国最高人民法院刑事审判第一、二、三、四、五庭主办：《中国刑事审判指导案例》（第 2 卷），法律出版社 2017 年版，第 559~560 页。

〔2〕 参见［日］桥爪隆：《刑法总论之困惑（一）》，王昭武译，载《苏州大学学报（法学版）》2015 年第 1 期。

〔3〕 参见陈兴良：《刑法哲学》，中国政法大学 2004 年版，第 180 页。

件结果，这正是诱发型危险现实化的典型表现。

由上可知，判断是否属于诱发，关键在于对实行行为所创设禁止危险射程的确定，而这一方面来自之上所讲的规范保护目的，另一方面在于实行行为的延续时间，前者属规范判断，后者属事实判断，二者共同决定了禁止危险的射程远近。比如在王某强奸案中，某日凌晨 3 时许，被告人王某钻窗进入被害人李某楼房家中，欲行盗窃，后搜到被害人钱款百余元及一部手机。被告人见被害人李某正在熟睡，便将被害人双手捆绑，强奸了被害人，后钻窗逃离。被害人到阳台呼救时失控从楼上坠下死亡。被告人辩称，李某死亡与其无关；辩护人主张，被害人坠楼存在偶然因素，被告人不应对被害人死亡负责。[1] 在本案中，两审人民法院均认为被害人死亡的结果应归责于被告人，这一认定值得商榷。[2] 从危险现实化的视角来评价，被告人强奸被害人后即钻窗逃离，此时实行行为所创设的禁止危险业已解除，之后发生的危险也就脱离禁止危险的范畴，因此，不能评价为诱发，也就不能将死亡结果归责于被告人。在此之上两个案例，之所以可以评价为禁止危险的诱发，就在于该实行行为一直在施加直接影响，其所导致的禁止危险也就涵盖了使被害人行为引发的危险。若然本案，被害人是在强奸过程中呼喊坠楼身亡，那么由于实行行为处于持续状态，其禁止危险自然也能涵盖被害人行为危险，从而评价为禁止危险的诱发，被告人应予结果归责。

综上，该类型中"诱发"之判断既要考量规范要素，又要考量事实要素，并且评价焦点在于实行行为本身，而非介入因素。相较于旧模型中"介入因素异常性"的判断，"诱发"的判断不仅在于规范判断的特质，也在于其始终保持了对实行行为这一结果归责目标的聚焦，从而防止了焦点切换所带来的逻辑混乱，提升了论述的针对性、可证伪性，防止出现千人千面、互不交搏的情况。

单发型、并发型和诱发型的危险现实化代表了危险现实化的三种基本类型。除此之外，在运用危险现实化理论进行案例分析时，也可能会碰到上述

---

〔1〕　一审法院认为，被告人的强奸行为造成了被害人精神恐惧，并且其捆绑行为是导致被害人失去平衡进而坠楼的主因，因此，实行行为同被害人死亡之间存在因果关系，应予归责。二审法院亦认为，被告人的实行行为是导致被害人坠楼死亡主要原因，应予归责。参见北京市第一中级人民法院（2006）一中刑初字第 00754 号刑事判决书、北京市高级人民法院（2006）高刑终字第 451 号刑事判决书。

〔2〕　参见陈兴良：《刑法各论精释》（上），人民法院出版社 2015 年版，第 162 页。

三种类型的混合型，但这并不会影响结果归责的判断。比如在对"投毒案"进行分析时，不仅可以用并发型危险现实化予以判断，也可以用诱发型危险现实化来判断，因为有机磷中毒诱发糖尿病高渗性昏迷低钾血症，属于比较罕见疾病，并且在较为紧急的情况下，完全可能诱发医院的误诊行为，进而发生死亡结果。

结　语

危险现实化理论要想走出相当因果关系理论"内卷化"危机，就必须打破事实与规范沟通的屏障，走向规范归责。其评价模型就必须要兼具规范判断和事实判断，通过实行行为和禁止危险两个规范要素共同构成规范判断的平面，辅之以结果实现危险的事实要素维度，如此就构成了刑法结果归责的三维立体判断模型。在该模型中，通过其实行行为所创设禁止危险的概念，来跨越事实与规范的鸿沟，进而妥善解决传统相当因果关系中不该肯定其相当性，但该行为又具有较高危险性的问题；再以危害后果是否对实行行为具有危险的实现为标准，来跨越对介入因素是否具有通常性这种事实性、经验性的判断，从而在那些介入因素异常但是结果具有可归责性的案件中得出妥当结论。

从危险现实化评价重构方法论的角度来看，这体现了方法一元论与方法二元论的融合，将前者作为手段内嵌于后者的目的中。正如有学者所说，这两种方法论看似截然不同，实际上存在调和的可能，二者存在着手段和目的关系，一元方法论中价值包含于事实是手段层面的问题；而二元方法论中价值与事实的分离则是目的层面的问题。[1]

---

〔1〕　参见许玉秀：《当代刑法思潮》，中国民主法制出版社 2005 年版，第 482 页。

论袭警罪的保护法益及司法适用

程　睿[*]

摘　要：袭警罪的增设有利于进一步维护人民警察在依法执行职务过程中的人身权利。袭警罪不仅保护合法职务行为的正常履行，同时也保护依法执行职务过程中人民警察的人身安全。其中"暴力袭击"指的是行为人对正在执行职务的人民警察实施的、足以引起人民警察人身安全危险的行为。"依法执行职务"的期间，应根据开始和结束采取不同标准。职务行为的合法性判断应以实体和程序为内容，以客观说为判断标准，以行为时基准作为合法性的时间标准。

关键词：袭警罪　保护法益　人民警察　人身安全　职务行为

一、问题的提出

作为法制的维护者，人民警察在维护国家安全、社会秩序和保障公民人身权利和财产权利等方面，具有不可替代的重要作用。同时，人民警察也是公民，其自身的

＊　程睿，中国政法大学刑事司法学院刑法学专业 2022 级博士研究生。

合法权益也理应受到法律保护。[1] 由于人民警察执行职务时的危险性，对人民警察在执行职务时自身的权益，尤其是其人身安全的保障，就显得格外重要。但是，现实中仍然有大量侵害正在执行职务的警察的案件，一些严重的暴力袭警案件更是冲击着整个社会对于警察这一职业的敬畏和尊重，例如2008 年 7 月在上海发生的杨某暴力袭警案[2]、2020 年 7 月在淮安发生的暴力袭警案[3] 等。和平年代下，公安队伍是奉献最大、牺牲最多的队伍。[4] 其中，遭受过暴力袭击的民警人数有相当的比例。这一现象折射出法律对人民警察的保障并不充分。

在刑事领域，《刑法修正案（十一）》施行前，实务中对袭警行为通常按照妨害公务罪处理。《刑法修正案（九）》虽新增了暴力袭警从重处罚的条款，但由于其仍从属于妨害公务罪，实际效用并不是特别明显。[5] 然而，

---

　〔1〕　如，《人民警察法》第 5 条明确规定：人民警察依法执行职务，受法律保护。

　〔2〕　本案案情简述如下：2008 年 7 月 1 日上午 9 时 40 分许，杨某在闸北公安分局北大门前投掷汽油燃气瓶并持尖刀闯入闸北公安分局，攻击局内民警、保安等，致 6 人因抢救无效死亡、2 人轻伤、2 人轻微伤。经查明，该袭击起因于杨某对其于 2007 年 10 月 5 日晚骑一辆无牌照自行车受到闸北公安分局芷江西路派出所巡逻民警的临检及此后有关投诉的不满。上海市第二中级人民法院一审判决杨某犯故意杀人罪，处死刑，剥夺政治权利终身，上海市高级人民法院二审裁定驳回上诉，维持原判。经最高人民法院核准，杨某于 2008 年 11 月 26 日上午在上海被执行死刑。参见上海市高级人民法院（2008）沪高刑终字第 131 号刑事裁定书。

　〔3〕　本案案情简述如下：2020 年 7 月 6 日上午，网上通缉嫌犯马洪某在民警上门进行现场核查时拒不配合，以跳楼相威胁，双方僵持时，马伟某持尖刀闯入，两人使用尖刀、菜刀刺、砍，致民警王涛、辅警安业雷因抢救无效死亡。当日 18 时 40 分许，二人被警方抓获。2020 年 11 月 24 日，江苏省淮安市中级人民法院一审判决马洪某、马伟某两人犯故意杀人罪、寻衅滋事罪，处死刑，剥夺政治权利终身。参见《江苏警方披露"7.6 淮安重大暴力袭警案"细节》，载腾讯网，https://new.qq.com/omn/20200710/20200710A0LLKO00.html，最后访问日期：2021 年 9 月 2 日；《江苏淮安重大暴力袭警案宣判：两名被告人被判死刑》，载中国新闻网，http://www.chinanews.com/sh/2020/11−24/9346134.shtml，最后访问日期：2021 年 9 月 2 日。

　〔4〕　据数据统计，新中国成立以来已经有超过 1.6 万名民警因公牺牲，2020 年因公牺牲的民警共计 315 人，而仅 2021 年 1 月至 4 月，又有 69 名公安民警因公牺牲。参见《今年已有 69 名公安民警因公牺牲 公安部要求最大限度减少民警伤亡》，载央视网，https://news.cctv.com/2021/05/19/ARTI8D63RYmBP583bt0rSg0W210519.shtml，最后访问日期：2021 年 9 月 2 日。

　〔5〕　参见蔡艺生、程明东：《暴力袭警犯罪实证调查与规范治理——以 2015—2020 年 974 份裁判文书为主要分析样本》，载《山东警察学院学报》2021 年第 1 期。

学界对于是否单独设立袭警罪的讨论持续了很久，[1] 全国人大代表也屡有提议，[2] 中央政法委、公安部等国家机关也呼吁增设袭警罪。[3] 基于上述呼吁，《刑法修正案（十一）（草案二次审议稿）》中规定了袭警罪，[4] 虽然条文位置并未发生变化，但是赋予了其独立的法定刑，不再附属于妨害公务罪适用。这一修正最终得以通过。[5] 袭警罪的独立设置，体现出我国对于人民警察执行职务过程中人身保障的重视与关切。据最高人民检察院有关数据显示，《刑法修正案（十一）》正式施行至 2021 年 3 月底，全国检察机关依法批准逮捕涉袭警罪的犯罪嫌疑人 405 人，共起诉 101 人。[6] 北京、江苏、山东等地都有相关案例出现。[7]

　　大量的案件表明袭警罪增设的意义，同时也引起了一些质疑，例如一些

---

　　[1]　包括但不限于以下论文：王世洲、栾莉：《论袭警罪的信条学基础》，载《中国刑事法杂志》2007 年第 4 期；陈世伟：《袭警的内涵及我国刑法的应有选择——兼论妨害公务罪的完善》，载《中国人民公安大学学报（社会科学版）》2007 年第 4 期；邓国良：《袭警罪入刑的正当性考量》，载《江西警察学院学报》2015 年第 6 期；等等。

　　[2]　参见杨忠民、张志国：《论袭警行为的刑法规制》，载《中国人民公安大学学报（社会科学版）》2006 年第 3 期；《"暴力袭警呈现三大特点" 刘杰代表建议刑法中设置"袭警罪"》，载新华网，http：//www.xinhuanet.com/politics/2015lh/2015-03/14/c_127580949.htm，最后访问日期：2021年 9 月 2 日；《维护民警执法权威 呼吁设立袭警罪》，载中国警察网，http：//news.cpd.com.cn/n3559/201903/t20190311_833277.html，最后访问日期：2021 年 9 月 2 日。

　　[3]　参见《6 大政法单位专家呼吁出台袭警罪》，载搜狐网，http：//news.sohu.com/20101024/n276327446.shtml，最后访问日期：2021 年 9 月 2 日。

　　[4]　《全国人民代表大会宪法和法律委员会关于〈中华人民共和国刑法修正案（十一）（草案）〉修改情况的汇报》中指出：有的常委委员、部门建议从法律上进一步加强对袭警行为的预防、惩治，修改《刑法》第 277 条第 5 款规定的"暴力袭击正在依法执行职务的人民警察"依照妨害公务罪从重处罚的规定，增加单独的法定刑。同时，针对使用枪支、管制刀具或者驾驶机动车撞击等严重暴力袭警行为，增加规定更重的处罚。宪法和法律委员会经研究，建议采纳上述意见。

　　[5]　最终通过的条文删除了草案二审稿中最后一句竞合规定。

　　[6]　孙风娟：《袭警罪入刑一月 405 人被批捕》，载《检察日报》2021 年 5 月 18 日，第 1 版。

　　[7]　参见《"袭警罪"成立后北京一男子"以身试法"》，载 https：//baijiahao.baidu.com/s？id=16940131094545456668&wfr=spider&for=pc，最后访问日期：2021 年 9 月 2 日。该新闻标题中"成立"的说法并不妥当；《［山东首例］山东首例袭警罪！宣判！》，载 https：//baijiahao.baidu.com/s？id=1694533304394868711&wfr=spider&for=pc，最后访问日期：2021 年 9 月 2 日。《江苏省首例袭警罪判决：男子被判一年半 加大惩处力度 袭警最高可判七年半》，载 https：//baijiahao.baidu.com/s？id=16949133031490918472&wfr=spider&for=pc，最后访问日期：2021 年 9 月 2 日。其中，袭警罪法定刑上限为 7 年有期徒刑，该新闻标题疑有误。

争辩、轻微的肢体接触等行为导致人民警察受伤的，是否应以袭警罪论处；[1] 进一步地，大量的被判处较轻刑罚的袭警案件是否完全符合袭警罪的犯罪构成，换言之，袭警罪在实务中是否有适用泛化的倾向。本文旨在通过对袭警罪保护法益以及构成要件要素的探讨，以解决司法适用中存在的争议点。本文第二部分将讨论袭警罪的保护法益，并以此为指引，在第三部分及第四部分对袭警罪两个重要的构成要件要素——"暴力袭击""正在依法执行职务"——展开讨论，最终得出本文的结论。

二、袭警罪的保护法益

（一）保护法益的双重属性提倡

"制定法律的宗旨就是为了保护人们的生存利益。保护人们的利益是法的本质特征；这一主导思想是法律的动力。"[2] 如何认识独立的袭警罪的保护法益，是认识该罪犯罪构成的起点，同时还牵涉到袭警罪与妨害公务罪之间的关系问题。在《刑法修正案（九）》规定了袭警行为的从重处罚条款之后、袭警罪正式确立之前，几乎所有探讨袭警行为的论文都绕不开对于从重处罚的正当性根据的论述。虽然袭警罪确立之后，袭警罪的基本刑幅度大体上与妨害公务罪一致，这一争议暂时得以消弭。但是，这一讨论启示了袭警行为的从重处罚条款在立法层面引起的争议。故在袭警罪确立之后，有必要探讨袭警罪的保护法益。

从立法上看，袭警罪的条文是从袭警行为的从重处罚条款发展而来的，其体系位置没有发生改变，表面上看不过从妨害公务罪中的一个量刑条款变成了一个独立的罪名，但事实上这一转变的影响绝非这么简单。对于妨害公务罪而言，该罪的保护法益为"公务"，范围即该罪条文所列举的四种情况。人民警察作为国家机关工作人员，在执行职务时遭受暴力袭击，当然可以按照妨害公务罪论处，这一点从《刑法修正案（九）》新增的从重处罚条款中就可以看出，在《刑法修正案（十一）》施行前，实务当中也是这么处理的。那么，袭警罪的增设是否有必要，就成为一个值得探讨的话题。同时，袭警罪虽然条文位置没有变化，但是设置了法定刑升格，这在妨害公务罪之

---

〔1〕 参见《"袭警罪"如何适用，才不偏不倚?》，载 https://baijiahao.baidu.com/s? id = 1692924020843354511&wfr=spider&for=pc，最后访问日期：2021 年 9 月 2 日。

〔2〕 ［德］弗兰茨·冯·李斯特：《李斯特德国刑法教科书》，徐久生译，北京大学出版社 2021 年版，第 5 页。

中是不存在的，这就说明了袭警罪独立设置后有其自身的特殊性。

从共性上看，袭警罪和此前的从重处罚条款，与一般的妨害公务罪相比，在处罚上都更重一些，但是两者的核心并不相同。袭警行为的从重处罚条款仍从属于妨害公务罪，在认定上仍然要以"妨害公务"为核心，换言之，这一条款的核心仍然在于"公务"，由于公务属于代表国家意志实施的有关公共利益或公共秩序的行为，这一法益值得刑法的保护，妨害公务就属于单纯的违反秩序的行为。但是，从公务的角度来看，就难以体现刑法对人民警察的特殊保护，原因在于人民警察是公务的实施者，但不是全部公务的实施者，单独地提出对于人民警察的特殊保护，与妨害公务罪保障公务的执行的目的并不吻合。[1] 然而，人民警察作为国家机关工作人员的代表，在和平年代对于社会秩序的维护起着至关重要的作用，同时也因此付出了巨大的牺牲，尤其是在生死存亡的关键时刻，人民警察总是冲锋在前，舍小家为大家，相较于其他执行公务的人员而言，人民警察执行公务的危险性往往更高。"如同每一个社会一样，国家是一个由追求共同目的的人群组成的联合体，其法制应当确保联合体共同目的的实现。"[2] 对于人民警察的尊崇和敬畏使得人们难以忍受在人民警察依法执行职务期间对人民警察的暴力袭击行为。因而，袭警罪的独立设置意味着该罪核心理念的转变，其背后的思想内核是由公务的依法执行向保护人民警察这一群体的扩大：袭警罪的犯罪对象是"正在执行职务的人民警察"，"人民警察"和"职务"是行为对象的两个要素。其中"人民警察"是核心，"正在执行职务"是从性质上进行的限定：其一，行为对象的核心是人民警察，不能将袭警罪单纯理解为保护人民警察正在执行职务的行为，而要进一步考虑袭警行为对人民警察人身安全的影响，这也区别于妨害公务罪的行为。虽然妨害公务罪的行为对象是国家机关工作人员，但并没有对人身安全这一要素的限定，与袭警罪的行为模式不同。其二，之所以要特别保护人民警察，是考虑到人民警察代表公权力在履职过程中所面临情况的复杂性以及延伸出的人身危险性，这些特殊的属性在且仅在人民警察

---

〔1〕 有学者在讨论袭警行为的从重处罚条款时就提到了从重处罚的根据在于对警察人身安全的维护，但正如文中论及的，彼时这一根据并不完全恰当。参见李永升、安军宇：《暴力袭警行为法律性质与内涵的教义解读》，载《海南大学学报（人文社会科学版）》2019 年第 1 期；谯冉、吴广宇：《新时代维护警察执法权威视阈下袭警入刑问题探析》，载《中国刑警学院学报》2020 年第 4 期。

〔2〕 ［德］弗兰茨·冯·李斯特：《李斯特德国刑法教科书》，徐久生译，北京大学出版社 2021 年版，第 5 页。

依法履行职务的过程中得以体现；当人民警察职务行为履行完毕时，其也是一名普通公民，此时产生的攻击行为与普通的伤害行为无异，难言有进行特殊保护的必要，所以立法需要从性质上对袭警行为进行限制，强调该行为发生在人民警察依法履行职务的过程中。概言之，袭警罪不仅保障人民警察职务行为的合法履行，也同时保护正在执行职务的人民警察不受暴力侵犯，而后者强调对人民警察的人身安全的保护。从此意义上说，袭警罪属于具体危险犯，表现为行为对职务行为和警察人身安全的双重危险。

从法条的规定中也可以证明上述结论的合理性：其一，袭警罪基础的法定刑配置相较于妨害公务罪而言，删去了可以适用罚金刑的规定。妨害公务罪是以暴力、威胁方法阻碍国家机关工作人员履行公务的行为，可以单纯对物实施而并不要求作用于人，但袭警罪要求必须对人实施暴力（不过是限定了人的范围）。类比故意毁坏财物罪与故意伤害罪的法定刑来看，前者包括罚金刑而后者不包括，可以认为妨害公务罪与袭警罪法定刑配置上的差异也与此有关，也即袭警罪将人民警察的人身安全也纳入了保护法益之中。其二，类比生产、销售假药罪，理论上都认同该罪属于抽象危险犯，虽然法条规定的基本犯并未表明该罪行为需要对人体健康造成危害，但从行为的危害性上看，应当认为其基本犯也要求行为对人体健康具有抽象危险。[1] 类似的，袭警罪的法定刑升格条件要求"严重危及人身安全"，"严重"的表述意味着幅度的增加，也即表明了基本犯也要求"危及人身安全"，只不过不要求达到严重的程度。[2] 这两个罪名的共性之处在于，两个罪的实行行为都会对最终引

---

[1] 根据《最高人民检察院、公安部关于公安机关管辖的刑事案件立案追诉标准的规定（一）》第17条的规定，销售少量根据民间传统配方私自加工的药品，或者销售少量未经批准进口的国外、境外药品，没有造成他人伤害后果或者延误诊治，情节轻微危害不大的生产、销售假药行为，不立案追诉。该条规定中提及的情况和后果，显然是考虑到行为对于秩序的影响可以让步于人身利益。《药品管理法》也规定了假药的范围［《刑法修正案（十一）》删除了这一认定依据，但是仍然可以参照适用］，在刘艳红教授看来，也应当区分"药品所含成份与国家药品标准规定的成份不符"以及"以非药品冒充药品或者以他种药品冒充此种药品"的行为，适用不同的认定标准，对于前者"应该提倡以侵害或者威胁了具体的个人利益作为定罪的前提"（参见刘艳红：《法定犯与罪刑法定原则的坚守》，载《中国刑事法杂志》2018年第6期）。可以认为，之所以对于后者不需要采取这种实质的解释标准，是因为其行为本身就已经存在对于人身利益的抽象危险了，而前者涉及行政审查，并不必然。这也可以认为是行政犯和自然犯混合立法模式下不同的解释标准（参见张明楷：《自然犯与法定犯一体化立法体例下的实质解释》，载《法商研究》2013年第4期）。

[2] 袭警罪本身就不属于自然犯（明显的，警察也属于自然人，这类行为和故意伤害行为本质是一样的），可以采取与生产、销售假药罪一致的实质解释标准。

起结果时的受害者〔1〕造成影响（只不过是危险性程度存在区别），如果赞同
法益是指 "根据宪法的基本原则，由法所保护的、客观上可能受到侵害或者
威胁的人的生活利益"〔2〕，那么通说认为的，生产、销售假药罪的保护法益
是双重的，包括 "国家对药品的管理制度和不特定多数人的身体健康、生命
安全"〔3〕的观点，〔4〕与认为袭警罪的保护法益也是双重的，都可以成立。

据此，袭警罪与妨害公务罪之间属于法条竞合的关系，妨害公务罪属于
一般法，袭警罪属于特别法。虽然相较于妨害公务罪，袭警罪多了一重保护
法益，但这只是使得袭警罪的成立更为严格，并不影响两个罪名之间的关系，
成立袭警罪的行为当然成立妨害公务罪。当然，在行为满足袭警罪的构成要
件的情况下，应当按照袭警罪论处。也正因为两者保护的法益存在层次上的
差别，袭警罪的行为限制于暴力袭击警察并导致警察人身安全受到危险的行
为，虽然法条赋予了袭警罪以独立的构成要件，但限制了袭警罪的成立范围，
即并非所有暴力妨害警察执行职务的行为都属于袭警行为。例如，以疫情期
间需要隔离检测为由，唆使村民到警车停放地的前后方堵路，并从家中抱出
柴火放在警车前后方，村民将柴火点燃后以烤火取暖的方式阻止执行职务的
民警等人离开的行为，〔5〕不属于对民警实施物理性暴力的行为，不应认定为
袭警，而应以一般的妨害公务罪论处。此外，以威胁方法阻碍人民警察执
行职务的行为，也不属于袭警罪的实行行为，仍以妨害公务罪论处。

综上所述，袭警罪的保护法益是双重的，包括职务的正常履行与人民警
察的人身安全两个方面。行为同时侵害了这两个法益，即行为既干扰、妨碍
人民警察职务的合法履行又对人民警察的人身安全造成危险，方可构成袭

---

〔1〕　在袭警罪中，指人民警察；在生产、销售假药罪中，指可能因假药的生产与流通受到影响的
自然人。

〔2〕　张明楷：《刑法学》（第 6 版），法律出版社 2021 年版，第 78 页。

〔3〕　高铭暄、马克昌主编：《刑法学》（第 9 版），北京大学出版社、高等教育出版社 2019 年版，
第 370 页。表述存在差异，但内核基本一致的观点可参见王作富主编：《刑法学》（第 6 版），中国人民
大学出版社 2016 年版，第 285 页；朱建华主编：《刑法分论》（第 3 版），法律出版社 2018 年版，第 99
页。

〔4〕　也有学者认为，这两个法益存在主次之分，参见时方：《生产、销售假药罪法益侵害的规范解
释——主次法益价值冲突时的实质判断》，载《政治与法律》2015 年第 5 期；另有学者认为，在《药
品管理法》修正后，有必要将单纯的秩序法益从该罪中剥离，增设妨害药品监管秩序罪，参见于冲：
《药品犯罪的法益分立：监管秩序从生产销售假药罪的剥离与独立化保护》，载《青海社会科学》2020
年第 2 期。但是该观点可能存在与立法体系上的不符。

〔5〕　参见贵州省凯里市人民法院刑事判决书（2020）黔 2601 刑初 491 号。

警罪。

（二）对相关质疑的反驳

有学者认为袭警罪的保护法益与妨害公务罪一致，是强调对执法权的保护而非对人民警察的特殊保护，认为将人民警察的人身安全引入袭警罪的法益属于对行为对象和保护法益的混淆。大致理由有以下几点：其一，袭警罪的条文位置没有发生改变，应当延续妨害公务罪的法益；其二，对警察给予超越其他公务人员的保护，有违平等原则；其三，将人身权利纳入法益，难以与故意伤害罪等相协调；其四，根据 2020 年 1 月 10 日《最高人民法院、最高人民检察院、公安部关于依法惩治袭警违法犯罪行为的指导意见》（以下简称《意见》）第 3 条[1] 的规定，纳入人身权利作为法益会使得袭警罪与该规定不协调。[2] 但是，以上质疑均不成立。

第一，行为对象是指"构成要件行为所作用的物、人、组织（机构）、制度等客观存在的现象"[3]。诚然，人民警察是袭警罪的行为对象，但是人民警察的人身权利显然不是该罪的行为对象，正如故意伤害罪侵害的对象是他人的身体，但其保护法益是人身权利，具言之是指人生理机能的健全，这两者之间存在差异。并且，行为对象之所以成为犯罪的构成要件要素，要么是直接或间接地体现了刑法保护的法益，要么则基于类型化的需要。[4] 显然，袭警罪行为对象的成立原因不可能是后者，并且从条文表述以及前文的分析看，之所以本罪的行为对象是人民警察，原因就在于行为对人民警察人身安全的侵害。犯罪本身要体现法益侵害的属性，行为对象与法益本身就是互为表里的关系，并不存在混淆的问题。

第二，条文体系的变动往往会引起保护法益的变化，破坏生产经营罪即

---

〔1〕 该条规定：驾车冲撞、碾轧、拖拽、剐蹭民警，或者挤别、碰撞正在执行职务的警用车辆，危害公共安全或者民警生命、健康安全，符合《刑法》第 114 条、第 115 条、第 232 条、第 234 条规定的，应当以以危险方法危害公共安全罪、故意杀人罪或者故意伤害罪定罪，酌情从重处罚。暴力袭警，致使民警重伤、死亡，符合《刑法》第 234 条、第 232 条规定的，应当以故意伤害罪、故意杀人罪定罪，酌情从重处罚。

〔2〕 参见李翔：《袭警罪的立法评析与司法适用》，载《上海政法学院学报（法治论丛）》2022 年第 1 期。

〔3〕 张明楷：《刑法学》（第 6 版），法律出版社 2021 年版，第 210 页。

〔4〕 后者如生产、销售伪劣产品类犯罪，参见张明楷：《刑法学》（第 6 版），法律出版社 2016 年版，第 210 页。

是适例。[1] 但将这一表述反过来却并不一定成立。例如，通说认为，侵犯商业秘密罪的保护法益是他人的商业秘密权，具体是指权利人对商业秘密享有的占有、使用、收益和处分的权利，属于财产权的范畴。[2] 但在《刑法修正案（十一）》对该罪进行修正、商业秘密这一概念的范围不断扩张的情况下，通说的观点反而不利于商业秘密的保障，有学者就提出保护商业秘密罪的法益应向公平自由的市场竞争秩序转化，[3] 这就体现了罪名保护法益观的变化，但该罪名本身在刑法中的位置并没有改变。类似的，在规定袭警罪之前，袭警行为的从重处罚条款并不是一个可以独立适用的条款，必须"搭配"妨害公务罪才可以适用，无论是从司法实践还是刑法理论的角度来看，其都没有独立存在的地位，也不具有独立的构成要件。但袭警罪的独立设置，使得袭警罪可以一定程度上"摆脱"妨害公务罪独立适用。两者的条文表述也有极大的区别，妨害公务罪的一般行为模式是"以暴力、威胁方法阻碍国家机关工作人员依法执行职务"，阻碍职务的执行是核心要素；而袭警罪的行为模式是"暴力袭击正在执行职务的人民警察"，核心是袭击警察，这可以直观地反映出两者保护对象的差异。并且，退一步说，承认人民警察的人身安全作为本罪的法益之一，并没有否定职务的正常执行作为法益，这也考虑到了法条位置的因素。

　　第三，认为特殊保护人民警察的观点，在《刑法修正案（九）》规定的袭警行为的从重处罚条款中就可以成立，甚至可以说，该条款的特殊保护性质更强烈，其直接区别了人民警察与其他国家工作人员在受到类似的暴力时的受保护程度；而袭警罪设置之后，袭警罪的基本刑幅度和妨害公务罪的法定刑幅度基本一致，反而体现了均衡保护的思想。至于法定刑升格的设置，从条文表述上就可以看出是为了保护人民警察的人身安全，设置的升格情形都是对人身安全有高度危险性的情形，这与人民警察的工作内容息息相关，尤其是承担刑事侦查、采取刑事强制措施时更是如此，而这些工作只有人民警察才能实施，其他国家机关工作人员是没有这一权限的。站在实质公平的

[1]　破坏生产经营罪的法益具体为何还存在争议，不过多数学者都反对以1979年《刑法》规定以社会主义市场经济秩序作为法益。

[2]　参见高铭暄、马克昌主编：《刑法学》（第9版），北京大学出版社、高等教育出版社2019年版，第440页。

[3]　参见王志远：《侵犯商业秘密罪保护法益的秩序化界定及其教义学展开》，载《政治与法律》2021年第6期。

立场之上，袭警罪的规定具有合理性。

第四，不可否认的是，实践中袭警罪规定的"暴力袭击"的方式有很多，也难免出现袭警罪与其他犯罪产生竞合的情况。但竞合的情形是刑法中的常见现象，不能因为可能与彼罪产生竞合就否定此罪的意义，在评价产生竞合的罪名的合理性时，一方面要看侵害法益，另一方面也要看个罪之间的法定刑设置是否合理。其一，袭警罪不是狭义保护人民警察人身安全的犯罪，暴力袭击的对象是人民警察，但法条也对此加以限制，要求人民警察正在执行职务，从而体现出对职务行为的保障，这是袭警罪区别于故意杀人罪、故意伤害罪的地方。其二，从构成要件上看，袭警罪不要求对警察的人身造成实际的侵害，行为引起警察的人身安全的危险的，就可以成立犯罪，也即不要求袭警行为使得民警实际受伤，更不要求达到成立故意伤害罪的轻伤的程度，这也与设立袭警罪的初衷相吻合。[1] 诚然，实践中很多情况下，袭警行为都对警察造成了一定的人身伤害，但这属于事实层面的问题，不能因为实践中对警察的袭击行为往往会导致警察受伤而认为这类行为足以通过故意伤害罪、故意杀人罪进行评断。

从竞合论的角度看，袭警罪与故意伤害罪之间在某些情况下确实可能出现竞合的关系。虽然袭警罪本身并不要求对警察造成伤害，但是暴力袭击的行为本身潜藏了警察受到伤害的风险，这种风险也极有可能现实化。由于故意伤害罪要求受害人达到轻伤及以上的程度，依照被袭击的警察受伤的程度，可以分为以下几种情形：①暴力袭击对警察造成了人身危险或者警察因暴力袭击受轻微伤，此时由于不能构成故意伤害罪，不属于产生竞合的情况，在满足袭警罪的构成要件的条件下，应以袭警罪论处。②警察因袭击受轻伤，在没有袭警罪加重处罚情节的情况下，袭警罪与故意伤害罪（轻伤）的法定刑相同，有学者主张为了强调对警察执法权威的特别保护，应以认定袭警罪为主。[2] 本文赞成此结论，但是并不赞成这一理由。《刑法》第 234 条第 2

---

[1]　例如在叶某妨害公务案中，叶某拒不配合疫情防控，随后在警察前来传唤时拒不配合，殴打前来的警察并致轻微伤，当时法院判决叶某构成妨害公务罪，属于以暴力方法阻碍人民警察执行公务并应依法从重处罚。参见最高人民法院发布第一批 10 个依法惩处妨害疫情防控犯罪典型案例，发布于 2020 年 3 月 10 日。若该案发生在现在，可以认定叶某的行为构成袭警罪。

[2]　参见张永强：《袭警罪的规范演进与理解适用》，载《重庆大学学报（社会科学版）》2022 年第 1 期。

款后段已经明确规定："本法另有规定的，依照规定"[1]，这正是考虑到刑法中存在许多具有暴力性质的行为可能引起伤害结果但不以故意伤害罪论处的情况，故应直接适用袭警罪的规定而不必考虑罪名的选择适用。如果存在加重处罚情节，则当然以袭警罪论处。从结论看，是否存在加重处罚情节对于造成轻伤后果的场合实际上意义不大。上述两种情形的情节轻重有所不同，应当在量刑中予以体现。③警察因袭击遭受重伤或因此死亡，从法定刑幅度来看，故意伤害罪（重伤）、故意伤害罪（致人死亡）的法定刑幅度均比袭警罪重，此时适用《刑法》第 234 条第 2 款后段的规定会使得罪刑不均衡，应当认为此时袭警罪与故意伤害罪构成想象竞合的关系。由此可以看出，对于暴力袭击警察的行为，在警察没有受伤或者受伤并不严重（未达重伤）的情况下，袭警罪的适用范围更广，这也符合立法设立袭警罪的初衷。在正式通过的法律文本中，删去了原草案二审稿中的竞合规定。[2] 从上述分析的情况看，被删去的竞合规定属于注意规定，其主要作用在于提示与强调，所以是否保留该竞合规定，对实际的案件认定来说差异并不大。这也说明了袭警罪与故意伤害罪、故意杀人罪之间没有不协调的地方。

　　类似地，由于实施手段的不同，袭警罪也可能和危害公共安全类犯罪产生竞合，此时根据竞合论予以处理即可。《意见》发布时，《刑法修正案（十一）》尚未出台，当时袭警行为只能以妨害公务罪论处，即使如此，《意见》第 3 条所列明的行为同样也满足妨害公务罪的要件，[3] 实际上也应该按照竞合规定进行处理，但是《意见》直接给出了最终的结论，从逻辑上看也有争议；况且，袭警罪独立设置之后还新增了法定刑升格条件，这一结论的正确性就更加存在疑问了。

三、"暴力袭击"的理解：袭击行为与暴力范围

　　"构成要件是一个特殊的技术性概念。大体可以认为，构成要件是符合刑法规定的，行为成立犯罪所必须符合的违法类型。"[4] 构成要件作为刑法罪名的定型，对罪与非罪的界分具有重要的作用。通过对构成要件的分析，可

---

〔1〕　虽然该规定只规定于《刑法》第 234 条第 2 款中，但应当认为，其适用于第 234 条的全部。

〔2〕　二审稿草案第 25 条后段规定：致人重伤、死亡，同时构成其他犯罪的，依照处罚较重的规定定罪处罚。

〔3〕　根据《意见》的体系来看，第 3 条的规定是建立在"暴力袭击正在执行职务的人民警察"的基础上的，而非"暴力袭击人民警察"。

〔4〕　张明楷：《刑法学》（第 6 版），法律出版社 2021 年版，第 150 页。

以凸显出行为对于法益侵害的客观要素，从而更好地判断行为是否构成犯罪，以及构成何罪。具体到袭警罪中，关键在于如何通过保护法益的指导，合理解释"暴力袭击"与"正在执行职务"两个构成要件要素。

从语言结构的角度来看，"暴力袭击"中"袭击"是真正的谓语，"暴力"属于对"袭击"的修饰。也即，袭警罪的行为是袭击人民警察的行为，而这一行为的要素在于暴力。所以，明确袭警罪的行为手段，着眼点在于厘清"暴力""袭击"两个词的含义。

（一）"袭击"的含义与对象

就汉语字面意思而言，"袭击"一词包含两个含义：①军事上出其不意地打击；②泛指突然打击。[1] 这两个含义都具备明显的突然性色彩，尤其是在日常生活中使用"袭击"一词时，往往指称的是行为人临时起意实施的行为，而受袭者对此没有防备。但刑法规范意义上的词语含义和日常用语并不一定完全一致，如果仍采这样的理解，会导致在认定袭警罪时加入"突然性"这一要素。但一方面，"突然性"要素意味着行为人出于临时考量或乘人不备时突然进行攻击，相比之下，如果某行为人有预谋地攻击正在执行职务的人民警察（满足袭警罪的其他要件），后者的危险性要比前者更大，但却认为后者不能成立"袭击"，这显然不合适。另一方面，"突然性"的判断材料可能有很多，如行为手段、行为持续时间或者行为人的主观判断等，但这些材料都不具有一致的可操作性，即使是在执法记录仪清晰录像的情况下，也难以区别某个行为究竟是否"突然"。所以，对"袭击"一词应当采取广义的理解，将重点放在"击"上，也即施加物理有形力的行为，且不限制手段的形式。

袭击的对象是人民警察，《人民警察法》第2条对人民警察的范围进行了规定。[2] 现实中有许多不具备这一身份，但实际上从事警察职务的人员，如通常所说的"辅警"。辅警没有单独的执法权，[3] 但问题在于，在辅警与民警共同参与执法的过程中，仅辅警遭受了行为人的暴力袭击（假定该行为没

---

〔1〕 《现代汉语词典》（第6版），商务印书馆2012年版，第1395页。

〔2〕 《人民警察法》第2条规定：人民警察包括公安机关、国家安全机关、监狱、劳动教养管理机关的人民警察和人民法院、人民检察院的司法警察。

〔3〕 根据公安部《公安机关执法细则》（第3版）的规定，勤务辅警从事公安岗位执法的辅助工作，这一类工作的显著特点是协助性，该规定还明确警务辅助人员不得执行刑事强制措施，不得单独或者以个人名义执法等。

有对民警造成人身危险），能否以袭警罪论处？[1] 如果仅从身份的角度来看，结论自然是否定的，原因是辅警并不属于《人民警察法》中规定的人民警察。[2] 但这样的认识存在疑问。在执法的过程中，辅警必须和民警一起实施执法活动，在面对执法者的公民眼中，辅警和民警的区分并没有太大的实质意义，一般人都会认为是"警察"，且认识到他们在执行警察的职务。所以，从实然的角度来看，将法条中的"人民警察"解释为所有履行警察职务的人，包括具有正式编制的警察，也包括职权范围内可以参与执法的警务辅助人员，并不会超出一般人的可预测范围，因而属于扩大解释。[3] 2018 年 12 月 19 日公安部发布的《公安机关维护民警执法权威工作规定》（以下简称《规定》）第 31 条明确规定："警务辅助人员在协助民警依法履行职责、行使职权过程中受到不法侵害的，参照本规定开展相关工作。"这也说明，从实质上认定人民警察的范围，更有利于对警察队伍的权利保障。

（二）"暴力"的范围

《刑法》条文中，"暴力"一词多次出现，不过，其含义并不相同。张明楷教授总结"暴力"有四种模式，分别为：最广义的暴力、广义的暴力、狭义的暴力、最狭义的暴力。其中最广义的暴力，指一切不法行使有形力的行为，包括对人行使或对物行使，如强制穿戴宣扬恐怖主义、极端主义服饰、标志罪；广义的暴力，指不法对人行使有形力的行为，如暴力危及飞行安全罪、暴力干涉婚姻自由罪；狭义的暴力，指对人的身体不法行使有形力但不要求压制反抗；最狭义的暴力，不法对人施加有形力并且足以压制其反抗，最典型的如强奸罪。[4] 对于袭警罪中的"暴力"当取何意，这一争论在《刑

---

〔1〕 有学者以协警的角度来论述这一问题，参见王展：《暴力袭警问题的刑法学思考》，载《刑法论丛》2019 年第 2 期。不过，也有文章指出，协警的实际作用与辅警相当，从名称的一体化上看，认为"辅警"这一称谓更合适，参见金怡、丁勇：《我国现代辅警制度建设探析》，载《中国人民公安大学学报（社会科学版）》2015 年第 3 期。

〔2〕 对这一认识加以深入，有观点甚至可以认为从身份上看，辅警不属于国家机关工作人员，将辅警纳入妨害公务罪的保护范围属于法律拟制。参见石魏：《圣春永等妨害公务案——暴力袭警的准确认定》，载《人民司法·案例》2020 年第 11 期。然而，根据对于渎职罪犯罪主体的立法解释，这一观点并不成立。由此也可以看出，不能仅从公务员法的角度来认识这里的身份。

〔3〕 但是，对于人民警察的范围也不能过于扩张，除上述可以参与执法的警务辅助人员外，不具有警察身份而协助警察者就不宜认为是人民警察，这一点我国内地的刑法规定与香港地区《侵犯人身罪条例》第 36 条规定不同，后者规定的对象包括"警察或协助该警察的其他人士"（参见赵秉志主编：《香港刑法》，北京大学出版社 1996 年版，第 120 页以下）。

〔4〕 参见张明楷：《刑法学》（第 6 版），法律出版社 2021 年版，第 906、910、1188、1135 页。

法修正案（九）》出台后就一直存在，虽然《刑法修正案（十一）》进行了修改，但争论的内容仍有一定启示意义。

具体而言，在《刑法修正案（十一）》颁布实施前，大致有以下几种具有代表性的观点：观点一，"暴力"是指狭义的暴力，即"对人民警察的身体不法行使有形力"，不包括单纯对人民警察以外的物施加有形力的行为;[1] 观点二，"暴力"的界定不同于妨害公务罪中"暴力"，主张"主张暴力袭击是具有侵害人民警察身体健康危险性的行为手段"[2]；观点三，"暴力"不仅包括对人民警察实施的有形力，也包括对其执行职务相关的物施以有形力的行为，只要后者对阻碍职务执行有作用即可,[3] 也有观点认为对物暴力仅限对物施加有形力但能间接影响到人民警察的场合;[4] 观点四，主张暴力应当综合行为的客观形式与反映的主观恶性程度进行评价，"应以通常情况下能够造成人身、财产上的伤害，能够对公务行为造成一定的妨碍为限"[5]。在《刑法修正案（十一）》颁布实施后，主要争议在于是否承认通过对物暴力间接对人民警察人身安全造成危险的情况。赞成者认为，"暴力"指狭义的暴力，但是也包括间接暴力的情况;[6] 反对者则支持，"暴力"仅限狭义的暴力，不包括对物暴力和间接暴力。[7]

从立法修改的情况看，法条的变化引起了保护法益的变更，也引起了体系结构的变化。具言之，作为独立罪名的袭警罪，虽然在法益上与妨害公务罪有交叉，但是并不完全一致。在《刑法修正案（十一）》实施之前，由于袭警行为属于从重处罚条款，妨害公务罪本身包含的"暴力"情形，学界多数认为属于广义的暴力，如果此时认为暴力袭警行为的"暴力"也属于广义的暴力，会导致对同一层次的暴力进行双重评价，不符合刑法的适用逻辑，

---

[1]　参见张明楷：《刑法学》（第5版），法律出版社2016年版，第1035页。

[2]　参见李永升、安军宇：《暴力袭警行为法律性质与内涵的教义解读》，载《海南大学学报（人文社会科学版）》2019年第1期。

[3]　参见王展：《暴力袭警问题的刑法学思考》，载《刑法论丛》2019年第2期。

[4]　参见黎宏：《刑法学各论》（第2版），法律出版社2016年版，第350页。

[5]　于宾：《妨害公务罪中暴力袭警条款的理解与适用》，载《中国检察官》2016年第24期。

[6]　参见张永强：《袭警罪的规范演进与理解适用》，载《重庆大学学报（社会科学版）》2022年第1期。

[7]　参见李翔：《袭警罪的立法评析与司法适用》，载《上海政法学院学报（法治论丛）》2022年第1期。张明楷教授在最新版的《刑法学》中仍坚持了此前的观点，即袭警罪的暴力应限定为狭义的暴力，参见张明楷：《刑法学》（第6版），法律出版社2021年版，第1355~1356页。

所以不能将之评价为广义的暴力。并且，妨害公务罪的法定刑并不重，且主要的保护目的在于公务的执行，所以也不需要达到压制反抗的程度，所以认为"暴力"属于狭义的暴力是妥当的。《意见》第 1 条对于"暴力袭击"给出了下列行为模式：①实施撕咬、踢打、抱摔、投掷等，对民警人身进行攻击的；②实施打砸、毁坏、抢夺民警正在使用的警用车辆、警械等警用装备，对民警人身进行攻击的。《意见》发布在《刑法修正案（十一）》颁布实施之前，其中第 2 类的行为界定属于对广义的暴力的二次评价，并不合适。遗憾的是，由于该司法解释的存在，导致实务中存在不少作出类似认定的情况，如行为人驾驶汽车对人民警察驾驶的车辆进行别阻导致两车相撞并致人员受伤的行为，实务中认定为暴力袭警行为，则是对该暴力行为进行了双重评价。[1]

然而，在袭警罪正式确立之后，仍认为"暴力袭击"中的"暴力"仅限于狭义的暴力的观点就可能存在疑问。袭警罪的保护法益不仅包括职务的执行，也包括执行职务过程中人民警察的人身安全。因而，应当认为，对人民警察人身安全具有侵害危险的行为，都属于这里的"暴力"。其一，直接对人民警察施以物理有形力的行为，如殴打、啃咬等，当然属于本罪中的暴力。其二，对物实施暴力但是对人民警察的人身安全具有危险或危险可能性的，也属于本罪中的暴力。由于袭警罪的独立设置，使得原本在妨害公务罪中可能出现的双重评价不复存在，从保障人民警察的人身安全的角度出发，这一考虑也是合理的。例如，故意驾驶机动车向执行职务的警察乘坐的警车撞去的时候，因其可能对人民警察的人身安全带来危险，也可以认定为暴力。[2]《规定》第 8 条区分了暴力袭击行为和车辆冲撞、碾轧、拖拽、剐蹭行为，即认为后者不属于暴力袭击，但从袭警罪的加重构成要件来看，包括了以车辆撞击的行为方式，现在看来这样的区分也并不合理。[3] 但是，如果对物实施暴力时不附带对人民警察的人身安全的威胁，就不属于这里的"暴力"，如在

---

〔1〕 参见北京市第三中级人民法院（2019）京 03 刑终 187 号刑事裁定书。

〔2〕 显然这一行为具有高度的危险性，并且这种行为与开车撞向正在执行职务的警察、骑着巡逻摩托执行职务的警察等行为没有明显的区别，对于警察的人身危险性是相当的，在这种情况下认为这一行为不属于暴力袭击，只能适用妨害公务罪的条款，而直接撞击的行为构成袭警罪，有罪刑不均衡之嫌。

〔3〕 实际上，这样的规定是严格地进行了此罪与彼罪之间的区分，没有考虑可能出现竞合的情况。在《刑法修正案（十一）》实施之前，由于妨害公务罪法定刑较轻，这一情形体现得不明显，但由于袭警罪存在法定刑升格条件，形式化的区分会导致量刑不均衡的情况出现。

警察执法时为泄愤，用木棍击打警车的行为，就不能认定为"暴力"。由于袭警罪的正式确立，前述《意见》中规定的第 2 类行为手段反倒是符合了袭警罪的行为构成。其三，实施的暴力不要求达到压制反抗的程度，也不要求导致人民警察实际受伤，但要求对其人身带来危险，在人民警察执法过程中的轻微推搡、阻拦、拉拽等行为，不宜认定为这里的暴力。如果造成了妨碍公务的结果，应当以妨害公务罪论处。

此外，袭警罪的法定刑升格条件也是根据行为手段的人身危险性程度设置的。这些行为对人民警察的人身安全具有高度的危险性，类似于以危险方法危害公共安全罪，应当认为，"严重危及人民警察人身安全的行为"是指列举的以及与其危险性模式相当的行为，例如使用砖块投掷、使用钢管敲打等，对于殴打则要根据殴打的行为、暴力程度进行判断，如次数较少的扇耳光的行为不属于升格法定刑的情况，但是多个人聚集起来殴打人民警察面部、腹部等重点部位的行为，则可以认为属于严重危及人民警察人身安全的行为。

综上所述，"暴力袭击"指的是行为人对正在执行职务的人民警察实施的、足以引起人民警察人身安全危险的行为。这一规定也反映出暴力袭击应体现对民警人身安全的威胁。

四、"正在依法执行职务"的理解：职务行为的时间界限与合法性依据

对于袭警罪的行为时间，法条将之限制在人民警察"正在依法执行职务"期间。一方面，所谓"正在"，即袭警行为应当处于依法执行职务的全过程中，在此过程开始前或结束后，都不属于袭警罪所处罚的袭警行为，如果此时的袭击行为造成其他后果符合其他犯罪构成要件的，当以其他犯罪处理，但不论如何不能构成袭警罪，因为此时对职务执行已经没有妨碍作用了。另一方面，要求人民警察"依法执行职务"，其中包含职务行为及其合法性的问题。

（一）职务行为的时间界限

对于执行职务行为的开始和结束时间的认定，学界也有不同观点。有观点认为必须对时间范围作严格的限制，限于职务行为的开始到结束；也有观点认为要适当进行宽松解释，认为与职务行为密切关联的行为前后都应属于"正在"的范围。但是，一律进行严格或宽松解释都可能存在问题。严格解释的观点着重于保障职务的顺利进行，但是在现实中往往警察距离执行职务的地点有一定空间上的间隔，警察不可能每次都在现场看到事故或事件发生，一般来说都有接警及出警的过程，待警察出警到达现场后，才开始正式工作，在这一时间段中，警察遭受袭击也会构成对职务行为的干扰，这与其严格解释的目的不相吻合。而宽松解释带来的问题则是，可能会扩展职务行为延续的时间，从而不恰当地扩张了本罪的成立范围。例如，交警在执勤交接班结束后，独自驾驶警用摩托车返回派出所准备下班的行为，从这一解释的角度看，也能理解为职务行为，但此时该警察的职务行为已经履行完毕且其行为不再服务于职务的履行，此时，不应再认定该交警处于正在依法执行职务期间。

学界和实务界讨论时间界限比较充分的，在于正当防卫制度中"不法侵害正在进行"中对于"正在"的理解。2020年8月28日《最高人民法院、最高人民检察院、公安部关于依法适用正当防卫制度的指导意见》中指出："对于不法侵害已经形成现实、紧迫危险的，应当认定为不法侵害已经开始。"相对于给出一个具体的行为点，上述界定的限度比较实质，这主要是考虑到正当防卫本身的性质，也有学者主张对于不法侵害的结束时点也采取类似的判断模式。[1] 这一实质化的标准值得借鉴。袭警罪具有保障人民警察人身安全的属性，所以有必要对职务行为的时间进行相对宽松的解释，以保障人民警察在实施以及准备实施职务行为时的权利；但同时考虑到袭警罪保障职务行为的正常实施，后者是对前者进行的限制，所以在解释时也应考虑职务行为本身的属性，以不同标准区分职务行为的开始和结束。具言之，对开始采宽松标准，认为为了某一特定事件（如处理具体事故）或日常职务行为（如交警执勤）的必要过程之起始，属于履行职务行为的开始，如处理事故时从日常工作地前往现场时，可以认为职务行为已经开始；而对结束采严格标准，当该事件处理完毕或日常职务行为宣告结束，则应认定为职务行为执行完毕，不再延续，如当某一事故处理完毕，职务行为就宣告结束，时间界限将不再向后延展。由此可以看出，职务行为的时间与其工作时间并不一致，人民警察处于工作时间并不一定在履行职务。反之，人民警察在非工作期间履行了其职权范围内的职务的，也可以认为其在实施职务行为。例如公安干警在休假期间看到有人实施盗窃，将盗窃者控制的行为可以认为其在实施职务行为。

（二）职务行为的范围及合法性界定

袭警罪中规定的"职务"，应与妨害公务罪中规定的"职务"作一致的解释，简言之，即主体从事公务的行为。公务，即公共管理事务，[2] 属于公

---

〔1〕 参见张明楷：《刑法学》（第6版），法律出版社2021年版，第263页以下。

〔2〕 参见高铭暄、马克昌主编：《刑法学》（第9版），北京大学出版社、高等教育出版社2019年版，第521页。

法益上的概念，故对职务进行解释时，应当认为是主体行使法律赋予的职权的行为，从而排除主体以公务身份实施的私法行为。公安机关人民警察的职权主要是在《人民警察法》中规定的，该法第6条规定，依照不同职责分工，公安机关的人民警察共享有14种职权，其中涵盖刑事、行政执法、行政管理等多个方面，[1] 履行这些列举的职权行为当然属于执行职务的行为。不过，该条仅限于公安机关的人民警察的职权，其他机关的人民警察的职权则由与警察的具体职责有关的法律、法规进行规定，[2] 例如《人民武装警察法》第4条规定：人民武装警察部队担负执勤、处置突发社会安全事件、防范和处置恐怖活动、海上维权执法、抢险救援和防卫作战以及中央军事委员会赋予的其他任务。该法第三章明确规定了人民武装警察执行的任务及其权限。[3] 类似地，《最高人民法院关于人民法院司法警察依法履行职权的规定》第1条规定了人民法院的司法警察的职权。对于特殊职责的警察行为符合这些具体列举的，也应当认定为职务行为。

从形式上看，人民警察实施的职务行为往往是侵害相对方（作为纠纷处理者时可能为其中的一方或多方）权利的行为，为了平衡公共秩序与人民自由，在妨害公务类的犯罪中往往要加入职务行为的合法性作为要件。[4] 如何界定职务行为的合法性，便成为值得探讨的问题。对此，应当考虑从实体和程序两个方面来进行考量。就实体而言，从宏观上看，人民警察实施的职务行为属于履行职权的行为，依照《人民警察法》的规定，职权的内容只能由

---

〔1〕 《人民警察法》第6条规定：公安机关的人民警察按照职责分工，依法履行下列职责：①预防、制止和侦查违法犯罪活动；②维护社会治安秩序，制止危害社会治安秩序的行为；③维护交通安全和交通秩序，处理交通事故；④组织、实施消防工作，实行消防监督；⑤管理枪支弹药、管制刀具和易燃易爆、剧毒、放射性等危险物品；⑥对法律、法规规定的特种行业进行管理；⑦警卫国家规定的特定人员，守卫重要的场所和设施；⑧管理集会、游行、示威活动；⑨管理户政、国籍、入境出境事务和外国人在中国境内居留、旅行的有关事务；⑩维护国（边）境地区的治安秩序；⑪对被判处拘役、剥夺政治权利的罪犯执行刑罚；⑫监督管理计算机信息系统的安全保护工作；⑬指导和监督国家机关、社会团体、企业事业组织和重点建设工程的治安保卫工作，指导治安保卫委员会等群众性组织的治安防范工作；⑭法律、法规规定的其他职责。

〔2〕 参见《人民警察法》第18条。也即，"依法"中的"法"不是狭义的法律。

〔3〕 参见《人民武装警察法》第15～19条。

〔4〕 我国刑法明文规定受保护的职务行为以合法性为要件。有的国家没有规定，如《日本刑法典》规定的妨害执行公务罪中虽然没有明文规定合法性要件，但通说和判例都承认职务行为应要求包含合法性要件，违法的职务行为不值得被刑法保护，参见〔日〕西田典之著，〔日〕桥爪隆补订：《日本刑法各论》（第7版），王昭武、刘明祥译，法律出版社2020年版，第475页。

法律及行政法规制定，[1] 超出法律和行政法规规定的越权行为，应当否认其合法性，如人民法院的司法警察实施逮捕的行为；从微观上看，人民警察在实施具体的职务行为时应当遵守法律的规定，例如在实施强制措施时，应当遵守《刑事诉讼法》对于各种强制措施的适用规范，在行为人不符合拘留的要件时对其采取拘留这一强制措施的行为，就属于违法的行为；又如，在人民警察使用警械和武器时，应当满足《人民警察使用警械和武器条例》规定的条件。就程序上看，职务行为应当按照法律、行政法规规定的程序执行。[2] 对于程序存在瑕疵的情况，本文认为，要考虑该程序在职务行为中的地位以及其对相对人的权利义务关系的影响程度，在某一程序性要件不影响职务行为整体的实行，且不会对相对人权利义务造成损害或者该程序性要件属于可补正的情况下，应当认为该程序瑕疵不会对职务行为的合法性造成影响，但如果程序瑕疵使得职务行为完全失去合法性根据或者因此无效，则可以认为该程序瑕疵影响到行为的合法性。[3]

对职务行为合法性的判断采取什么立场，对此有主观说、客观说和折中说三种立场。主观说认为，应当以执行职务人的主观相信为依据，只要其相信其行为属于合法执行的，就应当认为属于依法执行职务；客观说认为，应当按照法律的规定来进行客观判断；折中说则认为应当以社会一般人的认识为标准进行判断。[4] 主观说的观点无疑是倾向于执行职务人一方的，而且恣

---

[1] 参见《人民警察法》第18条。故前述规定了司法警察的职权的司法解释，有越权的嫌疑，考虑到其规定的内容在诉讼法等法律中有所体现，该解释的规定可以作为参照，但解释不能替代法律，应按照《人民警察法》的规定，尽快制定法律或行政法规以弥补这一漏洞。

[2] 这一点与前述可能存在重合，例如规定允许有些某种警械的场合以警告无效为条件，那么警告就是必要的程序，而被允许使用的场合则属于实体性的规定。张明楷教授提出职务合法性判断过程中遵循"必需的最小限度原则"以体现比例性，并以警械的使用作为例子进行说明［参见张明楷：《刑法学》（第6版），法律出版社2021年版，第309~311页］。比例原则是考虑行政权力与相对人的行为自由时一个重要的行政法原则，在人民警察实施的行为体现出公法属性时，引入比例原则是一个相当合理的路径。张明楷教授所列举的情况在《人民警察使用警械和武器条例》中已经有所体现，也可以认为是遵循法律法规规定的实体和程序的体现。当然，正如《人民警察使用警械和武器条例》第15条的规定，在某些情况下，遵守规定也可能导致伤亡或财产损失，但此时该行为已经不属于违法行为。

[3] 参见［日］山口厚：《刑法各论》（第2版），付立庆译，中国人民大学出版社2011年版，第635页；［日］西田典之著，［日］桥爪隆补订：《日本刑法各论》（第7版），王昭武、刘明祥译，法律出版社2020年版，第475~476页。

[4] 参见［日］山口厚：《刑法各论》（第2版），付立庆译，中国人民大学出版社2011年版，第636页。

意性较强，在违法执行职务要进行追责的情况下，难免会产生趋利避害的心理，固执地坚持行为属于正当合法的情况也不鲜见。采主观说会使得依法执行职务的范围变得过于宽广，不利于保障相对人的利益。折中说的观点看似合理，但社会一般人对于是否合法的认识比较模糊，也很难清楚地认识到所有有关的法律规定。所以，客观说的观点最为合适，标准也相对确定。

存在的疑问是，这里的法律规定是依照行为时判断还是依照结果判断，对此则存在行为时基准说和裁判时基准说两种标准，前者认为在行为时没有明显错误的就应当认定为合法，后者认为职务行为的合法性应当以裁判时查明的情况来判明。二者的对立主要体现在程序和实体存在冲突的场合，例如警察甲以正当程序对乙执行逮捕，最终经判决宣告乙无罪，甲的职务行为是否合法？相较之下，行为时基准说更强调对公权力的维护，认为甲的行为属于合法行为，如果乙对甲实施了具有人身危险性的攻击可以认定为袭警罪；裁判时基准说强调对无辜之人的人权保障，认为甲的行为不属于合法行为，即使乙对甲实施了具有人身危险性的攻击行为，也不能认定为袭警罪。就袭警罪的保护法益来看，两者都有一定的道理，但也都有一定缺陷，以行为时为基准会使得可能的无辜之人受到行政或刑事程序的不当追究，无辜之人的反抗是可以理解的；而裁判时的基准则可能导致警察在根据现有证据执行职务时遇到阻碍，不利于警察职权的行使。本文认为，人民警察在履行职务行为时，该行为如果满足了前述合法性要件，就可以认为该行为属于合法的职务行为，该职务行为理应受到刑法保护，故应当采取行为时基准说以认定职务行为合法性的起点。这一点也可以从《国家赔偿法》的规定中看出，作为一种行政法制度，国家赔偿是指"国家侵犯公民、法人或其他组织的合法权益，造成损害，依法进行赔偿的制度"[1]。从概念上看，国家赔偿是基于国家机关及其工作人员的违法职权行为产生的。但实际上，国家赔偿区分了行政赔偿和司法赔偿，两种赔偿责任的构成并不相同：构成行政赔偿的行为必须是违法行为，而一些构成司法赔偿的行为并不要求行为违法，[2] "在一些情况下，刑事赔偿仅以损害结果即可认定赔偿责任，即结果归责原则，不要

---

[1] 《行政法与行政诉讼法学》编写组：《行政法与行政诉讼法学》，高等教育出版社 2017 年版，第 379 页。

[2] 学理上将国家赔偿区分为行政赔偿和司法赔偿，后者发生在民事、刑事和行政诉讼过程中，我国《国家赔偿法》专章规定了刑事赔偿，民事、行政诉讼的赔偿问题参照其适用。

求行为具有违法性"[1]。例如，公民丙被采取逮捕措施最终被判决无罪的情形，此时法律并未区分逮捕措施是否符合程序规定，即使满足前述的合法性要件，在丙最终被判决无罪的情况下，丙依然可以获得国家赔偿，这是一种结果归责的思路，有利于保障公民的人身权，但也可以从侧面看出对行为合法性的判断应以行为时为基准。[2]此外，以裁判时为基准可能会导致认定上的问题，如在正当防卫的场合，虽然我国学界还没有对警察防卫是否构成正当防卫达成共识，但根据我国法律规定，准许第三人实施防卫行为，如果以裁判时为基准，那么行为时的袭击行为就可能被认定为合法的，此时第三人的防卫行为只能被认为是假想防卫，可能还会被追究刑事责任，该结论难以接受。在该情况下还可能涉及程序上的问题，如应在何时启动司法程序追究第三人的刑事责任，是一个难以确定的问题，因为裁判时的基准使得在案情发生时无法界定该第三人的行为是否合法，而待袭击人的判决生效后再处理第三人的行为，不论该判决最终结论如何，都会导致程序上出现问题。因而，以行为时为基准的观点是合理的。

综上所述，职务行为的时间界限应从实质上区分开始和结束，两者采取不同的标准，前者应以职务行为及以其为目的的必要过程为起始，而后者以职务行为的履行完毕为终结。职务是指特定主体行使法律赋予的职权的行为，合法性判断应以实体和程序两个方面为内容，[3] 且以客观说为判断标准，以

---

[1] 《行政法与行政诉讼法学》编写组：《行政法与行政诉讼法学》，高等教育出版社 2017 年版，第 391 页。具体情形参见《国家赔偿法》第 17 条第 2、3 项。

[2] 当然，以行为时为基准并不代表行为人一定构成袭警罪，可以从责任角度为丙的行为出罪。

[3] 行为人对于人民警察实施的职务行为可能产生认识错误，具体而言包括以下几种情况：其一，行为人对人民警察的身份产生认识错误，如误以为不是人民警察而袭击；其二，行为人对是否职务行为产生认识错误，如误以为人民警察实施的不是职务行为对其进行袭击；其三，行为人对职务行为的合法性产生认识错误，如误以为人民警察实施的职务行为非法而予以反抗的情形。从我国的法律规定来看，上述三种情况都包括在袭警罪的构成要件要素之中，故应当认为上述的认识错误都属于抽象的事实认识错误，产生上述认识错误时应否认行为人的故意，由于袭警罪不处罚过失行为，故不宜以袭警罪论处，如果满足其他犯罪的构成要件（如过失致人重伤罪等），应以其他过失犯罪论处。日本的学说论及妨害执行公务罪中合法性的错误时，有违法性认识错误、事实认识错误和二分说（区分合法性的事实与合法性的评价）三种学说，包括山口厚、西田典之、大塚仁等多数学者赞成二分说[参见 [日] 山口厚：《刑法各论》（第 2 版），付立庆译，中国人民大学出版社 2011 年版，第 637 页]，这可能和日本法律没有将合法性明确规定为构成要件要素有关，而我国刑法中合法性要件属于构成要件要素，故应认识为事实认识错误，参见张明楷：《刑法学》（第 6 版），法律出版社 2021 年版，第 1355 页。

行为时基准作为合法性的时间标准。

结　论

袭警罪的增设是刑法对于暴力袭警事件的回应，但同时也要注意到，袭警罪不是单纯危害人民警察人身权利的犯罪，其仍属于危害社会秩序类的犯罪。所以，袭警罪具有双重属性，一方面是其妨害职务的属性，另一方面则是危害人民警察人身安全的属性，两者的"合力"才构成了袭警罪。双重属性也意味着袭警罪的成立受到一定限制，但不意味着不构成袭警罪的行为不构成其他犯罪，不满足袭警罪的构成要件的行为仍然可能构成妨害公务罪、故意伤害罪等。"刑法必须在法益保护机能与人权保障机能之间进行调和"，[1] 综合来看，应当认为，袭警罪处罚的行为是指以具有危险性的手段，干扰、影响人民警察依法履行职务并且对人民警察人身安全造成危险的行为。

---

〔1〕　张明楷：《刑法学》（第6版），法律出版社2021年版，第25页。

政治与公共理论前沿

当代国外大众主义传播研究的三种理论路径阐微

陈　硕[*]

摘　要：外国学界对大众主义主要有"意识形态说""风格说"和"战略说"三种概念界定方式，为相应大众主义传播研究提供了重要的理论起点。其中"意识形态"定位的大众主义传播研究，主要考察传播内容，分析行动主体所表达的大众主义观念的内涵、样态、特征；"风格"定位侧重考察传播形式，探索行动主体所用大众主义沟通方式的类型、层次与程度；"战略"定位则注重考察传播手段，旨在解剖行动主体建构自身合法性、领袖形象，实现政治动员过程中采用的传播策略、方法及其效果。受不同概念定位的影响，相应大众主义传播研究会朝着不同方向展开，其分析起点、研究主旨、重点考察对象等亦会呈现出差异。

关键词：大众主义　传播研究　意识形态　风格　战略

* 陈硕，中国政法大学光明新闻传播学院传播学 2021 级硕士研究生。

当今，大众主义在欧美的泛滥已是不争的事实。除制度衰败、政党衰败、经济危机、精英腐败、社会分化、身份认同危机等因素外，媒体技术的发展与信息传播方式的改变，亦构成大众主义崛起的重要原因。此外，许多西方政党、政治家已然绕开传统的"两级传播"，凭借网络平台与民众直接沟通，试图以"向民而言""为民而言""代民而言"的多重效果获取认同和支持。至此，大众主义传播研究逐步成为学界的显题。

然而，"大众主义"是一个复杂、模糊且颇具争议的概念，它不仅在长期历史发展过程中形成了丰富内涵，且在不同国家、地域、文化表现各异。如何理解、界定大众主义，是展开相关研究的首要前提之一。近十几年来，国外学界形成了"意识形态说"（populism as ideology）、"风格说"（populism as style）和"战略说"（populism as political strategy）三种大众主义的概念定位方式，奠定了大众主义研究的理论基础。这三种定位也在新闻传播领域引起了共鸣并被后者吸纳、借鉴。是以，"意识形态""风格"与"战略"的核心要义，随之成为相应大众主义传播研究的重要理论起点。那么，"意识形态""风格"与"战略"意义上的大众主义主要指什么？受不同概念定位的影响，相应的大众主义传播研究会呈现哪些特点、优势与不足？它们之间又有哪些区别与联系？本文将围绕这些问题展开论述。

一、"意识形态"定位的大众主义传播研究

大众主义又称"人民主义""平民主义"，以"人民至上"为基本意涵。但鉴于其在各个国家地域以及各个历史阶段的表现不尽相同，给大众主义下一个包罗万象的完整定义，无疑是件困难的事情。当今，国外学界广泛认同的方式之一，是将大众主义理解为"稀薄"意识形态（thin-centered ideology）。这一观点来自政治学家穆德（Mudde）和卡特瓦瑟（Kaltwasser）。他们指出，意识形态本是一套关乎人类社会本质、组织方式及目的的规范性思想。而大众主义虽有"思想"特征，却只是一些松散概念的集合：缺乏严谨的逻辑体系，没有丰富的知识内容，不能为人们认识、改造世界提供全面、合理的答案，因而很大程度上呈现出"稀薄"的性质。[1] 就内涵而言，作为"稀薄"意识形态的大众主义主要强调"人民"和"精英"之间的对立关系，即把前者描绘成受到压迫、欺骗和利益受损的群体，将后者描绘成造成一切问

---

〔1〕 C. Mudde, C. R. Kaltwasser, *Populism：AVery Short Introduction*, London, Oxford University Press, 2017, p. 6.

题的罪魁祸首，同时以非黑即白的归因谴责来煽动公众的不满，从中挖掘怨恨情绪并加以利用，最终达到挑战当局、抨击体制、打击政治对手等目的。除"精英"之外，"他者"是"人民"受到压迫的又一根源。其理由是："他者"与"人民"存在难以调和的利益矛盾，相互之间无法融合、认同，而"精英"又将本属于"人民"的利益划拨于"他者"，进而引发冲突与对抗。所以，大众主义有时还表现为精英、人民和"危险他者"之间的三重关系。[1] 由于大众主义一开始就站在"人民主权"的道德制高点上发出呼声，甚至形成对"人民"代表性的话语垄断，因而可以依仗"普遍公意不可违"获得难以反驳的"合法"韵味。此外，"人民反对什么"这一简单、空洞的逻辑链条，也增加了大众主义的可塑性——它能在政治光谱上灵活游弋，吸取其他政治思想（自由主义、保守主义、社会主义等）的养料填充自己；这种"嬗变"的性质一定程度上加剧了大众主义的泛化。例如，冷战结束后拉美民族开始接受自由主义思潮，并将之与自身经济政策联系在一起，形成了利于外国资本、集中经济资源、压制民众需求这一自由主义、大众主义相混合的独特现象。[2] 再如，美国前总统特朗普的公共政策具有典型的新保守主义的特征。与此同时，特朗普又有明确的反精英理念。二者相混合，形成了美国后现代社会转变期的大众化的保守主义。

将大众主义视作"人民—精英"对立的"稀薄"意识形态，赋予了前者一种通识化的理解方式。不过，任何意识形态都不是飘在空中的。它的存在，首先依赖于倡导和信仰意识形态的人。从逻辑上讲，如果某种意识形态可被称作"大众主义"，则意味着必有认同、依附大众主义政治观的行动主体；其次，意识形态"孕育言语实践上的解释方式"[3]，行动主体的大众主义价值观会透过传播活动表现出来，呈现于特定的文本当中。以上两点相结合，大众主义的概念获得了传播层面的解读空间。如克里兹（Kriesi）认为，大众主义传播是"与大众主义政治观相关联的言语表达"[4]，德弗雷斯（C. H. de

〔1〕 T. Bale, S. V. Kessel, P. Taggart, "Thrown Around with Abandon? Popular Understandings of Populism as Conveyed by the Print Media: A UK Case Study", *Acta Politica* 46, 2011, p. 114.

〔2〕 参见董经胜：《拉丁美洲的民粹主义：理论与实证探讨》，载《拉丁美洲研究》2017 年第 4 期。

〔3〕 B. Stanley, "The Thin Ideology of Populism", *Journal of Political Ideologies* 13, 2008, p. 98.

〔4〕 H. Kriesi, "The Populist Challenge", *West European Politics* 37, 2014, p. 363.

Vreese）将之定义为"行动主体思想的口语化传播"[1]，雷尼曼（Reine-mann）等人将之理解为"传播信息有根源于意识形态的特征、元素，与整治行动主体、媒体或公民的目标、动机和态度产生共鸣"[2]。在学者斯坦耶（Stanyer）等人看来，上述定义为"行动者本位"（actor-centered）[3]的大众主义传播研究提供了有力支撑，后者的核心特征包括：①事先明确行动主体（政党、政治家等）"大众主义者"的身份，[4] 认为他们有既定的平民主义态度、动机和目标。传递信息的过程就是展示自己思想观念的过程。②作为思想观念的意识形态表现为传播内容，可在大众主义政党、政治家的纲领、演讲稿或言论中找到。[5] 厘清"人民""精英""他者"及其关系处于内容的核心。③大众主义意识形态既决定了传播内容，也决定了传播框架的搭建方式[6]——其多是从相应意识形态内涵中就地取材、形成系统，从而彰显"思想—言语实践"之间的连贯性。

从"意识形态"定位出发进行大众主义传播研究十分有益。众所周知，由于国家、地域现实问题（经济危机、移民难民危机等）的不同，国外各地本土大众主义的内涵也有所不同，可围绕"人民及其对立面"的框架自行填充、延伸。就"人民"而言，有的强调谁是真正的"人民"，有的呼吁公民参与、直接民主，有的则强调人民代表（即行动主体）的威权性质；就"对立面"而言，有的反对精英、精英建制和精英行为，有的则反多元、反腐败、反教会、反移民、反欧洲一体化，等等。[7] 至此，各形各色、具体的大众主义意识形态，在纷繁复杂的现实环境中扎根、生成。倘若知道谁是大众主义

---

〔1〕 C. H. de Vreese, F. Esser, T. Aalberg, C. Reinemann, "Populism as an Expression of Political Communication Content and Style: A New Perspective", *The International Journal of Press/Politics* 23, 2018, p. 425.

〔2〕 T. Aalberg, *Populist Political Communication in Europe*, New York, Routledge Publications, 2017, pp. 14, 353.

〔3〕 Ibid.

〔4〕 Ibid.

〔5〕 N. Gidron, B. Bonikowski, *Varieties of Populism: Literature Review and Research Agenda*, Weat-herhead Working Paper Series, 2013, No. 13-0004, p. 7.

〔6〕 C. H. de Vreese, F. Esser, T. Aalberg, C. Reinemann, "Populism as an Expression of Political Communication Content and Style: A New Perspective", *The International Journal of Press/Politics* 23, 2018, p. 425.

〔7〕 T. Aalberg, *Populist Political Communication in Europe*, New York, Routledge Publications, 2017, p. 357.

者，其大众主义价值观又能在传播内容中加以经验识别，那么分析这些传播内容，不仅可以进一步了解行动主体的身份特征，也可以解剖其所倡导的大众主义意识形态的具体样貌与传播方式。展开来讲，主要反映为以下三点：①明晰大众主义者如何建构人民、精英、他者和自身。一般认为，右翼大众主义惯于将人民定义为本国人，进而攻击移民、少数民族、宗教团体或罪犯；左翼大众主义往往将之视作被压迫阶级，以此批判政治精英、经济精英。[1]这一点在大量实证研究中得到过论证和阐释。如马佐莱尼（Mazzoleni）和布拉契利（Bracciale）的研究发现，极右翼"北方联盟"领导人梅洛尼、萨尔维尼倾向于将"意大利人民"与外来人士对立起来，中左翼的五星运动领导人迪马约则更愿意把"人民"表述为主权所有者。[2]里波利斯（Ripollés）、辛特斯（Sintes-Olivella）和弗兰奇（Franch）对西班牙左翼"我们能党"（podemos）及其领导人图里翁在 2016 年大选期间的推特言论进行了内容分析，发现该党主要以"参与动员""交互对话""社区建设""竞选承诺"等撑起"人民"的意涵，同时以反精英特权、精英腐败来呼吁人民主权。诸如此类的研究，无论是个案分析还是跨党派、跨地域、跨意识形态的比较分析，皆有助于解读各地的政党风貌和思潮风貌。[3]②探索大众主义在各种环境下存在的背景、缘由或意义。譬如，恩斯特（Ernst）等人曾对西方六国（德国、法国、瑞士、英国、美国和意大利）共计 88 位主要政治家在脸书（Facebook）和推特（Twitter）的言论进行了半自动内容分析。研究发现，意大利和法国的大众主义传播从左翼政党到右翼政党呈线性增长。他们认为，这种现象与 20 世纪 60 年代以来两国左翼力量的逐步衰颓有关。[4]奥利弗（Oliver）和拉恩（Rahn）曾对 2016 年美国总统候选人的竞选演讲进行了内容分析。他们发现，特朗普、桑德斯、卡森等人都使用了大众主义表达，唯有特朗普"笑到了最后"。两位学者指出，在美国的政治文化语境中，"人民"的

---

〔1〕　K. Abts, S. Rummens, "Populism Versus Democracy", *Political Studies* 455, 2007, p. 428.

〔2〕　See G. Mazzoleni, R. Bracciale, "Socially Mediated Populism: the Communicative Strategies of Political Leaders on Facebook", *Palgrave Communications* 4, 2015, pp. 8-9.

〔3〕　See A. Casero-Ripollés, M. Sintes-Olivella, P. Franch, "The Populist Political Communication Style in Action: Podemos's Issues and Functions on Twitter During the 2016 Spanish General Election", *American Behavioral Scientist* 61, 2017, pp. 986-1001.

〔4〕　N. Ernst (et al.), "Extreme Parties and Populism: An Analysis of Facebook and Twitter Across Six Countries", *Information, Communication & Society* 20, 2017, p. 1358.

概念常常是从政治经济改革议程中建构的。但是近年来，美国人对从事政治经济活动的精英愈发反感，后者对民众的代表性也越来越差。特朗普宣称，"（包括他自己在内的）普通美国人"完全有能力推动社会经济发展，不需要精英力量或专家知识的"插足"。这种反精英、反智的言论与民众产生了共鸣，而特朗普的竞选对手却没有做到这一点。[1] ③探讨大众主义意识形态是如何传播的。学者恩格赛（Engesser）等人曾对奥地利、瑞士、意大利和英国部分政治家发布在脸书、推特上的大众主义言论进行了定性文本分析。研究发现，大众主义在社交媒体上呈碎片化的传播状态——行动主体会根据自己的立场、需要选择诉诸人民和批判精英的方式。[2] 究其原因，大众主义意识形态简明、解码成本低，契合网络传播的基本规律；大众主义意识形态可塑性强，在没有把关、过滤的情况下，行动主体能轻松地添加各种内容碎片、做出意义调整；社交媒体有强大的回音壁效应，能放大意识形态的内容精华并形成共振。这在一定程度上反映了大众主义意识形态与社交媒体传播逻辑的相生关系。

不过，"意识形态"定位的大众主义传播研究也有明显弊病。其一，能不能把大众主义视作意识形态，国外学界还存在很大争议。由于大众主义缺乏政治思想体系的一般特征，又常与其他政治思想混在一起，不少学者认为将之视作"意识形态"过于牵强。著名政治学家穆勒（Müller）就曾指出，大众主义充其量只是一系列政治主张，不是成型的意识形态。[3] 除此之外若将大众主义等同于意识形态，就会扩大大众主义的范围和影响。[4] 总之，理论前提不成立，相应大众主义传播研究也就没了根基；即便成立，也可能遮蔽研究者的视野。其二，认定行动主体是"大众主义者"有很大存疑。研究者无法在不确认行动主体真实动机的情况下判断他们信仰的是民族主义还是策略地使用大众主义话语。[5] 此时，若不假思索地把大众主义视作行动主体的

---

〔1〕　See J. E. Oliver, W. M. Rahn, "Rise of the Trumpenvolk: Populism in the 2016 Election", *The Annals of the American Academy of Political and Social Science* 667, 2016, pp. 189-202.

〔2〕　See S. Engesser（et al.）, "Populism and Social Media: How Politicians Spread a Fragmented Ideology", *Information, Communication & Society* 20, 2017, pp. 1121-1123.

〔3〕　J. W. Müller, *What is Populism?*, Philadelphia, University of Pennsylvania Press, 2016, p. 11.

〔4〕　See P. Aslanidis, "Is Populism an Ideology? A Refutation and a New Perspective", *Political Studies* 64, 2015, pp. 95-96.

〔5〕　H. Kriesi, "The Populist Challenge", *West European Politics* 37, 2014, p. 363.

固有态度，则可能导致"扣帽子"的问题，相应传播研究也会偏离实际。

二、"风格"定位的大众主义传播研究

"风格说"将大众主义理解为"沟通风格"（populism as style）或"塑造公共关系的常备剧目"（repertoires）[1]。与"意识形态说"类似，"风格说"也认为"人民 VS 精英"构成了大众主义的主旨。但是，此处所说的"大众主义"，既不是行动主体的特征，也不是政治思想的特征，而是与"人民 VS 精英"密切相关的沟通方式的特征。[2] 这种定位显然是从拉克劳（Laclau）的大众主义学说中吸取了养料。拉克劳曾经指出，由于大众主义在宏观意义上过于模糊、庞杂、不连贯，找到与之全盘吻合的实际现象近乎是徒劳之举。所以，大众主义不应等同于解释说明现实的政治观（意识形态），或是有特定社会基础的政治运动。它只能被理解为一种以"人民"为主轴的政治逻辑。这种政治逻辑借助异质身份和利益冲突之间的对等链发挥作用，其积极面表现为人民团结起来争取人民主权，消极面则表现为弱势的人民群体与当权者的对立。此间，"人民及其对立面"都是亟待建构的"空能指"，依靠话语、修辞填充关于共同体的身份想象。拉克劳对此总结道："借助空能指将对立关系表现出来，用它撑起大众主义的内部边界，以此赋予政治表述真正的中心地位"。[3] 概括而言，拉克劳所说的"大众主义"，不和任何制度形态相对应，不与任何政治思想相契合；它可以定居于任何场所，对涉及"人民"的政治活动进行勾勒，从而成为适应各种社会政治环境的象征性建构途径。许多学者承袭了拉克劳的观点，凝练出"表达风格本位"的大众主义概念。如德克莱恩（De Cleen）认为大众主义是一种"通过上下对立的方式建构'人民'与'精英'的话语方式"[4]，德拉托雷（C. de la Torre）将之理解为"人民与寡头政治之间道德伦理斗争的修辞"[5]，等等。

---

〔1〕 B. Moffitt, S. Tormey, "Rethinking Populism: Politics, Mediatisation and Political Style", *Political Studies* 62, 2014, p. 383.

〔2〕 See M. Rooduijn, S. L. de Lange, W. van der Brug, "A populist Zeitgeist？Programmatic Contagion by Populist Parties in Western Europe", *Party Politics* 20, 2014, pp. 564-571.

〔3〕 Francisco Panizza, Ernesto Laclau, Chantal Mouffe, *Populism and the Mirror of Democracy*, London, Verso, 2005, p. 156.

〔4〕 C. R. Kaltwasser (et al.), *The Oxford Handbook of Populism*, UK, Oxford University Press, 2018, p. 345.

〔5〕 C. de la Torre, *Populist Seduction In Latin America: The Ecuadorian Experience*, Athens, Ohio University Press, 2000, p. 4.

　　将大众主义理解为"风格"，有着一定的理论意义与现实意义。在理论层面，"风格说"认为"大众主义"仅仅是一种沟通方式，这意味着，持任何立场的行动主体都可以与受众展开"大众主义"沟通，如提及人民、扮演体制受害者、强势对抗建制派、使用过激言论、上演有价值的"媒介事件"[1]，等等。在研究过程中，只要观察行动主体的话语特征，就可以确定是否使用，以及在何种程度上使用了"大众主义"表达风格。这比"意识形态说"中事先把行动主体框定为"大众主义"的做法，明显更具合理性。在现实层面，"风格说"与国外政治传播与前沿动态紧密契合。众所周知，近二三十年来，许多西方国家在离散化、景观化、个体化、草根化的"第三政治传播时代"之路上越行越远。著名政治传播学者布鲁默（Blumler）和卡瓦纳（Kavanagh）很早就指出，该时代的主要面孔之一，便是反精英与大众化：政治、媒体和精英的地位旁落，家长式的话语不再是唯一选择。以受众为中心的沟通逻辑不断崛起。[2] 随着时间的推移，往常那些操着建制口吻的政党、政治家不得不改换话风，开始以大众主义说事，力图维持自己的竞争力。尽管如此，许多政治个体与政治组织并未动摇自己的初衷，其纲领、思想原则也没有变得更加大众主义。[3] 从这个角度看，对西方社会发展影响深远的大众主义，很难称得上是深入骨髓的"思潮"，而更多地表现为一种政治传播现象——无论主流还是非主流政党、政治家，"大众主义者"还是"非大众主义者"，都可能因使用了大众主义化表达而"分有"大众主义的特质。可见，把大众主义的概念限定为关乎沟通的"风格"，无疑更为准确、更具合理性。

　　"风格"定位还会影响展开大众主义传播研究的思路。首先，把特定沟通方式视作"大众主义"，就必须对与之相关的话语、修辞及文体加以凝练，形成理论模型。比利时学者贾格斯（Jagers）和沃尔格雷夫（Walgrave）就曾围绕"人民""精英""他者"三个要素，设定了"空洞大众主义""排外大众

〔1〕　E. Block, R. Negrine, "The Populist Communication Style: Toward a Critical Framework", *International Journal of Communication* 11, 2017, p. 182.

〔2〕　J. G. Blumler, D. Kavanagh, "The Third Age of Political Communication: Influences And Features", *Political Communication* 16, 1999, p. 220.

〔3〕　See M. Rooduijn, S. L. de Lange, W. van der Brug, "A populist Zeitgeist? Programmatic contagion by populist parties in Western Europe", *Party Politics* 20, 2014, pp. 564-571.

主义""反精英大众主义"和"完整大众主义"四种类型。[1] 其中，"空洞大众主义"仅仅援引"人民"这一要素；"排外大众主义""反精英大众主义"分别包含"人民 VS 外来他者"及"人民 VS 精英群体"的表达；三种要素全部提及的归为"完整大众主义"。其次，确定理论模型后，融入行动主体的信息文本进行测量，考察他们是否贴近这些沟通方式，以及贴近程度如何。延续上述案例，贾格斯和沃尔格雷夫发现，荷语绿党（Groen）[2] 主要使用"空洞大众主义"的沟通方式，依靠呼唤"人民"赢取支持和认同；荷语基督教民主党（CD&V）部分地使用了"反精英大众主义"的沟通方式；弗拉芒集团（Vlaams Blok）的表达中充斥着大量反精英和排外的要素，显著趋近于"完整大众主义"。[3] 不难发现，此处的"大众主义"不再是行动主体的固有属性，而是外在的、有着程度、层次、类别的判定标准。[4] 至此，行动主体的身份、角色也就此脱离是否大众主义的二分法，开始围绕程度、层次与类别形成多维、多面的阐释。

基于风格定位的大众主义传播研究，被学者斯坦耶等人以"沟通本位"（communication-centered）[5]命名。与（基于意识形态定位的）"行动主体本位"相比，前者聚焦于被定义的大众主义行动主体，着重考察其所传播的内容；后者聚焦被定义的大众主义沟通方式，着重考察行动主体如何运用它们。尽管两者最终都要回到行动主体身上，但前者侧重探究既定的大众主义者的实质特征，后者旨在说明谁是（或不是）什么样的大众主义者。进一步比较来看，风格定位的传播研究还有以下几点独特优势：

第一，拓展大众主义划分方式。倘若从"意识形态说"出发，那么明晰不同类型的大众主义，终究绕不开复杂的政治光谱；相比之下，"风格说"能

〔1〕 See J. Jagers, S. Walgrave, "Populism as Political Communication Style: An Empirical Study of Political Parties'Discourse in Belgium", *European Journal of Political Research* 46, 2007, pp. 1-4, 7-14.

〔2〕 荷语绿党前身为1982年成立的荷语生态党（Agalev），2003年改为现名。该党在贾格斯和沃尔格雷夫的研究中以"Agalev"的名称出现。

〔3〕 See J. Jagers, S. Walgrave, "Populism as Political Communication Style: An Empirical Study of Political Parties'Discourse in Belgium", *European Journal of Political Research* 46, 2007, pp. 1-4, 7-14.

〔4〕 See B. Linda, W. van der Brug, C. H. de Vreese, "An Experimental Test of the Impact of Style and Rhetoric on The Perception of Right-Wing Populist and Mainstream Party Leaders", *Acta Politica* 48, 2013, pp. 194-195.

〔5〕 T. Aalberg (et al.), *Populist Political Communication in Europe*, New York, Routledge Publications, 2017, p. 357.

够化繁为简，摆脱"光谱"形成自圆其说的内在逻辑。譬如，除上述贾格斯和沃尔格雷夫提出的四种大众主义类型之外，意大利学者布拉契利（Bracciale）和马迪拉（Martella）曾依照"论调"（tonality）和"个性化"（personalization）两个表达维度，提炼了以下几种大众主义类型，即"参与型""亲密型""人民捍卫者型"和"平民型"。[1] 这种划分虽然缺乏规范性，但仍能帮助研究者挖掘各个行动主体的沟通特质，作出有力的传播学解读。

第二，对行动主体的沟通展开多元探索。根据前文所述，在"意识形态"定位中，行动主体的沟通形式多是意识形态内涵的延伸。但是，每个行动主体有不同的媒体使用习惯，也会运用各式各样的传播策略，其沟通方式本质上是多维、多变的。而"风格"定位的好处在于，它在一定程度上摆脱了意识形态对沟通方式的框定作用，能够灵活地搭建研究框架，突出沟通方式的多元性、可塑性和差异性。例如，对于大众主义沟通框架的核心要素，学者布洛克（Block）和奈格林（Negrine）认为其由"身份定位、修辞和媒体使用"组成[2]，墨菲特（Moffitt）和托米（Tormey）则认为由"呼唤人民""危机叙事""反精英"和"不文明的言语行为"组成[3]；克兰默（Cranmer）给出的则是"捍卫人民的意志（advocacy）"，"强调对人民负责（accountability）"以及"呼唤人民并使行动主体的身份合法化（legitimacy）"[4]。不同研究框架，可围绕沟通的侧重点（如人民）设定，亦可根据现实传播情境设定，便于研究者展开因地制宜、合乎实际的考察。

第三，利于考察某些风格元素对沟通的影响。作为沟通方式的大众主义常常与对抗性、情绪化、草根化、口号化、小报式的措辞相关联，[5] 诸如肢体语言、手势、声音、表情等，亦是表达风格的有机组成部分。这些风格元素产生了怎样的传播效果，能否、怎样引发受众态度的改变，无疑是值得探

---

〔1〕 R. Bracciale, A. Martella, "Define the Populist Political Communication Style: the Case of Italian Political Leaders on Twitter", *Information, Communication & Society* 20, 2017, p. 1380.

〔2〕 E. Block, R. Negrine, "The Populist Communication Style: Toward a Critical Framework", *International Journal of Communication* 11, 2017, p. 182.

〔3〕 B. Moffitt, S. Tormey, "Rethinking Populism: Politics, Mediatisation and Political Style", *Political Studies* 62, 2014, p. 387.

〔4〕 See M. Cranmer, "Populist Communication and Publicity: An Empirical Study of Contextual Differences in Switzerland", *Swiss Political Science Review* 17, 2011, pp. 292-293.

〔5〕 S. Engesser, N. Fawzi, A. O. Larsson, "Populist Online Communication: Introduction to the Special Issue", *Information, Communication & Society* 20, 2017, p. 1280.

究的话题。学者哈梅列尔斯（Hameleers）等人的一项研究发现，诉诸恐惧的表达风格容易催生排他（排外）的大众主义情绪，诉诸愤怒则更容易滋生反精英心。[1] 可见，从不同风格切入，能为大众主义传播研究提供更多微观思路。

　　然而，"风格"定位大众主义传播研究也存在着一定短板。从理论前提上讲，"风格说"过于强调表达维度，忽视了对大众主义理念属性的辨识。很多时候，话语、修辞和表达必须由意识形态提供质料，否则，作为沟通形式的"大众主义"将陷入"直观无概念而盲"的境地，其为何被称作"大众主义"也没了根据。所以，"风格说"有时不得不从"意识形态说"中吸取精华，以便"展开自身"。这也就是为什么贾格斯、沃尔格雷夫、墨菲特、克兰默等学者设计的大众主义沟通框架中，仍旧使用"人民""精英"或"他者"等意识形态要素。然而对于二者关系，国外学者尚未形成共识。一些学者认为风格与意识形态互为形式内容，二者相互催化有助于信息的扩散接收。如沃达克（Wodak）的研究表明，诉诸恐惧、表达忧虑和末日论调强化了欧洲右翼大众主义排外理念的传播效果。一些学者认为二者关系比较松散——特定风格可以对应多种意识形态，特定意识形态也能对应各类风格。对此，学者墨菲特曾经举过一个例子：同样作为共产主义的信仰者，列宁的表达风格谦逊沉稳，斯大林则富有激情。[2] 有的学者指出，风格与意识形态有着哲学意义上的同一性。这是因为，任何风格都能从意识形态内容相关的战略目标上获得赋义，因此"（风格）形式等同于内容"[3]。诸此论述，必须在进一步的理论思辨和实际考察中找到确切答案。

三、"战略"定位的大众主义传播研究

　　相比"意识形态说"和"风格说"，"战略说"认为大众主义是行动主体以非制度化、非中介化的方式动员广大民众并赢取广泛支持的过程。[4] 所谓

〔1〕　See M. Hameleers, B. Linda, C. H. de Vreese, "'They Did It': The Effects of Emotionalized Blame Attribution in Populist Communication", *Communication Research* 44, 2017, pp. 876-892.

〔2〕　See B. Moffitt, S. Tormey, "Rethinking Populism: Politics, Mediatisation and Political Style", *Political Studies* 62, 2014, pp. 391-394.

〔3〕　B. Krämer, "Media Populism: A Conceptual Clarification and Some Theses on its Effects", Communication Theory 24, 2014, p. 46.

〔4〕　See K. Weyland, "Clarifying a Contested Concept: Populism in the Study of Latin American Politics", Comparative Politics 34, 2001, pp. 1-22.

"非制度化"，指行动主体绕开种种制度规则或制度结构，直截了当地接触民众；"非中介化"则指行动主体脱离政党、团体的组织力量和组织规范，以个人名义和身份与民众展开交互。在这种情况下，行动主体与民众之间呈现出自然、原始的亲密关系，前者多靠自身魅力捕获人心。显而易见，此处所说的大众主义，不是行动主体、思想、言辞的属性，而是某种行动、互动、运动的属性。简而言之，"战略说"吸取并放大了大众主义中"魅力领导人""民众运动"的实质内涵。如卡纳文（Canovan）曾经谈到，大众主义追求个体化政治，提倡绕开政治机构、远离官僚主义，青睐与人民有直接关系的魅力型领袖。[1] 塔加特（Taggart）也曾指出："大众主义体现为民众与精英之间的一种距离感……大众主义领导人可以创造弥合这一距离的政治运动甚至政治组织，并使之合法化"。[2] 就现实背景来讲，"战略说"有着强烈的地域色彩——主要指向拉美地区的大众主义。众所周知，拉美长期处于政治经济结构弊端明显、发展不稳定、贫富差距大、对抗外部冲击能力弱的状态。该地区大众主义的主要特征，便是动员劳工阶级和底层民众，将无法享受发展红利的边缘群体整合到社会政治进程当中，承认其应有的社会政治权利，同时发起促进社会公平、合理分配、减少贫困、减少外国势力干预、抗击腐败、抗击传统精英等运动，以期得到广泛呼应。[3] 与此同时，"战略说"的大众主义还在近十几年来不断"脱域"并开始在部分欧美国家蔓延。例如匈牙利总理欧尔班，就以战略化的平民主义手段拉动民众支持，包括经济上施行取悦民众的高福利政策，政治上倡导保守的宗教观、国家观、家庭观，对外政策上反对欧盟的难民分摊计划并发起"反索罗斯"[4]运动，制造一致对外的"民族凝聚力"，等等。

一言概之，"战略"定位的大众主义的精髓，就是强调行动主体与普罗大众同属一家、休戚与共的内在关联。对此，行动主体既可施展政治策略，亦可施展传播策略。后者是相关大众主义传播研究的关注焦点：

---

[1]　M. Canovan, "Trust the People! Populism and the Two Faces of Democracy", *Political Studies* 47, 1999, p. 14.

[2]　See P. Taggart, *Poulism*, Buckingham, Open University Press, 2000, pp. 3–13.

[3]　参见袁东振：《拉美民众主义的悖论：根源与后果》，载《国际经济评论》2018 年第 6 期。

[4]　"反索罗斯"：乔治·索罗斯是出生在匈牙利美籍犹太人投资家。索罗斯在匈遭到的"全面抵制"与他的难民问题立场密切相关——这位大鳄极力倡导西方世界对难民群体"敞开大门"，并以自身的影响力不断向匈当局施压。

从形式上看，这些传播策略往往是围绕"战略"的核心要义展开，包括：①强调自己是人民的一部分，撇开与精英、精英建制的关系。如前秘鲁领导人藤森就将自己（及其他的父母）打造为白手起家的"普通人"，借此动员缺乏政治、经济资本的底层民众；前委内瑞拉领导人查韦斯突出他的印第安人血统，用"君主"（sovereigns）一词指代大多数人，好唤起"他属于人民"的身份认同。[1] ②尽可能避开一系列组织、中介，直接与民众展开沟通，以此诠释"隶属人民"及"代表人民利益"等主张。如吉布森（Gibson）、梅因沃林（Mainwaring）和斯库利（Scully）等人的研究表明，20世纪90年代拉丁美洲"新右派"运动的崛起，很大程度上是借助了电视的力量（而非政党组织）。电视曝光增加了政治家直接"接触"选民的空间，也强化了选民对个体化政治的认同。[2] 作为电视的大众媒体如此，网络新媒体更是如此。社交平台的出现给了政治家向民而言、提升自己社会存在感的机会，让他们与追随者之间的联系更加紧密。[3] ③把自己打造为魅力领袖，用个人气质吸引民众的注意力。学者莫科尼（Miconi）发现，成立于2009年的"五星运动"，表面上利用Web 2.0的传播机制促进参与、加强交流、创造理性共识，实际上，整个运动自始至终由创始人格里洛的个人博客所控制，真正开放、交流的空间极为有限。在这个过程中，格里洛利用单向传播的策略构筑自己的"克里斯玛"权威、塑造崇拜感并引领五星运动的走向。[4]

从内容上看，作为"大众主义"的传播策略既可自成一体，也可从"风格说""意识形态说"中吸取养料。例如，学者索伦森（Sorensen）从行动主体沟通的"可视性""有效性"和"真实性"三个维度，对英国独立党（UKIP）和南非经济自由斗士党的网络传播策略进行了比较分析。[5] 而在前文提及的恩斯特等人的研究中，大众主义传播策略被拆解为三个维度：①建

〔1〕 S. Ellner, "The Contrasting Variants of the Populism of Hugo Chávez and Alberto Fujimori", *Journal of Latin American Studies* 35, 2006, p. 145.

〔2〕 D. A. Chalmers, M. do Larmo, C. de Souza, "The Right and Democracy in Latin America", *Foreign affairs*（Council on Foreign Relations）71, 1992, p. 206.

〔3〕 N. Ernst（et al.）, "Extreme Parties and Populism: An Analysis of Facebook and Twitter Across Six Countries", *Information, Communication & Society* 20, 2017, p. 1350.

〔4〕 A. Miconi, "Italy's 'Five Stars' Movement and the Role of a Leader: Or, How Charismatic Power Can Resurface through the Web", *New media & society* 17, 2014, p. 1043.

〔5〕 L. Sorensen, "Populist Communication in the New Media Environment: A Cross-Regional Comparative Perspective", *Palgrave Communications* 4, 2018, p. 1.

构人民，包括强调他们的美德、赞扬他们的成就，将其描述为统一群体等；②指责与诋毁精英，并将自己与精英分离开来；③倡导人民主权。[1] 相较而言，索伦森所说的传播策略在理论上独树一帜，而恩斯特的研究显然是围绕"意识形态"定位的大众主义意涵展开的。有些情况下，"传播策略"还能与特定的"意识形态"或"风格"产生共振。穆德的一项研究表明，诸如勒庞、海德尔、查韦斯、莫拉莱斯等大众主义领导人施展的传播策略，无不体现共同的大众主义政治观：都把"人民"视为政治合法性的唯一来源；都试图把精英未考虑到或有意忽视的话题摆上公共议程。[2] 与之类似，一些风格元素（如好斗、情感归因等）——无论是行动主体无意施展惯习还是有意使用的话术——亦能对传播策略起到一定的推助作用。

然而，"战略"定位的大众主义传播研究也存在弊病。首先，结合前文所述我们发现，"风格说"是从话语、修辞、文体等象征维度突出"人民"的内涵，而"战略说"是从底层联盟、社区动员、政治运动等实质维度诠释"人民"的要义。把这种"战略"概念直接用于传播研究，必须做好理论转换和理论过渡，但诸多国外研究却忽略了这一点。其次，"战略"定位中的魅力领袖、社会运动、直接沟通等，并不能构成界定大众主义传播的充要条件。[3] 例如，"魅力领袖"既可隶属大众主义传播的范畴，也可隶属现代政治合法性传播建构的范畴，其并非前者"专有"；另外，伴随网络新媒体的发展趋势，个体化、直接化的政治沟通在西方已成为常态。将此类沟通方式和大众主义"硬挂钩"，无疑有牵强之嫌。

四、结语

结合全文我们看到，"意识形态"定位的大众主义传播研究，主要考察传播内容，分析行动主体大众主义观念的内涵、样态、特征；"风格"定位侧重考察传播形式，探索行动主体所用大众主义沟通方式的类型、层次与程度；"战略"定位则注重考察传播手段，旨在解剖行动主体建构自身合法性、领导者形象、实现政治动员过程中采用的传播策略、方法及其效果。受不同概念

---

〔1〕 N. Ernst（et al.），"Extreme Parties and Populism: An Analysis of Facebook and Twitter Across Six Countries", *Information*, *Communication & Society* 20, 2017, p. 1349.

〔2〕 C. Mudde, "Voices of the People: Populism in Europe and Latin America Compared", *Kellogg Working Paper*, 2011, p. 9.

〔3〕 K. A. Hawkins, *Venezuela's Chavismo and Populism in Comparative Perspective*, Cambridge, Cambridge University Press, 2010, p. 39.

定位的影响，相应大众主义传播研究会朝着不同方向展开，其分析起点、主要焦点、研究主旨等也会呈现差异。

	意识形态	风格	战略
对大众主义的定位	一种政治思想、政治观念	一种特定的沟通方式	一种特定的互动、动员策略
分析起点	被定义的大众主义者	被定义的大众主义政治沟通方式	被定义的大众主义互动、动员方式
主要焦点	行动主体的传播内容	行动主体的话语、修辞和表达风格	行动主体采用的传播策略
研究主旨	行动主体的身份特征、思想实质	行动主体所用大众主义沟通方式的类型、层次与程度	策略方案的实质、效果与意义

尽管如此，三者之间仍存在些许联系：无论怎么解剖大众主义，都要或多或少地借助、融入"人民"和"精英（他者）"的概念。十分明显，这些概念由意识形态定位所提供；"风格"与"意识形态"在部分情况下互为形式、内容，共同提振传播信息的扩散接收效果；而"战略"有时可从"意识形态"或"风格"中孕育而生，有时可从后两者中吸取部分养料，有时亦能完全保持独立。在更为宏观的立意上，我们可以认为"意识形态""风格"与"战略"分别对应着大众主义的物质层、象征层和行动层。其中，"意识形态"对应思想、政策的传播扩散；"风格"对应政治辞令的表达；"战略"对应信息化的交互动员。是以，有学者试图将三者统合起来，形成全新的大众主义传播研究框架。德弗雷斯等人就曾把大众主义视作一种传播现象，认为"大众主义思想必须以散漫的风格加以传播，以实现传播者的目标和对受众的预期效果"。[1] 该定义无疑总括性地概述了大众主义传播的各个面向，但其默认"意识形态""风格"与"战略"在某一传播情境中同时存在，因而难

---

〔1〕 C. H. de Vreese, F. Esser, T. Aalberg, C. Reinemann, "Populism as an Expression of Political Communication Content and Style: A New Perspective", *The International Journal of Press/Politics*, 23, 2018, p. 425.

以构成分析大众主义传播的良好出发点。在笔者看来，要解析具体情境中的大众主义传播问题，还是将上述三者分而论之更为严谨、妥当。

值得注意的是，"意识形态""风格"和"战略"定位的大众主义传播研究，很难称得上是某种"路径"或"取向"。一方面，三种定位各有优劣，只能代表大众主义某一副面孔；另一方面是因为，大众主义传播研究本身十分复杂，涉及控制分析、内容分析、渠道分析、受众分析、效果分析等诸多层面。对此，单纯明确什么是"大众主义"还远远不够。但是，充分了解三者仍有十分积极的意义，它至少给予了我们一种理论警惕：在特定的研究中，"大众主义"究竟属于成型的观念思潮、纯粹的沟通形式、网络化的社会运动、分析文本中出现的字眼还是皆而有之，必须严加审视、判断。当今，"意识形态""风格"和"战略"的研究取向还没有出现在诸多学者的视野中。厘清并融入这一点，对研究者设计研究框架、形成核心研究问题亦有启发、帮助。